权威·前沿·原创

皮书系列为
"十二五""十三五""十四五"时期国家重点出版物出版专项规划项目

BLUE BOOK

智 库 成 果 出 版 与 传 播 平 台

中医药蓝皮书
BLUE BOOK OF TRADITIONAL CHINESE MEDICINE

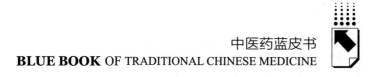

全球中医药发展报告（2022）

ANNUAL REPORT ON THE DEVELOPMENT OF GLOBAL TRADITIONAL CHINESE MEDICINE (2022)

主　编／侯胜田
副主编／黄德海　张录法　李　莉

社会科学文献出版社
SOCIAL SCIENCES ACADEMIC PRESS（CHINA）

图书在版编目（CIP）数据

全球中医药发展报告 . 2022 ／侯胜田主编 . --北京：
社会科学文献出版社，2022.8
（中医药蓝皮书）
ISBN 978-7-5228-0110-0

Ⅰ.①全… Ⅱ.①侯… Ⅲ.①中国医药学-产业发展
-研究报告-中国-2022 Ⅳ.①F426.77

中国版本图书馆 CIP 数据核字（2022）第 078545 号

中医药蓝皮书

全球中医药发展报告（2022）

主　　编／侯胜田
副 主 编／黄德海　张录法　李　莉

出 版 人／王利民
责任编辑／张　超
责任印制／王京美

出　　版／社会科学文献出版社·皮书出版分社（010）59367127
　　　　　地址：北京市北三环中路甲 29 号院华龙大厦　邮编：100029
　　　　　网址：www.ssap.com.cn
发　　行／社会科学文献出版社（010）59367028
印　　装／天津千鹤文化传播有限公司

规　　格／开本：787mm×1092mm　1/16
　　　　　印张：25　字数：376 千字
版　　次／2022 年 8 月第 1 版　2022 年 8 月第 1 次印刷
书　　号／ISBN 978-7-5228-0110-0
定　　价／158.00 元

读者服务电话：4008918866

《全球中医药发展报告（2022）》
研创课题组

组　长　侯胜田

副组长　黄德海　张录法　李　莉

成　员　（按姓氏笔画排序）

干永和	王　苗	王　磊	王天琦	王宁静
王珊珊	王馨悦	牛少辉	叶贻忠	冯居君
刘　彩	刘金旭	许才明	孙艳香	李　享
李　莉	李　震	李艺清	李玥函	李金星
杨　芳	杨化冰	杨思秋	时生辉	吴振斗
汪晓凡	张　雪	张　聪	张国伟	张录法
张彩霞	陈　翔	范圣此	欧阳静	郑方琳
郑秋莹	孟雪晖	赵　妍	赵汉青	赵宏扬
荆志伟	荣　超	种潼薇	段丞玮	侯王君
姜梦吟	莫颖宁	倪　飞	倪晓晴	徐有强
郭　燕	陶群山	黄　今	曹建春	梁静姮
葛少钦	董美佳	蒋　锋	程亚清	焦云洞
焦科兴	谢丽香	雷善言	裴　彤	

主要编撰者简介

侯胜田　管理学博士，北京中医药大学教授，国家中医药发展与战略研究院健康产业研究中心主任，《中国中医药健康旅游目的地发展指数》、《森林康养基地发展指数》、《温泉康养基地发展指数》和《全球中医药发展指数》首席研制专家。兼任上海交通大学健康长三角研究院健康旅游研究中心主任、清华大学社科学院健康产业与管理研究中心副主任、北京中医生态文化研究会健康旅游专业委员会会长、中国中医药信息学会医养居分会副会长、世界中联国际健康旅游专业委员会副会长、世界中联医养结合专业委员会副会长、"健康经济与管理皮书系列"总主编、"健康旅游绿皮书"执行主编、"中医文化蓝皮书"副主编。主要研究方向为健康经济与管理、全球健康与中医药、医疗康养休闲旅游、医院领导力与管理。发表研究领域论文90余篇，出版专著和教材20余部，承担过多项国家社科基金、教育部社科基金和北京市社科基金研究课题。

黄德海　经济学博士，清华大学台湾研究院博士后，清华大学社科学院经济学研究所副教授、清华大学社科学院健康产业与管理研究中心主任、清华大学一带一路战略研究院副院长。主要研究方向为健康产业与管理、医院运营与管理、企业与企业史理论等。曾多次以客座研究员和访问学者身份赴台湾以及其他国家或地区学术单位调研和交流。在企业管理及健康产业管理研究方面颇有建树，已研究并完成《严密组织、分层负责与效益分享：经营之神王永庆的创"心"管理》《非营利性医院的企业式经营：向长庚医学管理》《社区植入式医养结合：理论、模式及应用》等多部著作。

张录法 管理学博士，博士生导师、教授，上海交通大学国际与公共事务学院副院长，兼任上海交通大学中国城市治理研究院副院长、上海交通大学健康长三角研究院执行院长，主要研究方向为卫生健康政策及管理。迄今主持国家社会科学基金重点项目、一般项目，教育部人文社科项目，上海市哲学社科项目以及上海市政府决策咨询项目等多项课题。公开出版学术著作5部，编著译著8部；在《中国行政管理》、《经济社会体制比较》、*Health Policy and Planning* 等期刊发表学术论文50余篇；向中央和地方报送30余篇内刊，多次得到肯定性批示采纳。荣获上海交通大学首届教书育人三等奖、上海交通大学晨星学者、唐立新优秀学者以及上海市社会实践优秀指导教师等荣誉称号。

李 莉 医学博士，研究员，北京市中医药研究所资源中心学科带头人，北京中医药大学临床医学院特聘副教授，北京中医医院道地药材标准化及溯源体系"明药工程"首席专家，北京市中医药管理局一带一路"新时代神农尝百草工程"项目负责人，国际中医药健康产业发展智库特聘专家，国家自然基金委评议评审专家，中国中药协会精准专业委员会副主任委员兼副秘书长，北京中医药发展基金会黄精专业委员会副主任委员。主要从事道地药材种质评价与标准化研究，中药资源开发利用研究和运用整体观和全息论针对国内及全球不同禀赋体质人群开展的中医康养体系及功能食品开发利用。

摘　要

中医药是中国具有完全自主知识产权的民族医药，伴随着中国国际影响力的提升，发展潜力巨大。推动中医药走向世界是中医药高质量发展和传承创新以及中国服务贸易发展战略大格局中的重要组成部分，对于世界命运共同体和"一带一路"倡议具有重大的战略意义。推进中医药高质量融入"一带一路"建设，助力构建人类卫生健康共同体，深化中医药交流合作，扩大中医药国际贸易，被列为国务院办公厅 2022 年 3 月印发的《"十四五"中医药发展规划》的十大重点任务之一。

《全球中医药发展报告（2022）》是全球中医药发展年度报告的第一本，是全球健康领域中医药全球化传播与发展研究的重大成果。本报告采用文献研究、实地研究、问卷调查、专家访谈、比较研究等综合研究方法，从全球中医药总体发展现状、中医药在不同区域和不同国家传播发展历程、全球中医药服务现状、全球中医药贸易、全球针灸行业发展、中医药国际医疗旅游、中医药国际康养旅游、全球中医药准入立法以及全球中医药人才培养与科研合作等多个维度进行了研究与分析；报告深度剖析了中医药全球化发展过程在典型海外市场存在的问题及产生原因，探讨了推动全球中医药传播与发展的创新战略与路径，并对未来前景做了预测分析。

本报告共分五个部分，具体由 1 篇总报告和 20 篇分报告构成。总报告对中医药在全球范围内的医疗卫生合作、法律准入、药材种植与贸易、海外教育、国际科研合作等发展现状进行梳理分析，并探讨全球中医药未来发展趋势，建议应更加注重中医药标准建设、创新人才培养模式、开展中医药循

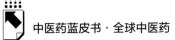
证医学研究等,推动中医药国际传播路径多元化发展。分报告分为四篇,即行业发展篇、区域发展篇、国家发展篇和科教法律篇。

报告认为,全球健康以促进全人类健康为宗旨,关注跨越国界和地域的健康问题,促进健康科学领域内部和外部的多学科合作。推进建设全球卫生健康共同体,需要整合传统医药与补充医学,中医药可以为达成全球健康目标提供中医智慧和中国方案。

报告认为,中医药传承发展必须突破路径依赖与惯性思维,在高质量发展提升内功的同时,不仅要走出医院,拥抱大健康,还要走出中国,走向全球,服务全人类,为全球健康和人类卫生健康共同体贡献中国力量,贡献中医方案;中医药国际医疗旅游和中医药国际康养旅游是中医药服务贸易的重要组成部分,是推动中医药全球发展的创新路径与重要抓手。

2022年在新冠肺炎疫情持续肆虐,以及全球人口老龄化趋势进一步加剧等多重因素的影响之下,全球医疗卫生系统正面临前所未有的巨大挑战。中医药以其在抗击新冠肺炎疫情方面的优异表现以及在养生保健方面的独特优势再次受到全世界的关注,越来越多的国家开始接受和认可中医药,中医药事业的全球化发展进程迎来了前所未有的良好机遇。

未来中医药将在循证医学、医疗康养旅游、康养保健等多个方面融入全球健康,与现代西方医学一起优势互补、协调发展,共同完善现有全球卫生健康体系。中医药已经造福中华民族数千年,未来必将服务世界惠及全人类。没有传统医药的全球健康是不完整的,随着中医药在全球范围的传播与发展,中医药将为全球健康和人类卫生健康共同体建设做出更加突出的贡献。

关键词: 全球健康　全球中医药　人类卫生健康共同体　中医药服务贸易

目　录 ↖

Ⅰ　总报告

Ⅱ　行业发展篇

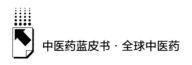
Ⅲ 区域发展篇

Ⅳ 国家发展篇

Ⅴ 科教法律篇

皮书数据库阅读**使用指南**

总 报 告

General Report

B.1
全球中医药发展历程与未来展望

侯胜田*

摘　要： 中医药既是中华民族五千年优秀传统文化的杰出代表，同时也是为全世界人们所共享的医学瑰宝。早在秦汉时期，中医药便已传播到日本、韩国、东南亚国家等中国文化辐射的地域，后来随着古丝绸之路和海上丝绸之路的形成，中医药逐渐被华商、华人远播至欧洲诸国。21世纪以来，随着中国综合国力和国际影响力的提升，中国与各国的医药卫生交流合作也更加深入，中医药作为中国传统医学的璀璨明珠再次聚焦于世界，服务于全球，在促进传统医学与现代医学融合发展的过程中发挥着无可替代的重要作用。本报告通过文献研究法对中医药在全球的医疗卫生合作、法律准入、中药材种植与贸易、海外教育、国际科研合作等发展现状进行梳理分析。建议全球中医药未来发展应更加注重中医药标准建设、创新海外人才培养模

---

* 侯胜田，管理学博士，北京中医药大学管理学院教授，主要研究方向为健康经济与管理、全球中医药、中医药健康旅游。

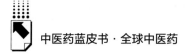

式、开展中医药循证医学等国际科研合作，并推动中医药国际传播路径多元化发展。

关键词： 全球健康　全球中医药　全球健康命运共同体　世界传统医药

中医药自古以来便以其优良的疗效在世界诸国同中国的贸易、交流中广为流传。21世纪以来，随着中国综合国力不断加强和国际影响力与日俱增，中国同世界各国的交流和联系也变得日趋紧密。中医药作为中国传统医药的结晶，是中国与世界各国医药卫生领域交流的重要载体，在中国积极参与全球卫生治理、打造全球卫生健康共同体中发挥着重要作用。中医药事业的全球发展可以享受到中国政府与其他国家政府达成的相关政策红利，将迎来更多的市场机遇。但各国在具体国情和文化认同上存在一定的差异，对中医药及其相关产业的认可程度各不相同，加之各国中医药相关立法制度不同、对中医药行业的执行标准亦尚未统一，导致中医药在全球发展的过程中仍存在一些壁垒和阻碍。中医药事业在世界各地的发展仍面临一些短期难以克服的因素。本报告通过文献研究法对中医药在全球范围的医疗卫生合作、法律准入、中药材种植与贸易、海外教育、国际科研合作等发展现状进行系统性梳理分析，并针对发展过程中存在的部分问题提出具有建设性的针对性建议，以期为中国中医药事业海外发展提供参考，同时也为中医药及其健康产业在各国的本土化发展提供参考性意见，推动中医药更好地走出国门、服务世界。

一　全球中医药传播与发展历程

（一）中医药在东亚和东南亚的传播

中医药源于古中国传统医学，历史上早在公元前2世纪便已开始在亚洲古中国周边中华文化辐射区传播。中医药在公元前 200 年前后首先传入朝鲜半岛，深刻地影响着当时古朝鲜国医学的发展。北宋时期，中医受到朝鲜官方的认可成为主流医学。1986 年韩国国会通过《医疗改正案》，将"中医学"改为"韩医学"，韩医学成为受韩国官方认可的传统医学。① 日本的汉方医学也源自传统中医理论。约公元 5 世纪，日本医者便认识到中医优秀的临床效果，开始积极学习并本土化中医，以此作为汉方医学的起源。江户时代中期，日本学者将中医与日本传统医学相融合，逐渐发展形成了"后世""古方""考证折衷"三大日本著名的汉医派系。明治维新以来，日本积极对外开放，学习西方先进科学技术，西方医学在日本逐渐掌握了绝对的话语权，而日本传统的汉方医学逐渐走向衰落。② 直到 20 世纪以来传统医学在世界范围内逐渐受到重视，汉方医学在日本的发展也再次迎来契机。

东南亚地区的中医药发展史最早可以追溯到秦末汉初时期，当时由于中国中原地区战乱不断，许多百姓流离全中国南方，中医药由此被带至南方地区进而在东南亚地区传播开来。越南是中国周边地区较早接纳并传播中医药的国家之一，历史上越南称中医药为"北药"，后来中医药与越南传统医学交融并称为"东医"。③ 中医药以取材自然、廉价、优质等特点广为越南百姓接受。自 1945 年独立以来，越南政府卫生部门依旧鼓励东西医结合，继续推广中医药事业在越南的发展。

泰国也是历来对于中医药接受程度较高的国家之一。早在素可泰王朝时期中医学便随着华侨移民传入并不断与泰国本国的传统医学交流发展。④ 2000 年，泰国卫生部正式批准中医药在泰国使用，从此中医药在泰国取得合法地位。宋朝时期，中医药通过中国海外移民传播到了新加坡，因其价廉高效，被誉为"神州上药"。新加坡政府对中医药事业在本国的发展持积极

① 孙晓:《"汉医""韩医"之繁荣对供给侧改革背景下中医药事业发展的启示》,《中国中医药现代远程教育》2019 年第 12 期。
② 赵永旺、柏莹、刘峥嵘、秦裕辉:《日本汉方医药学发展历程对我国中医药学发展的启示》,《湖南中医药大学学报》2018 年第 5 期。
③ 汪科元、周建辉:《我国中医药在东南亚的影响与发展》,《养生大世界》2021 年第 5 期。
④ 徐红、张仁:《中医药在泰国》,《上海中医药报》2009 年 9 月 9 日。

态度，并出台相关政策促进中医药在本国的发展。中医药在马来西亚、菲律宾的发展也与华侨移民有关。早在7世纪的唐朝便已有华侨移民将中医药带到马来西亚，明朝郑和下西洋之时为当地带去了肉桂、茯苓等中药材，也使中医药逐渐在马来西亚的传播更加广泛。中医药对缅甸的影响也历史久远，1795年缅甸使者访华，将《本草纲目》等中医经典传入缅甸，进而促进了中医药在缅甸的发展。近代享誉国际的"虎标万金油"便是由缅甸华侨中医医师家族胡文虎、胡文豹兄弟研制。①

东亚、东南亚地区由于地理位置邻近中国，在历史文化等方面深受中国影响，中医药传播至当地发展历史悠久、影响深远，且受到官方认可，具有优良的群众基础，中医药健康产业在此发展享有得天独厚的历史机遇和文化认同优势。

（二）中医药在欧洲的传播

中欧医学交流历史久远，中医药经古丝绸之路传到阿拉伯国家，接着又由阿拉伯国家传入欧洲。大约在13世纪，商人马可·波罗（Marco Polo）在书中记录了他东游亚洲对于中医、针灸方面的见闻，还描述了部分常见中药材的用法，开启了欧洲对中医药的了解和学习。到了16世纪，意大利耶稣教会的马特奥·利玛窦（Matteo Ricci），跟随明朝名医王肯堂学习中医技法并介绍传播到欧洲，开创了东西方医学交流的先河，利玛窦对欧洲学界的中医药研究影响颇深。18世纪末，部分具有一定影响力的中医典籍文献被翻译成欧洲各国文字以供欧洲学者学习，据不完全统计，欧洲各国在18~19世纪出版的中医和针灸图书大约50种。② 19世纪，随着欧洲和中国的经济文化往来日益密切，欧洲催生了一批专门研究中医医学的汉学家。他们不但广泛搜集中医药相关典籍，而且促进了欧洲人对中医药、针灸的进一步认识，从著作到针灸器具、模型、图谱都传到了欧洲。

---

① 王锐、申俊龙：《浅析中医药在东南亚的传播与发展》，《世界中医药》2015年第12期。

② 朱勉生、阿达理、鞠丽雅：《中医药在法国的发展史、现状、前景》，《世界中医药》2018年第4期。

欧洲对于中医药的认可和学习以中医针灸为主。在欧洲各国中针灸术发展较好，影响力较大的国家主要有葡萄牙、西班牙、法国、德国、英国和俄罗斯等。虽然较早来到中国并学习中医中药和针灸技术的是葡萄牙、西班牙，但真正把针灸技术发扬到欧洲的是荷兰。其中法国因其学者众多、科研丰硕等原因逐渐发展成为针灸技术在欧洲的中心，并由此把针灸进一步传播到欧洲其他地区以及美洲、大洋洲等。[①]

（三）中医药在美洲地区的传播

中医药在美洲地区的传播主要与欧洲当时对美洲殖民活动以及华侨华人的移民活动有关。美国是美洲地区较早传入中医药的国家之一。据文献记载，中医药在美国的传播大约始于18世纪中叶，中国养生茶饮由英国传入美国，但并未用作药用，仅仅作为养生保健饮品使用。19世纪初，针灸在欧洲取得了良好的疗效，欧洲诸国纷纷展开对于针灸的深入研究并发表相关著作。随后中医针灸也通过欧洲相关研究文献传播至美国。

1820年后，美国的一些医学期刊开始对欧洲的针灸术研究进行部分转载和传播，然而，遗憾的是针灸术在当时并未对美国医学界产生较大的影响。从19世纪40年代末开始，随着华侨华人的大量迁入，中医药开始较为系统地传入美国。中医药早期在美国的发展并未取得美国官方的认可，加之西方近现代医学发展迅速，使中医药早期在美国的发展一度受阻，甚至长期被排斥和否定。1972年中美关系正常化后，在美国掀起一股中国浪潮，中医药的境况也得到改善并随之发展。1973年《美洲中国医学杂志》和美国中医学会等组织在美国举办了中医药、针灸相关知识讲座，向美国民众介绍中医学和中医针灸的发展。这让中医"不科学"的刻板印象开始逐渐在美国社会被打破，其中对受华人文化影响的美国西部地区影响深远。在中医药优良疗效的影响下，部分美国医学界的学者逐渐认识到中医、针灸具有良好

---

① 陈岩波、方芳、马育轩、胡妮娜：《20世纪前欧洲针灸的发展及特点研究》，《针灸临床杂志》2020年第11期。

的治疗效果和经济效益，应当在美国推动中医针灸合法化进程。在美国当地群众的共同努力之下，1973 年，马萨诸塞州率先承认针灸合法，从此开启了针灸在美国的合法化运动。

自中医药在美国广泛传播以来，加拿大部分省份受到美国的影响也开始了其中医药推广及合法化运动。中医药在墨西哥、巴西等其他美洲国家的大规模发展均在与新中国建交之后，双边政府开展相关医药领域合作，中国派出海外中医医疗队、建立中医中心、为当地国家提供中医药人才培养服务，助推中医药事业在美洲各国的发展。

（四）中医药在非洲地区的传播

早在明朝时期，郑和下西洋船队就已将中医药远播非洲。随船队医将中医药传入非洲沿岸部分国家。但是由于语言不同、文化有别，加之就医用药习惯的不同，中医药在当地的传播并不顺利。[①] 直到 20 世纪 60 年代，中国政府派出援非医疗队正式开启中医药事业在非洲地区广泛传播的先河。根据统计，直到 2003 年，约有 15000 名中国医疗队员在 44 个非洲国家、地区提供过中医药医疗服务。中国派出的援非医疗队将中医传入非洲，并大力推动包括中医针灸在内的中医药及其相关产业在非洲的发展。[②]

二　全球中医药发展现状

（一）国际中医医疗服务

1. 海外中医中心建设

海外中医中心是在中国政府主导下与世界各国政府携手共建的一个集中医药教育、科研、医疗于一体的新型中医药国际平台。截至 2019 年 12 月，

---

① 代金刚：《郑和把中医药带到非洲大陆》，《家庭中医药》2012 年第 5 期。
② Demisew Yiheyies、徐一兰、李明月、徐立：《非洲中医药发展概况》，《天津中医药》2015 年第 4 期。

我国在全球共设立 54 个中医药海外中心，分布在欧洲（26 个，占比 48%）、亚洲（15 个，占比 28%）、大洋洲（6 个，占比 11%）、非洲（5 个，占比 9%）、北美洲（2 个，占比 4%）等国家和地区。[①] 以海外中医中心所在国家为中心，辐射四周进而形成区域乃至全球范围的中医药合作带。

比较典型的海外中医中心有：中国—德国中医中心（魁茨汀）是由中德双方合作共管的集中医药临床服务、循证研究于一体的海外中医中心，也是欧洲为数不多享有保险公司付费的中医医疗机构；中国—澳大利亚中医中心是集中医药人才培养、研究体系、文化推广及康养康复多功能于一体的综合中医药发展平台，该中心与西悉尼大学共建，以期将中医药教育推广到澳大利亚其他大学，开创中医药海外传播新模式；中国—瑞士中医中心（苏黎世）是第一家通过 ISO 9001-2015 认证的中医医疗机构，在海外中医中心标准化、推动中医药人才培养合法化等方面取得重大成就；中国—俄罗斯中医中心（圣彼得堡）的中医院是首所取得俄官方认可医院牌照的中医院，为中医药医疗在俄罗斯的合法化做出了巨大的贡献；中国—泰国中医中心与泰国地方医院在医疗、教学、科研、管理、人才培养、中医药疫情防控等方面开展积极合作。

2.海外中医药服务机构

海外中医药服务机构是海外中医药医疗服务发展的重要载体之一。天士力、同仁堂等中医药企业和医疗机构纷纷落户海外，在境外创办中医诊所和药店等中医药相关服务机构，以中医、针灸诊所为主要形式，为海外群众提供中医药健康服务。天津天士力集团，打破海外中医药市场壁垒，让复方中药首次进入美国、日本等主流医药市场，并积极建设海外中药材、健康保健、医疗康复相关产业，推动中医药大健康服务走出国门。北京同仁堂集团积极响应国家推动中医药事业"走出去"的号召，在新加坡、马来西亚、波兰等国家，因地制宜提供多品类的中医药个性化服务。其中中医针灸服务

---

① 高静、郑晓红：《基于海外传播平台的文明交流互鉴助推中医药国际传播与文化认同》，《中医药导报》2020 年第 13 期。

作为中医药学的重要组成部分，在世界范围内接受程度高，影响广泛，被欧美市场所认可。据世界针灸学会联合会统计，截至 2018 年末，中医海外医疗机构已达 10 万多家，20 多个国家有关于针灸的合法准入，注册针灸师数量 8 万余人。

（二）国际中医药法制法规进展

虽然近年来中医药在海外的发展取得了很大进展，但是总体而言，由于各国家和地区对于中医药的接受程度参差不齐，中医药发展在世界范围内的不同区域差异较大，中医药在各国的立法准入也受此影响。总的来说，在中医药发展较好的东亚、东南亚、欧洲、北美等地区中医药立法、准入相对成熟，而中医药发展较缓的中东、南美、非洲等地区中医药立法尚待加强。当前全球主要地区中医药立法进展如下。

（1）亚洲地区。韩国 1951 年规定东医与西医合法地位相同；日本政府 1972 年重新批准中医药教育合法化并为汉方提供医保支持和质量评价；越南政府官方宣布中医合法地位；新加坡政府卫生部成立传统中医药委员会专职进行中医药管理；马来西亚为传统医药颁布了《中医传统医药法令》，促进中医药合法化进程；泰国政府于 2000 年正式批准中医行医合法化；菲律宾政府推出传统医药法案，中医药适用其中条款。

（2）欧洲地区。欧盟 2004 年实行《欧盟传统药品法》推动中医药在欧盟成员国使用的合法化进程；匈牙利于 2013 年立法，标志着中医在本国合法化；法国 1987 年将中医药认证为正统医学；瑞士 2015 年颁布联邦职业考试计划，中医针灸通过考试可以拥有联邦合法认证；葡萄牙已对中医针灸进行合法化管理，在其卫生系统管理中心平台可以申请卫生服务证明开展中医针灸相关服务。

（3）美洲地区。加拿大魁北克省、艾伯塔省等部分省区均已赋予针灸合法地位；美国自 1986 年后全美 51 个州陆续确立中医针灸的合法地位，但美国的立法主要针对针灸而不是中医；智利政府也宣布针灸合法；巴哈马《卫生职业法》对中医进行合法化管理；巴西卫生部 2006 年将中医纳入其医疗系统，承认中医针灸、按摩等医疗服务合法。

（4）大洋洲地区。20世纪初澳大利亚成立中医管理局合法管理中医药事业；新西兰政府1990年正式推动针灸合法化。

（5）非洲地区。南非于2000年确认了多种中医主流疗法的合法地位。①

截至目前，还有英国、荷兰、德国、意大利等国尚未对中医药进行立法，美国等国家也仅仅针对针灸进行了立法，并未完全对中医药立法。由此可见中医药事业在全球的合法化进程还有很长的路要走。海外中医药立法是对海外中医药事业发展进行有效管理和传播的重要保障，有助于保障海外中医药服务质量，保证相关从业人员素质，并且为中医药的海外发展提供法律保障，享有合法化地位对中医药事业在目标国的发展具有重要意义。

（三）中药材种植与贸易发展状况

在中药材种植方面，《全国中药材生产统计报告（2020年）》显示：2020年中国中药材种植总面积约为8339.46万亩，药食同源类中药材约占总面积的65.79%，临床常用非食品中药材的种植面积约占28.77%，非常用中药材的种植面积约占5.44%。②整体来看，中国的药材种植品类集中于药食同源类中药材，临床常用的非药食同源类药材的种植则相对较少，而非临床常用的稀缺药材种植面积最少，仅占5.44%。随着中医药事业的不断发展，中国的中药材资源需求也在逐渐加大，中药材资源整体呈现逐渐稀缺的特征，且部分野生稀有品种濒危，对于中药材资源保护和合理开发的科学规划刻不容缓。

在中药材贸易方面，互联网公开数据显示，2021年全球中药材贸易市场持续受到新冠肺炎疫情的影响，2021年1月至9月，中国向境外出口中

---

① 海外华人中医药群集体：《国际中医药发展和立法情况概览》，《中医药导报》2016年第9期。

② 王慧、张小波、汪娟、史婷婷等：《2020年全国中药材种植面积统计分析》，《中国食品药品监管》2022年第1期。

药材 43.95 亿元，同比下降 6.9%，出口量 9.17 万吨，同比下降 3.6%。自中国—东盟自贸区建设以来，中国同东盟各国经贸合作不断深化，为中医药贸易提供了一系列优惠政策，使东盟各国与中国的中医药贸易逐年向好。中国中药材出口前十市场中，越南、马来西亚、泰国、新加坡四国均为东盟成员国。

中药材进口方面，2021 年 1 月至 9 月，中国进口中药材 5.41 万吨，同比增加 16.7%。由此可见，中国国内市场对于中药材资源的需求相对旺盛，且需求量持续增加。

后疫情时代，随着世界对于传统医药和替代医学的重视逐渐加强，以及 2022 年《区域全面经济伙伴关系协定》的全面生效，国际中医药贸易将有望享有更加广泛的市场机遇和各国更加优惠的政策待遇。

（四）中医药海外教育

开展中医药海外教育是促进中医药在海外地区持续性发展的重要手段之一，旨在帮助海外各地区构建完备的中医药人才培育体系，同时也是中医药对融入当前医学教育全球化的积极响应。

欧洲地区虽然早在 19 世纪便已开始研学中医针灸，但直到 20 世纪 70 年代，欧洲主要国家才开始接纳中医药。中医药教育在欧洲的发展经历了一个由华侨华人和少部分学者自发的师承式培养模式到规模化的学历教育体系的发展过程。据不完全统计，截至 2013 年，欧洲地区已有中医药各类培训机构 40 余所，5 年内培养中医、针灸相关从业人员 2000 余人，极大地推动了中医药事业在欧洲地区的发展。[1] 美洲地区虽然中医药教育发展较晚，但已有一定规模。据不完全统计，美国有数百所从事中医、针灸教育的高等教育机构，加拿大部分主流医学院校也逐渐增设了中医相关课程。澳大利亚出台《中医药管理法》，是第一个认定中医行医资格的西方国家，获得其卫生

---

[1] 李玲玲、刘佳、江丰：《世界中医药教育发展现状研究》，《中国高等医学教育》2013 年第 5 期。

部官方认可的中医药高等教育机构共有 14 个，可提供 28 个中医药相关专业文凭。[①] 20 世纪 90 年代初，南京中医药大学与澳大利亚 RMIT 共建中医专业，开创了中国海外中医学历教育的先河，也正式让中国中医首次融入西方教育体系。中医药海外教育从针灸、推拿等单方面培训向系统化的中医药教育发展，[②] 海外高等中医药教育体系逐渐完备。

自中国改革开放以来，在教育事业积极对外开放的助推下，中国国内各大中医药院校也逐渐主动走出国门，与海外相关高校、机构开展多层次的中医药教育合作，探索院校间学分互认的国际中医药人才培养模式，帮助海外地区构建当地中医药人才培养体系。未来随着中国和世界各国在中医药教育上的持续深度合作，中医药海外教育在国际医学教育中的影响力和话语权将持续提升。

（五）国际中医药科研合作

随着中医药全球化发展的进程不断推进，中国与世界各国在中医药科研方面的合作也不断加强。自 2015 年以来，中国政府已批准 181 项国际中医药科研合作专项，与 80 余个国家签署了相关合作协议。其中包括海外中医中心的建立、中医药国际合作基地建设、中医药国际标准构建等。中国国内中医药高校与国外多所院校机构建立海外中医学院、中医中心等，积极开展国际中医药科研。目前国内外已合作建设海外中医中心 56 个，其中比较典型的有北京中医药大学参与共建俄罗斯圣彼得堡中医中心、澳大利亚中医中心、德国魁茨汀中医中心和以肿瘤研究为特色的美国中医中心；首都医科大学附属北京安贞医院参与共建的中西医结合高血压病防治国际合作基地；上海中医药大学参与共建的中泰天然药物联合研究院；黑龙江中医药大学附属第二医院参与共建的中奥合作中医临床培训与科研基地等。

---

① 方磊、Boya Wang：《澳大利亚中医药发展现状调查及对中医药国际化教育与传播的思考》，《中医药文化》2016 年第 3 期。

② 陈骥、何姗、Chris Zaslawski：《海外注册中医师的胜任能力特征分析：以澳大利亚为例》，《中医药导报》2017 年第 14 期。

根据相关统计，2008 年至 2017 年美国《科学引文索引》拓展版共收录26254 篇中医药相关文献，其中文献较多的地区有：中国大陆 16837 篇、中国台湾 1832 篇、美国 1817 篇、韩国 1238 篇、英国 552 篇、德国 498 篇、日本 458 篇、澳大利亚 450 篇、巴西 271 篇和加拿大 206 篇。[①] 由此可见，近十年来在中国政府的支持以及中国与世界各国中医药科研工作者的共同努力下，国际中医药科研活动稳步发展，硕果累累。在中医药国际标准化建设方面，截至 2022 年 5 月，国际标准化组织/中医药技术委员会（ISO/TC249）已正式发布 85 项中医药国际标准，为全球中医药科研交流提供了一定参考。《国际疾病分类第十一次修订本（ICD-11）》首次纳入中医药相关内容，标志着中医药国际科研合作进入全新阶段。

三 全球中医药发展问题及思考

（一）中医未进入西方主流医疗体系

中国与海外国家开展的国际中医医疗服务目前以国家推动建设的海外中医中心和部分中医医疗机构为主，且目前仍处在发展探索的阶段。中医医疗在各国的接受程度也大不相同，总体来说在亚洲中华文化辐射区接受程度较高，而在欧洲、美洲和部分非洲地区接受程度较低，且在部分地区存在对中医局部认可的现象，比如只认可中医针灸而不认可中药和其他疗法。其原因很复杂，但中医药缺乏相关国际标准体系、尚未完全融入以西方医学为主导的世界医疗体系是客观事实。这种状态使欧洲、美洲等一些国家的人们未能通过国际医学交流活动全面地了解中医药的相关内涵，从而对中医药产生一些带有偏颇或是错误的认识。

---

① 丁然、于浩、王俊文、童元元、焦宏官：《基于科学引文索引的 2008~2017 年中医药论文发表及国际合作团队分析》，《中医杂志》2018 年第 9 期。

（二）国际中医药法律法规尚待进一步推进

当前中医药在各国的立法已经取得了一定的成效，但值得注意的是，以美国为代表的部分国家和地区对于中医药的立法仅仅停留在针灸方面，并没有在法律上全盘认可中医药的法律地位。这使这部分国家的中医师在从业过程中处于没有法律依据的"灰色地带"，其权益难以受到法律保护，中医药治疗也不能被合法地纳入这些国家的医疗保险报销范畴之内，这为中医药在当地的发展造成了很大的阻碍。部分中药材的正常贸易在一些国家仍存在法律壁垒。总而言之，中医药在世界各国家、地区的立法还需要进一步推动和完善，只有完备的中医药相关法律才能为中医药事业的海外发展提供保障。

（三）中药材资源管理有待加强

中药材资源是中医药产业赖以生存的重要资源，在目前的中药材进出口贸易里中国仍属于中药材资源的主要输出国，但大量的中药材出口额与中国目前中医药资源退化、稀缺药材短缺的国情严重不符。在中药材种植方面，中国国内对于中药材的种植主要受到市场导向的影响，其品类以药食同源类中药材为主，缺乏适应市场需求的科学引导。在进出口管理方面，中国目前中医药进出口贸易管理涉及海关总署、国家质检总局、国家药品监督管理局、国家中医药管理局等多个部门，责任主体不明确，存在监管不到位等问题。目前中国对于中药材资源的管理能力和水平仍需进一步提高，中医药产品出口结构仍需要进一步优化，只有科学管理中医药进出口贸易、合理配置国内中药材种植才能更好地促进中国乃至世界的中医药资源得到合理利用和保护。

（四）人才培养模式缺乏中医药特色

自中国与世界各国开展海外中医药教育合作以来，为了迎合西方医学教育体系，中医药海外教育大多采用院校教育模式。但众所周知，中医相较于西医更偏重于临床经验和医学实践，在很长一段时间内中医的传承均以师承模式为主。成熟的人才培养模式往往需要经过很长时间的打磨和完善，将中医药教育完全套用院校模式明显存在缺陷。此外，东西方文化差异也是影响中医药海外教育的难题之一，"辨证论治"理论、阴阳五行学说等中医传统原创理论在海外的推广和接受存在一定的难度。因此需要积极培育中医药海外教育相关人才，探寻一种既符合中医药自身传承发展特色又适应全球医学教学体系的新型中医药特色教育模式。

（五）国际科研合作区域发展不平衡

目前中医药国际科研成果主要集中于中国、日本、韩国、美国、英国、德国等国家，且中国在研究发文量上一枝独秀，说明当前中医药国际科研合作虽已取得一定成效，但区域间差异较大，仍然存在诸多不足之处，同东南亚、中东、南美、非洲等地的发展中国家和地区的国际合作还有待加强。国际中医药科研学术活动目前虽然已经取得了一定的进展，但总体而言规模相对较小，影响力十分有限。未来应充分发挥世界各地中医中心的优势与中东、南美等科研合作相对薄弱的地区开展中医药国际科研合作，帮助地方院校建立中医药国际人才培养体系，积极打造中医药国际科研创新平台，为中医药国际交流合作创造良好的科研环境，营造良好的学术氛围。

四　全球中医药发展策略与建议

（一）推动中医药标准化建设

目前中医国际医疗在全球不同区域的发展差异较大，主要原因之一是中医药缺乏标准化建设。在如今经济全球化的大趋势之下，打造统一的中医药国际标准是保障中医药进一步国际化发展的前提。建立中医药国际统一标准，能够为各国中医国际医疗的发展提供依据，为全球中医药事业的发展提供技术"纽带"。政府应积极集中科研院所、高校以及相关企业建立中医药相关体系标准，保障海内外中医药服务质量，维护中医药事业的国际公信力，让中医药能够充分破除技术性贸易壁垒限制，进一步实现现代化发展、全球化传播。推动中医药标准化建设是打破准入壁垒，积极融入全球医疗体系，促使中医药走向全球、服务世界的必由之路。

（二）提高中药材资源管理水平

合理利用中药材资源离不开对国内中药材种植的合理规划以及对国际上中药材贸易的精细化管理。在中药材种植规划上，应积极引导广大药农填补国内市场空白，合理种植中药材品类。在国际中药材贸易管理上应提高中药材进出口管理水平，明晰检验部门和管理部门的相关责任，做到权责分明的精细化管理。对珍稀药用植物的出口应加以限制，对国内缺乏的中药材资源进口加以支持，科学引导中医药贸易结构化转型，提高中成药等高附加值中医药产品出口比重，促进中药材资源的高质量、可持续发展。在保障正常国际中药材贸易的前提下积极引导国内企业参与国际中医药贸易，进一步促进国际中医药贸易高质量发展。

（三）优化中医药海外教育模式

中医药海外教育模式的选择不能盲目顺应西方体系生搬硬套院校模式发展，而是应该结合中医药自身文化特色，以全球范围内的中医中心、共建合作高校作为依托，在中医药教育全球化和中医医疗临床需求中不断自我探索、自我完善、自我改进。临床实践教育是中医药教育的重要组成部分之一，也是中医自古以师承制传承的主要原因，应创新适合中医药发展特点的中医药海外教育模式，既能有效应对目前形式单一的院校制人才培养模式弊端，吸纳传统师承制的长处，又能顺应当下全球化趋势积极开展国际合作。此外，优化中医药海外教育模式还应拓宽中医药海外教育的广度，积极培育大数据、人工智能、医疗辅助等与中医药结合的复合型人才，进一步促进中医药教育的现代化、国际化，推动中医药教育事业融入现代医学教育体系。

（四）促进全方位中医药科研合作

在中医药科研合作方面以中医医疗合作和中药科研合作为主，而在中医医疗器械、中医药健康食品等方面的相关合作则相对较少，中医药国际科研合作层面尚待丰富。应充分利用海外中医中心和中国国内中医药高等院校的优质资源，加强同东南亚、非洲等发展中国家的中医药人才培养合作，为当地培养中医药国际合作相关高层次人才。积极同海外医院、医学院校、相关研究机构开展中医循证医学研究、中医医疗器械开发以及药食同源健康食品相关合作，拓展中医药科研合作的广度；鼓励举办中医药科研相关的学术会议、高峰论坛等活动，挖掘中医药学科研究的深度。同时大力建设中医药国际科研创新平台，实现中医药国际科研合作的内容多元化和影响全球化。

（五）创新中医药全球传播路径

中医药在全球的推广与传播不应局限于医疗和科研，还应开展中医药文化传播以及中医药大健康产业相关合作，使中医药全球传播路径更加多元化。应充分发挥中医中心和孔子学院对于区域的辐射影响作用，举办相关义诊、文化宣传活动推广中医药文化。发挥中医药在欲病救萌、养身保健方面的特色优势，推进中医药国际医疗旅游与康养旅游相关健康活动的开展，丰富全球中医药传播路径，从而提高世界各地区群众对于中医药的接受和认可程度。

五 总结与未来展望

21 世纪以来全球健康模式发生转变，西方医学并不能全面满足人们日益增长的医疗健康需求，中医药等优秀世界传统与补充医学，再次走进人们的视野，成为解决医疗健康需求缺口的另一选择。《世界卫生组织传统医学战略（2014~2023）》明确表示支持包括中医药在内的世界传统医学对健康、福祉和以人为本的卫生保健做出贡献。以此为契机，中国国务院印发的《中医药发展战略规划纲要（2016~2030 年）》提出支持海外中医药事业发展，积极建设海外中医中心、医疗机构，推动中医药事业更好地"走出去"。

中医药是中华民族数千年来在与疾病的斗争中逐渐形成并完善的医学体系，既源自中国又属于世界。推动中医药走向世界是中医药高质量发展和传承创新以及中国服务贸易发展战略大格局中的重要组成部分，伴随中国国际影响力的增加，全球中医药发展潜力巨大，对于共建世界命运共同体和推进"一带一路"倡议具有重大的战略意义。推进中医药高质量融入"一带一路"建设，助力共建人类卫生健康共同体，深化中医药交流合作，扩大中医药国际贸易，被列为国务院办公厅 2022 年 3 月印发的《"十四五"中医药发展规划》十大重点任务之一。

全球健康以促进全人类健康为宗旨，关注跨越国界和地域的健康问题，促进健康科学领域内部和外部的多学科合作。推进建设全球卫生健康共同体，需要整合传统医药与补充医学，中医药可以为达成全球健康目标提供中医智慧和中国方案。中医药传承发展必须突破路径依赖与惯性思维，在高质量发展提升内功的同时，不仅要走出医院拥抱大健康，还要走出中国走向全球服务全人类，为全球健康和共建人类卫生健康共同体贡献中国力量，提供中医方案；中医药国际医疗旅游和中医药国际康养旅游是中医药服务贸易的重要组成部分，是推动中医药全球发展的创新路径与重要抓手。

未来中医药将在循证医学、医疗旅游、康养保健等多个方面融入全球健康，与现代西方医学一起优势互补、协调发展，共同完善现有全球卫生健康体系。中医药的全球化发展将迎来以下趋势。

一是重视品质疗效的高质量发展趋势。疗效是中医药走向世界的核心竞争力，是中医药在世界范内广为认可的基石，但长期以来国际上中医药质量缺乏标准化规范，去粗取精、去伪存真促进中医药标准化建设推动高质量发展势在必行。

二是拥抱中医大健康产业的多元化发展趋势。未来中医药全球化将不单一局限于中医药科研和医疗合作，而是包括中医药健康服务、中医医疗器械、中医药国际医疗旅游、康养旅游等中医药相关产业的共同发展。

三是积极融入全球健康体系的现代化发展趋势。中医药走向世界是中国同世界各国交流互鉴的过程，要想让中医药事业广为国际社会所认可，必须

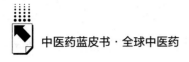

积极开展中医药循证医学研究合作，优化中医药科研方法，充分运用现代科技手段助力中医药事业现代化、产业化发展，使中医药更好地融入全球健康体系。

本报告通过文献研究法对中医药全球发展过程中的医疗卫生合作、法律准入、中药材种植与贸易、海外教育、国际科研合作等发展现状进行梳理分析，并提出建设性建议，以期为中医药事业在全球的进一步发展提供支持和参考。2022年在新冠肺炎疫情持续肆虐，以及全球人口老龄化趋势进一步加剧等多重因素的影响之下，全球医疗卫生系统正面临前所未有的巨大挑战。中医药以其在抗击新冠肺炎疫情方面的优异表现以及在养生保健方面的独特优势再次受到全世界的关注，越来越多的国家开始接受认可中医药，中医药事业的全球化发展进程迎来了前所未有的良好机遇。

随着后疫情时代的来临，全球人民越发意识到世界各国命运休戚与共，构建全球卫生健康共同体刻不容缓，而中医药事业的全球化发展就是建设人类卫生健康共同体的重要组成部分。中医药已经造福中华民族数千年，未来必将走向全球惠及全人类。没有传统医药的全球健康是不完整的，随着中医药在全球范围的传播与发展，中医药将为全球健康和共建人类卫生健康共同体做出更加突出的贡献。

行业发展篇

Industry Development Reports

B.2

境外中医中心发展报告

曹建春　吴振斗　荆志伟　程亚清　牛少辉*

摘　要： 中医药是中华文明的瑰宝，是国家文化软实力的重要体现，随着"一带一路"倡议的不断推进，中医药迎来了前所未有的大好时机。作为国家推进中医药"一带一路"发展的关键载体与途径，境外中医中心的不断发展与完善成为中医药传播与交流、中医药国际化发展的中流砥柱。境外中医中心通过中医诊疗、中医药教育、科学研究等多方面协同发展，传播中医药理论，培养中医药国际化人才，拓宽中医药实践版图，加快中医药国际化进程。本报告通过文献研究的方法系统总结境外中医中心发展的政策背景、发展的意义以及发展现状、存在的问题及相应的对策措施。建议境外中医中心未来应更加注重高质量发展，完善人才队伍建

---

* 曹建春，中西医结合临床博士、北京中医药大学东方医院主任医师，博士生导师，主要研究方向为中西医结合防治周围血管病、风湿病；吴振斗，国家中医药管理局国际合作司司长；荆志伟，研究员，博士生导师，中国中西医结合学会常务副秘书长、中国中医科学院广安门医院脑病科主任医师，主要从事中药临床安全性研究及内科临床工作；程亚清、牛少辉，北京中医药大学东方医院中西医结合临床博士。

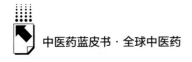

设，打造多元化的中医药品牌，解决境外中医中心可持续发展问题，推动中医药国际化，并逐步扩大境外中医中心发展版图。

关键词： 境外中医中心　中医药国际化　人才队伍建设

随着国家"一带一路"倡议的不断推进，境外中医中心发展迅速，取得了不错的成绩。境外中医中心是指国内政府部门、大学、研究院所、医疗机构等与境外政府部门、行政管理机构、大学、研究机构、医疗机构等共同合作，在境外建立的，集中医医疗、教育、科研、文化传播于一体的机构，是中医药文化走向国际的重要推手。截至目前，中医药已传播到世界196个国家和地区，同40多个国家和地区签署了中医药国际合作协议，在共建"一带一路"国家建立了一批中医中心，国内有17家中医药服务出口基地。

本报告系统总结境外中医中心的发展现状，并从国家政策背景、境外中医中心建设的意义、境外中医中心建设的现状以及存在的问题等多个维度对境外中医中心的发展进行评价，为今后境外中医中心的发展提供参考。

一　境外中医中心迅速发展的政策背景

（一）"丝绸之路经济带"和"21世纪海上丝绸之路"战略部署

"丝绸之路经济带"和"21世纪海上丝绸之路"，简称"一带一路"，是2013年由习近平总书记提出的合作倡议。"一带一路"借用古代丝绸之路经济带之意，期望实现中国与共建"一带一路"国家之间的合作共赢，共同构建人类命运共同体。由英国彼得·弗兰科潘创作的历史性著作《丝绸之路：一部全新的世界史》中写道："丝绸之路曾经塑造了过去的世界，甚至塑造了当今的世界，也将塑造未来的世界。"所以说，无论是古代的丝绸之路，还是如今的"一带一路"，造福的是世界人民。通过此次疫情，也可以发现，人类健康命运共同体是相关联的，在疫情面前，没有哪个国家能独善其身，唯有共同抗疫，才能打赢这场没有硝烟的战争。目前，世界迎来了百年未有之大变局，新一轮的科技革命和产业变革也即将迎来前所未有的激烈竞争。"一带一路"实现"南南合作"与"南北合作"，范围涉及发展中国家和发达国家，旨在实现各国人民和平、发展、合作、共赢，推进世界共同发展、构建人类命运共同体。

境外中医中心的建立正是"一带一路"倡议下的优秀成果之一。2015年"丝绸之路经济带"和"21世纪海上丝绸之路"的战略部署，是使中国"走出去"，更好地和国际接轨，实现共赢的合作新模式，为中医走向世界提供了很好的机会。[①] 2015年，在"一带一路"倡议下，我国国家中医药管理局确立首批17个中医药国际合作专项，建立了首批海外中医中心，将中医药理论、文化、服务、产品等推广到世界。[②] 首批海外中医中心有中国—吉尔吉斯斯坦中医中心、中国—美国中医药肿瘤合作中心、中国—法国中医中心（巴黎）、中国—马拉维中医中心、中国—马来西亚中医中心、中国—澳大利亚中医中心（悉尼）、中国—卢森堡中医中心、中国—中东欧中医医疗培训中心、中国—俄罗斯中医中心（圣彼得堡）共9个境外中医中心。这对中医药的传承发展，对中医药走向世界意义重大。

国家中医药管理局、国家发展和改革委员会联合印发《中医药"一带一路"发展规划（2016~2020）》，根据"一带一路"倡议，在其沿线国家成立30个海外中医中心，颁布20个中医药相关的国际标准，注册100种中药产品，建设50家中医药对外交流合作基地。[③] 2017年5月，第一届"一带一路"国际合作高峰论坛在北京举行，就加强国际合作、实现优势互补、促进协同发展展开讨论，旨在加强各方发展战略对接，推动国际合作，实现合作共赢。2019年4月25~27日在我国举办了第二次高峰论坛，开启了

① 刘卫东：《"一带一路"战略的科学内涵与科学问题》，《地理科学进展》2015年第5期。
② 蒋继彪：《海外中医药中心发展策略研究》，《世界中西医结合杂志》2016年第4期。
③ 《国家中医药管理局、国家发展和改革委员会发布〈中医药"一带一路"发展规划（2016~2020年）〉》，《中医杂志》2017年第4期。

"一带一路"高质量发展的新阶段。

2019年10月,《中共中央 国务院关于促进中医药传承创新发展的意见》提出,要推动中医药开放发展,推动中医药向海外的传播,鼓励建设高质量境外中医中心、国际合作基地平台,积极响应"一带一路"国际合作战略,促进中医药的融合发展。①《推进中医药高质量融入共建"一带一路"发展规划（2021~2025年）》中也明确指出要建设更多的高质量的境外中医中心,并发布更多的中医药国际标准,传播中医品牌,建设国际合作基地,建立中医药服务出口基地,打造一支国内外合作的医疗队伍。②

（二）习近平新时代文化观和国家文化软实力的建设

中国共产党第十九次全国代表大会通过了《中国共产党章程》的决议,把习近平新时代中国特色社会主义思想正式写入党章。习近平新时代中国特色社会主义思想是马克思主义中国化最新的成果,倡导文化自信,推动社会主义文化繁荣昌盛。

习近平总书记在党的十九大报告指出:"文化是一个国家、一个民族的灵魂。文化兴国运兴,文化强民族强。"所以说坚定文化自信,提升国家文化软实力是我们国家的精神支柱,是我国走向繁荣昌盛,走向国际的根本。党的十九大报告指出:"发展中国特色社会主义文化,就是以马克思主义为指导,坚定中华文化立场,立足当代中国现实,结合当今时代条件,发展面向现代化、面向世界、面向未来的、民族的、科学的、大众的社会主义文化,推动社会主义精神文明和物质文明协同发展。"我国屹立于世界民族之林的重要突破点,在于文化的传承与发展。优秀文化是一个国家的名片,是各国人民了解中国,与中国交流合作共同发展的基石。党的十九大报告进一

---

① 《中共中央 国务院关于促进中医药传承创新发展的意见》,《人民日报》2019年10月27日。
② 《〈推进中医药高质量融入共建"一带一路"发展规划（2021~2025年）〉印发推动中医药国际合作》,《中医杂志》2022年第4期。

步指出："推动中华优秀传统文化创造性转化、创新性发展，继承革命文化，发展社会主义先进文化，不忘本来、吸收外来、面向未来。"整个华夏民族有上下 5000 年的历史，中国传统文化是我们的精神食粮，我们要继承和发扬，同时也要吸收外来文化的精华部分，西为中用，中西结合。中国传统文化也是我国文化软实力的体现，软实力有一种无形的力量，其与政治、经济、军事等硬实力一样，都是一个国家繁荣富强的重要标志。

中医药与中国传统文化息息相关、密不可分，凝聚着博大的哲学智慧和数千年的中华民族健康养生理论和实践经验，对于提升我国文化软实力至关重要。目前，医学模式和人们的健康观念逐渐改变，中医药得到了世界范围内的广泛认可，国际交流与合作日益增多。2012 年 7 月 20 日，习近平在会见前世界卫生组织总干事陈冯富珍时指出，要加强国际的交流与合作，为推进全球卫生事业发展做出自己的贡献。2016 年国务院新闻办公室发布了首个中医药白皮书，中医药发展迎来了天时、地利、人和的大好时机，中医药的社会地位逐渐上升。如何充分利用好国家相关政策，继承、发扬中医药文化，不断提升国家文化软实力，是我们始终追求的目标。在这样的历史机遇中，要传承精华、守正创新，努力推进中医药现代化、中医药国际化，使中医药走向世界，为世界文明贡献一分力量。

二　境外中医中心建设的重要意义

（一）建设境外中医中心，积极响应习近平总书记有关中医药发展的重要讲话精神

境外中医中心是集中医药医疗教育、医疗服务、科研合作、文化交流于一体的综合性平台，是中医药国际化的必然产物。有利于中西医结合的发展、中医药的传承创新，彰显国家文化自信，提升国家文化软实力，对于实现我国民族伟大复兴的中国梦做出了巨大的贡献。2015 年，习近平总书记祝贺中国中医科学院成立 60 周年并指出，中医药迎来了天时、地利、人和

的大好时机，要充分认识并发挥中医药特色的优势，不断推进中医药现代化建设和推动中医药走向世界，为实现中华民族伟大复兴的中国梦谱写新的篇章。2019年在全国中医药大会上，习近平总书记强调，要坚持中西医并重，中医药事业高质量发展，推动中医药走向世界。所以说努力打造境外中医中心、推动中医药走向世界是国家的需要，是世界人民的需求，也是历史的必然。

（二）建设境外中医中心，响应国家战略布局措施，促进中医药文化的交流与合作

2013年，习近平总书记在十八届中央政治局会议中指出了提高国家文化软实力的重要性。党的十九大报告进一步指出文化繁荣与实现中华民族伟大复兴中国梦的密切联系。党的十九届五中全会指出，在2035年要建成文化强国，进一步提升我国文化软实力。中医药作为我国传统文化的重要组成部分，且与传统文化息息相关，党中央、国务院高度重视中医药文化的传播与交流，中医药与国际的接轨迎来了新的历史时期。随着"一带一路"的推进，境外中医中心的建设逐渐提上日程。境外中医中心可以说是中医药文化传播交流的重要媒介，通过在境外建立中医中心，可以将中国传统文化知识、中医药理法方药，以及中医药产品、技术、服务等传播到海外，并定期举行中医教学、培训、交流等活动，这对于促进国内外交流合作、推动经济发展、提升健康水平等起到了重要的桥梁作用。同时，也可以加强当地民众对中医的信任度与关注度，推动更进深层次的交流合作。境外中医中心的建立是积极响应国家经济发展政策和"一带一路"倡议的重要举措，也是提升国家文化软实力的载体和途径。

（三）建设境外中医中心，推动中医药国际化

据不完全统计，世界各地有30多万个中医诊所，数十万中医从业人员遍布于世界各地，为当地民众提供中医医疗服务。在境外建设中医中心，促进中医与西医的交流与融合，为建设我国特有的中西医结合的道路奠定了基

础，是中医药国际化、中医药走向世界的重要措施。通过建设境外中医中心，可以打造中医药品牌服务、传播中医药文化、传承发展中医药方法技术，建设具备国内外交流技能的专业人才队伍，推动中医药"走出去"，推动中医药理论、中医药文化、中医药产品与服务国际化。2019年底，突如其来的新冠肺炎疫情，给世界各地造成了巨大的损失。中国科学院院士、国家中医药管理局医疗救治专家组组长仝小林说："面对百年不遇的全球大疫，可以说，中医经受住了这场百年大考。"在我国，中医药参与了全流程救治，而在其他国家，中医药也起到了积极的作用，向世界展示出了中医药的亮丽名片。

（四）建设境外中医中心，推动中医药在国际上的合法化

1992年，澳大利亚是全球第一个推动中医药合法化的国家，并于2002年率先设置中医课程，推动了中医药国际化的发展。可以说，中医药在国际上的合法化是中医药国际化的前提和基础。即使在有些国家和地区已经合法化，但中医仍然是替代医疗而非主流医学，中医药未能进入医保报销范畴，也影响了其向国际的推广。通过建设境外中医中心，提高当地政府对中医药的认可度与信任度，提高中医药的国际影响力，可以从一定程度上推动中医药在国际上的合法化。2019年5月，第72届世界卫生大会在瑞士日内瓦召开，此次会议通过了《国际疾病分类第十一次修订本（ICD-11）》，初次把中医药纳入传统医学的章节。这说明中医药即将在国际上成为主流医学，而不仅仅作为补充替代医疗。

三 境外中医中心建设现状

2015年，在"一带一路"倡议推动下，中医药的国际影响力及国际地位逐步提升。从2015年到2020年，我国共立项支持了5批海外中医中心项目。2017年11月《中国中医药报》报道：中医药国际合作专项开展3年来，设立的"一带一路"中医药海外中心已基本联通"一带一路"，支

点覆盖五大洲。① 主要以中医药高校或中医医院、企业等合作为基础建立的境外中医中心，涉及中医医疗、中医保健、中医科研教育、中医文化、中医产品、中医服务等多个领域，对促进中医药的传播与交流，实现中医药在国际上的合法化，突破替代医疗的束缚起到了重要的作用。

（一）境外中医中心发展概况

2015年在国家中医药管理局、中央财政经费的支持下，首批9个境外中医中心成立，包括中国—吉尔吉斯斯坦中医中心、中国—美国中医药肿瘤合作中心等。之后，根据"一带一路"倡议，在共建"一带一路"国家逐步建立境外中医中心。预计在2021~2025年，继续在共建"一带一路"国家建立30个高质量的境外中医中心。所以说，"一带一路"倡议为中医药走向世界提供了难得的历史机遇和广阔的发展前景。

自境外中医中心建设以来，其在推动中医药文化交流、传播等多方面取得了一系列成果。1990年，由北京中医药大学承办的我国第一所境外中医中心德国魁茨汀医院成立，为中医药的海外传播起到了模范带头作用。中国—缅甸中医中心，以中国文化为中心，建立了集中医药教育、中医科研、文化交流于一体的综合中心。② 2014年筹建的中国—俄罗斯中医中心（圣彼得堡）是第一所在俄的全科中医院，涉及内科、针灸、推拿、儿科、康复等多个领域，并拥有顶级的专家医疗队伍。2015年6月成立的中国—捷克中医中心，开启了中医中心新模式，治疗的疾病多以顽固性的颈肩腰腿痛和各种神经系统疾病为主，并开展针灸、耳针疗法等的研究，做到了医、教、研三点的统一。③ 境外中医中心各具特色，努力打造属于自己的中医特色，旨在宣传中医文化、打造中医品牌项目，促进文化的交流与民心的相通。

---

① 《国家中医药管理局、国家发展和改革委员会发布〈中医药"一带一路"发展规划（2016~2020年）〉》，《中医杂志》2017年第4期。
② 魏宁颐、周青、左媛媛、熊磊：《"一带一路"倡议下中国—缅甸中医中心建立的思考》，《亚太传统医药》2019年第6期。
③ 姚嘉文、胡峻、王见义、陈静静、周华：《"一带一路"战略下的海外中医中心运营现状初探——以中国—捷克"中医中心"为例》，《中医药文化》2017年第4期。

境外中医中心发展的业务是多元化的，各具特色。有的以传播中医药文化、中医药技术为主，承担中医药医疗保健服务、宣传及培训中医药适宜技术、举办中医药展览等。有的以科研方面为主要特色，承担中医药物的开发与研制，中医药相关的基础与临床科研项目、中医药相关保健品的研发与推广，中医药相关医疗器械的研发、销售与推广等。从目前医院就诊情况来看，多数患者会选择针灸治疗，疾病多集中在疼痛、神经系统等慢性疾病，尤其是针灸的止痛效果是被国外民众所认可的。

（二）境外中医中心取得的进展情况

1. 政策沟通持续深化，贸易畅通卓有成效

"十三五"期间，中医药参与共建"一带一路"取得积极进展。中医药已经在 196 个国家和地区传播，在第十一次修订的《国际疾病分类》中，将中医药纳入传统医学章节，中医药的国际影响力、中医药在国际上的传统医学领域的话语权得到显著的提升。目前，中医药内容纳入 16 个自由贸易协定，已建设 17 个国家中医药服务出口基地，中医药类产品进出口贸易总额累计达到 281.9 亿美元，中医药服务与产品应用范围进一步扩大。

2. 资源互通有序推进，科技联通成果丰硕

建设 30 个较高质量的海外中医中心和建成 56 所中医药国际合作基地，为共建"一带一路"国家的民众提供优质的中医药服务，推动中医药类产品在更多国家注册。与国际标准化组织合作制定颁布 64 项中医药国际标准，复方青蒿素快速清除疟疾项目帮助非洲逾百万人口地区短期内实现了从高度疟疾流行区向低度疟疾流行区的转变。建成中医药领域首个国家级"一带一路"联合实验室。

3. 民心相通日益加强

中医药纳入多个政府间人文交流合作机制，藏医药浴法列入联合国教科文组织人类非物质文化遗产代表作名录，打造了一批中医药国际文化传播品牌，与共建"一带一路"国家传统医学教育合作迈出坚实步伐，中医药的国际认可度和影响力持续提升。

（三）境外中医中心分布情况

随着"一带一路"倡议的稳步推进，境外中医中心的建设取得一系列成果。目前，境外中医中心已经覆盖了五大洲，包括欧洲、亚洲、大洋洲、非洲和北美洲，形成了各具特色的中医中心合作模式，旨在促进中医药文化的传播与交流，以及中医药医、教、研的协同发展，推动中医、中药的传播与推广。

1. 欧洲地区

欧洲地区成立的境外中医中心共 26 个，所占比例最高。其中比较有代表性的有中国—捷克中医中心、中国—俄罗斯中医中心（圣彼得堡）、中国—法国中医中心（巴黎）、中国—匈牙利中医中心、中国—马耳他中医中心、中国—瑞典中医中心、中国—卢森堡中医中心等。

（1）中国—捷克中医中心

中国—捷克中医中心成立于 2015 年，是由上海中医药大学附属曙光医院与赫拉德茨市医院联合创办，该中心是"一带一路"首个卫生合作的项目，以中医药的临床研究、中医药研发和培训为主，同时兼顾医、教、研协同发展，对于推动中西医医学融合起到了重要的示范引领作用。

（2）中国—俄罗斯中医中心（圣彼得堡）

中国—俄罗斯中医中心（圣彼得堡）于 2016 年正式开始运营，致力于医、教、研协同发展，目前成立了中医内科、针灸科、推拿科等 9 个科室，由中国、俄罗斯的顶级专家医疗团队组成。

（3）中国—法国中医中心（巴黎）

中国—法国中医中心（巴黎）于 2015 年成立，该中心以中医药临床研究为主，以中医的临床疗效为关键研究要点，其中比较有代表性的临床研究有"黄葵胶囊治疗 2 型糖尿病肾病的随机、双盲、平行对照、多中心临床试验"，该研究历时十年之久，是中国和法国政府之间合作的最大的研究项目，为中医药的国际合作提供了很好的范例。

（4）中国—匈牙利中医中心

中国—匈牙利中医中心于2014年成立，该中心以中医药的资源开发为主，研发中药产品和推广中医医疗器械，一定程度上推动了中医药服务贸易的发展。据报道，该中心在仅成立的一年间，就接待了匈牙利及其周边国家的患者超过7000人次，使中医药文化的魅力逐渐深入人心。

2.亚洲地区

亚洲地区成立的中医中心共15个，其中有代表性的有中国—以色列中医中心、中国—马来西亚中医中心、中国—泰国中医中心、中国—尼泊尔中医中心、中国—吉尔吉斯斯坦中医中心等。

（1）中国—以色列中医中心

中国—以色列中医中心于2018年成立，由浙江省中医院和以色列益年堂中医诊疗中心创建，该中心集中医药临床、科研于一体，旨在推广中医药文化，另外还包括在当地种植中医药，推动中医药本土化等多方面的合作，同时积极开展远程诊疗，重视医养结合。

（2）中国—马来西亚中医中心

2017年，广西中医药大学与马来西亚拉曼大学共同创建成立了中国—马来西亚中医中心，该中心注重医疗、科研、中医文化、教育培训等多方面的合作，旨在打造集医、教、研于一体的中医药合作平台，积极开展中医临床教学、中医药研究及中医药文化宣传等工作，推动了中医药在东盟国家的发展。

（3）中国—泰国中医中心

中国—泰国中医中心于2018年成立，该中心建立了医疗、教学、科研、人才培养、管理等多方面的合作。2021年8月，上海中医药大学附属龙华医院与徐汇区归国华侨联合会、泰国华人青年商会、华侨基金会签署了合作协议，将中国—泰国中医中心建设成示范性中医中心，探索多元化、多中心建设，共同促进中泰两国之间的合作发展。据报道，该中心在2021年荣获了"泰国中医药示范单位"的称号。

3.大洋洲地区

大洋洲地区成立的中医中心共6个，其中有代表性的有中国—澳大利亚中医中心（悉尼）、中国—澳大利亚康平中西医结合医疗中心、中国—澳大利亚振动中医中心等。

（1）中国—澳大利亚中医中心（悉尼）

中国—澳大利亚中医中心（悉尼）成立于2016年，由北京中医药大学承办。该中心充分结合北京中医药大学与西悉尼大学两所著名大学的优势，建立了集中医医疗、教育、科研和中医文化交流于一体的综合性平台。该中心自成立以来，积极推进中医药防治重大疾病的多中心、中西医结合的中医医疗与科学研究的合作。在2017年，创立了大洋洲第一个以中医为核心的中澳肿瘤科研合作的平台。2018年，中医中心的医师成为澳大利亚第一批科研、教育系统下的限制性执业准证获得人员，即可以从事中医临床工作的执业许可证，为当地居民提供专业的中医诊疗服务。

（2）中国—澳大利亚康平中西医结合医疗中心

中国—澳大利亚康平中西医结合医疗中心，是2014年由中国天士力集团与澳大利亚康平国际医疗集团共同成立的。该中心以中西医结合为主要特色，建立中西医结合模式基地，建立了中医诊疗、中药营销、中医药教育、植物药及保健品等的物流基地等职能板块，形成了六大职能中心，推动了中医药在澳大利亚的传播与发展。

4.非洲地区

非洲地区成立的中医中心共5个，其中有代表性的有中国—马拉维中医中心、中国—毛里求斯中医中心、中国—多哥中医中心等。

（1）中国—马拉维中医中心

中国—马拉维中医中心即马拉维青蒿素抗疟中心，是广州中医药大学与马拉维卫生部和疟疾中心共同合作创立的，以抗疟药物的研究与开发为主。疟疾防治项目切实减轻了疟疾对人们的危害，短期内控制疟疾流行，对于中医药在非洲的传播与交流合作产生了较为深远的影响，有助于提升中非之间的友谊。

（2）中国—毛里求斯中医中心

2019年，中国—毛里求斯中医中心正式运行，由上海中医药大学附属岳阳中西医结合医院承办。该中心就中医医疗、教育、科研等多方面进行合作，充分发挥中医药的特色和优势，让中医药的优质服务造福更多非洲的百姓，推动中医药在海外的发展和文化传播。

5. 北美洲地区

北美洲地区成立的中医中心共2个，是中国—美国中医药肿瘤合作中心、中国—北美广誉远中医中心。

（1）中国—美国中医药肿瘤合作中心

中国—美国中医药肿瘤合作中心由中国中医科学院广安门医院承办，该中心以中医药防治肿瘤的科学研究为主，旨在推进中医药防治肿瘤的科学化、国际化进程，使全球更多肿瘤患者受益。

（2）中国—北美广誉远中医中心

中华老字号广誉远始建于明嘉靖二十年（公元1541年），该制药企业集中成药的研发、生产、销售于一体，积极践行"一带一路"倡议，在美国成立了中国—北美广誉远中医中心，传承、传播中医药文化，推动中医药走向世界。

（四）不同发展地区的境外中医中心发展现状

根据不同国家和地区经济发展水平和诊疗需要，中医中心的发展状况也有所不同。发达国家的医学理念，随着崇尚健康观念的产生而发生了根本性改变：医学目的正由治疗疾病转为维护健康。西方国家医药体系由于日益突出的药物毒副作用、耐药性以及不堪重负的医疗费用等问题而举步维艰。在发展中国家，其医学理念尚停留在挽救生命、减轻病痛的层次，中医药因其简、效、廉的优势，在发展中国家显示出了强大的生命力和广阔的发展前景。另外，发展中国家因为可负担性和可获得性好，中医药得到更加广泛的推广和应用。

1. 发展中国家中医中心的发展现状

截至目前，已经建立中医中心的发展中国家主要集中在距离我国较近的西亚、东南亚国家和非洲国家。亚洲地区由于受亚裔、华裔文化的影响，民族都有浓厚的中医药信仰。目前为止，境外中医中心已经在东亚、东南亚、南亚、西亚及中东地区建立并运行。国内中医药大学和医院运用中药、针灸等中医治疗手段，为中医中心所在国家民众提供中医药诊疗服务。同时，还通过驻外大使馆、孔子学院和各界联合会合办的义诊活动，向国外友人提供中医药健康服务，宣传中医药、养生保健与中国传统文化知识，扩大中医药与传统文化的影响力。另外，国内还派遣医师结合当地中医药教育的实际需求，制定多种中医操作技术教学大纲以及中英文双语 PPT 课程，在当地开展中医药专业教育。在新冠肺炎疫情期间，外派工作人员还参与制定适合所在国的防控疫情相关预防、诊疗方案和规章制度，向当地民众宣传正确的防控及保健方案。

以中国—泰国中医中心为例，中心由上海中医药大学附属龙华医院与泰国华侨中医院合作建设。中国—泰国中医中心在 2019 年病人的总数近 20 万人次，是目前服务量最大的海外中医中心。中国—泰国中医中心的主要工作包括：派遣医生赴泰国开展教育培训及健康讲座；建立教学合作平台，培养本科生、研究生；加强师资培训，充实国外教学师资力量；搭建龙华医院—泰国中医中心（华侨中医院）远程信息共享平台。在中医药服务向更广大地区推广的政策指导下，华侨中医院于 2015 年和 2018 年设置 2 个分院。目前中国—泰国中医中心一共有 50 多名中医师，其中从中国知名中医药大学毕业的泰国硕士及博士一共有 38 名，另有数名具有几十年从医经验的中国老专家和教授。在中药房管理方面，中国—泰国中医中心坚信"医好药好，疗效才好"的原则，努力提高中药材的质量以及中药房服务的质量，制定了中药房标准工作流程手册，提高了备药、抓药、煎药、制药以及发药等工作效率，还创建了高效便捷的发药系统，在中药库内建立了"中药材综合学习中心"，是泰国中药材学习和交流的综合中心。

在非洲，境外中医中心主要集中在非洲南部，包括南非、毛里求斯、摩洛哥及莫桑比克。非洲因为其经济发展滞后，卫生水平较低，疟疾、艾滋病、伤寒等传染病是整个非洲地区面临的主要医疗问题。现代医学治疗的高昂费用令许多非洲人民难以负担，简便验廉的传统医药治疗方式成为许多民众唯一的选择。因此，如何帮助非洲国家解决抗疟、防治艾滋病等问题是中医中心的首要发展目标。此外，非洲国家特有的社会发展环境使中医药容易被人民接受，中医药在非洲比在西方国家有更大的发展空间。以中国—马拉维中医中心为例，此中心在2018年建立，由广州中医药大学承办，旨在解决当地最为迫切的疟疾问题。该中心建立之初，抗疟团队同巴布亚新几内亚卫生机构对基里维纳岛45000多名居民分发青蒿素哌喹片。基里维纳岛疟疾人群带虫率由项目实施前18%降至0.31%，降幅达98.3%，基本控制了疟疾在当地的流行。

2. 发达国家中医中心的发展现状

绝大多数海外中医中心是建立在以发达国家为主的欧美地区，由于人口老龄化和生活方式的改变，心脏病、肿瘤、脑血管病、糖尿病等慢性病正在成为发达国家的沉重负担。这些慢性病较为复杂，单纯用一种治疗方法往往显效缓慢。中医药综合疗法包括中医药口服及外用、针灸、推拿等多种方法，在治疗中风后遗症、骨关节疾病、功能失调性疾病、亚健康状态等方面效果显著。

以中国—澳大利亚中医中心（悉尼）为例，中心是在中国国家主席习近平和时任澳大利亚总理阿尔伯特见证下建立的。在过去的五年中，中澳双方密切合作，朝着既定的方向不断奋斗、开拓创新，共同打造"医教研文一体化"的实体合作平台，取得了令人瞩目的成就和进步。2018年，中心的医师成为澳大利亚历史上首批在科研与教育系统目录下的限制性执业准证获得者，通过中医药特色的、具备切实临床疗效的方法为当地人民提供专业医疗服务。中医中心除了将文化传播融入所有的医教研工作中，还在西悉尼大学中澳文化中心以及重要的悉尼华人社区和澳大利亚电台传播中医文化，开展健康咨询，举办太极拳、食疗和气功活动，以及发表科普文献。

（五）不同传播形式的境外中医中心发展现状

1. 以医学研究为主的境外中医中心

2014 年，由中国中医科学院承担的中国—美国中医药肿瘤合作中心正式启动，该中心以中医药防治肿瘤的基础研究和临床研究为主，同时关注高层次人才队伍建设。2014 年，湖南中医药大学与卢森堡共同合作成立了中国—卢森堡中医中心，该中心重视中医药的联合研发，包括中医药产品的上市、成果的转化、产品质量的标准化等多项工作，同时兼顾国家人才队伍建设，并努力提高中医药国外交流与合作的水平，推动中医药文化在世界范围内的传播与发展。中国—匈牙利中医中心是由甘肃省人民政府、甘肃省卫生和健康委员会主抓，甘肃中医药大学及附属医院实施的项目，该中心借助享有"千年药乡、天然药库"之称的甘肃的资源优势，致力于陇药产品的研发、注册及出口工作，促进甘肃中医药走出国门，走向世界。2015 年，由广州中医药大学承担建立的马拉维中医中心成立，就青蒿的规范化种植、疟疾防治、青蒿素安全用量和马拉维抗疟草药研发展开深入合作。2019 年，湖南中医药大学与巴基斯坦卡拉奇大学合作的中—巴民族医药研究中心成立，双方就"中—巴民族医药"及"中—巴中医药"展开深入研究，促进中医药的传播与推广。

2. 以医疗服务为主的境外中医中心

北京中医药大学德国魁茨汀医院，即中国—德国中医中心，是我国成立的第一所境外中医中心，至今已有 30 多年历史。该中心始终秉承"患者至上，疗效第一"的原则，以中医临床疗效为追求的目标。截至 2018 年医院共收治住院患者 27000 余例次，临床疗效高达 70%。同时积极开展教学、科研工作以促进中医药传播与发展。2017 年，中国—意大利中医中心成立，该中心重点关注中医药疗效，与我国医疗卫生领域展开深入合作，造福两国民众，共同促进人类健康。

3. 以开展文化传播为主的境外中医中心

匈牙利是中东欧地区最早引入中医的国家之一，也是率先使中医药合法化的中东欧国家。2015 年，匈牙利建立了中东欧地区第一所孔子学院，即佩奇大学中医孔子学院，除了传播中医药文化以外，还进行中医药教育及人才的培养，促进了中医药的国际交流与合作。2015 年，黑龙江中医药大学与匈牙利合作成立了中国—匈牙利中医中心，该中心以中医药教学为主，兼顾文化传播、医疗、科研等多项工作。2015 年，江苏省中医院与法国巴黎公立医院集团合作开办了中国—法国中医中心（巴黎），该中心主要进行中医药科学文化的展示与交流，以及科研和培训等相关工作。

4. 以医教研等协同发展的境外中医中心

北京中医药大学圣彼得堡中医院是在国家"一带一路"及"中医走出去"战略规划、中俄合作关系全面升级背景下，于 2014 年开始筹建，也是由中俄双方政府共同合作成立的在俄的第一所具备医院资质和广泛影响力的全科中医院，是中俄两国重要的文化交流平台，该中心注重医、教、研全面发展。2015 年由北京中医药大学发起设立的非营利性机构美国中医中心注册成立，作为北京中医药大学中医药海外推广战略的重要组成部分，美国中医中心是一个集中医药海外教育、中医药科学研究、中医药临床实践和中医药文化推广"四位一体"的综合平台。2015 年，中国—捷克中医中心成立，该中心由上海中医药大学附属曙光医院与赫拉德茨市医院合作创办，旨在打造中医药临床、教育、应用与研究等多方位一体的平台。截至目前，捷克已有近百家中医诊所，为捷克及中东欧人民提供针灸、推拿等医疗服务。2016 年，由北京中医药大学承担的"中国—澳大利亚中医中心（悉尼）"正式揭牌，该中心利用中澳两所著名的中医药大学医学、教学、科研的综合优势，建立了集医疗服务、中医药教育、科研、文化交流于一体的平台，实现了临床与基础、教育与临床、中医与西医、中西方文化等多方面的融合。

四　境外中医中心发展存在的问题

在"一带一路"倡议的推动下，境外中医中心遍布世界，并取得了不错的成绩，从中医医疗、教学、科研等多方面发展中医，取得了中医药文化、教育、服务、产品等多个成果，对中医药国际化、合法化，对中医药走向世界影响深远。但同时也存在许多值得反思的问题。

（一）海外中医药人才培养体系尚未完善

由于受语言限制、文化差异、习俗差异等多方面因素的影响，以及在工资待遇、职称评定等方面存在不确定、不统一、不标准的问题，专家的积极性受到影响，使国内选派工作不能很好地进行。国内中医药高等教育在培养目标、课程设置、教材建设、教师队伍等多方面存在不足，普遍存在中医药文化基础薄弱、中医思维方式缺乏、双语教学模式缺乏等。① 这在一定程度上限制了中医药国际化人才的培养。境外中医中心应培养国际化的复合型人才，同时具备医、教、研等多种能力的国际化人才。各中医药高校应完善海外中医药人才教育体系，培养具备坚实的理论基础，卓越的实践技能，具有创新意识与创新精神，并能够克服语言障碍以及具备良好人文素养的复合型人才。建立"整合、创新、协同、开放"的中医药国际化创业型人才培养模式，不断完善与提升中医药国际化创业型人才培养教育体系，为我国培养出更多的中医药国际化复合型人才。② 另外，可以联络各地华人、留学生等，让他们一起加入传播中医药文化的队伍中，积极开展各项中医药的培训、学术交流活动，探索更有利于国外中医药发展的新型模式。

（二）中医药文化品牌相对单一

境外中医中心应从多个角度打造中医药品牌，例如，从文化传播的角度出发，定期举办中医药知识或科普知识讲座，定期举行国际会议，也可

① 王珏、马新飞：《"一带一路"背景下中医药国际化创业型人才培养模式的思考》，《中国药房》2017 年第 33 期。
② 王珏、马新飞：《"一带一路"背景下中医药国际化创业型人才培养模式的思考》，《中国药房》2017 年第 33 期。

以通过影视作品或话剧表演，通过举办中医药展览等各种形式，不拘泥于枯燥的文字，能够让当地居民深切体会到中医药的魅力，以及中医药防病、治病的作用。从教育的角度出发，倡导中医药走进境外校园，而不仅仅局限于中医中心，让更多的人学习中医，普及中医药文化。从医学功能的角度出发，建立健全中医药优势病种，制定并完善中医药标准，完善及发展我国特有的中西医结合诊疗标准，探索中医药机制，重点关注中医药毒副作用，证明中医药切实有效。努力发展中医药特色适宜技术，包括针灸、拔罐、刮痧、推拿、食疗、养生等，中医外治的特色方法，如熏洗、溻渍、膏药、掺药等，充分展现我国中医药特色品牌。从中医药文创品牌角度出发，可以生产药妆、工艺品牌、养生茶、防疫香囊等多元化产品，将旅游业、影视业、餐饮业、服饰业等多个领域融入其中。共同打造多样化的中医药国际化品牌，增强国外对中医药文化的认同，提升国家文化软实力，使中医药"走出去"，为实现我国民族伟大复兴的中国梦贡献力量。

（三）海外中医药发展的可持续性仍需加强

目前，境外中医中心仍以传播中医药文化为主要目的，而非作为营利性机构，而且存在资金投入不足等问题，影响了其可持续性。国家资助与单位的配套资金得不到合理的使用，境外中医中心的资金只能在国内使用，而国外建设和发展均需要资金的支持，使国内资金得不到合理的使用，这一矛盾问题急需解决。[1] 同时，应加强国际合作，扩大投资合作，使境外中医中心能够平稳、可持续发展。

（四）海外中医药合法化仍然是阻碍

中医药合法化是中医药走向国际化的基础，而且由于海外中医药未进入

---

[1] 张三庆：《"一带一路"建设背景下中医药海外中心的发展》，《广西中医药大学学报》2020年第3期。

医保报销，使很多人因费用问题无法享受中医药服务。有些地方虽然承认了中医药的合法性，但仍然只作为替代疗法，未成为主流医学。所以说，应不断完善境外中医中心的建设与管理，完善人才培养体系，不断改革人才培养方式，不断探索适合中医药发展的新型模式，使更多的人认可中医，使中医突破替代医疗的瓶颈。同时，要加强国内外之间的交流，使更多的国家和地区的政府信任与支持中医药，增加中医药的国际认同感，更好地满足中医药走向世界的需要。

五　境外中医中心发展建议

（一）增加优质中医药服务供给

努力提升境外中医中心的建设质量，针对不同国家以及不同民族常见病、多发病制定预防和治疗的方案，向共建"一带一路"国家提供更优质的中医药服务。加强中医药国际合作基地建设，统筹国内外资源，引进国际先进技术与经验，不断提升合作质量与效益。推动社会力量提升境外中医中心和国际合作基地的建设质量。

（二）构建传统医学合作伙伴关系

落实现有中医药的合作协议，将中医药纳入各国医疗卫生的主流体系，加强各政府间的合作，与共建"一带一路"国家广泛开展传统医药合作。重点推进在上海合作组织、金砖国家、二十国集团框架下传统医学合作，充分发挥"一带一路"国际合作高峰论坛、中非合作论坛、中国—中东欧国家合作、澜沧江—湄公河合作、中国—葡语国家经贸合作论坛、中国—阿拉伯国家合作论坛、中国—拉共体论坛等平台机制作用，深化传统医学新冠肺炎疫情防控、政策制定、科学研究、标准化等领域合作，加大中医药对外援助力度。落实世界卫生组织传统医学决议和与世界卫生组织合作谅解备忘录，提升与世界卫生组织合作水平。推动中医药国际组织建设，深化与其他国际组织、其他传统医学机构交流与合作，充分发挥华侨华人作用，推动中医药在共建"一带一路"国家的发展。

（三）扩大中医药发展规模

1. 提升企业"走出去"水平

提升中医药企业国际竞争力和中医药产品国际影响力，鼓励中医药企业通过海外投资、品牌收购、兼并重组等方式，在共建"一带一路"国家建立分公司、子公司，聘用当地员工，融入当地文化，加快培育产业链条完备的跨国公司和知名国际品牌。鼓励在国内综合保税区开展中药材加工。开展中医药企业国际化指数研究。

2. 推动中外合作产业园建设

充分利用中外合作产业园优惠政策，探索推进中医师海外行医许可，推动入园企业中药类产品当地注册，推动建立中外合作产业园中国注册中成药认可制度，为当地民众提供优质中医药产品与服务。加强中外合作产业园同国内中医药产业园合作，形成内外联动发展格局。

3. 加强中药材产业合作

推动与共建"一带一路"国家联合开展药用植物的保护、开发与利用，加强专家和技术人员交流与合作。加强全球中药种植资源合作，建立全球中药种植数据库，构建传统药物种植资源库和标准化体系。支持优质和紧缺的中药材资源进口，鼓励合作建立中药材海外基地。

4. 提升产业数字化水平

全面提升"互联网+中医药"跨境服务能力，大力发展远程医疗和远程教育等跨境支付类服务贸易，推动开展中医药跨境电子商务，引导跨境电商进行中医药产品推广，以数字技术推动中医药共享发展。

（四）加强中医药国际人才的队伍建设

努力提升中医药高等院校国际教育的水平，在保障质量的前提下，合理调整留学生规模，加强师资队伍建设，鼓励和吸引更多留学生来华学习中医药。鼓励中医药高等院校以针灸、医学英语、中医护理、中医传播等国际合作优势学科与共建"一带一路"国家知名院校开展教育合作与交流，打造线上精品课程，积极推动中医药纳入共建"一带一路"国家高等教育体系。坚持以医疗为先导，加强学术交流，促进国际教育合作。建立中医药教材全球标准，打造中医药国际教育知名品牌，不断提升中国作为中医药学发源国学术权威性。建立中医药多语种课程云平台，线上、线下相结合，为共建"一带一路"国家从业人员提供中医药学历教育和短期培训，吸引更多共建"一带一路"国家人员来华学习中医药，加强海外中医药本土化从业人员培养。推动中医药英才海外培养合作项目的实施，扩大中医药国际人才的培养队伍。鼓励世界不同传统医学间人才交流，引进具有中医药领域管理和研究经验的高水平人才。

六 总结与展望

近年来，党和国家高度重视中医药的发展，在国家"一带一路"倡议推进下，在我国不断成为文化强国的目标推动下，境外中医中心迅速发展，取得了不错的成绩。如何完善海外平台建设，建立标准化的考核机制，扩大并充实国际化的人才队伍，使中医药国际化、合法化，加强中西医结合、交融，合作共赢，促进境外中医中心的可持续发展，是今后仍需思考的重要问题。

政府应进一步加强对中医药的管理，加强国内外传统医学的交流、合作、发展，及时获取国外中医药发展动态。[1]另外，随着互联网智能医疗时代的到来，应充分利用互联网的优势，运用"互联网+"、云平台等远程会诊，定期进行学术交流，可以通过互联网组建境外中医药专家团队，做到及时、有效的沟通，促进中医药传播。此外，要充分利用"一带一路"的政策，让更多国家参与到中医药的交流与传播中去，以共建"一带一路"国

---

[1] 董志林：《中医药在海外的现状及发展趋势》，《中药研究与信息》2005年第11期。

家为重点对象。

　　总之，境外中医中心的建立是传播中医药文化的重要途径，是促进中医药国际化，提升国家文化软实力的重要载体和途径。我国应进一步规范境外中医中心的管理，建立更有利于境外中医中心发展的新模式，推动境外中医中心更高质量发展，向世界推广我国特有的中西医结合诊疗模式，探索创建解决当代人类健康问题的新途径，携手共建人类命运共同体。

B.3
全球针灸行业现状及未来发展趋势

刘彩 郭燕 王馨悦 段丞玮 倪晓晴*

摘　要： 针灸是指利用针刺和艾灸来治疗疾病的手段和方法，由于具有治疗疾病操作简单、无副作用、价格低廉等特点，已经被越来越多的国家和地区所接受。本报告通过对相关文献的整理和研究，将从针灸的立法与管理模式、纳入医疗保险现状、临床研究、人才培养四个方面概述全球针灸行业的现状，并建议针灸行业未来发展应推动针灸立法，创新理论和实践，加强针灸技术创新，探索多种中医针灸人才培养模式，促进学科交叉，鼓励针灸技术创新。

关键词： 全球 针灸 立法管理 人才培养

针灸（acupuncture and moxibustion）是指利用针刺和艾灸来治疗疾病的手段和方法。中医针灸因具有治疗疾病操作简单、无副作用、价格低廉等特点，被越来越多的国家和地区所接受。世界针联数据显示，针灸已经被 183 个国家和地区广泛使用，可治疗多达 461 个病种以及 972 种病症。2010 年，中医针灸被联合国教科文组织列入"人类非物质文化遗产代表作名录"之

---

* 刘彩，管理学博士，天津中医药大学副教授，主要研究方向为卫生政策与健康行为；郭燕，天津中医药大学管理学院研究生，主要研究方向为卫生政策与健康行为；王馨悦，天津中医药大学管理学院本科生，主要研究方向为健康服务与管理；段丞玮，天津中医药大学管理学院本科生，主要研究方向为健康服务与管理；倪晓晴，天津中医药大学管理学院本科生，主要研究方向为健康服务与管理。

一，中医针灸已经成为世界针灸。① 本报告将从针灸立法与管理模式、针灸纳入保险、针灸临床研究、针灸人才培养等方面论述全球针灸行业现状，并探讨未来发展趋势。

一　现状

（一）针灸立法与管理

1. 针灸立法与管理模式全球现状

针灸立法是针灸标准化的前提条件，一个国家只有承认针灸的法律地位，才能促进针灸治疗的发展。迄今为止，世界上大多数国家和地区都确定了针灸治疗的合法性。

在亚洲，针灸已在泰国、韩国、日本等国家获得法律地位。1947 年，日本政府正式颁布了针对按摩师、针灸师的各项法律法规——《按摩、针灸、柔道整复等的营业法》。1951 年，韩国对韩医的医疗卫生服务行为立法，2003 年，韩国颁布《韩医韩药促进法》，该法律法规的颁布承认韩医韩药的合法性，与西医西药一同拥有独立法律地位。2000 年 7 月，泰国卫生部制定了《中医合法化的执行条例》，确立中医的合法地位。2000 年 11 月，新加坡卫生部通过《中医师法案》，确立新加坡中医师在法律上的地位。2019 年，针灸被印度政府作为独立的医疗体系。

在欧洲，针灸已经获得奥地利、丹麦、法国等部分国家的官方认可，然而西班牙、芬兰、葡萄牙等国家对针灸治疗仍保持着观望的态度。1956 年 3 月 1 日，苏联政府颁布《关于研究针灸疗法并在医疗实践中引入针灸疗法的命令》，标志着针灸疗法在苏联合法化并且政府支持将其纳入医疗体系当中。1985 年法国卫生部成立针灸特别委员会，1987 年法国医学界认可针灸

---

① 闫世艳、熊芝怡、刘晓玉等：《2010~2020 年针灸临床研究现状及展望》，《中国针灸》2022 年第 1 期。

治疗并制定了相对应的管理方针。在德国，针灸被认为是一种独特的治疗技术，德国政府部门和医学联合会共同负责针灸治疗相关的法律法规及管理方针。捷克在 1976 年根据卫生部的公告制定了第一部针灸法规并在 1981 年进行了修改，该法规规定了在捷克采用针灸疗法的医师所应具备的条件。2004年，英国政府成立中医管理委员会，积极地推动针灸治疗和中医药的合法化及法律管控工作。目前，英国政府药管局（MCA）着重加强中药市场管理、控制进口中草药的质量、审核从医人员的专业资格等工作。

在美洲，针灸已在墨西哥、哥伦比亚、阿根廷等多个国家获得合法地位。古巴将针灸纳入国家医疗体系。1996 年继加拿大卑诗省对针灸治疗进行立法工作之后，其余多省也先后对针灸开始立法管理工作。2006 年，巴西政府颁布了 971 法案，将针灸纳入统一医疗体系（Unified Health System）医疗系统。

自 1996 年美国食品药品监督管理局（FDA）批准将针灸作为一种治疗方法以来，大多数国家或地区的医疗系统都认可针灸疗法。但仍有不少国家，将针灸医学视为"补充医学"或"替代医学"，其地位远远低于西医医学及疗法，一些国家或地区甚至将针灸疗法视为"医疗类似行为"。

2. 代表国家

（1）美国

20 世纪 70 年代初，美国政府首先以州法律的形式正式承认了针灸的合法地位。1972 年内华达州和加利福尼亚州将针灸合法化后，美国各州的针灸立法管理工作由州政府自行确定。当前，在美国已有 47 个州及华盛顿特区在州议会中专章规定了针灸师执业法律法规，内容涉及针灸师的准入条件、教育培训、惩戒制度等。美国大多数州对中医针灸进行了立法，说明针灸治疗在美国已得到社会公众的认可。目前由于联邦立法程序过于繁杂，各州针灸行业发展的情况各不相同，美国的联邦法案尚未通过针灸立法法案，针灸仅在 1995 年由美国食品药品监督管理局颁布的法规中被列入医疗器械，这其实也间接承认了针灸的合法地位。

2018 年，针灸疗法首次出现在美国的联邦法案中。由于针灸治疗在镇痛方面具有良好的效果，因此为了减少美国民众对于阿片类药物的使用，针灸治疗作为阿片类药物的替代疗法得到美国联邦法案的认可。在针灸管理方面，美国有将近一半的州建立了针灸的管理部门，负责所在辖区对针灸从业执照的发放和管理，针灸管理部门的设立标志着中医针灸将脱离西医的管理部门，这推动了美国本土中医针灸治疗的发展。但是在各州立法管理中，针灸依旧被当作一种"补充医学"，西医师可以直接或者通过培训后进行针灸治疗的工作，所以美国利用针灸在为当地人服务的同时，对本土的医疗并未产生冲击。[①]

（2）澳大利亚

2005年，澳大利亚维多利亚州制定通过了《中医注册法》，法规中涵盖了对于中医、针灸等学科在澳大利亚发展的规范化引导。《中医注册法》的通过对于中医海外发展具有重要意义，为针灸进入主流医学开辟了道路。澳大利亚法制较为健全，政府颁布的《药品管理法》和《中医注册法》均在中医药和针灸治疗的执业方面进行了明确的规定和解释。在管理组织方面，澳大利亚1991年成立了中医药针灸学会联合会来促进针灸诊疗行业的规范化并推动其合法化发展。2000年，澳大利亚维多利亚州政府成立中医管理局来管理中医事务。2012年7月，澳大利亚通过制定并发布中医师注册的管理制度，促使相关行业技术人员正规化。该管理制度不仅规范了澳大利亚的中医市场，还提高了针灸在澳大利亚市场的准入门槛，保障了针灸能够在澳健康发展，为中医针灸传播起到了积极的促进作用。[②]

（3）印度西孟加拉邦

1996年，印度西孟加拉邦政府制定通过了《针灸疗法体系法案》，该法案的制定标志着针灸疗法在印度首次被立法认可。该法案规定了针灸行业的执业者必须在省政府注册后才可以行医。按照法规要求，印度西孟加拉邦政府成立了针灸疗法理事会来对针灸行业进行管理，该部门主要负责对针灸从

---

① 崔钰、冷文杰、李富武等：《美国各州中医针灸立法管理现状》，《中国医药导报》2020年第11期；杨宇洋、姜佳、任静等：《美国各州对针灸师惩戒制度的立法介绍：以俄亥俄州等12州为例》，《中国针灸》2022年5月。

② 冉霄、梁凤霞：《澳大利亚针灸发展历程及现状》，《世界中医药》2016年第12期。

业者的注册、管理和对针灸教育机构、医疗机构、相关科研单位的认证。在立法之初,没有进行西医培训和印度传统医学教育的人,在完成政府所认可的针灸教育后,也可以申请注册针灸师。但在 2003 年印度卫生部和家庭福利部颁布的法令中,将针灸疗法定义为"医疗方法",此后印度便禁止非医生使用针灸进行治疗,西孟加拉邦也不再接受非医生针灸师的注册,如果是非医生针灸师提供的针灸服务,将无法得到医保的报销。[①]

(4) 加拿大

在管理部门设立方面,为了使医生和消费者不受到过多的约束,加拿大卫生部颁布了天然健康产品管理法规来加强对中医药的管理。阿尔伯塔省和魁北克省为了实施对针灸的规范化管理而建立了针灸管理局。由于安大略省尚未成立针灸管理局,暂由该局的过渡委员会对针灸行业进行管理,卑诗省成立中医针灸管理局来对中医和针灸疗法的实施进行立法监管。

在立法管理方面,加拿大作为联邦制国家,其中央和各州(省)政府均拥有立法权,对中医针灸的立法由各州(省)政府自行确定。加拿大魁北克省在 1973 年制定《医疗法》,其中包括西医采取针灸疗法的行业法规,该法律的颁布标志着其成为加拿大所有州(省)政府中第一个为针灸进行立法的省份。1994 年,该省又颁布了《针灸法》。随着魁北克政府对针灸进行立法后,阿尔伯塔省政府在 1991 年颁布了《针灸法规》。1996 年,卑诗省政府颁布《针灸师法规》。安大略省政府在 2006 年颁布《传统医药法规》,相继对针灸进行立法。而加拿大除去这 4 个省份以外,其他省份对针灸师的标准化管理基本上是通过其针灸协会来实施。

2008 年,已经对针灸进行立法的各省份的针灸管理局,与纽芬兰省代表共同成立了加拿大中医针灸管理局联盟,通过联邦政府的帮助,制定了针灸行业从业者的专业职能规范文件。该文件不仅认可了联盟各省之间的相关执照,还为各省相互交流创造了合作平台,推动了国家针灸行业的发展。[②]

---

① 杨宇洋、刘竞元、骆璐:《以西孟加拉邦为例析印度针灸发展现状》,《中国针灸》2017 年第 3 期。
② 程霞:《针灸与中医在加拿大的立法、教育和行医概况》,《天津中医药》2013 年第 9 期。

（二）针灸纳入医疗保险支付

1. 针灸纳入医疗保险支付全球现状

近年来，针灸的治疗效果获得世界百余个国家的认可，中医针灸也被多个国家纳入该国国家医保或者商业医保的支付范围。世界卫生组织（WHO）的数据显示，截至 2012 年，其成员国中已有近 20 个国家或地区将针灸纳入保险体系。[①] 但关于针灸保险方面的立法还远远不够，尚有许多国家未将针灸治疗纳入国家的医疗保险体系中。

在亚洲，韩国、日本、泰国等国家已经将针灸纳入保险体系。韩国政府不仅允许韩国传统医学的发展，并且将韩医药纳入国家的医疗保险体系，报销比例可达 70%；日本政府将治疗神经痛、类风湿、腰痛等病种的针灸服务纳入国家的医疗保险体系中，从而对针灸治疗的相关费用进行医保的报销。在泰国，针灸也已经作为传统医药和替代医疗服务被纳入国家的医保体系中。[②]

在欧洲，奥地利、法国、德国等国家也将针灸纳入国家的医疗保险或商业医疗保险体系中。奥地利的大多数医院都设有针灸治疗部门，该部门的部分治疗费用可由医疗保险支付。[③] 法国的社会保险机构将针灸治疗费用列入医保范围，有些保险公司制定了较高的针灸治疗费用报销比例，甚至全部报销。德国允许公民在其经济可承受范围内进行针灸治疗，部分医疗费用可由国家医保或者商业医保支付；瑞士自 1999 年便将针灸治疗纳入基本医疗保险。但是值得注意的是，德国和瑞士纳入保险支付的针灸治疗的范畴，仅仅针对接受具有西医医师资格且从事针灸行业针灸师的治疗费用。在澳大利亚、加拿大的部分保险公司也是如此。[④] 荷兰虽然实行全民医保，但是针灸

---

① 毛嘉陵、侯胜田、高新军等：《中医文化蓝皮书：中国中医药文化与产业发展报告（2017~2018）》，社会科学文献出版社，2019，第 35 页。

② 梁宁、Wamontree Phanida、石晗等：《中医药在泰国的发展现状与分析》，《国际中医中药杂志》2021 年第 6 期。

③ 王尚勇、孔丹妹：《中医药在世界各国和地区的现状（下）》，《亚太传统医药》2006 年第 5 期。

④ 海外华人中医药群集体：《国际中医药发展和立法情况概览》，《中医药导报》2016 年第 9 期。

治疗未被纳入保险支付范畴，近年来通过各个协会的呼吁，已经陆续有保险公司同意支付针灸治疗的费用。

在美洲，美国、巴西等国家将针灸治疗服务纳入医疗保险体系。美国民众和医学界逐渐发现了针灸治疗的有效性和无毒副作用性，对针灸疗法的需求日益增长，越来越多的保险公司开始将针灸治疗纳入支付范畴中；尽管巴西承认中医的合法性较晚，但是巴西政府和人民对针灸疗法始终秉持欢迎的态度。针灸作为巴西发展最好的传统医学项目，部分保险公司已将其纳入医疗保险体系中。

在大洋洲，针灸治疗虽然还未被纳入澳大利亚的全民医疗保障系统，但是各个商业保险公司都将其纳入个人的保险计划。新西兰针灸治疗费用报销主要包括自费和商业保险两部分，但是商业保险支付范畴仅限于正式注册、具有新西兰执业资格的针灸诊所的治疗费用。

2. 代表国家

（1）瑞士

瑞士在 1996 年生效的《疾病保险联邦法》中要求每一位居民必须购买基本医疗保险。[①] 现阶段，瑞士的所有商业保险公司中，购买者可根据自我需求选择相应的公司进行购买，并且每年可自行调整保险公司。

在瑞士，针灸疗法被纳入基本医疗保险经过了一段较为曲折的过程。起初，针灸疗法与另外 4 种补充疗法（顺势疗法、人智医学、植物疗法和神经疗法）同时被纳入基本医疗保险中。但在 2005 年，瑞士政府依据 6 年试验阶段的评估结论，认为还没有证据证明这 5 种补充疗法的疗效性、适用性和经济性，进而决定将其从基本保险中删除。这项政策出台后，遭到了当地群众的不满。后来，瑞士选民以 67.0% 的明显优势通过了把针灸等 5 种补充疗法纳入基本保险的方案。而且行业组织向瑞士联邦卫生局提供了申请报告，该报告附有证明其疗效性、适用性和经济性的专家证明，最终联邦内政部决定将针灸等 5 种补充疗法再次列入基本医疗保险中。

---

① 田开宇、Lisa YUAN：《瑞士的中医针灸疗法及医疗保险支持》，《中国针灸》2015 年第 35 期。

得益于健全的社会保障体系，针灸保险在瑞士的发展非常顺利。瑞士是欧洲国家中对针灸体系保险支持度最高的国家。在瑞士，患者进行针灸治疗的费用在 100~150 瑞士法郎，患者可以从保险公司报销，比例高达 80%，如果实施针灸治疗的医师是具有从业资格的西医医师，则针灸治疗费用的报销比例还会更大。[①]

（2）美国

研究显示，针灸在减轻腰痛、骨关节疼痛等症状方面可以起到舒缓的作用，同时对于紧张性头痛等症状也有一定的缓解效果，正是由于在镇痛方面显示出的良好疗效，针灸治疗服务被日渐重视。近年来，针灸在美国的发展速度日益加快，已经出现白人针灸师多于华人的现象。2018 年，美国颁布了一项新法案——H.R.6 法案，该法案首次将针灸纳入其中，并且要求在一年内对针灸治疗的镇痛效果进行评估。

而早期美国政府实施的政策与民众日益增长的针灸疗法需求不匹配，现阶段美国健康保险公司开始考虑对针灸疗法放开限度，将其纳入商业保险体系中。但目前将针灸纳入保险项目仍然存在诸多限制，如付费方面存在很多不合理的政策和约束。为了解决这一问题，美国针灸界希望通过立法来改变现阶段健康保险的相关政策，实现针灸保险在美国的公平合理支付。

目前，针灸治疗报销多在美国商业保险支付范围内。绝大多数美国商业保险公司根据民众对针灸疗法的需求纷纷扩大了保险范围。倘若疗效能达到联邦法律的规定，针灸将有可能进入美国的国家医保体系，迎来进一步的发展机遇。

（3）德国

德国的医疗保险模式分为两类：一类是国家（政府）医疗保险模式，另一类是社会医疗保险模式。其中，西医疗法为主要的被保险对象和内容，而非西医疗法则需要在保险公司认证之后方可纳入保险支付。

德国的商业保险公司高度认可针灸治疗，并给予较大的报销额度。而国

---

① 李石良：《中国针灸在瑞士的发展概况》，《中国针灸》2004 年第 4 期。

家医疗保险公司仅对具有保险资格的诊所医师予以报销，对于没有资格的诊所医师则会拒付保险费用。

就针灸疗法报销费用而言，在实施货币政策前，德国各个保险公司报销费用多在 25~35 欧元，有时医生还会要求病人进行额外支付。新政策实施以后，所收取费用固定，且不允许额外支付的出现。倘若医生收取额外费用，必须选择退还，否则会影响保险资格的获取。[①]

（三）针灸临床研究

1. 针灸临床研究全球现状

针灸是中医学科体系中一门独特的学科。几千年来，其以优异的临床疗效为中华民族的医疗事业做出了突出的贡献。近十年来，中医针灸技术已被大多数国家的医疗系统认可和接受，其应用范围已超过 100 个国家。据不完全统计，中国境外国家和地区已有 8 万多家中医（针灸）医疗机构以及包括西医在内的 30 万多名中医针灸从业人员。随着针灸越来越受到世界各国人民的欢迎，国际主流医学也越来越重视其在临床上的运用。[②]

17 世纪，中国针灸开始在欧洲国家传播，18 世纪和 19 世纪初逐渐在欧洲流行。然而，针灸在疾病治疗中的临床应用并未完全体现出中医的理论体系，而是简单地用针灸来治疗四肢远端的骨痛和肌肉痛。因此，针灸并未得到社会大众的普遍认可。特别是随着现代生物医学的发展和兴盛，西方医学界对针灸并未给予较大重视。然而，在 20 世纪 70 年代，《纽约时报》记者报道了针灸用于减轻阑尾切除术后腹痛和腹胀的事件后，针灸不仅在美国医学界掀起了研究热潮，而且在国外也得到了进一步的发展。[③]

目前，针灸不仅在大量私人诊所中成为较为常见的治疗服务，而且在韩国、日本、新加坡、泰国、英国、俄罗斯、法国、德国和南非的公立医院中

[①] 李沛、杜野岚、刘梅：《针灸在德国的发展》，《中国针灸》2005 年第 4 期。
[②] 茅骏霞：《国外针灸临床研究现状文献分析》，《江苏中医药》2019 年第 7 期。
[③] 李郭梦寒、徐玉东、王宇、杨永清：《针灸在西欧的发展现状》，《长春中医药大学学报》2011 年第 2 期。

也得到了广泛使用。在印度尼西亚、西班牙以及大洋洲等多个国家和地区，虽然针灸在医院中的应用并不普遍，但它已得到社会大众的广泛认可，针灸诊所也非常受欢迎。其中，韩国与中国的医疗体系类似，实行双重医疗体系，包括韩医院和西方医院，针灸在韩医院得到广泛应用；在南非，中医医师可以像西医医生一样被称为"医生"。英国成为西欧第一个对补充医学和替代医学立法的国家。2000 年 11 月，英国上议院科学和技术委员会发表了一份关于补充医学和替代医学的报告，将针灸、中草药、顺势疗法和骨病列为第一类，报告中肯定了中医针灸的疗效，并认为其值得推广和研究。德国、法国、意大利、瑞士等国家的医学联合会均认为针灸是一种辅助医疗手段。在德国，许多医院已经能够提供包括针灸在内的传统中医服务。在瑞士，政府和医学界对针灸的疗效持积极态度，对中医治疗和保健的舆论宣传基本上是积极的。目前，瑞士有 20 多家独立的中医诊所，其中大部分与瑞士医疗机构有合作关系，运营情况总体良好。但整体来看，针灸在大多数国家仍被视为辅助治疗手段，治疗范围多在痛证、神经系统疾病，以及一些运用西医疗法无法达到最好疗效的复杂疾病，例如关节痛、颈肩腰腿痛、神经衰弱、抑郁症等一系列疾病。也有医生利用针灸疗法治疗眩晕、消化不良和减肥美容。目前，已经完成针灸治疗中风、抑郁症、癫痫、精神分裂症、原发性头痛、偏头痛、肩痛、术后恶心、呕吐、放化疗后呕吐、经前综合征、失眠、哮喘、类风湿关节炎、骨关节炎、慢性便秘、肠易激综合征、小儿遗尿、下腰背痛、可卡因依赖、阿片依赖、戒烟、网球肘、血管性痴呆、贝尔氏面瘫、腕管综合征、颈部疾患等多种疾病的循证医学系统评价，为针灸临床疗效的认可与深入研究提供了充分的证据。[1]

随着社会经济发展变化，人类的疾病谱也相应发生变化，陆续有研究表明，有越来越多的疾病适宜使用针灸来进行治疗。我国针灸医院的数量随着不断增加的社会大众需求而日益增长，如图 1 所示，2016~2018 年我国针灸

---

[1] 张如飞、董超、董明凯、赵振局、林锐、吴俊梅：《循证医学指导针灸临床研究概述》，《黑龙江中医药》2011 年第 1 期。

医院数量稳步增加，自 2018 年起至 2020 年，针灸医院数量稳定在 31 家。中国针灸临床研究人员在不断挖掘、分析、总结临床经验的基础上，深入研究针灸的适用性。2021 年，韦庆波等学者在对干眼病进行针灸临床治疗中发现，综合运用针灸治疗干眼症，具有疏通经络、调和阴阳等功能，可充分发挥针灸的优势。[1] 同年，窦智勇等学者在对近十年高脂血症研究总结中发现针灸疗法不仅能减少药品对身体的危害，还能减少由于药物对患者产生的伴随症状而需服用其他各种药物的痛苦。[2] 2020 年国家中医药管理局启动 100 种针灸诊疗项目，实施 100 种针灸临床方法、技术和临床方案，并编写了一系列独具特色的针灸手术教材；随后，许多省份的医院、大学和科研机构开始充分讨论和研究针灸的临床优势疾病。针灸疗法在临床上的应用得到世界上越来越多国家的认可，并应用于多个常见病的治疗，随着科学技术水平的进步，针灸疗法的临床诊治不断与其融合，针灸在临床上的应用会更加广泛，被世界更多的国家接受。

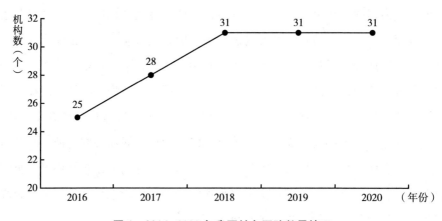

图 1　2016~2020 年我国针灸医院数量情况

资料来源：中国卫生健康统计年鉴。

---

[1] 韦庆波、林佳、顾嘉凌、高卫萍：《针灸治疗干眼症的临床与机制研究现状》，《中华中医药杂志》2021 年第 1 期。

[2] 窦智勇、张威：《近十年针灸治疗高脂血症的临床现状》，《按摩与康复医学》2021 年第 5 期。

2. 针灸在疾病治疗方面的运用

几千年来，针灸在临床方面积累了丰富的实践经验和研究成果，以下分别从代表性的消化系统相关疾病、肿瘤、阿尔茨海默病、中医美容和新冠肺炎疫情防控及治疗等方面进行论述。

（1）针灸在消化系统相关疾病治疗方面的研究

随着饮食习惯、日常生活和工作环境的变化，与消化系统有关疾病的发病率逐年升高。除常见的慢性胃炎、胃癌等，还包括肠易激综合征、功能性消化不良等胃肠易激性疾病。腧穴是人体内部器官和经络的特殊部位，是气血进出的场所。每个腧穴都有其独特性，并且具备双向调节的功能。腧穴对针灸具有外部敏感性和放大效应，可以使针灸的物理和化学效应长期停留在穴位或释放到全身。现代研究显示，穴位产生的近红外线是一种良性的治疗因素。由于其强大的穿透力，腧穴不仅可以影响腧穴局部，还可以深入人体，影响经络、气、脏腑乃至全身，起到整体调节的作用。近年来，针灸治疗消化系统疾病的现代临床应用和研究文献不断增多。针灸因为其疗效确切、毒副作用小等特点，逐渐受到医生的青睐。[①]

（2）针灸在肿瘤治疗方面的临床研究

随着人口增长和老龄化进程的加快，世界范围内癌症的发病率和死亡率迅速上升。据估计，癌症将成为 21 世纪的第一大死因。[②] 现代医学对肿瘤的认识和治疗经历了三次飞跃，从手术、放疗和化疗结合肿瘤根除，到肿瘤的分子靶向治疗，再到肿瘤免疫治疗，针灸治疗在抗癌的道路上取得了重大突破。[③] 然而，即使采用最新的免疫疗法，接受单一疗法患者的客观有效率仅为 10%~30%，[④] 而且常伴有某些不良反应，如关节疼痛、疲劳、食欲减

---

① 凌小丹、陈国忠、袁薇、康毅：《针灸治疗消化系统疾病的临床研究进展》，《湖南中医杂志》2021 年第 7 期。

② 王宁、刘硕、杨雷、张希、袁延楠、李慧超、季加孚：《2018 全球癌症统计报告解读》，《肿瘤综合治疗电子杂志》2019 年第 5 期。

③ 曹鹏程：《浅谈人类对癌症的认知和癌症治疗的三次飞跃》，《科技与创新》2019 年第 15 期。

④ Iwai Y., Hamanishi J., Chamoto K., et al., "Cancer immunotherapies targeting the PD-1 signaling pathway", *J Biomed Sci*, 2017, 24 (1): 26.

退等症状，严重影响患者的生活质量和康复。近年来，针灸以其多靶点、多层次、整体性、综合调控的特点，在肿瘤治疗领域显示出独特的优势，尤其是在缓解或消除患者各种不适症状方面，① 但在针灸治疗的临床疗效特点和规律方面缺乏相应的总结，一定程度上影响了其推广应用。

（3）针灸在阿尔茨海默病治疗方面的临床研究

阿尔茨海默病（AD）是一种慢性进行性中枢神经系统退行性疾病，其临床表现主要为记忆力和认知能力下降。随着疾病的发展，学习和记忆功能可能会逐渐受损。中国学者对针灸治疗该病进行了总结性研究：百会穴、四神聪穴、风池穴、神门穴、内关穴、神术穴、关元穴、阴灵泉穴、足三里穴、三阴交穴、太极穴，以及俞氏头针划分的额叶情感区和颞叶等穴位的针灸，广泛应用于临床治疗情感性疾病和改善认知功能，治疗原则是补虚减虚，提高认知能力。绝大多数国外学者认为，治疗 AD 的方法也有很多，如头针、电针、穴位注射、特殊针刺和针灸结合其他疗法的综合疗法。上述方法在提高患者认知和社会活动能力方面取得了显著的效果，值得继续深入研究和推广。②

（4）针灸在美容方面的临床研究

针灸美容从中医学的整体观出发，是一种通过刺激局部皮肤和穴位来维持皮肤、美化面部、延缓衰老、治疗面部和全身皮肤病的方法。③ 中国学者研究了治疗面部皱纹、痣、痤疮、扁平疣和白癜风等疾病的九种方法，如酒刺鼻的治疗方法。针灸美容以中医辨证论治为基础，从人的整体出发，调节五脏六腑、气、血、阴、阳的功能，治疗疾病，祛邪，达到美容的目的。近年来，针灸美容因其疗效明显、操作简便、安全可靠、无毒副作用的特点，被越来越多的人所接受。针灸美容不仅满足了人们对外在美的追求，而且能

---

① 陆逸舟、陈雨萱、钱熠、于美玲、卢圣锋：《基于 Pub Med 数据库的针灸介入肿瘤治疗临床研究的文献计量学分析》，《中国针灸》2021 年第 41 期。

② 武文鹏、王若愚、宋晶、王春霞：《针灸治疗阿尔茨海默病临床研究进展》，《中医药信息》2021 年第 38 期。

③ 于兰：《针灸美容的思路方法探讨》，山东中医药大学海外校友会第二届学术研讨会论文，2018。

够促进其身体健康，为针灸走向世界做出贡献。①

（5）针灸在新冠肺炎疫情防控及治疗方面的研究

针灸具有调节免疫功能、抗炎、改善肺功能的作用。它被广泛用于治疗外感疾病。② 针灸在世界上被广泛接受的关键在于其安全性和有效性，尤其是在许多疾病没有其他有效治疗方法的情况下，针灸可能会发挥作用。针灸可加强人体机体的免疫功能，具有预防功效。随着国外疫情的不断蔓延，针灸因其检测简单、费用低廉、无毒副作用，在疾病传播的早期预防中积极推广应用。针刺治疗冠状病毒肺炎是可行的，中国团队总结了有效的保护方法，如穴位按压、艾灸、针灸、皮内针和运动方法，并将其总结为简单易学的中医保护方案。目前，该方案已被翻译成英语、韩语、葡萄牙语和日语，以帮助抗击全球疫情。法国的中医诊疗主要用于医务人员，帮助他们提高免疫力，避免感染。在阿尔勒和曼斯等地，中医医生分别为 15%～20% 的医务人员提供中医咨询，并通过按摩、针灸、中医营养等方法为他们提供诊断和治疗，取得了良好的效果。在中国广播电视 2019 冠状病毒疾病防治室"全球流行病诊疗室"节目中，来自意大利、法国、巴西等国的中医人员参加了针灸治疗的研究，探讨针灸在 COVID-19 防治中的作用。

（四）针灸人才培养

1. 针灸人才培养的全球现状

培养针灸行业人才是针灸行业保持活力的基石。随着针灸文化的传入与传播，国外对于针灸教育，大多是以"师带徒"的模式开始，之后经历短期教育或社会培训，最终发展为正规的学历教育。这种从民间私立教育开始，然后得到国家认可的发展历程，离不开政府的支持与国内外中医事业热衷人士的努力，为中医针灸行业的生存和发展提供了巨大的推动力。

---

① 穆东升：《针灸美容的临床研究》，《中国中医药现代远程教育》2020 年第 18 期。

② 黄碧玉、林丽莉、龚顺波：《针灸防治 SARS 的可行性探讨》，《福建中医学院学报》2004 年第 1 期。

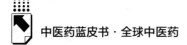
（1）培养方式

针灸人才的培养方式主要有社会培养和学校培养。

针灸教育在社会培养方面，常有以下三种表现形式。

一是以民间为主的私立教育机构或短期培训班。如荷兰缺乏正规的针灸医疗机构，短期培训班结业通常仅需几个月甚至几天，由上海针灸经络研究所和格罗宁根州立大学合作建立的"荷兰—中国华佗针灸中心"开展培训，该中心主要从事针灸学教育及研究工作；① 泰国则多以针灸短期培训为主，但针灸多以融入中医药教育的形式进行学习，缺乏专门的针灸教育机构，且中医针灸的社会接受度并不高；② 英国设立私立针灸培训机构，对专职针灸师或西医师进行针灸培训。③

二是国外中医学会或政府开办的针灸讲座与提升课程。如在新加坡，慈善中医团体或继续教育学院会不时主办针灸提升班等课程；④ 在阿尔及利亚，由于该国民众对针灸抱有积极的态度，2013 年该国卫生部开设了中国针灸知识讲座培训班，并邀请全国各地医务人员参与并学习。⑤

三是作为补充医学对西医或本土医生进行培训。如在巴西，对西医医生进行为期两年的针灸培训；⑥ 在印度，以西孟加拉邦为例，针灸仅作为当地医学技术的补充，并对西医和本土医生开设继续教育课程；⑦ 在荷兰，针灸的课程是作为替代医学课程的一部分；在以色列，设有补充医学培训机构，中国常有针灸讲师因公或以私人名义前往以色列进行针灸治疗方面的讲学，加强学术传播与交流。⑧

---

① 叶昕：《荷兰针灸发展概况》，《中国针灸》1999 年第 4 期。

② 李倩、王卫、陈泽林等：《泰国针灸教育与发展》，《天津中医药》2014 年第 10 期。

③ 吴继东、李玲玲：《英国针灸教育发展概况》，《天津中医药》2014 年第 9 期。

④ 孟宪军、朱安宁、廖秀莲等：《针灸在新加坡的现状与发展》，《中国针灸》2013 年第 10 期。

⑤ 黄移生：《中国针灸在阿尔及利亚的现状与进展》，《中国针灸》2015 年第 10 期。

⑥ 何文娟、梁凤霞：《巴西中医针灸发展概况》，《上海针灸杂志》2016 年第 12 期。

⑦ 杨宇洋、刘竞元、骆璐：《以西孟加拉邦为例印度针灸发展现状》，《中国针灸》2017 年第 3 期。

⑧ 骆璐、Maayan Pinhasy、杨宇洋：《针灸在以色列的发展情况》，《中国针灸》2016 年第 8 期。

　　针灸教育在学校培养方面，因为针灸发展和受针灸教育的传播与影响力不同，各国开展针灸专业学历教育的水平也各有差异。

　　办学质量较为规范的如葡萄牙有 10 多家学校开设中医和自然疗法课程，更有 5 家机构设置研究生课程；[①] 美国在 1985 年出现第一个将针灸学纳入大学课程并设置针灸硕士学位点的州立大学，包含硕士和博士教育；[②] 新西兰国内有两所国立大学与两家私立机构提供规范的针灸教育，针灸人才也经由基础教育、进阶教育和继续教育三个阶段进行培养与发展；[③] 新加坡主要有三家正规中医学校开展针灸专业，且与中国中医院校保持定期的学术交流，其中南洋理工大学与北京中医药大学合办的使用双语授课的五年制"中医—生物"双学位本科项目，开创了国际中医药高等教育的先河。[④]

　　办学质量仍需提高的如以色列对中医等其他补充医学通常持积极态度，但以色列针灸教育开展的时间至今仅有 30 年左右，现有针灸学校学制不一且缺乏统一规范；英国一些正规大学将针灸作为辅助医学加入大学课程，但因大学学费较私立学校昂贵，针灸专业因生源不足而被取消；德国仅在私立大学开设针灸相关研究生课程或讲座。[⑤]

　　（2）生源类别

　　目前从事针灸方面学习的生源主要分为三类。第一类为在校学生，如加拿大于正规大学就读两年者则拥有报名针灸专业的资格。[⑥] 第二类为已工作者，如荷兰生源为具有西医基础的从业理疗师、欧洲境内获得大学文凭及从业证书的在职医生；葡萄牙生源为具有西医执照的医生，但就读中医专业的学生必须满足为医科毕业生和葡萄牙医学学会会员两个条件。第三类生源较为复杂，如泰国允许高中毕业生、西医、科学人士等申请报名；美国生源可为大学毕业本科生、注册护士、医生助手等；在巴西拥有高中学历便可以参

---

① 孟宪军、黄俊、朱安宁：《针灸在葡萄牙的现状和发展》，《中国针灸》2013 年第 8 期。
② 陆聪：《美国针灸教育现状及研究特点》，中国中医科学院硕士学位论文，2013，第 38 页。
③ 李晓梗、胡幼平：《新西兰针灸业现状》，《中国针灸》2017 年第 4 期。
④ 孟宪军、朱安宁、廖秀莲：《针灸在新加坡的现状与发展》，《中国针灸》2013 年第 10 期。
⑤ 戴京璋、马淑惠：《德国中医教育现状与思考》，《中医教育》2013 年第 3 期。
⑥ 李永州：《加拿大中医药针灸的发展现状与展望》，《新中医》2009 年第 11 期。

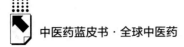

加针灸公共课，具有医学相关学士学位的人有资格参加研究生课程，并获得有效的官方证书。

（3）教材与学制设置

在荷兰，使用根据台湾地区、中国大陆针灸著作编译的荷兰文教材；美国教材多为中国高等中医院校统编教材及其翻译本；泰国则借鉴上海中医药大学的教学模式与中医教材；新加坡则选择使用中国中医院校使用的第七版教材。

学制方面多为三年，如荷兰、法国、美国（针灸硕士），加拿大针灸专科则为六个学期，全日制本科为九个学期。

（4）实践教学

各国在实践教学方面设有不同的培养方案，如荷兰毕业生组织到中国中医研究院实习；泰国学生可以到大学中医门诊部见习，最后一年在上海中医药大学指导下的中医医院和泰国华侨中医院各实习6个月；新加坡针灸重视临床实习，学生从第二年起开始实习，第五年即可独立应诊。[①]

总体来说，海外针灸人才培养发展主要依赖国家相关研究机构、大学教育机构、私人教育机构等进行，且多以短期为主，规模也多为中小型，教学质量与国内有着显著的差异，教材与学制方面仍需建立统一标准。针灸文化仍需我国中医人才及中医爱好者进行传播，这样针灸教育才能迈上新的台阶。

2. 代表国家

（1）澳大利亚

1972年，中澳两国正式建交，中国针灸随两国交流进入系统传播时代。在接受过正规中医及针灸教育的中医医师进入澳大利亚传播针灸文化的影响下，1991年澳大利亚皇家墨尔本理工大学组建中医部，进行中医针灸本科及硕士的培养，使澳大利亚成为海外第一个具有针灸本科教育的国家，是中

---

① 孟宪军、朱安宁、廖秀莲等：《针灸在新加坡的现状与发展》，《中国针灸》2013年第10期。

医针灸在海外传播的里程碑事件。1994 年，在中澳学界的努力下，针灸的社会影响力不断扩大，澳大利亚多所高校先后开设中医系，且澳大利亚成为西方第一个通过承认中医合法化的法案——《中医注册法》的国家，[①] 该法案同时也促进了澳大利亚针灸人才的进一步引进。

澳大利亚针灸教育呈现多元状态。[②] 结合时代发展要求，澳大利亚多所大学与中国的中医药大学合作，对人才进行联合培养，建立实习基地等多种培养模式。

（2）日本

日本于隋唐时期便将中医针灸学的内容传入国内，[③] 与其他国家相比，针灸在日本有着更坚实的发展基础。710 年，日本宫内省置典药寮，设有针博士、针师、针生等职位，还以中医针灸典籍《针经》等规定学生课程。在后续发展中，日本分多派改进并传承针法，并有家族传承这一明显特征，其中影响最为深远、历史上最为典型的医学世家是丹波家族。[④]

日本系统的针灸教育机构始建于 1983 年，明治针灸大学是第一所以针灸为专科的高等学校。据统计，至 2006 年 3 月，全日本的针灸学校共有 81 所，其中明治针灸大学是唯一能培养针灸学研究生的大学，其余皆为私立学校，占针灸教育培训机构的绝大多数。[⑤] 另外，世界上仅有日本允许视觉障碍者从事针灸工作。盲人学校开展针灸课程，不仅解决了残疾人就业问题，也扩大了针灸疗法的影响力。

（3）韩国

692 年，新罗王朝设立了针灸教育部门，实施基础医学教育制度，使用

---

① 吴锦锋：《澳大利亚中医针灸现状与对策研究》，广州中医药大学博士学位论文，2018，第 2 页。

② 冉霄、梁凤霞：《澳大利亚针灸发展历程及现状》，《世界中医药》2016 年第 12 期。

③ 陈岩波、方芳：《日本针灸的发展及特点研究》，《针灸临床杂志》2019 年第 5 期。

④ 陈岩波、方芳：《日本针灸的发展及特点研究》，《针灸临床杂志》2019 年第 5 期。

⑤ 徐睿瑶、李宏远、李俊德：《针灸在日本的发展概况》，《世界中西医结合杂志》2016 年第 3 期。

如《难经》《针经》等教材，并安排 2 名博士负责医学生的教育。① 1136年，医科考试制度分为医业式和祝噤式，② 且这两大类考试制度都要加考针灸有关的内容，可见当时在医学教育制度上对针灸的重视。从朝鲜时期开始，在针灸学科上有了更严格的考试制度与教育，并开创独特的医女制度，负责治疗妇女疾病。1485 年，针灸医学与其他医学方面分开考试，选拔人才。

在传统医学自主化的潮流中，韩国于 1986 年将中医学更名为韩医学。③现代韩医学的学制主要分为两类，一类为 6 年制，这种学制的教育占绝大多数；另一类则为 4 年制，仅有 1 家大学提供这种学制的教育。中医院校将针灸学课程建立在基础课程之上完成，而韩医科大学将针灸学课程分解成 3~4部分，在连续几个学期中完成。总的来说，韩国的传统医学教育源自中国的传统医学，但也结合本国实际状况进行了改进，从而推动韩国传统医学的继承与发展。

二 未来发展趋势

（一）推动针灸立法

社会对针灸治疗的需求日益增加，针灸在世界中的地位变得越来越重要，如果不进行法律规范约束，保障从业者和患者的权益，则会导致针灸行业混乱，影响针灸行业的可持续发展。

针灸行业的发展历经了萌芽、发展、衰退、繁荣、成熟等几个时期，争取能在所在国立法是针灸行业成熟的重要标志。最近几十年，世界各国大多处于对针灸求法—立法—执法的道路之中，其中，美国、澳大利亚等国家逐渐意识到针灸治疗的重要性，并对其进行立法管理；而其他国家也处在观望之中。因此，可以预测，在未来将会有越来越多的国家对针灸进行立法管

① 李炯镇、田明秀、符利锋：《浅谈韩国针灸发展史》，《上海针灸杂志》2013 年第 5 期。
② 李炯镇、赵建国：《中国和韩国针灸简史对照》，《天津中医药》2010 年第 5 期。
③ 玄明实、周桂桐、马其南：《中韩针灸学课程比较研究》，《中医教育》2017 年第 1 期。

理。由于世界各国发展不平衡和对针灸的认识存在差异等因素的影响，针灸行业发展较慢国家的立法管理也将会推迟一定时间，对针灸行业的求法—立法—注册—执法之路将需要几代人的不懈努力。

（二）创新理论和实践，加强针灸临床与科研相结合

世界卫生组织表明，缺乏研究数据是传统医学的首要问题。缺乏数据导致针灸临床研究不具有可信度。近年来，国内外大多数研究都是针对针灸治疗疾病的疗效方面，但是由于样本量小且样本重复率高、研究设计不合理等缺点，研究结果缺乏可靠性，无法指导临床决策。[①] 因此在针灸治疗的过程中，可以根据就诊患者个人情况、针灸技术优势和科研方向等，结合所在区域的实际情况，对针灸病种做好筛查和梳理，在确定针灸治疗适宜病种以及优势病种的基础上，使针灸治疗疾病的范围逐渐扩大。同时，针灸科研和临床研究要相互促进，建立科研临床为一体的研究体系，能够让临床实践促进科研，对特定病种的疗效进行研究，让科研带动临床研究，提高对特定病种的诊疗能力和临床服务质量。在临床研究和科研相结合的过程中，还要注意结合科研选题的临床应用价值，不能一味求新，加强针灸临床研究和科研的密切合作。

（三）探索多种中医针灸人才培养模式

系统的针灸教育是结合传统中医和西医的基础理论知识，有些国家或地区由于针灸行业发展缓慢，教学资源匮乏，未形成系统的针灸教育，而针灸教育对于促进针灸人才培养、推动针灸行业发展具有重大意义，所以在未来应该大力发展针灸教育，以系统化的培训促进针灸的发展。在中国，中医类相关院校会对在校学生进行规培（住院医师规范化培训）训练，毕业后的学生会在相关的医院进行实习工作，实习满一定的期限后可以通过参加考试

---

① 黄杏贤、于海波、刘永锋：《针灸医疗服务模式现状与改进思考》，《广州中医药大学学报》2019 年第 12 期。

成为一名执业医师，正式从事临床诊疗工作，少部分会选择自己独立创办医院或者诊所。而海外对于针灸教育的设立学时不如中国多，部分国家缺乏专门的教育机构，其临床病例较少，无法将学过的理论知识和临床实践相结合。未来除了传统的学校教育和社会培养之外，还要开展多种模式的中医药人才培养，如中医民间给养。中医药的发展离不开民间的给养，许多的中医诊疗手段和中草药方剂都是从民间流传下来的，因而未来在学校进行规范化教育的同时，还可以吸收民间中医针灸治疗之"精华"，推动针灸诊疗的发展。此外，还有中医针灸的师承/参师学习等方式，以此来促进中医针灸教育培训的多元化发展。①

（四）促进学科交叉，鼓励针灸技术创新

针灸作为传统医学的一部分，在推广和使用时也要促进其创新发展及学科之间的交叉和渗透。促进医工、医理之间交叉融合，围绕需求和问题协同创新是当今医学的主要发展方向。目前，针灸与电结合研制出脉冲电针仪，电针仪可以持续刺激穴位，提高疗效；同时，艾灸和电结合研发出多功能艾灸仪，通过电能对艾绒进行加热，减轻由于艾绒燃烧而造成的环境污染问题，同时还能够根据使用者自身的情况来调节温度和工作时间，最大限度地发挥艾灸的疗效。此外还有针灸与磁相结合的磁效应针灸装置；与理学相结合的超声波针灸仪、远红外线针灸仪；以及其他例如脉冲针灸装置、内热式针灸仪等。此类仪器的研发一方面可以提高针灸的治疗水平、丰富诊疗的手段，另一方面对针灸的操作流程和时间等内容进行了规范。在未来，使用传感技术或者机器学习等方法来改进针灸工具，使工具能够自动记忆储存针灸名家手法，提高针灸机器的智能性，是针灸技术与学科交叉融合的发展趋势。②

---

① 吴滨江：《21世纪中医针灸国际发展十大趋势与战略思考》，《中医药导报》2015年第24期。
② 刘健、樊小农、王舒等：《针刺量学和规范化研究中针灸仪器应用的思考》，《中国针灸》2009年第1期；李慧：《针灸器具中文发明专利申请分析》，《中国科技信息》2014年第11期。

B.4

中国中药进出口贸易发展报告

关键词： 中药　进出口贸易　溯源体系

一　中药进出口的现状

随着我国加入 WTO 以及全球经济一体化的深入发展，国际贸易已经成为市场经济的重要组成部分，进出口也成为拉动经济增长的重要动力。中药是中华民族的瑰宝，为中华民族的繁荣昌盛做出了卓越的贡献。随着人们对中药认识的不断深入，世界上越来越多的人关注中药，

* 葛少钦，博士，教授，河北大学中医学院院长，主要研究方向为中医药产业政策；张国伟，博士，副教授，河北大学中医学院副院长，主要研究方向为中药产业研究与开发；范圣此，博士，河北大学研究员，主要研究方向为中药资源的研究与开发。

中药逐步融入了国际医药市场的竞争格局中，形成一些独有的特征，并初具一定的规模。从2019年第四届海外华侨华人中医药大会上获悉，中医药已传播到183个国家和地区，中国已同40多个外国政府、地区主管机构和国际组织签署了合作协议。但我国中药出口还面临各国文化差异、信息渠道不畅通、各国中药质量标准不统一、出口注册难等问题。总之，我国中药进出口贸易迎来前所未有的发展机遇，同时面临许多挑战。

（一）中药产业现状分析

中药产业是我国最具特色和发展优势的传统产业，完全具有自主的知识产权，市场前景广阔。近年来，我国中药产业增长态势明显，产业体系结构完整，具有一定规模。中药产业已成为我国的医药产业、国民经济和社会发展中的重要组成部分。在当今新的国际形势下，国家把中药产业作为一项战略性产业来发展。

第三次全国中药资源普查数据显示，我国中药资源丰富，全国中药资源种类为12807种，其中药用植物11146种，药用动物1581种，药用矿物80种，[①] 丰富的中药资源为我国中药产业的发展和中药的国际贸易奠定了坚实的基础。2020年，全国中药材种植总面积约8339.46万亩，乔木和灌木类约58%，草本和藤本类约42%。[②]

中国政府采购网在2021年3月统计表明，目前全国有5000多家中药厂，10000多个中药批号，年药品收入约8000亿元。中商产业研究院数据库数据显示，近年来全国中成药产量持续下降，2016年全国中成药产量达到了361.1万吨，而到2021年降到了231.8万吨，达近年来产量最低值，如图1所示。

---

① 王军工、郭雪南、蔡霞山：《我国中药的现状与出口面临的形势与对策》，《经济贸易》2017年第2期。

② 王慧、张小波、汪娟等：《2020年全国中药材种植面积统计分析》，《中国食品药品监管》2022年第1期。

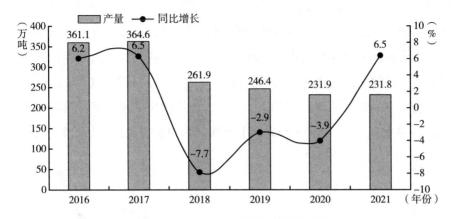

图1 2016～2021年全国中成药产量及增长情况

资料来源：中商产业研究院数据库。

近几年，促进中医药产业发展的法律政策体系不断健全，中医药管理体制也日臻完善。2016年2月22日，国务院发布了《中医药发展战略规划纲要（2016～2030年）》，坚持中西医并重，遵循中医药发展规律，把中医药和西医药放到了平等的地位。2016年12月6日，国务院发布《中国的中医药》白皮书，把中医药发展上升为国家战略。2019年10月20日国务院《关于促进中医药传承创新发展的意见》强调中医药进入了一个传承创新的发展阶段，坚持发挥中医药特色优势和多元价值作用。

随着人民群众对中医药的需求越来越高，中医药发展还存在野生中药材资源破坏严重，部分中药材品质下降，质量参差不齐，影响中医药可持续发展；适合中医药传承创新发展特点的方法学和评价指标体系、标准体系还不健全；中医药走向世界面临制约和壁垒，国际竞争力有待进一步提升等问题。①

（二）中药进出口规模分析

1991～2010年的20年间，我国中药出口经历了快速增长、下降回落、

---

① 中国工程科技知识中心：《中医药国内外产业政策回顾、反思与展望》，2021。

快速增长的不同发展阶段。1991~1995 年我国中药出口快速增长，中药出口额从 1991 年的 3.1 亿美元增加到 1995 年的 7.7 亿美元；1995~2001 年，由于受到亚洲金融危机及其他一些政策的影响，中药出口不断下降，到 2001 年中药出口额下降到 4.5 亿美元。进入 21 世纪，特别是我国加入 WTO 以后，我国中药出口在 2001~2010 年又得到快速增长，2010 年中药出口额达到了 19.4 亿美元。[①] 1991~2010 年我国中药出口额变化情况如图 2 所示。

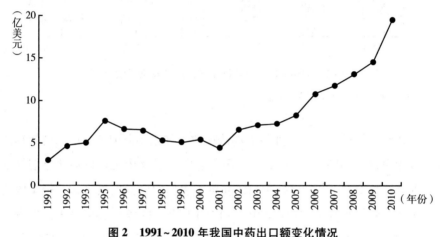

图 2　1991~2010 年我国中药出口额变化情况

资料来源：中国医药保健品进出口商会、海关统计年鉴。

2012~2017 年，我国中药材及中式成药出口经历了快速增长及下降的两个阶段。2012~2014 年我国中药材及中式成药出口快速增长，2012 年出口额为 8.47 亿美元，到 2014 年出口增长到 15.28 亿美元。2015~2017 年我国中药材及中式成药出口呈下降趋势，2017 年下降到了 12.18 亿美元，如图 3 所示。

中国医药保健品进出口商会统计表明，2015~2017 年中药（含保健品）出口额分别为 37.61 亿美元、34.26 亿美元、35.03 亿美元，如表 1 至表 4 所示。

---

① 李荣、李瑞峰：《我国中药出口贸易现状及对策建议》，《国际经贸》2013 年第 1 期。

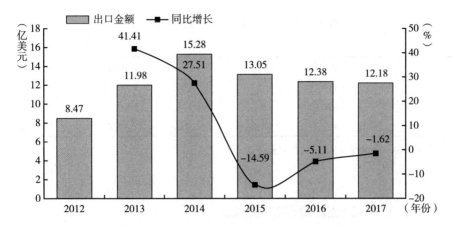

图 3　2012~2017 年中药材及中式成药出口金额情况

资料来源：康美中药网。

表 1　2015~2017 年我国中药材及饮片出口额情况

单位：亿美元

年份	出口额
2015	10. 58
2016	10. 25
2017	10. 02

表 2　2015~2017 年我国提取物出口额情况

单位：亿美元

年份	出口额
2015	21. 63
2016	19. 27
2017	20. 10

表 3　2015~2017 年我国中式成药出口额情况

单位：亿美元

年份	出口额
2015	2. 62
2016	2. 25
2017	2. 50

表 4 2015~2017 年我国保健品出口额情况

单位：亿美元

年份	出口额
2015	2.78
2016	2.49
2017	2.41

资料来源：中国医药保健品进出口商会。

（三）中药进出口商品结构分析

中药是指中药材、中药饮片和中成药，这是传统的中药概念。随着中药资源的综合开发利用和深度开发，中药提取物、中药保健食品、中药化妆品、中药兽药及中药日用品等中药相关产品也归到了中药产品的范畴。1996~2010年，我国中药出口产品从结构上来看，以中药材和提取物为主，中成药所占比重相对较小。1996~2005 年，以中药材为主的出口格局一直没有改变。2006年中药提取物出口额所占比重第一次超过中药材，成为第一大出口来源，中药材成为第二大出口来源，中成药成为第三大出口来源，中药出口格局发生明显改变。[1] 2006~2010 年一直维持这种出口格局，如表 5 所示。

表 5 1996~2010 年我国中药出口产品的品种结构分布

单位：%

年份	中药材出口额占比	提取物出口额占比	中成药(含中药酒及营养保健品)出口额占比
1996	73.5	9.7	16.7
1997	70.9	13.8	15.3
1998	66.7	18.5	14.9
1999	63.8	20.6	15.6

---

[1] 李荣、李瑞峰：《我国中药出口贸易现状及对策建议》，《国际经贸》2013 年第 1 期。

年份	中药材出口额占比	提取物出口额占比	中成药(含中药酒及营养保健品)出口额占比
2000	63.0	20.6	16.4
2001	61.4	17.3	21.3
2002	58.4	24.4	17.2
2003	59.0	25.4	15.7
2004	49.9	30.8	19.2
2005	46.3	35.3	18.4
2006	37.6	43.8	18.7
2007	40.7	40.7	18.7
2008	39.8	40.5	19.7
2009	37.7	45.2	17.1
2010	39.9	41.9	18.2

资料来源：1996~2007 年的数据来自中国医药保健品进出口商会、海关统计年鉴，2008~2010 年的数据来自中国中医药年鉴。

2021 年进口类中药材主要集中于滋补类、防疫类和香料类品种，其中以香料类品种为主导。根据天地云图中药产业大数据平台监测，2021 年中药类进口品种中，燕窝需求排名第一，薄荷需求位居第二，中药类进口贸易额排名前 10 的品种主要集中于药食同源类品种。

2021 年燕窝进口贸易金额为 35.32 亿元，同比下滑了 18.18%；薄荷进口贸易金额 21.65 亿元，同比下降 5.43%。燕窝作为滋补营养品的社会需求一直向好，在国内新冠肺炎疫情得到有效控制后，各渠道消费量也明显提升。同时，作为防疫用药的薄荷，由于国际防疫形势严峻，以及产品用途的多样性，社会需求呈现稳步增长态势。

2021 年肉桂进口贸易金额 2.52 亿元，同比增长 2684.55%；肉豆蔻进口贸易金额 3.00 亿元，同比增长 136.54%。增长迅速的品种归属香料类药材，其增长得益于国内疫情得到有效控制以及国内经济稳健增长，使国内餐饮行业迎来了小春天，从而促进了香料类药材需求的明显增长。

因此，滋补类（人参、西洋参、燕窝等）、防疫类（薄荷、菊花等）和香料类（豆蔻、胡椒、肉桂等）中药材成为 2021 年中药材进口贸易的主力军（见图 4）。

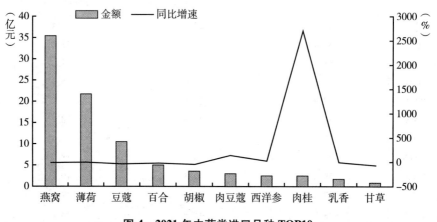

图 4　2021 年中药类进口品种 TOP10

资料来源：天地云图大数据。

2021 年中药类出口品种中，肉桂需求排名第一，枸杞子居第二位。中药类出口贸易额排名前 10 的品种依旧集中于药食同源类品种，其中，香料类品种表现突出。2021 年肉桂出口贸易金额 18.39 亿元，同比下滑了 12.11%；枸杞子出口贸易金额 7.65 亿元，同比增长 1.70%；八角茴香出口贸易金额 6.91 亿元，同比增长 58.12%；红枣出口贸易金额 4.74 亿元，同比增长 45.05%。

肉桂作为大宗香料类品种的社会需求巨大，同时挥发油的药用作用显著，社会需求明显。枸杞子具有滋肾、润肺、补肝、明目等作用，作为居家常用养生中药材近几年的社会需求较为显著，同时由于其润肺作用效果良好，产品用途的多样性得到很大程度开发，社会需求增长显著。

八角茴香不仅在调料领域需求巨大，同时其挥发油对于流感类疾病的治疗效果突出，药用需求也增长显著。并且，由于 2021 年其价格从高位回落，刺激了前期被抑制的消费，因此出口额明显增长。红枣的出口额快速增长，一方面得益于养生保健的旺盛需求；另一方面也有红枣产新后价格快速上涨的原因。

因此，具有防疫效果（八角茴香、肉桂、半夏、菊花、川芎等）、提高免疫力（红枣、枸杞子、冬虫夏草、鹿茸、山药等）的中药材成为出口中药材贸易的主力军（见图5）。

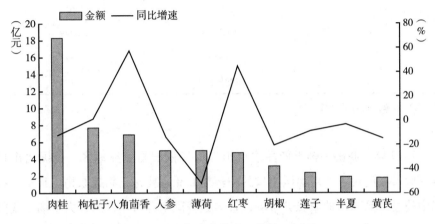

图5　2021年中药类出口品种TOP10

资料来源：天地云图大数据。

（四）中药进出口市场结构分析

从2007年我国中药出口前10个国家或地区来看，我国中药类商品主要出口市场是亚洲地区，最主要市场是中国香港、日本、韩国，如表6所示。

表6　2007年中药出口前10个国家或地区

单位：万美元

排序	国家或地区	出口额
1	中国香港	22162
2	日本	21025
3	美国	14728
4	韩国	10042

续表

排序	国家或地区	出口额
5	越南	4785
6	德国	3878
7	马来西亚	3656
8	中国台湾	3379
9	新加坡	2871
10	印度尼西亚	2798

资料来源：制药工业网。

2019 年，我国中药类商品主要出口市场依旧是亚洲地区。美国居出口第一大市场的位置，对美国出口的中药类商品主要是植物提取物。日本是我国中药类商品出口的第二大市场，日本是我国中药材出口的最大市场。我国香港地区作为中药转口贸易的中继站，长期以来扮演着重要角色，如图 6 所示。

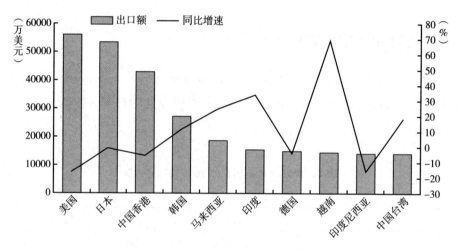

图 6　2019 年中药类产品出口市场概况

资料来源：中国医药保健品进出口商会。

二 中药进出口面临的问题

（一）中药多基原、生产形式多样、多组分，导致中药质量控制难度大

我国中药材多基原现象普遍，在中药产业中往往导致基原混杂，给中药材质量控制带来了挑战；中药材种植分布广、跨度大，缺乏规模化；盲目引种；药农为了追求产量，对农药、化肥及膨大剂乱用；不在适宜采收期采收，甚至好多中药材"抢青"；同一药材各产区加工方法各异；还存在中药材贮藏、养护和运输方法不当，导致中药材的质量参差不齐，药性差异很大，难以保证中药的安全、稳定、有效、可控；许多中药饮片没有统一的国家标准，还在执行地方的标准；中药大多为复方制剂，即使是单味药，在目前的科学技术和检测设备下，也很难全部搞明白其物质基础、作用机理等。[①] 因此，中药生产过程中的质量控制是一个难题，质量控制的技术和手段还有待加强。

（二）中药类产品出口企业对出口国（或地区）的医药政策、医药市场及文化分析了解不到位，造成中药出口受到限制

有效准确获取国外医药的相关法规、政策、医药市场及各国的文化差异等信息，对中药类产品出口企业对国际医药市场的动态做出正确的决策和判断具有指导性的作用。美国、加拿大、德国、英国等国家对中药的进口有一些禁忌要求，如果不了解这些，往往导致出口注册难、生产出来的中药类产品很难符合进口国的要求。中医药与西医药是两个完全不同的理论体系，再加上文化及意识形态的差异，导致认识层面不同，甚至会有偏差和误解。[②]

[①] 王增锋：《试论我国中药产业的发展现状及趋势》，《求医问药》2013年第12期。

[②] 王军工、郭雪南、蔡霞山：《我国中药的现状与出口面临的形势与对策》，《经济贸易》2017年第2期。

（三）进口国贸易壁垒的限制

国际公认的 GAP 和 GMP 标准是一般进口国要求进口的中药种植和生产应达到的标准。然而我国在中药生产中有毒有害物质、重金属残留、农药残留的研究、监管控制及标准的制定等方面都起步较晚，落后于国际水平，再加上欧美国家在制药行业采取的健康、安全和 HSE 管理体系等绿色壁垒，这往往导致企业出口的中药类产品很难达到进口国对于重金属、农药残留及有毒有害物质的要求。①

三　我国中药出口的对策

（一）加快提升企业的科技创新能力，提高我国中药类产品在国际医药市场的竞争力

科技创新能力的高低是决定中药现代化和国际化成败的关键性因素。提高我国中药类产品在国际医药市场的竞争力，企业需要加大研发投入，加快科技创新，实现中药资源由简单开发向多层次高效利用转变，在传统中医药理论的基础上，运用现代科技手段全面深入地研究中药类产品的物质基础、作用机理，开发出高科技含量和高附加值的中药类产品，摆脱以中药材等原料性产品出口为主的局面。②

（二）建立中药溯源体系和质量标准，提高中药产品质量

在当前世界经济全球化一体化的背景下，为提高中药产品在国际市场的竞争力，企业必须建立覆盖中药种植、加工、储藏、运输、销售到使用等全过程的追溯体系，实现中药从种植到终端使用环节的监督和规范，保证中药

---

① 梁瑜：《浅析我国中药出口现状及对策研究》，《中国管理信息化》2016 年第 13 期。
② 赵智、刘琳、欧定华：《我国中药产业发展现状与未来趋势》，《南京中医药大学学报》（社会科学版）2015 年第 1 期。

产品的质量，提高中药产品公信力，增加其市场份额。[1] 中药类产品要想在国际贸易中有"话语权"和主导地位，出口企业必须建立国际标准，尤其是建立中药农药残留、重金属残留及有毒有害物质的国际标准，保障中药质量，促进中药的国际化进程。[2]

（三）加强中医药文化的宣传与推广

国家应同外国政府加强中医药的国际交流与合作，让中医药理念在全世界得到传播，同时完善中医药的涉外教育体系，为国外培养中医药人才。中药类产品出口企业和研究中医药的单位要充分利用与国外合作交流的机会，以研讨会、展览等多种形式宣传中医药，让国外更多的人全方位接触中医药、认识中医药、理解中医药，消除中西文化认识的偏差，促进中药类产品出口企业产品出口的成功率。[3]

四　总结与展望

综观近年我国中药类产品外贸的发展状况，海外对中药类产品的需求呈增长趋势。但是，中药海外发展的体量与国内中药市场的体量远不成比例。2020 年我国中药工业产值达 6196 亿元，同年中药出口仅为 262 亿元，中药海外贸易仅占国内中药工业产值的 4.2%。[4]

那么，如何把中药做大做强，实现中药的现代化和国际化，让中药类产品出口贸易取得长足发展？首先，我们不仅要传承优秀的中医药文化和技

---

[1] 杨颖、王丽媛、温利锋：《中药全过程质素体系标准的建立》，第 13 届中国标准化论坛论文，2016。

[2] 周志刚、余静、晏丽：《我国中药类产品出口现状及对策研究》，《价格月刊》2010 年第 9 期。

[3] 邹佩林：《论我国中药出口遭遇技术性贸易壁垒的现状与对策》，《科技广场》2008 年第 11 期。

[4] 李辉、于志斌：《2021 年上半年我国中药进出口形势分析（下）》，中国医药保健品进出口商会，2021。

艺，还要对中药不断创新，不断完善中药产业链的国内、国际各级标准，提高中药产品的科技含量，做好中药知识产权的保护，增强其国际竞争力。其次，加强中医药国际交流与合作，认清中药类产品出口所处的国际市场形势和熟悉各国医药政策法规，抓住有利的发展机遇，让出口的中药类产品充分与所在国家的文化融合好，突破中药出口的文化壁垒。最后，中药类产品出口贸易要想取得长足发展，中医中药必须协调发展共同走出国门，中医指导好中药，让中药发挥更好的疗效，让全世界更多人来认识中药，利用好中药。

B.5
中医药国际医疗旅游发展报告

姜梦吟*

摘　要： 全球医疗旅游逐年快速增长，中国国内医疗健康需求外溢现象凸显，中医药国际医疗旅游产业如何提升国际竞争优势，是当下亟待解决的紧迫问题。本报告通过文献演绎对全球医疗旅游、中医药国际医疗旅游和中国自贸区医疗旅游模式创新的发展现状进行梳理总结；结合海南博鳌乐城国际医疗旅游先行区与全球热点医疗旅游目的地比较优势、海南博鳌乐城国际医疗旅游先行区的案例分析等方法，以自贸区医疗旅游模式创新为切入点，提出中医药医疗旅游模式创新及策略建议。这种创新模式，应由国家大政策赋能、地方政府政策措施赋能、自贸区医疗旅游自我赋能，力求打造成长为享誉世界的中医药医疗旅游目的地品牌，以期达到跨境医疗不跨境，医疗旅游以内循环为支撑的产业发展新境界，从而促使中国国内外溢的医疗旅游消费客群实现较大幅度回流，促进经济双循环，为中医药国际医疗旅游产业适应医疗资源全球化趋势提供借鉴参考。

关键词： 中医药　医疗旅游　自贸区　模式创新

　　由于经济全球化发展及人们健康理念、就医观念的变化，就医选择向个性化和多样化转变，加之人们对境外优质医疗资源的期待和认可，促使医疗

---

*　姜梦吟，旅游学博士，东南大学经济管理学院助理研究员，主要研究方向为医疗旅游、文化旅游、IMC新媒体整合营销。

旅游（medical tourism）演变成为一种新的医疗健康消费样式。医疗旅游异军突起，迅速成长为旅游业的一个重要分支，背后有两大支撑因素：一是经济持续稳定发展，居民收入较快增加，人们的医疗健康需求随之不断增长；二是优质医疗资源的短缺属于常态现象，加之医疗服务资源配置不均衡，无法满足日益增长的医疗健康需求，人们对优质医疗服务的需求越来越高。因此，医疗旅游呈现全球性发展趋势，全球医疗旅游人数上升至每年数千万人次，医疗旅游市场正以20%～30%的惊人速度增长，医疗旅游增速是旅游业增速的2倍，已成长为全球增长最快的一个新兴产业。在人们医疗健康需求及高消费能力驱动下，医疗旅游人口规模快速增长，迫切需要从全球化维度优化医疗服务资源配置。

医疗旅游在我国并非强势产业，我国坐拥存量可观的医疗服务资源和极具潜力的市场需求，医疗旅游产业本来可以成为促进内需和扩大经济内循环的一个重要增长点，然而我国国内90%以上的医疗旅游消费却是流向境外，所吸引到的境外消费几乎可以忽略不计。我们的医疗旅游产业还很青涩，暂时还处在较尴尬的位置，空有存量宏大的医疗资源空间布局和颇具特色的中医药产业，却基本是医疗旅游客源输出国。突发的疫情迫使全球旅游业按下暂停键，而国内自贸区医疗旅游等重大项目在疫情有效防控前提下加快了筹划运作步伐，领先者止步，落伍者提速，相当于为我国医疗旅游转型升级后来居上提供了绝佳机遇，对此进行研究探索也是一个重要时机。

面对难得呈现"暴增"走势且极具潜力的医疗旅游产业和内需不振、消费低迷的经济发展状况，针对国内医疗旅游产业落伍现状以及医疗健康需求外溢现象凸显等迫切需要解决的现实问题，本报告通过总结国际医疗旅游、自贸区医疗旅游及中医药国际医疗旅游发展现状与形势，并分析了医疗旅游目的地选择趋势、全球医疗旅游与海南博鳌乐城国际医疗旅游先行区比较优势，提出中医药国际医疗旅游模式创新发展的建议及策略，以期达到跨境医疗不跨境、医疗旅游以内循环为支撑的产业发展新境界，进而促进经济双循环，为中医药产业适应医疗资源全球化趋势提供参考借鉴。

一　全球医疗旅游发展现状与形势

（一）医疗旅游的时空演进

医疗旅游最早起源可追溯到公元前 6 世纪的古希腊。阿斯克勒庇俄斯
（Epidaurus）医药神的祭仪名声远播，阿斯克勒庇俄斯圣殿就是宗教、医疗
中心和温泉区。在 18 世纪，来自英国的患者参观了各种水疗中心，因为他
们相信在这些地方休憩可以增强免疫系统和改善健康状况，[1] 从此人们开始
了在异地接受治疗和休养。20 世纪 80 年代开始，医疗旅游是指以诊疗及治
疗为目的的旅游，通过尖端医疗设施和医疗技术、医疗机构、疗养机构、度
假场所等进行的疾病治疗或保健，即融合医疗和旅游。医疗旅游长期停留在
提供医疗服务的专业机构进行身体和精神康复的康养旅游活动。20 世纪末，
以医学治疗为目的的医疗旅游开始兴起，医疗旅游成为一种"医疗服务+旅
游产品"相结合的新模式，是共享幸福生活闲暇和休养活动。近年来，学
者们普遍认为现代医疗旅游是有目的地跨越国界进行的医疗活动。国际医疗
旅游是来源国公民可持续性地前往国外目的地医院，其唯一目的是获得必要
的诊疗及手术。[2] 医疗旅游则是健康检查和整形手术，涉及医疗、康复及自
我保健。[3] 侯胜田等认为，医疗旅游有狭义和广义之分，狭义的医疗旅游是
指以治疗为主的旅游服务，而广义的则包含所有以健康为主题的旅游服务，
其主题包括医疗、养生保健、体检、康复与护理等。[4] 世界旅游组织

---

① Freire N. A. , "The Emergent Medical Tourism: Advantages and Disadvantages of the Medical Treatments Abroad", *Int Bus Res* 5 (2012): 41-50.

② Khan M. J. , Khan F. , Amin S. , Chelliah S. , "Perceived Risks, Travel Constraints and Destination Perception: A Study on Sub-Saharan African Medical Travellers", *Sustainability* 12 (2020): 2807.

③ Lee C. W. , Li C. , "The Process of Constructing a Health Tourism Destination Index", *International Journal of Environmental Research and Public Health* 16 (2019): 4579.

④ 侯胜田、刘华云、王海星：《北京市医疗旅游产业发展模式探讨》，《医院院长论坛—首都医科大学学报》（社会科学版）2015 年第 1 期。

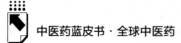

（World Tourism Organization，WTO）将医疗旅游定义成"以医疗护理、疾病与健康、康复与休养为主题的旅游服务"，受到学术界的普遍认同。医疗旅游在全球范围内迅速发展，从单纯的旅游发展到偶尔可以提供医疗服务的旅游，进而又发展到带有差异性且目的非常具体的医疗旅游。[1] 医疗旅游作为一类跨境医疗服务模式，能够带动人们寻求更高质量、更低成本的医疗服务。[2]

（二）全球医疗旅游的发展现状

居民收入结构变化，导致居民消费结构变化，人们就医取向也随之变化，医疗旅游成为全球性发展趋势。医疗旅游作为一类医疗服务模式，能够带动医疗技术和服务不断提升。数据显示，全球医疗旅游人数从 2006 年的2000 万人增长到 2018 年的 8000 多万人，全球每年跨境医疗人次超过 1400万，仅美国就有约 140 万人次赴海外就医，中国也是跨境医疗发展最快的国家。[3] 2016 年全球医疗旅游市场价值 611.72 亿美元，到 2023 年预计将达到1653.45 亿美元，[4] 医疗旅游是医疗服务境外消费的主要形式。全球医疗旅游市场正以 25%的惊人速度增长，[5] 世界上超过 50 个国家将跨境医疗作为国家的重要产业，全球医疗资源的不平衡是国际医疗服务市场产生并迅速繁荣的一个重要因素。医疗旅游已经成长为全球增长最快的一个新兴产业。

（三）医疗旅游"资源—产品—服务"

目前，在居住地以外使用医疗服务已不是新现象。在跨境医疗旅游需求

---

① Perkumiene D. Vienažindiene，M.，Švagždien·e B.，"Cooperation Perspectives in Sustainable Medical Tourism: The Case of Lithuania"，*Sustainability* 11（2019）: 3584.

② 赵林度:《数据-价值-驱动:医疗服务资源均等化》，科学出版社，2019，第 261 页。

③ Pan X.，Moreira J. P.，"Outbound Medical Tourists from China: An Update on Motivations，Deterrents，and Needs"，*International Journal of Healthcare Management* 11（2018）: 217-224.

④ Allied Market Research:《治疗类医疗旅游市场: 2017~2023 年全球机遇分析与行业预测》，https://www.sohu.com/a/197218950_ 169814。

⑤ 博思商通医健游:《2018~2020 年全球医疗旅游业将持续强劲增长! 亚洲尤为突出》，http://www.sohu.com/a/217199168_ 816777。

结构中，世界各医疗旅游产业强国凭借较高水准医疗技术和特色医疗服务优势，为需求人群提供了多样化的医疗旅游"资源—产品—服务"的选择。医疗旅游方面的转变在数量和质量上都不同于早期形式的相关健康旅游。近年来，随着世界各地医疗服务水平和质量的提高，在境外使用医疗服务的人数急剧增加。这些患者使用的医疗服务包括选择性干预、复杂手术、整形手术、牙科医学以及所有其他形式的医疗护理。由于发达国家起步早，北美已成为全球医疗旅游最大的市场，在全球医疗旅游的占比超 1/3，其次是亚洲和欧盟。[1] 目前旅游业界公认的全球 10 个医疗旅游热门国度大多数是发展中国家，如泰国、印度、马来西亚、巴西等国家，其仰仗的是性价比优势及医疗康养服务特色，以此增加市场份额。

（四）医疗旅游的发展形势

医疗旅游者通常从欠发达国家流向发达经济体。然而，随着富裕国家的患者在新兴市场寻求成本效益高的治疗，这种趋势目前正在逆转。这种从发达国家向欠发达国家的流动，更多的是区域性流动，以致出现了一个国际患者市场，因此逆向吸引了很多发达经济体的客源。这种转变是经济和政治合作不断增长的结果，它促进了患者和医疗专业人员的国际流动。此种现象表明，医疗旅游在产业链上的价值实现，主要取决于医疗服务质量、医疗特色、性价比三大要素，每一项要素都不可或缺。发达国家消费者前往发展中国家接受相对廉价的外科、牙科或美容服务，乃三大要素综合作用使然。发达国家人均医师、助产和护理人员数量以及医院卫生床位密度普遍高于发展中国家，优质医疗资源主要集中在欧洲、美国、日本等国家和地区，而发展中国家普遍较为落后。相关数据表明，发达国家的医疗资源和医药科技占有优势，重症治疗、新药和医疗器械研发应用居于领先地位，其中一些国家正在制定医疗旅游战略，重点关注服务质量和性价比，以增加其市场份额，吸

---

[1] Fetscherin M., Stephano R. M., "The Medical Tourism Index: Scale Development and Validation", *Tourism Management* 52 (2016): 539-556.

引发展中国家消费者前来医治在本国不可治疗或不能合法治疗的疾患。

总体而言，国际医疗旅游的发展经历了三个阶段：第一阶段，由于发达国家拥有先进的医疗设备和医疗技术，大量消费者涌入发达国家进行医疗旅游；第二阶段，发展中国家的医疗技术水平不断提升，尤其是传统特色医疗资源的不断发掘，再加上等候治疗的时间短和较低廉的成本，吸引了大量游客前往就医；第三阶段，发达国家和发展中国家的双向流动，这主要是由于各国在开发医疗旅游产品时因地制宜，充分发掘特色资源，各地医疗旅游资源的差异性日渐增大。[①]

（五）医疗旅游产业模式及需求分类

医疗旅游是继留学热、移民热之后的又一大热点消费趋势。不同国家在医疗水平、就医体验、药物可得性等方面存在差异，驱动着具有多样化需求的跨境医疗人口在全球流动。通过医疗服务资源的配置，跨境医疗旅游人口获得了国际优质医疗资源的高端配置和跟踪服务，达到了个人的期望值。

医疗旅游的发展可追溯到服务于外籍人口的流动就医需求，国内医疗机构设立用于接纳外籍患者的国际门诊，成为专业跨境医疗服务机构的雏形。全球跨境医疗发展逐步形成了传统跨境医疗服务机构、国外医疗机构中国办事处、专业跨境医疗服务机构、互联网跨境医疗服务平台等四分天下的跨境医疗服务体系。根据跨境输入型人口的流动就医需求，可以将需求侧主导的跨境医疗旅游分为健康需要、医疗服务需求和特殊需求三大类。[②] 通过医疗服务资源配置，传统跨境医疗服务机构、国外医疗机构中国办事处、专业跨境医疗服务机构和互联网跨境医疗服务平台带动医疗服务升级和产业联动，提高跨境医疗患者回国后的后续治疗和病情跟踪能力。在中国医疗旅游人口的就医需求中，重症医疗占跨境医疗人口约 40.8%，其中选择美国、英国和德国为重症医疗目的地的跨境医疗旅游人口最多。优质医疗服务资源的集

---

① 舒燕：《医疗服务贸易自由化的全球趋势与我国特征》，《中国卫生经济》2021 年第 2 期。
② 赵林度：《数据-价值-驱动：医疗服务资源均等化》，科学出版社，2019，第 282 页。

聚，有助于满足人们的医疗服务需求。人们的健康需要驱动着"治未病"思想的形成，驱动着跨境医疗人口的行为从疾病治疗转向预防保健的健康管理服务。调查数据显示，精密体检占比 24.6%，排在第二位。在健康需求的驱动下，医疗服务资源全球化、医疗服务品质提升、体检时间和环境改善，满足了跨境医疗旅游人口的健康需要。在跨境医疗服务体系中，人们对医美整容、干细胞移植、辅助生殖等跨境医疗项目有特殊需求。其中医美整容占比 12.8%，辅助生殖占比 10.0%。[①]

二 全球医疗旅游比较优势及趋势预测

经过不断的发展演进，医疗旅游成为异地接受医疗服务的活动，包括国际（跨境）医疗旅游和国内（境内）医疗旅游。国际医疗旅游又分为入境医疗旅游和出境医疗旅游。[②] 这种现象的发生是由于患者的多种动机，这些动机结合了医疗和旅游因素。

（一）全球热门国家医疗旅游比较优势

美国是世界三大医疗旅游目的地之一，拥有以高科技和资本为基础的最好的医疗设施。目前，由于中美冲突，签证发放困难重重。日本是邻近中国的国家，由于对中国游客的依赖度高，所以其基础设施针对中国人进行了优化。泰国、新加坡和印度的医疗旅游凭借英语和中文的使用率高，其优势最大，而印度的低成本也是对中国人的一大吸引力。德国和英国是欧洲代表性的发达国家，德国在医疗卫生投资规模上尤其是在 OECD 国家排名第二。由于英国脱欧后英镑贬值，英国在物价方面对中国人来说是一个巨大的吸引力。韩国、日本、泰国、马来西亚、新加坡等国家成为全球医疗旅游主要目

---

① 赵林度：《数据-价值-驱动：医疗服务资源均等化》，科学出版社，2019，第 260~271 页。
② 侯胜田、刘娜娜、杨思秋：《中国健康旅游产业进展、推进策略与未来展望》，载宋瑞主编《2018~2019 年中国休闲发展报告》，社会科学文献出版社，2019，第 101 页。

的地，阿联酋、印度和菲律宾在医疗卫生领域居于领先地位。①

中国医疗旅游以国家大政策为主导，以海南博鳌乐城国际医疗旅游先行区为例，旅游资源丰富，受到自贸区免税政策、特许药械极简审批政策等国家优惠政策支持；允许急需的少量口服药品带离先行区，拥有国际著名医疗机构和治疗中心、国际标准的体检中心、特色明显技术先进的临床医学中心，以及全球首款政府指导的特药保险。中国自贸区医疗旅游有利于供需两侧在自贸区汇聚而减少出行成本，更大的优势是使供需两侧适配和集聚。表2汇总了全球医疗旅游主要目的地比较优势。

表 1　全球医疗旅游主要目的地比较优势

医疗旅游目的地	比较优势
美国	全球三大医疗旅游目的地之一，拥有最好的医疗设施和4个全球排名前10的医疗机构；最受高净值人群欢迎的医疗旅游目的地
日本	距离近，2~3小时可达，提供医疗旅游签证；日本的巨额投资使标准体检成为优势；近年医疗成本与韩国相当，基础设施针对中国人进行了优化
德国	世界第五大一流的医疗设施和医疗系统，医疗旅游指数世界第二大医疗机构，欧洲医疗服务、医疗旅游产品、技术和价格是德国的优势；拥有350多处温泉和康复疗养胜地；OECD指出德国是医疗保健排名第二位投资国
泰国	距离近，医疗服务迅速发展；亚洲和世界各地众多患者选择的最佳医疗旅游目的地；全国总计有1200家医疗院所，包括公立医院、私立医院、专科诊所、非营利性医疗机构；设立专属中文病房及员工服务，有豪华酒店和优质医疗服务体验、电子服务、大使馆业务服务、签证申请支持服务等
韩国	医美和美容整容市场；作为邻国，中国资本投资了许多基础设施，以提高便利性；提供90天至一年的医疗旅游签证
英国	器官移植强国；患者护理水平、医疗效率高，服务成本低；英国脱欧后英镑贬值
新加坡	距离近，文化和语言等相近；依靠完善的医疗体系和高医疗服务品质，成为亚洲顶级医疗旅游目的地之一，拥有包括新加坡中央医院等一流医疗服务机构
印度	医疗保障体系世界闻名；世界第二大生物药品制造国；全球最大规模的私人医院；低成本、多语种和多种人力服务

---

① Al Talabani H. et al., "Advancing Medical Tourism in the United Arab Emirates Toward a Sustainable Health Care System", *Sustainability* 11 (2019): 230.

续表

医疗旅游目的地	比较优势
中国海南自贸港	本土化,适配性强;自贸区免税药品及商品性价比高,享受特许药械使用和节约等待时间;著名的旅游胜地;拥有全球首款特药保险;拥有国际著名医疗机构和治疗中心、国际标准的体检中心、特色明显技术先进的临床医学中心;享受全球优质医疗服务资源,有利于供需两侧在自贸区汇聚而减少出行成本,更大的优势是供需两侧适配和集聚

(二)全球自贸区医疗旅游典型案例——迪拜

1. 迪拜医疗旅游的崛起

迪拜的资源短缺,20世纪70年代之前,迪拜医疗水平较低,医疗资源比较匮乏。迪拜位于东西方交会处,是一个贸易中转地,辐射区域人口达22亿,涵盖非洲、欧洲、中东、独联体国家、中亚和印度。[1] 1971年阿联酋建国前,本土的卫生医疗服务主要由英国与美国提供。[2] 迪拜居民医疗健康需求外溢现象凸显,经济富裕的人们倾向到医疗技术发达的国家治疗疾病。阿联酋建国后,在国家自贸区政策的影响下,除医疗健康产业以外的其他多个产业都处在世界先进列。2014年开始迪拜政府高度关注医疗健康产业发展,持续不断推出医疗旅游发展战略,迪拜医疗产业逐渐形成了现代化的医疗体系,目标是发展成为区域医疗旅游中心,围绕清晰的产业定位,打造健康产业集群。迪拜政府实施相关产业100%免税政策,其中包括外国所有权、公司税、所得税、关税等,还包括无限制的资本、贸易堡垒和配额等一系列自贸区独有的优惠政策。50年内市场主体将资本、股息或工资转化为任意币种,乃至不限制转移至迪拜健康城以外任意目的地,为迪拜健康

---

[1] 谢雷星、杨政、岳岩等:《海南自贸港打造国际医疗旅游目的地的路径——以迪拜健康城为借鉴》,《南海学刊》2021年第4期。

[2] Gouher Ahmed et al. , "Wajahat Khan, Outward Medical Tourism: A Case of UAE", *Theoretical Economics Letters*, 2018.

城和工作人员免除所有税收。^①迪拜健康城凭借自贸区优惠的政策以及政府创造的优良投资环境，在短时间内汇聚了全球优质的医疗服务资源和目标客群。

2. 迪拜医疗旅游的发展现状

2016 年国际医疗旅游指数网站对世界医疗旅游业发达的 46 个国家和地区进行了综合排名，其中迪拜总排名第 6 位，在中东地区位列第一。[②]迪拜旅游局公布的数据显示，2018 年迪拜旅游总人数达到 1592 万人次，其中接待了 33.7 万名国际医疗游客，约占总人数的 2.1%，医疗旅游收入同比增长 5.5%，达到约 3.17 亿美元。[③] 其中约 46%的国际游客进行牙科治疗，其次是整形外科（18%）和皮肤科（10%），眼科、生育治疗也受到游客们的欢迎。迪拜约 33%的国际患者来自阿拉伯和海湾合作委员会国家，来自印度、伊朗和巴基斯坦等亚洲其他地区和国家的游客占 30%，来自英国、法国和意大利等欧洲国家的游客占 16%。[④] 迪拜通过自身的创新发展，成功吸引了全世界的相关产业投资开发和引入集聚境内外优质医疗服务资源，从而使国内外溢的医疗健康需求消费客群较大幅度回流，还吸引了大量的国外医疗旅游消费客群。经历了十余年医疗旅游的发展，今天的迪拜是全球第四大国际旅游城市，其医疗旅游已成为国内发展最快的重要产业之一，成为全球知名的医疗旅游目的地。迪拜健康城向全世界展现其一流的医疗健康和休闲度假服务，成为世界知名的医疗旅游目的地品牌，其政府政策优势、医疗服务优势、旅游资源优势和地理区位优势等成功路径，对中国海南自贸港医疗旅游创新发展具有重要参考价值。

① 谢雷星、杨政、岳岩、易泽阳、周登峰：《海南自贸港打造国际医疗旅游目的地的路径——以迪拜健康城为借鉴》，《南海学刊》2021 年第 4 期。
② International Medical Tourism Index, "Medical Tourism Association", https://www.medicaltourism.com/destinations/dubai.
③ 谢雷星、杨政、岳岩、易泽阳、周登峰：《海南自贸港打造国际医疗旅游目的地的路径——以迪拜健康城为借鉴》，《南海学刊》2021 年第 4 期。
④ "Dubai Annual Report 2018", Dubai Chamber of Commerce and Industry, 2019.

（三）中国自贸区医疗旅游创新模式

2013 年 2 月，国务院批复设立海南博鳌乐城国际医疗旅游先行区。海南省卫健委的数据显示，2020~2021 年，超过 12.7 万人使用了先行区内诊所的服务。海南博鳌乐城国际医疗旅游先行区进口特许药械品种首次突破 100 例，可用抗肿瘤新药、罕见病药达 100 种，到海南的患者可以获得 200 多种国外先进技术和药物。海南自贸港博鳌乐城特药发布及全球特药险参保范围进一步扩大，无须社保，凭海南身份证即可花 29 元享受 100 万元医疗保障。2020 年，海南博鳌乐城国际医疗旅游先行区进口临床急需药品和医疗器械货值 1.7 亿元，同比增长近 6 倍；接待的医疗旅游人数达到 8.4 万人次，比 2019 年增长 12%。[①] 海南博鳌乐城国际医疗旅游先行区披露，2021 年收入增长 83.7%，增至 2.4 亿美元。在此期间全球大多数国家和地区医疗旅游产业基本已经停滞，海南却成为世界第四大医疗旅游目的地，也是收入最高的目的地。[②]

自贸区医疗旅游以多学科诊疗模式（Multi disciplinary team，MDT）为主，与跨境医疗旅游相比，自贸区医疗旅游更靠近供应链前端的医疗服务资源。自贸区医疗服务资源分为国际医疗机构、医学研发机构、康复医学机构和综合配套服务机构四大类（见图 1）。其中，国际医疗机构包括国际著名医疗机构在中国的展示窗口和后续治疗中心、罕见病及临床医学中心、国际标准的健康体检中心、数据研究创新中心、特色明显技术先进的临床医学中心；医学研发机构包括国家级新设医疗机构聚集地、尖端医学技术研发和转化基地、全球创新药械转化中心和国际先进医学科技转化中心；康复医学机构充分利用自贸区优势，引进国际先进的康复医疗技术和康复设备，针对身体不同状态、不同疾病症状，制定专业化、个性化的康养方案，并将传统中

---

① 人民咨询：《海南博鳌乐城：推动制度集成创新　促海外就医消费回流》，https://baijiahao.baidu.com/s？id=1696076978362349222&wfr=spider&for=pc。

② Chinameditour：《中国医疗旅游区收入超过 2 亿美元》，https://mp.weixin.qq.com/s/Pf4avGXQhP87ZXEzCOoN6w。

医特色疗法与国际先进康复技术、设备相结合；综合配套服务机构包括国际医学交流中心、产城联动与休闲疗养综合区和患者服务中心。其医疗服务供应链相互协同，供需两侧在我国自贸区汇聚，可带动我国医疗服务升级，促进我国医疗旅游创新模式发展。

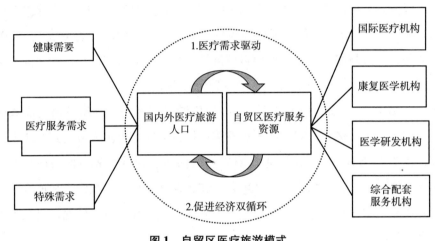

图1　自贸区医疗旅游模式

（四）中国患者选择医疗旅游趋势预测

医疗旅游在全球范围内，尤其是在一些欧洲、亚洲和南美国家，正在成为繁荣的产业，医疗游客从欠发达国家流向发达经济体。然而，随着富裕国家的患者在新兴市场寻求成本效益高的治疗，这种模式目前正在逆转。这种转变是经济和政治合作不断增长的结果，促进了患者和医疗专业人员的国际流动。大多数医疗游客以节省金钱和时间为目的会在居住地以外寻求护理，也有因其需要等待很长时间才能接受医疗或在本国无法获得特定类型治疗而选择医疗旅游。① 许多国家提供的不仅仅是手术，还有它们的特色套餐，包括诱人的旅游机会。

---

① Chaulagain S., et al., "An Integrated Behavioral Model for Medical Tourism: An American Perspective", *Journal of Travel Research* 60 (2020): 761-778.

2019 年，约有 3000 万 65 岁以下的美国人没有保险，对他们来说，医疗旅游可能是寻求平价治疗的一种选择。从表 1 可以看出，2015 年中国患者选择医疗旅游目的地主要集中在韩国。然而，2018 年的粗略预估报告却发生了变化，我国仍有大量以医疗美容为主要目的的消费者赴韩，但这一比例正在被日本追赶，预计 2023 年可能被超过。众多医疗游客分散到泰国和新加坡，赴欧美的高净值人群医疗游客也逐渐增多。

表 2　2015~2018 年医疗旅游目的地患者趋势比例

单位：%

年份	韩国	日本	泰国	印度	新加坡	美国	欧洲
2015	35.6	5.6	6.4	5.6	1.9	1.0	1.2
2018	31.5	14.2	10.5	5.2	2.4	3.0	2.5

资料来源：2016 年和 2019 年 Global Growth Markets 的统计数据。

三　中医药医疗旅游发展现状与形势

由于医疗保健和健康养生的关注与需求迅速增长，以及全球老龄人口逐年递增，越来越多的人更倾向于副作用相对较小的中医药治疗。中医药在调节人体机理平衡上有较佳作用，不仅减少了各种慢性疾病和疑难杂症的药物副作用，在治疗效果上也逐渐被更多的人所认可和信赖，在不少国家的医疗体系中得到认同，具有广阔的发展前景。中医药医疗是中国的特色医疗产业，且具有完全知识产权，而中医药医疗旅游作为医疗旅游的重要组成部分，是中国独具特色和具有比较优势的医疗旅游资源。中医药医疗旅游不仅可以满足消费者个性化的医疗服务需求，还可以让消费者了解中国传统医药历史文化的丰厚内涵和意义。

（一）中医药医疗旅游总体发展现状

中医药健康旅游概念有广义和狭义之分。狭义上，中医药健康旅游主要指中医药康养旅游。① 中医药康养旅游是传统旅游休闲产业和中医药融合的新兴业态，是指以中医药为基础，以良好的自然环境和优秀的人文资源为依托，以维护、改善和促进社会公众健康为目的，使其达到身体上、精神上的完满状态并得到适应力提升的产品（货物和服务）的生产活动的集合。② 广义上，中医药健康旅游包括中医药医疗旅游和中医药康养旅游。中医药医疗旅游是指异地接受中医医疗服务的活动，包括国际（跨境）医疗旅游和国内（境内）医疗旅游。国际医疗旅游又分为入境医疗旅游和出境医疗旅游。③

中医药学作为中国的特色医疗学科，具有可观的经济发展前景和历史悠久的文化价值，其中中医药产业已经成为中国各省、市和地区重点发展的产业之一。截至 2004 年底，中国已与美国、加拿大、法国、英国、德国等 68 个国家签订了含有中医药条款的卫生合作协议或专门的中医药合作协议，我国与其他各个国家政府之间在中医药法律、教育、医疗服务、科学研究等领域的往来合作日渐密切。《"健康中国 2030"规划纲要》《关于促进中医药健康旅游发展的指导意见》《关于开展"国家中医药健康旅游示范区（基地、项目）"创建工作的通知》等一系列政策的出台，均为我国大力发展中医药医疗旅游产业奠定了坚实的基础。④ 2019 年，中国中医药已传播到180 多个国家和地区，尤其是针灸等已经在国外具有一定的知名度。113 个国家认可使用针灸，并建立了相关法律制度，中医药医疗服务逐渐被多国官方机构认可，为中医药发展和文化传播打下了坚实基础。借助新冠肺炎疫情，中医药产业在世界又进一步提升了影响力，越来越多的国际患者接受成本低廉、疗效好的中医药健康医疗服务。

① 侯胜田、刘娜娜、杨思秋：《中国健康旅游产业进展、推进策略与未来展望》，载宋瑞主编《2018~2019 年中国休闲发展报告》，社会科学文献出版社，2019，第 101 页。

② 侯胜田、刘娜娜、杨思秋：《中国健康旅游产业进展、推进策略与未来展望》，载宋瑞主编《2018~2019 年中国休闲发展报告》，社会科学文献出版社，2019，第 101 页。

③ 侯胜田、刘娜娜、杨思秋：《中国健康旅游产业进展、推进策略与未来展望》，载宋瑞主编《2018~2019 年中国休闲发展报告》，社会科学文献出版社，2019，第 101 页。

④ 曹洋、方昌敢：《基于知识图谱的中医药健康旅游研究回顾与展望》，《保定学院学报》2021 年第 6 期。

（二）中国各地区中医药医疗旅游发展现状

海南省三亚市中医院是中国国内最早开展中医药健康旅游的机构，2002年该院推出的"中医疗养游"也受到国内外游客的推崇，经过十余年的发展，在中医药医疗旅游方面积累了一定的经验。2016年，海南博鳌乐城国际医疗旅游先行区落成，也将中医药医疗旅游作为重点发展的服务产业之一。广东重点打造中医药文化养生旅游，评出多家中医药文化养生旅游示范基地，正在尝试发展中医药医疗旅游。北京发展的中医院与旅游景区相结合的医疗旅游，更是中国国内中医药旅游发展较早的范例。自2011年起，北京市先后确定了三批共35家"北京中医药文化旅游示范基地"，2014年开始又先后推出了7条中医药养生文化旅游线路及13条中医养生精品旅游线路。上海也推出了中国国内第一个医疗旅游平台，并纳入了中医药医疗旅游，同时拥有虹桥医游网（中国首家医疗旅游电子商务服务供应商）等一批医疗旅游机构。然而目前，中国的医疗旅游发展较为分散，也没有形成成熟的发展模式，但相关的研究创新已经逐步在各个层级铺开，北京中医药大学也积极参与其中。

严格地说，中国医疗旅游刚起步，一些具有民族特色与地方特色的资源尚未充分开发，拥有体量巨大的医疗旅游市场，但尚未发展出能够吸引旅游者需求的中医药旅游品牌产品。与医疗旅游强国相比，缺乏明确的品牌建设、战略规划、法律及行业规范，未建立起完善的医疗旅游服务体系，整体产业水平较低，产业集聚效应较弱。

（三）中医药国际医疗旅游典型案例

中国中医科学院广安门医院国际医疗部成立于2009年6月，是国内首家也是唯一通过了跨境医疗保险公司医疗质量认证的中医机构。该国际医疗部目前门诊量为1万余人次/年，患者分别来自32个国家和地区，其中以俄罗斯、美国、日本、欧盟等国家和地区为主，近1/3的国际患者从外国前往北京广安门医院接受中医药医疗服务。北京市中医药管理局发布了首批30

个北京中医药国际医疗旅游服务包项目，首批中医药国际医疗旅游服务包项目涵盖失眠中医综合治疗、头痛针灸综合治疗等 30 项。[①] 中医药国际医疗旅游服务筛选了以特色病种为核心的治疗方案，凭借疗效可期、时间可估、性价比高等治疗特色，根据患者个人需求在中国就医期间安排旅游活动。

四 中医药国际医疗旅游模式创新及策略建议

近年来，全球医疗旅游市场呈现加速成长态势，国际资本闻风而动，看准医疗旅游的旺盛需求纷纷进行产业布局，甚至以国家战略给予特殊政策支持，推动新兴的医疗旅游产业创新发展。中国自由贸易区本身即政策催生的产物，在自贸区打造医疗旅游先行区更是如此，缺乏特殊政策助力是不可想象的。综观全球医疗旅游强国，均离不开政府的强力支持。中国医疗旅游目前主要是客源输出地，产业本身尚处于幼稚期。在人们医疗需求及高消费能力驱动下，医疗旅游人口规模快速增长，迫切需要从全球化高度优化医疗服务资源配置。中医药国际医疗旅游借助中国自贸区医疗旅游创新发展的东风，非常有希望成长为医疗旅游产业的优势特色分支。

（一）国家政策赋能医疗旅游模式创新

前面谈到，没有国家政策强力支持，作为现代新兴服务业的医疗旅游产业要加速发展几乎是不可能的。设立自贸区、自贸港及国际医疗旅游先行区，并给予各项特殊政策和优惠政策，体现了国家大政策赋能。中国国内各地设立的医疗旅游先行区，也皆为政府驱动并规划管理。海南自贸港医疗旅游先行区的设立，更是国家改革开放战略的重要一环。有自贸港特殊政策加持，先行区在引入境内外优质医疗资源、投资自由度、有别于内地的优惠税率、资本自由流动诸方面享有特别优厚的政策支持。自由贸易港

---

① 《北京发布首批 30 个中医药国际医疗旅游服务包项目》，http：//www.gov.cn/xinwen/2017-05/30/content_ 5198250. htm。

和博鳌乐城国际医疗旅游先行区同属政策创新的产物，其目标应是创新发展可参与国际医疗旅游竞争的优质医疗资源条件和环境。以海南博鳌乐城国际医疗旅游先行区形成机制为例，2013年国务院批准设立海南博鳌乐城国际医疗旅游先行区，赋予博鳌乐城国际医疗旅游先行区九项重大开放政策（简称"国九条"），"国九条"好比海南自贸港启动之初为设立国际医疗旅游先行区搭建的粗线条政策框架。海南博鳌乐城国际医疗旅游先行区是当时全国第一个国际医疗旅游先行区，是唯一由国务院批准、以医疗旅游为主导、致力于发展现代服务业的第三产业园区，目标是聚集国际国内高端医疗旅游服务资源，依托海南自由贸易港，发展成为国际化医疗服务产业聚集区的医疗旅游目的地；推动自贸区引入吸纳国内外优质医疗资源，对标国际先进水平，建设中医药国际医疗旅游目的地和医疗科技创新平台，对相关产业投资开发和引入集聚境内外优质医疗服务资源具有现实参考价值，为中国中医药国际医疗旅游发展奠定了基础。

（二）地方政府政策措施赋能医疗旅游创新推进

地方政府各项配套政策、人才政策等支持，通过组织运作进行赋能。2016年先行区实行一站式审批服务，社会投资项目和政府投资项目等，审批所需时长缩短至58个工作日和68个工作日。此外，建立海南公共保税药仓，为先行区提供国际采购、运输、通关、报检、保税、仓储、配送等全套服务。2019年博鳌乐城国际医疗旅游先行区管理局成立，国家发改委等四部门联合印发《关于支持建设博鳌乐城国际医疗旅游先行区的实施方案》。从海南博鳌乐城首发极简审批2.0一体化平台上线，再到2021年《关于支持海南自由贸易港建设放宽市场准入若干特别措施的意见》出台，政策创新不断突破以往政策禁区，随着现实情况变化而逐步深化并具体化，中医药国际医疗旅游从中获得了优越的创新发展条件。

（三）中医药国际医疗旅游自我赋能创新发展

发展医疗旅游的自贸区、城市、先行区或医疗机构借助政策支持，通过医疗资源整合、人才引入等，进行积极运作，按照旅游产业和医疗旅游的发展规律来打造运行，是为自我赋能。欲形成中国医疗旅游产业的竞争优势，就必须拥有自身的特色。中医药健康服务产业是中国独具特色，又具有自主知识产权的产业。各项目主体的自我赋能，即发展以中医药为特色的医疗旅游，将中医药特色项目应用于医疗旅游的发展当中。

首要的是以中医药的历史为切入点，挖掘中医药的历史文化内涵，发掘传统中医药在治疗疑难杂症、养生保健等方面的独特功效，打造中医药特色国际医疗旅游品牌，推动具有自主知识产权的中医药企业及品牌输出国际市场，提升中医药医疗旅游的国际知名度，使中医药医疗服务创新发展，以及中国承接发达国家的医疗服务外包具有可能性。上述举措是推进中医药服务业对外开放的重要环节，若有效实施，可吸引国内外众多医疗需求人群，从而使医疗需求外溢客群的消费较大幅度回流，以期达到跨境医疗不跨境、医疗旅游以内循环为支撑的产业发展新境界。

针对医疗服务需求、健康需要和特殊需求外溢现象凸显的现实，中国国家层面首提需求侧改革，自贸区医疗旅游先行区建设提速，利用中医药特色资源，抓紧优质医疗服务能力的构建，并整合周边自然旅游和文化旅游资源优势，期冀形成颇具吸引力的产业特色。中医药国际医疗旅游发展应基于自贸区禀赋优势，形成医疗旅游与中医药事业相互促进、相互支撑的良性循环格局。推进中医药国际医疗旅游新兴产业后来居上，发展成为促进经济双循环的新增长点。

B.6
中医药国际康养旅游发展报告

杨思秋　王天琦　焦科兴*

摘　要： 作为一种低能耗、高收益的新兴朝阳产业，中医药国际康养旅游已经步入实质性发展阶段，了解产业实践的现状和目前存在的问题对于调整发展思路、明确发展关键点具有重要意义。本研究通过对中国中医药国际康养旅游的发展环境、主要业态和重点地区的发展现状进行梳理，发现中医药国际康养旅游存在发展定位模糊、资源融合度低、产品同质化严重、尚未形成特色品牌等问题，针对此类问题提出统筹整体规划设计、建立特色产品体系、加强宣传和营销等建议。

关键词： 中医药康养旅游　国际旅游　森林康养旅游　温泉康养旅游

作为中医药康养服务业与休闲旅游业"跨界"融合的新业态，中医药国际康养旅游是中医药的延伸和旅游业的扩展。[①] 中医药拥有独立自主的知识产权，以预防、休养、保健为主的养生理念在治未病、治疗慢性病等方面有独特疗效，顺应社会医学模式和健康观念转变的趋势，针灸、刮痧、推拿、拔罐等传统中医药技术和药膳、药酒、温泉浴等融合型产品都是具有巨

---

* 杨思秋，天津市医学科学技术信息研究所（天津市卫生健康发展研究中心）研究实习员，主要研究方向为中医药健康旅游；王天琦，北京中医药大学管理学院研究生，主要研究方向为中医药服务贸易、中医药健康经济与管理；焦科兴，北京中医药大学管理学院研究生，主要研究方向为中医药服务贸易、中医药健康经济与管理。

① 孙源源、王玉芬、施萍、申俊龙：《"一带一路"背景下江苏中医药健康旅游的创新发展策略》，《世界科学技术—中医药现代化》2018年第20期。

大发展空间的康养旅游项目。了解产业的发展环境、主要业态和重点地区的发展现状，对于明确发展方向、实现产业创新发展意义非凡。

一　中医药国际康养旅游相关概念

随着产业发展的逐步推进和学术研究的日趋深入，关于中医药康养旅游相关定义的讨论也越来越多。本研究主要采用干永和[①]对于中医药康养旅游的定义，认为中医药康养旅游是指以深厚的中医药理论体系和内容为基础，以健康、疗养、保健、医疗以及观光休闲度假等为目的的旅游活动。而在旅游活动中应用中医药理论体系或与中医药相结合的产品或服务统称为中医药康养旅游产品。国际旅游是指跨越一个国家国界的旅游活动，它包括入境旅游和出境旅游。入境旅游是指其他国家公民前往该国开展的旅游活动，出境旅游是指该国公民前往其他国家的旅游活动。由于中医药康养旅游产品的提供依赖于中医药康养旅游资源和中医药技术，故本研究中的中医药国际康养旅游主要聚焦于入境旅游。

二　中国中医药国际康养旅游发展环境

本研究依据 PESTG 模型对中医药国际康养旅游的发展环境进行分析，从而识别产业发展迎来的重要机遇。

（一）政策环境

中国中医药国际康养旅游的发展离不开国家政策的大力支持。早在2013 年 9 月，《国务院关于促进健康服务业发展的若干意见》中就提出，要将区域包括医疗资源、中医药保健资源和旅游资源在内的养生旅游相关资源

[①] 干永和：《基于消费者偏好的中医药康养旅游产品开发策略研究》，北京中医药大学硕士学位论文，2017。

进行整合，深耕国内市场、利用国际市场发展养生旅游业。2015 年 8 月，《国务院办公厅关于进一步促进旅游投资和消费的若干意见》中提出，要面向国际市场积极宣传和发展中医药康养旅游，促进中医药康养旅游的国际交流与合作。同年 11 月，国家旅游局和国家中医药管理局联合发布了《关于促进中医药健康旅游发展的指导意见》，该意见明确提出要培育出一些具有国际知名度和市场竞争力的中医药康养旅游服务企业和知名品牌，提升我国中医药康养旅游服务国际化水平。2016 年 2 月，国务院发布《中医药发展战略规划纲要（2016~2030 年）》，提出要积极发展入境中医健康旅游，支持举办国际性的中医药康养旅游展览、会议和论坛。同年 8 月，《中医药发展"十三五"规划》出台，指出要培育具有国际知名度和市场竞争力的中医药康养旅游品牌。在积极有利的政策背景下，中医药国际康养旅游的发展呈现良好态势。

（二）经济环境

2021 年我国国内生产总值（GDP）达到 114.4 万亿元，比上年增长 8.1%；居民人均可支配收入达到 35128 元，比上年名义增长 9.1%。美国斯坦福研究机构（SRI）的调查数据显示，全球健康旅游收入以每年 9.9% 的平均速度快速增长，已达全球旅游业增速的 2 倍。[①] 健康旅游业发展态势良好，为扩大中医药康养旅游市场奠定了良好的基础。据观研天下数据中心的数据，2017 年我国中医药康养旅游产业市场规模已达到 336 亿元。《关于促进中医药健康旅游发展的指导意见》指出，随着经济发展、居民收入增加以及健康意识的提高，我国中医药康养旅游产业市场规模仍将快速增长，预计到 2025 年中医药康养旅游收入将达到 5000 亿元。在中医药康养旅游市场稳步发展的同时，随着资本的投入，中医药康养旅游项目也在加快建设。以重庆南川国家中医药健康旅游示范区为例，截至 2018 年，重庆市南川区已

---

① 杨璇、叶贝珠：《中国健康旅游产业发展的 PEST 分析及策略选择》，《中国卫生事业管理》2018 年第 35 期。

引进金木集团中医药全产业链等项目 22 个，打造出中医药康养旅游路线 4 条，并积极打造兴茂康养旅游度假区。以项目建设为载体，以资本投入为桥梁，中医药康养旅游发展潜力巨大。

（三）社会环境

随着人们生活节奏的加快和工作压力的增加，亚健康人群所占比例正逐渐扩大，中国医学专家指出，目前中国已有七成人口处于亚健康状态，意味着中国有近 10 亿的亚健康人群，养生保健服务需求旺盛。此外，我国老年人口规模也十分庞大，截至 2020 年末，我国 60 岁及以上人口达到 26402 万人，占总人口的 18.7%，其中，65 岁及以上老人占总人口的 13.5%。根据央视财经《中国经济生活大调查》的数据，2019 年中国老年人的旅游人数已经占到全国旅游总人数的 20% 以上，老年人对养生养老和休闲娱乐的共同需求将刺激中医药康养旅游更好发展。

为扩大中医药康养旅游的国际影响力，各地多次举办国际交流活动。2013 年，外交部和国家中医药管理局批复在广西南宁成立了中国—东盟传统医药交流合作中心，此后南宁市多次承办中国—东盟传统医药高峰论坛、中医药大健康产业国际创新合作发展研讨会等具有世界影响力的国际会议。2018 年，国际中医药文化节首次在中国内地开幕，并在全球传播推广中医药文化。2020 年 9 月，中国国际服务贸易交易会康养旅游国际论坛在北京市国家会议中心举办，世界中医药学会联合会在会上发布了国际中医药健康旅游网络服务平台，并对第二批世界中联国际中医药健康旅游建设基地举办了发布授牌仪式。

（四）技术环境

专业人才是推动中医药康养旅游产业发展的关键技术因素之一。根据《2020 年中医药事业发展统计提要报告》，2020 年全国已有 44 所高等中医药院校、150 所高等西医药院校设有中医药专业，250 所高等非医药院校设有中医药专业。高校的人才培养为中国发展中医药康养旅游提供了强有力的人才保障。在科研方面，2020年全国中医药科研机构共96个，专利申请受理数522件，随着中医药创新水平的提高，中国的中医药服务能力正在不断增强，中医药国际康养旅游的吸引力也在不断提升。随着科学技术的发展，中医药康养旅游项目实践也有了新的突破。河北安国国家中医药健康旅游示范区内的金木集团投入巨资建成数字化国际博览馆，利用现代科技对中医药发展历史和大健康产业成就进行了展示，以数字科技、全息影像、3D技术、互动体验等方式为游客带来了全新的旅游感受。

（五）全球化环境

近年来，中医药在全球的认可度日渐提高，中国"一带一路"倡议的提出也为中医药国际化发展提供了重要机遇。目前，中医药的足迹已经遍及世界上196个国家和地区，与中国政府签署中医药专项合作协议的外国政府、地区和国际组织也达到了43个。在新冠肺炎疫情防控中，中国政府积极推动中医药抗疫国际合作，在国家中医药管理局的支持下，共110余场视频会议和直播活动成功组织举办，中国向国际上150个国家和地区介绍了确有实效的中医药特色诊疗方案，向十多个国家和地区提供中医药诊疗产品，向27个国家和地区派遣中医师协助抗疫。在助力全球抗疫的过程中，中医药的国际影响力也在不断增强，中医药医疗保健服务得到多国政府和民众欢迎。世界卫生组织的统计结果显示，已经有113个成员国批准了针灸的使用，29个成员国制定了相关的法律法规，20个成员国将针灸纳入国家医保体系。

三　中医药国际康养旅游发展现状

中医药国际康养旅游方兴未艾，中医药健康旅游示范区和示范基地正在建设中，因此本研究选取发展相对成熟的业态和地区，进行综合梳理分析，以求更为直观明晰地了解中医药国际康养旅游的发展现状。目前，中医药国际康养旅游发展相对成熟的业态包括中医药森林康养旅游和中医药温泉康养旅游。本研究基于中医药康养旅游资源的丰富程度、区位条件和产业实践基础，对不同地区重点省份的发展进行综合分析。

（一）中医药康养旅游不同业态发展现状

1.中医药森林康养旅游发展现状

我国森林旅游开展时间较早，在30多年的发展历程中取得了丰硕的成果，但目前已难以满足我国旅游市场的需求。[①] 中医药作为我国独特的医药卫生资源和文化资源，有着巨大的发展潜力。在国家深化供给侧改革和建设健康中国的背景下，为满足人们日益多元化的健康需求，发挥中医药养生保健优势，冲破传统森林旅游产业的发展桎梏，中医药和森林资源相结合无疑是解决这一系列问题的有力抓手。中医药森林康养旅游是以森林资源和具有康复、疗养功能的中医药资源为基础，以相应的医疗服务和养生休闲设施为依托，开展以修养身心、恢复机能、延缓衰老为目的的森林游憩、度假疗养、保健养老等服务活动的总和。[②]

（1）中医药森林康养旅游资源禀赋

随着中国政府积极践行"绿水青山就是金山银山"的发展理念，1990年到2015年，在全球森林资源面积减少了19.35亿亩的背景下，中国的森林面积却呈现增长趋势，中国已成为世界上森林资源增长最多和林业产业发展最快的国家。但总体来看，相较于日本、德国等国家而言，中国的森林覆盖率不高，第九次全国森林资源清查（2014~2018年）结果显示，全国目前森林覆盖率为22.96%。由于中国幅员辽阔，森林种类多元，从北到南依次分布针叶林、阔叶林、松杉林和丘陵茶树等经济林种，丰富的森林资源为我国发展中医药森林康养旅游奠定了重要基础。

（2）中医药森林康养旅游相关政策

中医药森林康养旅游的发展离不开政策支持。自2013年起，中央陆续

---

① 王筱微：《森林康养旅游开发研究》，中南民族大学硕士学位论文，2018。
② 崔萌：《发展森林康养产业的现实意义及策略探析》，《现代园艺》2018年第22期。

出台了一系列政策文件来推动中医药康养旅游和森林康养旅游的发展。2014年8月，国务院发布《关于促进旅游业改革发展的若干意见》，首次同时提出发展中医药康养旅游与森林旅游，但关于中医药森林康养旅游融合发展的相关内容并未表述。2019年3月，国家林业和草原局、民政部、国家卫生健康委员会、国家中医药管理局《关于促进森林康养产业发展的意见》正式发布，在所有国家政策中，该文件首次明确提出要将中医药特色优势与森林食疗、药疗和森林浴等项目结合起来，积极开发中医药森林康养旅游产品。

为积极配合中央政策，一些省市的地方政府也纷纷出台了促进森林康养旅游发展的政策文件。通过以"省/市关于森林康养旅游的意见/通知"为关键词在搜索引擎中进行检索，并在相应政府网站中阅读原文，共有七个省市为了将森林康养旅游更好地与中医药相融合，先后发布了推动该地区中医药森林康养旅游产业发展的指导意见（见表1）。

表1 七个省市关于中医药森林康养旅游的重要政策

发布时间	发布部门	政策名称	主要观点
2014年12月	浙江省	《关于加快森林休闲养生业发展的意见》（浙林产〔2014〕103号）	挖掘当地中药材、养生饮食等康养资源，开发各类森林旅游食品和纪念品
2016年5月	四川省	《关于大力推进森林康养产业发展的意见》（川林发〔2016〕37号）	建设集现代林业、中医药产业和生态旅游休闲业等于一体的森林康养产业基地
2017年4月	湖南省	《湖南省森林康养发展规划（2016~2025年）》	提出将中医药资源融入林业和旅游业，促进产业融合发展
2017年11月	温州市	《关于加快推进森林康养产业发展的意见》（温政办〔2017〕89号）	探索森林旅游疗养与中医药保健服务的新型合作模式，利用当地中药材等养生资源开发中医药康养项目
2017年12月	株洲市	《关于推进森林康养发展的通知》（株政办发〔2017〕29号）	提出依托现代医学和中医药传统医学技术，构建集旅游、保健、养老、医疗、康复于一体的森林康养基地
2019年3月	河池市	《河池市大力推进森林康养产业发展意见》（河政办发〔2019〕14号）	充分挖掘和融合当地的森林文化、中医药文化、养生文化等，开发森林康养产品
2020年2月	福建省	《关于加快推进森林康养产业发展的意见》（闽林文〔2020〕18号）	大力开发中医药与森林疗养、亚健康理疗、康复养老等相融合的产品

资料来源：本研究依据政府网站资料整理。

（3）中医药森林康养旅游发展模式

中医药森林康养旅游产业是产业融合的新兴业态，虽然发展前景广阔，但由于在我国起步较晚，目前尚未形成成熟的发展模式。经研究发现，现有的森林康养旅游基地大多通过融入中医药康养产品和中医药疗养技术，实现向中医药森林康养旅游的转型，如熊猫谷景区森林康养基地[①]、文成悦慢森林康养基地[②]、温州永嘉书院森林养生基地[③]等；乌苏佛山国家森林公园森林康养基地通过与乌苏市中医院合作设立了"森林康养驿站"，将依托优越的森林资源和中医药技术针对慢性病患者开展康养服务，探索出旅游与中医药保健服务的新型合作模式。药王谷是中国乃至全球首个以中医药养生为主题的山地旅游度假区、国家森林公园，其成功地将中医药与森林康养旅游相结合，打造出中国特色森林康养产业。[④]

（4）中医药森林康养旅游产品

按照功能对中医药森林康养旅游产品进行区分，可以将其划分为养生保健类、医疗保健类、观光与文化体验类和购物旅游类。研究发现，目前市场上的中医药森林康养旅游产品多是利用当地丰富的中药材资源开发药膳、食疗等产品，或是提供针灸、理疗、推拿等服务和教授气功、八段锦、太极拳等中医养生项目，产品雷同，同质化严重。药王谷作为我国第一个以中医药养生为主题的国家森林公园，开辟了新的发展模式，使产品得到创新，为我国中医药森林康养旅游产品的开发提供了新的方向。依据干永和[⑤]提出的中医药康养旅游产品体系，现将药王谷的中医药森林康养旅游产品分类整理，如表2所示。

---

① 侯小菲：《龙草坪林业局熊猫谷景区森林康养基地建设浅析》，《陕西林业科技》2018年第46期。

② 雷海清、魏馨、李建清、周芬芬、姚航：《森林康养产品设计的初步研究——以文成悦慢森林康养基地为例》，《林业科技》2019年第44期。

③ 陈鹏舟：《温州永嘉书院森林养生基地 文化与生态同在》，《浙江林业》2019年第9期。

④ 杨觅：《关于森林康养产品设计的思考》，《国土绿化》2018年第3期。

⑤ 干永和：《基于消费者偏好的中医药康养旅游产品开发策略研究》，北京中医药大学硕士学位论文，2017。

表 2 药王谷中医药森林康养旅游产品分类

类别	具体产品
养生保健类	药膳
	药饮(茶、酒)
	芳香理疗
	定期提供营养养生方案
医疗保健类	基础国医体检
	通过面对面、视频等方式进行名医问诊
	针灸
	按摩推拿
	药浴
观光与文化体验类	夷树森林
	中医植物园
	五禽艺术墙、彭祖养生石刻
	林下采药
购物旅游类	保健商品
	中药饮片

资料来源：根据公开资料整理。

2. 中医药温泉康养旅游发展现状

温泉在中国的开发和应用于辅助治疗疾病历史悠久，但相比于日本的"汤治文化"[①] 和欧美以及东南亚的 "SPA 文化"[②] 已经实现了相对充分的温泉功能开发和品牌塑造，中国温泉旅游产业在温泉利用方面尚待加强。中医药作为我国具有自主知识产权的特色民族医药，将中医康养与温泉旅游相结合，打造具有中医药特色的温泉旅游项目和产品，无疑是促进中国温泉自

[①] 徐小淑、孟红森：《日本温泉文化的特征——从"汤治"到"治愈"》，《中北大学学报》（社会科学版）2015 年第 31 期。

[②] 王晓梦：《中法现代温泉度假村地域性规划布局和空间特色研究》，湖南大学硕士学位论文，2014。

立于世界温泉体系中的一大优势和法宝。中医药温泉康养旅游是以具有养生康复功能的中医药资源和温泉资源为依托，提供以健康养生、预防保健、康复疗养为主要功能和特色服务，从而使人在身体、心智和精神上恢复或达到优良状态的康养旅游活动的总和。①

（1）中医药温泉康养旅游资源禀赋

据不完全统计，中国有天然温泉约3000处，温泉储量占世界第一②，国内知名温泉约100处，如陕西面山温泉、北京小汤山温泉、长白山温泉、重庆南温泉、广东从化温泉、云南腾冲温泉等。丰富的温泉资源和独具中国特色的中医药文化相融合将成为推动我国温泉康养旅游转型升级的强大动力。

（2）中医药温泉康养旅游相关政策

目前，国家层面尚未提出专门的针对中医药温泉康养旅游的相关政策，但在中央先后出台的促进中医药康养旅游发展的政策中，提出了中医药与温泉资源融合发展的相关指导意见。如2015年11月，由国家旅游局和国家中医药管理局联合发布的《关于促进中医药健康旅游发展的指导意见》明确提出，要利用中医药文化元素突出的各种中医药资源和温矿泉等，打造一批中医药康养旅游企业，推动旅游业和中医药健康服务业深度融合。

在中央颁布了一系列促进中医药康养旅游发展的政策后，为了将温泉旅游更好地与中医药相融合，各地方政府也先后发布了推动各省市中医药温泉康养旅游产业发展的相关政策（见表3）。此外，还有一些省市如云南省、南京市、大连市，在颁布的关于推动温泉旅游产业发展的各项意见中都表明，要推动"温泉+康养""旅游+康养"多产业融合发展。

---

① 李时、宋明：《中国特色旅游——中医药旅游开发与发展对策研究》，《中国科技信息》2008年第2期。

② 官品佳：《区域温泉旅游资源开发潜力评价研究》，福建师范大学硕士学位论文，2012。

表3　部分地方政府关于中医药温泉康养旅游的重要政策

发布时间	地方政府	政策名称	主要观点
2017年3月	福州市	《福州市人民政府关于印发福州市温泉资源综合开发利用工作方案的通知》(榕政综〔2017〕80号)	明确提出要支持福州市中医院与相关企业合作开发温泉治未病等特色项目,打造特色温泉养生品牌,促进"温泉+康养"融合发展
2017年9月	江西省	《江西省人民政府办公厅关于加快发展温泉旅游的若干意见》(正赣府厅发〔2011〕27号)	充分发挥江西省中药文化等优势,推动温泉旅游与各类旅游融合发展
2018年4月	赤峰市	《赤峰市优质旅游发展三年行动计划(2018~2020)年》(赤政发〔2018〕24号)	目标任务中提到要建立1个国家中(蒙)医药康养度假基地——敖汉温泉城
2018年4月	贵州省	《省人民政府办公厅关于加快温泉旅游产业发展的意见》(黔府办发〔2018〕13号)	坚持推动"温泉+"多产业融合发展,重点加强温泉与旅游、康养、民族医药等深度融合
2018年6月	威海市	《威海市人民政府办公室关于加强温泉保护和开发利用的意见》(威政办发〔2018〕29号)	组织实施"温泉+中医药"行动,引入中医元素,回归温泉健康主题,打造特色品牌

资料来源：根据政府网站资料整理。

(3) 中医药温泉康养旅游发展模式

中医药温泉康养旅游产业作为一种新兴的融合业态,经历了从试水、萌芽到不断明晰的发展融合过程。在产业发展的初期,现有的温泉旅游企业大多通过功能与产品调整、改建和提升实现向中医药温泉康养旅游的转型。碧水湾温泉、腾冲热海温泉等企业增加了与中医药康养相关的项目,实现了温泉休闲与温泉康养叠加发展的复合模式;辽宁营口御景山温泉康复医院、大连唐风国际温泉会所则依托于优质的医疗资源,将中医药温泉康养模块嵌入已有的温泉休闲成熟模块中,转型为中医药温泉康养主导型项目。研究发现,几乎所有的温泉旅游度假区或酒店等实体都开发了中医药温泉康养旅游子项目。此外,三亚市中医院等具有医疗执业资质的机构也积极寻求与温泉旅游企业的合作,开发中医药温泉疗养项目。随着市场成熟度和产业融合度的提升,越来越多的项目从立项初始就着眼于中医药与温泉康养融合发展,

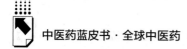

并进行相应的市场定位、产品开发和配套建设。

（4）中医药温泉康养旅游产品

中医药康养旅游产品目前主要分为保健类和康复疗养类，与干永和的研究结论"养生保健和医疗保健类产品是目前国内温泉康养旅游市场的主要组成部分"基本一致，且养生保健类产品在市场上占多数。

研究发现，两类中医药温泉康养旅游产品均包含中药温泉药浴产品，这也是最广泛且中医药与温泉融合程度相对较高的产品。但目前市场上的该类产品多为将具有一定养生功效的中药浸泡在温泉池中的简单开发，缺乏特定地区温泉功能性元素与道地中药材、特色中医理论相结合的深入研究，以及相应的面向市场的产品开发。此外，中医药温泉康养旅游产品还包括具有养生保健功能的艾灸、推拿等中医药适宜技术或药膳、DIY体验类产品、中药养生产品、文创类商品和文化体验类产品，融合度较低，如保山的温泉旅游度假区推出了中药材养生足浴、中药材养生泡池、中医推拿、拔火罐、刮痧等养生保健类旅游产品；① 在广东省温泉旅游养生产品开发中，中药药浴、药膳、中医特色理疗等养生保健类产品及服务成为广东省温泉产品的主体部分；② 三里畈温泉开发了中医药养生健身堂、中国中草药陈列馆等观光与文化体验类旅游产品和中医药养生大讲堂等学术会展类旅游产品，导致产品雷同，缺乏温泉与中医药产品体系的深度融合，如温泉与中医药膳、凉茶、芳香疗法等的结合应用，尚未形成融合度高、特色鲜明的中医药温泉旅游产品体系，缺乏市场认可度高的温泉美妆产品品牌，缺乏特色和市场竞争力，难以形成核心竞争优势。

（二）不同地区中医药国际康养旅游发展现状

1. 东北地区中医药国际康养旅游发展现状

东北地区自南向北跨中温带与寒温带，属温带季风气候，四季分明，夏

---

① 姜太芹、姜太玲：《基于游客体验的保山中医药旅游产品提升研究》，《保山学院学报》2017年第36期。
② 李婉：《论广东省温泉旅游的养生产品开发》，中国广州第二届国际养生大会论文，2014。

季暖热多雨，冬季寒冷干燥。特殊的气候条件有利于人参等名贵中药材的生长，根据第三次全国中药资源普查，可以将东北地区分为3个中药区域，分别是中温带小兴安岭、长白山山地中药区，中温带松嫩平原中药区和寒温带大兴安岭山地中药区。此外，东北地区森林资源也较为丰富，森林总蓄积量约占全国的1/3，同时由于东北地区靠近长白山天池火山区，坐拥松辽盆地和海拉尔盆地两大热流丰富的盆地，也拥有非常丰富的温泉资源，为开展中医药康养旅游打下了良好的资源基础。

在拥有丰富多样的中医药康养旅游资源的同时，东北地区也因其独特的地理位置有着发展中医药国际康养旅游的优势。东北地区地处东北亚的核心位置，东、北两面与朝鲜及俄罗斯相邻，"一带一路"倡议的实施也为东北地区发展中医药国际康养旅游注入了新的动力。以黑龙江省为例，因地理位置优越，交通基础设施完备，其在"一带一路"倡议下立足自身中医药资源优势，积极与周边国家和地区进行中医药康养旅游交流与合作，举办各类中医药康养旅游国际活动，吸引了众多海内外游客到黑龙江省进行中医药康养旅游活动，在休闲度假的同时享受中医药养生保健服务。2018年在"一带一路"倡议带动下，黑龙江省旅游收入超过2000亿元，国内外旅游总人数近2亿人次。[①]

2. 华北地区中医药国际康养旅游发展现状

华北地区包括北京市、天津市、河北省、山西省、内蒙古自治区中部。这一区域是京津冀都市圈所在地，具有丰富的旅游资源和中医药资源，且人口众多，区域总面积达21.6万平方公里，拥有近20个5A级景区，是中国北方经济规模最大的地区，同时也最有活力和影响力。

北京市作为中国的首都，交通发达，名胜古迹众多且人文景观独特，并且拥有丰富的疗养度假旅游资源，为北京市开展中医药国际康养旅游奠定了基础。为了推动中医药康养旅游的发展，北京市中医药管理局、文化和旅游

---

① 杜佳蕾、于朝东、刘津序、赵琦：《"旅游+健康"黑龙江省中医药旅游发展研究》，《现代商业》2020年第12期。

局已经连续评选出四批北京市中医药文化旅游示范基地，并于 2019 年联合推出 9 条中医药康养旅游路线。

河北省发展中医药康养旅游有着独特的资源优势。河北地形地貌多种多样，是全国唯一高原、平原、盆地、山地、丘陵等都有的省份。其中保定市安国市是首批国家级中医药健康旅游示范区。安国药市不仅是我国规模最大的中药材集散地之一，还拥有众多国家级和省市级的非物质文化遗产，为中医药旅游增添了独特魅力。通过资源整合，安国市目前已开辟了四条中医药康养旅游线路，分别为北京—安国保健旅游、中医药文化旅游、中医药商贸旅游和中医药工业旅游，已成功打造为具有鲜明特色的中医药康养旅游目的地。

3. 华中地区中医药国际康养旅游发展现状

华中地区位于中国中部、黄河中下游和长江中游地区，有多条国家交通干线经过并通达全国，是东西、南北战略要冲和水陆交通枢纽。华中地区依靠其中原的地理位置和便利的交通条件有利于推动国际旅游的发展。

华中地区包括河南、湖北和湖南三个省份，各地均拥有着独具特色的中医药自然资源和丰富的中医药文化资源，有着发展中医药康养旅游的天然优势。其中，河南省所产的道地药材数量在全国排名第二，产于焦作的"四大怀药"也闻名于世。[1] 此外，河南省也是岐黄文化的发源地，历史上涌现出了众多中医名家，其中以医圣张仲景最为著名，在世界上特别是华人圈内享有重要地位和较高声誉，因此吸引了大量的海内外华人到河南寻根问祖。[2] 湖南省不仅拥有 2000 余种中药材资源，而且拥有南岳衡山、环洞庭湖区、张家界等著名景区，有利于中医药旅游发展。在交通方面湖南省也独具优势，其与粤港澳大湾区地域相邻、交通相连，[3] 为国际游客提供了便捷

---

① 张玉峰、叶坤英、张依：《河南省中医药文化旅游资源发展探析》，《中国中医药现代远程教育》2022 年第 20 期。
② 孟长海、郭德欣、姚明超：《"一带一路"背景下河南中医文化旅游产业开发的战略思考》，《中医研究》2020 年第 33 期。
③ 虢剑波、冯进、李晖：《湖南中医药旅游资源开发策略研究》，《现代生物医学进展》2012 年第 12 期。

的交通环境。湖北省蕲春县是医圣李时珍的故乡，其借助"李时珍"品牌大力推动中医药康养旅游发展，建立了"中国艾都"金字招牌，并于2017年被确定为首批国家中医药健康旅游示范区创建单位。

4. 华东地区中医药国际康养旅游发展现状

近年来，华东地区依靠完善的旅游服务设施、积极的政策支持、突出的中医药特色，鼓励建设中医药康养旅游示范基地，积极发展中医药康养旅游产业。

上海市浦东新区依托其区位优越和交通便捷等优势，于2017年成为国家中医药健康旅游示范区创建单位。浦东新区目前建成了上海市中医药博物馆、中医药文化园、上海国医馆、公利医院中医文化展示馆等多家中医药文化单位，积极开展中医药康养文化的宣传建设活动。

江西上饶国家中医药健康旅游示范区是以国际医疗旅游服务、低碳生态社区等为主要内容的国家级健康产业园区，致力于发展中医药康养服务业。2018年4月，上饶市政府办公厅印发了《上饶市中医药健康旅游先行先试融合发展的指导意见》；11月，上饶市与恒大健康、北京汉氏联合公司共同合作建设"上饶生命健康城"。2019年，上饶国家中医药健康旅游示范区正式成立，该先行区将以三清山、龟峰等地秀美的自然资源为依托，打造一个集治疗旅游、养生旅游等康养项目于一体的综合康养发展模式。

安徽省亳州市以中药材资源丰富而闻名，其致力于打造"一核一带八区"的中医药康养旅游产业总体规划布局。经过近几年的深入拓展，重点中医药康养旅游项目的推进取得了很大成效。亳州已成功建成林拥城、郑店子温泉生态康养旅游项目，积极举办国际（亳州）中医药博览会和中国（亳州）芍花养生旅游文化节、全国药膳大赛等康养文化活动。2020年3月，《世界中医药之都（安徽亳州）建设发展规划（2020～2030年）》获批印发，全方位、多维度描绘了亳州市打造"世界中医药之都"的发展蓝图。

山东省日照市作为国家中医药健康旅游示范区，将康养产业视为着力培养的新兴产业，积极打造中医药文化旅游之都。其中莒县跃龙山养生养老度假区、中加国际健康管理中心等示范基地、中华国医坛国际养生城等产业区正在积极打造集休闲度假、养生保健、健康养老于一体的大健康产业集群。

5. 华南地区中医药国际康养旅游发展现状

华南地区位于我国南端，向南与菲律宾、马来西亚、印度尼西亚、文莱等国隔海相望，西南与越南、老挝、缅甸等国家陆地相邻。华南地区交通便利，坐拥香港国际航运中心，广州、深圳等超大型港口，香港国际机场、广州白云机场、深圳宝安机场等航线丰富的国际航空枢纽。随着港珠澳大桥的建成，游客出入华南地区的旅游大通道更为便捷。广阔的东南亚、南亚国际市场和便捷高效的现代综合交通运输体系将大力推进华南地区中医药国际康养旅游产业的稳步发展。

华南地区作为中国最南部的沿海对外区域，区位优越，拥有着非常丰富的中医药康养旅游资源以及大量的国际国内客源，其中海南省凭借热带海岛长夏无冬的温暖气候、优越独特的生态资源和优质丰富的国际旅游资源，发挥中医药优势，积极面向国际市场发展中医药康养旅游，是国内发展中医药国际康养旅游的先驱地之一。

2002 年三亚市中医院首创"中医疗养游"，吸引了大量国际游客参与。2014~2018 年，三亚市中医院通过开展"中医药康养旅游项目"，实现了年平均接待外宾数量 7000 余人次，年平均收入超过 400 万元，游客主要来自气候寒冷的俄罗斯和加拿大、美国、英国、德国、卢森堡、瑞典、瑞士等国家，以及柬埔寨、泰国等地缘较近的国家。[①] 2016 年初，三亚国际友好中医疗养院正式开业，作为面向国际的中医药康养旅游机构，疗养院提供了很多诸如针灸、推拿、拔罐、药浴等中医康养服务，吸引了欧洲多国的学员前来交流学习并与俄罗斯脑瘫医疗机构开展相关医疗合作，德国、俄罗斯等国的国际旅行商前后到访参观，洽谈康养旅游合作。

广西南宁作为华南地区唯一的首批国家中医药健康旅游示范区创建单位，中医药康养旅游活动丰富多彩，已成功建设马山、大明山等 6 条康养旅

---

① 林应龙、李芳：《三亚市中医药旅游发展研究》，《旅游纵览（下半月）》2018 年第 16 期。

游线路，打造环省会中医药康养旅游产业圈。积极举办上林生态旅游养生节、马山文化旅游美食节等文化节日，吸引中外游客前来养生度假。

6. 西北地区中医药国际康养旅游发展现状

西北地区地处中国西北部内陆，具有地广人稀、资源丰富、国境线漫长等特点，虽然经济发展相对落后，但资源丰富，风景独特，旅游业是本地区的重要产业之一。

陕西省仅秦岭地区就有 3210 种天然药用植物，中药材资源数量丰硕、品类丰富。近年来，铜川市作为首批国家中医药健康旅游示范区之一，大力发展中医药康养和温泉康养等新兴业态，积极打造铜川药王康养品牌，形成了集养生、康复、休闲、旅游等多元功能于一体的康养文化旅游产业集群。

新疆是中国陆地面积最大的省份，占地面积广阔、自然景观奇美、多民族和睦安乐。随着国家"一带一路"倡议的实施，新疆将承接包括健康医疗中心在内的"五大中心"职能。2015 年来自中国、俄罗斯、吉尔吉斯斯坦等国的 50 多家医疗机构、旅游企业共同签署倡议书，合作成立"丝绸之路医疗旅游联盟"，进一步推动新疆康养旅游市场的发展。

7. 西南地区中医药国际康养旅游发展现状

西南地区是我国少数民族分布聚集区，不仅自然与人文旅游资源丰富，而且富有独特的民族医药。由于西南地区西与克什米尔地区接壤，南与缅甸、印度、不丹、尼泊尔等国毗邻，其独特的地理位置为自身与周边国家之间的交流提供了便利，这将有利于促进中医药入境康养旅游的发展。

四川省是西南地区中人口最稠密、交通最便捷、经济最发达的区域，拥有着丰富的中草药、温泉、森林、文化等旅游资源，中医药国际康养旅游在政府的大力支持下也得到了充分发展。相关统计数据显示，2011~2015 年，四川省中医药康养旅游者数量持续增长，截至 2015 年，国际中医药康养旅游者数量已增加到了 15 万人次，而且增速较快，甚至有超过国内市场的趋势。①

---

① 郑强、杨长平、冯贤贤、柴念、王敏：《"十三五"规划下我国中医药养生旅游发展研究——以四川省为例》，《四川旅游学院学报》2017 年第 3 期。

云南省地处我国西南边陲，经湄公河流域与泰国、柬埔寨两国连接，陆地与越南、缅甸和老挝三国相邻，其优越的区位条件不仅为云南省带来了独特的边境旅游资源，也为其中医药康养旅游业的国际化发展提供了优势条件。① 云南省的温泉数量居全国之冠，当地的中医药温泉康养旅游产业发展潜力巨大，目前云南省较为成熟的康养产品也以温泉养生为主，如安宁温泉、华宁温泉、腾冲火山热海等。

西藏地处我国西南，地广人稀、边境线漫长，向西与克什米尔地区接壤，南与缅甸、印度、不丹、尼泊尔等国相邻，是我国西南地区的重要门户，② 自"一带一路"倡议提出后，西藏与周边国家和地区的合作更为紧密，这将有利于促进国际康养旅游的发展。在藏医药文化丰富且独特的优越条件下，西藏积极开展藏医康养旅游相关服务。藏医文化相关的康养项目主要有药材种植园参观、购买藏药相关保健产品、体验具有保健疗养作用的藏医药诊疗等。

四　中医药国际康养旅游发展对策和建议

作为入境旅游国，中国积极发展中医药国际康养旅游。通过对中国中医药国际康养旅游发展现状的梳理，我们发现尽管不同业态、不同地区的中医药康养旅游发展迅速，但仍存在不同程度的发展定位模糊、资源融合度低、产品同质化严重、尚未形成具有核心竞争优势的特色品牌等问题，因此本研究尝试提出以下针对性建议。

（一）统筹整体规划设计，完善中医药国际康养旅游目的地建设

统筹整体规划设计，从市场供需两方面考虑，基于目的地环境、自然资

---

① 刘立红、王芬、刘英等：《关于云南发展中医药养生旅游产业的思考》，《云南科技管理》2017 年第 30 期。

② 丁翠翠、图登克珠：《西藏红色旅游 SWOT 分析与发展对策研究》，《西藏研究》2021 年第 1 期。

源禀赋和发展基础，识别竞争优势，明确中医药康养旅游目的地发展定位，着重突出目的地的资源优势和历史、地理等文化特征。不同地区在发展中医药国际康养旅游的过程中，需要明确自身在地理区位、交通区位和康养旅游资源禀赋等方面区别于其他地区的差异化优势，并与目标消费者建立联系，从而形成核心竞争力。如北京应充分利用国际化都市、政治文化中心的独特区位优势，进行中医药国际康养旅游定位，而与其他国家接壤的地区则应充分利用自己的地理区位优势发展入境中医药康养旅游。此外，目的地要注重完善基础设施建设，打造满足不同人群需求的"吃、住、行、游、娱、养"等配套服务设施，尤其是康养服务设施，积极进行智慧中医药康养旅游目的地建设，增强中医药康养旅游目的地的吸引力和市场竞争力。

（二）结合资源禀赋特点，建立特色产品体系

市场导向是中医药康养旅游产品开发必须遵循的重要原则。依据不同的消费需求特征划分细分市场，通过已有的客源市场调查等多种手段进行定位，进而有针对性地开发中医药康养旅游产品，实施精准的市场营销策略。各目的地需要立足已有资源的特点，综合分析消费者需求和市场竞争状况，整合不同要素，设计开发出具有复合性、知识性、差异性、延伸性、参与性和补偿性等特征的优势产品，并构建有机的产品组合，让游客能够在体验名医问诊和养生保健服务的同时品尝药膳美食，观赏中医药动植物景观，学习预防保健知识，购买独特纪念品等，形成特色鲜明的产品谱系。此外，还要在继承中医药文化精髓的基础上，使用现代国际通用的科学思维和技术手段进行研究，在微观层面解开中医药的生理生化作用，促进中医药迈入分子时代，将中医药资源与其他康养旅游资源进行深度融合研究，打造特色中医药康养旅游产品品牌。

（三）加强宣传和营销，提升品牌知名度和影响力

加大对中医药康养旅游的宣传力度，提高其公众知晓度。中医药康养旅游的营销方式应该逐渐多元化、创新化发展，因此中医药康养旅游目的地要

积极将多种营销渠道整合起来，充分应用各类营销方式，打造出立体化的营销体系，从而提高目的地的知名度和吸引力。此外，目的地要充分利用政府官网，加强中医药康养旅游推介平台建设，打造本地区中医药康养旅游地图，呈现特色优势产品，提升可信度。[①] 在"互联网+"时代，各目的地和产业实践基地要充分将中医药康养旅游与"互联网+"结合起来，积极打造线上中医药康养旅游体验模式，同时依托大数据技术，定期向消费者宣传中医药康养旅游新产品，扩大品牌在消费者群体中的知名度和影响力。在充分利用线上平台进行宣传的同时，各中医药康养旅游目的地还要积极举办中医药国际文化旅游节、中医药国际养生旅游节等节庆活动和中医药康养旅游论坛等学术活动，加大线下推广力度，从而打造出国际化的中医药康养旅游品牌形象。

（四）挖掘特色中医药康养文化，讲好特色中医药故事

文化是中医药康养旅游产品能够长久发展的内在支撑，文化底蕴越深厚，中医药康养旅游产品的独特性、差异性越明显，则越能够满足消费者个性化的需求，获得国外消费者真正的尊重和发自内心的喜爱。挖掘中医药康养文化内涵，依托中国民族医药养生文化，汲取地域文化营养，通过一定的实物或氛围进行文化的有形表达，将中医药文化元素融入目的地建设、产品设计和服务提供的方方面面，从而提升中医药康养旅游的文化品位，使游客从文化角度增强体验感受，提高中医药康养旅游体验质量。同时，为推动中医药传统文化更快更好地走出国门，相关部门可以将《本草中国》《中医药民族医药探秘》等已有的中医药影视资源制作成国际版本推向海外，将中医药故事、文化和理念积极向国外民众传播，激发其来中国体验中医药康养服务的兴趣和内在动力。

（五）重视人才培养，提升服务水平

中医药康养旅游是中医药行业与旅游业融合发展的新兴产物，对产业各

---

① 司建平、王先菊：《中医药健康旅游消费认知调查研究——以河南为例》，《中国卫生事业管理》2020 年第 37 期。

方面发展的专业化程度要求较高，因此复合型专业人才配备是建设和发展中医药康养旅游目的地的关键所在。目的地既需要有懂得中医药、运营管理、市场营销、旅游规划等专业知识的复合型管理人才，也需要配备一批专业水平高、服务态度好，同时具备外语口语交流能力的专业型服务人员。基于此，各目的地在创新产品与服务的同时，也要高度重视人才的教育培训，积极构建企业主导、学校参与、市场运作的人才教育培训体系，深化"引进来""走出去"的人才交流与培养模式，加强对目的地相关人员在中医药技术、服务水平、运营能力等方面的培训。此外，还可以借鉴日本发展森林疗养产业的经验，通过专门的"森林疗养导游"和"森林疗养师"资格认证考试，实现人才的专业化建设。①

五 总结与展望

中医药国际康养旅游产业属于多产业融合的新兴业态。发展中医药国际康养旅游，有利于推动我国传统休闲旅游业和中医药服务行业的转型升级，促进国民经济和社会的发展。本研究主要运用文献研究法，基于入境旅游视角，通过收集相关的政策文件和文献资料，梳理中医药国际康养旅游相对成熟的业态和不同地区的发展现状，对资源禀赋、区位优势和产业基础有了较为直观和清晰的把握，并针对现存的产品开发、产业定位和人才培养等方面的问题，提出了相应的对策建议。

随着产业融合的深入推进，在未来的研究中，将更多地基于消费者的视角，采取定性与定量相结合的方法，对中医药康养旅游产业更多细分业态的发展状况进行更为全面的梳理，从而为创建中医药康养旅游强势品牌提供更具有参考价值和说服力的可行性建议。

---

① 杜玲莉：《从日本经验看四川省森林康养旅游发展》，《当代旅游》2021 年第 19 期。

区域发展篇

Regional Development Reports

B.7
"一带一路"中医药发展报告

侯胜田　李艺清　李享*

摘　要： 随着"一带一路"建设的推进，中医药国际化发展取得了一定的成绩，中医药的国际影响力不断提升。本报告基于文献研究，梳理并总结"一带一路"中医药发展现状，并通过问卷调查，从经济与市场、人口、政治与法制、文化与教育、医疗卫生、基础设施、自然地理七个维度，对"一带一路"沿线35个国家中医药发展环境进行多维度评价，并提出"走出去"与"引进来"相结合的发展路径，强化产权保护、制定国际标准、打造特色品牌、培养复合型人才等发展策略，以期为中医药国际化发展提供一定的参考。

---

* 侯胜田，管理学博士、北京中医药大学管理学院教授，主要研究方向为全球中医药、中医药健康经济与管理、中医药健康旅游；李艺清，北京中医药大学管理学院研究生，主要研究方向为中医药服务贸易、中医药健康经济与管理；李享，北京中医药大学管理学院研究生，主要研究方向为中医药服务贸易、中医药健康经济与管理。

关键词： "一带一路" 中医药 发展环境 评价报告

　　"一带一路"是"丝绸之路经济带"和"21世纪海上丝绸之路"的简称，为中国和沿线国家、地区的全面发展提供了新的战略机遇。2015年3月，《推动共建丝绸之路经济带和21世纪海上丝绸之路的愿景与行动》的发布，标志着中国开始全面推进"一带一路"建设。截至2021年1月，中国已与171个国家和国际组织，签署了205份共建"一带一路"合作文件，① 以设施联通、贸易畅通、资金融通等为主要内容，积极开展相关合作。

　　中医药是"一带一路"医药卫生交流中的重要载体，在中国与沿线各国建立全方位外交新格局中发挥着重要作用。《中医药发展战略规划纲要（2016~2030年）》指出，要扩大中医药对外投资和贸易。随着中医药政策红利持续释放，国家正致力于全方位推动中医药产业发展，发展中医药已上升至国家战略层面，中医药国际化发展前景广阔。但由于共建"一带一路"国家各自处于经济发展的不同阶段，且其在政治体制、人口、文化教育、医疗卫生、基础设施、自然地理等方面具有多样性和差异性，各国的中医药发展环境差异较大。

　　本报告通过总结"一带一路"中医药发展现状，并从经济与市场、人口、政治与法制、文化与教育、医疗卫生、基础设施、自然地理等七个维度对部分共建"一带一路"国家的中医药发展环境进行评价，提出"一带一路"国家中医药发展路径与策略。这不仅有利于为中国政府制定中医药发展战略提供参考，也为相关投资者选择合适的投资目标国与投资策略提供参考性建议。

---

① 刘杨：《我国已签署共建"一带一路"合作文件205份》，中华人民共和国中央人民政府网，2021年1月30日，http://www.gov.cn/xinwen/2021-01/30/content_5583711.htm。

一 "一带一路"中医药发展现状

中医药作为"一带一路"的重要载体，现已传播到世界 196 个国家和地区，中国政府同 40 多个国家和地区签署了专门的中医药合作协议。[①] 中国推动在国际标准化组织（ISO）成立的中医药技术委员会已发布数十项中医药国际标准，中医药正快步融入国际医药体系，为人类健康福祉做出越来越大的贡献。[②]

"一带一路"沿线经过东南亚、南亚、东亚、中亚、西亚、中东欧等地区 65 个国家（见表 1），其地域面积占全球 1/3 以上，人口总量占全球六成以上，2017 年国民生产总值占全球总值 31.5%。[③]

表 1 "一带一路"沿线国家

项目	国家
东亚	蒙古国
东南亚	缅甸、泰国、柬埔寨、老挝、越南、菲律宾、马来西亚、新加坡、文莱、印度尼西亚
南亚	印度、巴基斯坦、孟加拉国、阿富汗、尼泊尔、不丹、斯里兰卡、马尔代夫
中亚	哈萨克斯坦、土库曼斯坦、乌兹别克斯坦、塔吉克斯坦、吉尔吉斯斯坦
西亚	阿联酋、阿曼、巴勒斯坦、巴林、卡塔尔、科威特、黎巴嫩、塞浦路斯、沙特阿拉伯、土耳其、希腊、叙利亚、也门、伊拉克、埃及、伊朗、以色列、约旦
独联体	俄罗斯、阿塞拜疆、白俄罗斯、格鲁吉亚、摩尔多瓦、乌克兰、亚美尼亚
中东欧	阿尔巴尼亚、爱沙尼亚、保加利亚、波兰、波黑、黑山、捷克、克罗地亚、拉脱维亚、立陶宛、罗马尼亚、马其顿、塞尔维亚、斯洛伐克、斯洛文尼亚、匈牙利

[①] 陈海峰：《国家中医药管理局：中医药已传播至 196 个国家和地区》，中国新闻网，2021 年 7 月 30 日，https://www.chinanews.com.cn/gn/2021/07-30/9532796.shtml。

[②] 田博群：《中医药快步融入国际医药体系》，中国新闻网，2020 年 10 月 11 日，https://www.chinanews.com.cn/gn/2020/10-11/9309936.shtml。

[③] 徐坡岭、黄茜：《中国与"一带一路"沿线国家贸易合作》，中国社会科学院俄罗斯东欧中亚研究所，2019 年 11 月 15 日，http://euroasia.cssn.cn/kycg/lw/201911/t20191115_5036274.shtml。

（一）东亚

近年来，中蒙两国早已在中医药学术交流、人才培养、科学研究等领域开展了多次合作，建立起长期稳定的合作关系和友好密切的往来机制。中医药健康服务在蒙古国拥有良好的群众基础、广阔的市场需求。从 20 世纪 90 年代开始，每年有 2 万~3 万蒙古国公民专程来中国就医，且 85% 是前往内蒙古寻求蒙医药的帮助，中国蒙医药在中蒙两国的传统医学外交上埋下了友谊、合作的种子。内蒙古国际蒙医医院积极与蒙古国等周边国家开展学术交流，每年派出各专业的蒙医药专家赴蒙古国为当地公民进行义诊，积极开展蒙医药医疗服务和交流，为蒙古国公民提供绿色就诊通道并适当减免费用。

（二）东南亚

近年来，随着中国与东南亚各国的交往日益密切，东南亚各国积极推动中医药事业发展。中国—缅甸中医药中心、中国—菲律宾中医药中心、中国—泰国中医药中心的建立，通过促进中国知名医院、高校与当地合作，推动中医药与当地传统医药的共同发展；2021 年广西国际壮医医院与老挝万象湄公河医院签署合作协议书，深化中医药领域交流，共同探索跨国医疗合作新路径。中医药服务机构众多，如北京同仁堂（泰文隆）有限公司在柬埔寨落地；马来西亚的仁爱堂、同善医院、中华施诊所等均提供中医药服务；胡庆余堂、北京同仁堂、福寿堂均在印度尼西亚开设分店，提供医药服务。作为东南亚十一国唯一的发达国家，新加坡政府关注中医药业的发展，改革中医临床医疗体系，完善中医高等教育体系，设立津贴鼓励中医药科研，建立中医药管理局加强当地中医药管理工作，使新加坡的中医药业快速发展。

（三）南亚

中医药合作方面，中国—巴基斯坦中医药合作中心由中国湖南医药学院和巴基斯坦卡拉奇大学共同建设；中孟国际传统医药诊所有限公司由中国中医研究院针灸研究所与孟加拉国夸塞姆集团合作建立，开展针灸推拿按摩以及中医美容治疗；中国与尼泊尔卫生与人口部签署《关于传统医学合作的谅解备忘录》，加强传统医学领域合作。印度、不丹、斯里兰卡当地传统医学发达，但医疗卫生体系尚未能较好地满足国民医疗卫生需求，这为开展中医药合作提供了一定的机遇，可利用中医药传统医学的优势，与传统医学相互借鉴，提高当地整体医疗水平。阿富汗是世界最不发达国家之一，失业率超过40%，目前战乱不断，安全形势严峻，对其投资需谨慎。

（四）中亚

中医药合作方面，北京中医药大学与土库曼斯坦国立医科大学合作开展中医药教育培训、草药开发利用等工作，并开展"北京中医药大学土库曼斯坦中医学士学位项目"，为中医药的发展储备国际型、复合型人才；中国国家中医药管理局与吉尔吉斯斯坦卫生部在中医药领域合作签署谅解备忘录，统筹推进中医药合作。中医药服务上，随着近年来有越来越多的哈萨克斯坦人民认同中医理念，哈萨克斯坦出现了越来越多的针灸、推拿等中医馆，人们也开始学习中医养生知识。中亚地区各国均拥有良好的营商环境和可观的市场需求，中医药健康服务产业蕴藏着广阔的发展空间。随着"一带一路"建设的不断推进，中国与中亚各国将有望达成中医药领域的合作。

（五）西亚

中医药合作方面，中国四川—阿曼苏丹国中医药中心和国家中医药管理局的"一带一路"国际合作专项，即中国—以色列中医药中心，承担着展示、推广和体验中医药文化的功能；北京中医药大学与伊朗德黑兰医科大学签署了相关合作协议，不断加强医疗方面的合作。中医药在部分国家深受当地群众喜爱，如中医药在阿联酋等阿拉伯国家有一定的市场，现有中医医疗中心和诊所 30 多家，中医从业人员 200 余人；塞浦路斯的中医药诊所分布于多座城市，为了规范临床管理，塞浦路斯也正致力于中医立法工作。此外，沙特阿拉伯、土耳其、希腊、约旦等国家良好的营商环境为开展中医药健康服务奠定了良好的基础。巴勒斯坦、叙利亚、也门以及伊拉克整体中医药发展环境较差，应充分考虑投资风险。

（六）独联体

中医药合作方面，在中国驻俄罗斯大使馆支持下，由中国医学科学院药用植物研究所、长春中医药大学、莫斯科谢切诺夫国立第一医科大学、图瓦州立大学、俄罗斯（莫斯科）中国传统医学实践发展中心等共同发起，合作成立了中医药创新合作联盟；中国—白俄罗斯中医药中心由浙江中医药大学附属第三医院和白俄罗斯明斯克州区医院共同建设，开展技术培训、养生功法和文化交流等项目；中国与格鲁吉亚的自由贸易协定中有专门的中医合作附件；乌克兰当地草药资源较丰富，对中药也有一定的研究，且多次聘请中国中医师讲学诊疗、出席各大学术交流会议，中乌在医疗合作方面发展迅速。阿塞拜疆、摩尔多瓦、亚美尼亚政局基本稳定，社会秩序良好，营商环境良好，为达成中医药国际合作奠定了坚实基础。

（七）中东欧

中医药合作方面，1991 年由天津中医药大学与保加利亚合作创办的中国中医治疗中心、中东欧地区首个由两国政府支持的中医机构即捷克赫拉德茨克拉洛维大学附属医院的中医中心、中国—波兰中医药中心、中国—黑山中医药中心、中国—罗马尼亚中医药中心，助力中医药在中东欧地区的发展。中东欧地区人民对中医药的认可程度在逐年提升，中医药服务广受欢迎，如中国针灸在斯洛文尼亚的康复疗养院进行临床应用；中医诊所遍布匈牙利全国；在斯洛伐克首都布拉迪斯拉发有 5~6 家私人医院或诊所提供中医药服务；中国的中成药与保健品在保加利亚药店、食品店、化妆品店均有销售。中医药教育方面，上海中医药大学与阿尔巴尼亚药学院达成了中药教育与科研合作意向，① 天津中医药大学与立陶宛考纳斯医科大学签署了广泛的合作协议，为培养中医药国际人才提供平台；塞尔维亚的贝尔格莱德大学医学院拥有全日制的针灸学科，中医药教育被纳入匈牙利高等教育体系，推动中医事业发展。此外，匈牙利是欧洲第一个实现中医立法的国家。

二 "一带一路"中医药发展环境评价

（一）资料与方法

"一带一路"涉及 65 个国家，本报告根据信息可获得性，选取其中 35 个国家作为研究对象。虽然马来西亚、缅甸、老挝等国家中医药发展比较好，但由于在前期研究中其关键性数据难以获得，所以最终未能列入项目研究范围。

本报告基于"一带一路"国家中医药投资环境评价指标体系②，数据来源于以下两部分：一部分来源于定量指标，定量指标反映"一带一路"国家宏观层面的政治、经济、人口情况，具体测量项目共 11 个，数据来源于世界银行、WHO、经济与和平研究所等官方网站，并对其进行标准化处理；另一部分来源于定性指标，定性指标主要反映"一带一路"国家中医药发展情况，具体测量项目共 17 个，采用问卷法进行测量评价，并邀请国内外中医药相关领域专家填写电子问卷。本次调查时间是从 2021 年 7 月 15 日到 8 月 15 日，其间通过电子邮件、微信、linkedin 等社交媒体软件共收集问卷 45 份，包括中国专家 10 位和国外专家 35 位。为了保证数据质量，本研究通过问卷设计和手工剔除以保证数据的有效性。

在数据分析方面，本研究首先将获得的定量指标数据和定性指标数据导入 MS Excel 2016。接着通过对定量指标数据标准化和定性指标专家评分，

① 王炼、王国辰：《中国中医药年鉴》，中国中医药出版社，2011。
② 于海宁：《"一带一路"国家中医药健康服务投资环境评价指标体系研究》，北京中医药大学硕士学位论文，2019。

得到各个指标的发展指数（百分制），再引入权重，加权求和，计算出各国中医药健康服务投资环境的总体发展指数，并对不同维度的发展指数进行汇总整理。最后利用图表更加直观、具体地分析各个国家中医药健康服务发展环境。

（二）"一带一路"国家中医药健康服务发展环境评价分析

1．"一带一路"国家总体中医药健康服务发展环境评价分析

通过综合分析"一带一路"国家中医药健康服务发展环境各指标的发展指数，除 GDP 总量、人均可支配收入、外商直接投资占 GDP 的比重、人口总数、人口增长率、非中医医疗服务的价格水平、医疗保险报销中医诊疗和中药费用的比例、安全互联网服务器（每百万人）、环境污染程度这 9 个指标外，其余维度的发展指数均在 50 以上，整体上达到了比较满意的水平。政治与法制维度发展指数最高，其次是文化与教育维度；经济与市场维度的发展指数最低，其中"外商直接投资占 GDP 的比重"这一指标发展指数最低，有较大的提升空间（见表 2）。

表 2　"一带一路"国家中医药健康服务投资环境评价总体情况各项发展指数

一级指标	二级指标	发展指数	该维度发展指数
经济与市场	GDP 总量	11.7307	34.5945
	人均可支配收入	23.7616	
	外商直接投资占 GDP 的比重	9.5373	
	健康服务产业的市场化程度	62.2294	
	营商便利度	63.7665	
人口	人口总数	5.3384	46.7390
	人口增长率	38.4536	
	人均健康预期寿命	57.9865	
	65 岁人口所占比重	54.8592	
	非传染性疾病估计占所有死亡的比例	75.6863	

续表

一级指标	二级指标	发展指数	该维度发展指数
政治与法制	全球和平指数	68.4370	62.0179
	政府的有效性	57.8101	
	投资政策对中医药健康服务产业的支持力度	55.0036	
	知识产权保护水平	55.4289	
	中医药的法律地位	60.3794	
	"一带一路"倡议的响应程度	61.3118	
	与中国关系的密切程度	65.5864	
文化与教育	国民对中医药的接纳程度	63.7143	59.9341
	中医药及其他传统医学科技创新水平	56.0306	
	中文在东道国的普及程度	53.2270	
医疗卫生	非中医医疗服务的价格水平	48.2745	48.4647
	中医药服务供给能力	53.3560	
	医疗保险报销中医诊疗和中药费用的比例	25.0821	
基础设施	安全互联网服务器(每百万人)	14.0429	45.2304
	生活配套设施条件	60.7661	
自然地理	中草药资源的丰富程度	53.0234	55.1309
	气候适宜程度	59.6250	
	环境污染程度	11.7307	

2. "一带一路"各国中医药健康服务发展环境评价分析

为了更直观地比较共建"一带一路"国家在经济与市场、人口、政治与法制、文化与教育、医疗卫生、基础设施和自然地理七个维度的得分情况，用各个国家该维度的得分率进行分析，即每个维度的发展指数除以该维度的总分（七个维度的总分均为100）。

（1）东南亚

东南亚地区中医药健康服务发展环境的平均总体发展指数为44.188，整体发展环境较好。新加坡各维度的得分率较为均衡，政治稳定，法制健全，经济发达，基础设施完善，医疗卫生水平较高，这为中医药健康服务的发展奠定了良好的发展基础。柬埔寨、泰国、印度尼西亚、菲律宾各维度得分率大部分位于中间水平，仍有较大的进步空间。未来随着"一带一路"建设的推进，这些国家中医药健康服务发展环境的各项指标将有所改进，大量闲置资源得到有效利用，基础设施将不断完善（见图1）。

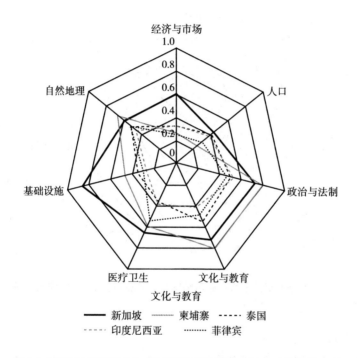

图1 东南亚地区部分国家中医药健康服务发展环境不同维度得分情况

（2）南亚

南亚地区中医药健康服务发展环境的平均总体发展指数为39.883，整体发展环境落后。印度人口较多，经济总量大，健康服务需求大。但印度的医疗卫生条件亟待改进，中医药可充分发挥其"简便易廉"的功能，满足人民健康需求，中医药健康服务市场空间大。作为南亚最具经济发展活力的国家之一，孟加拉国社会秩序基本稳定，在政治与法制、文化与教育、自然地理维度的得分率较高，包括针灸在内的中医疗法在当地具有一定的群众基础，但经济与市场、人口方面得分率较低。阿富汗常年战乱不断，安全形势严峻，社会极不稳定，对其进行中医药健康服务投资面临一定的风险，要谨慎投资（见图2）。

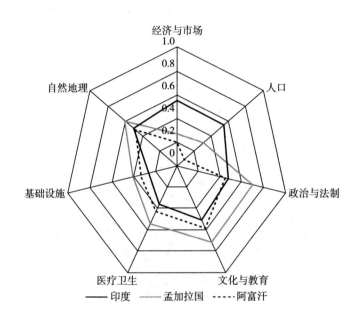

图2　南亚地区部分国家中医药健康服务发展环境不同维度得分情况

（3）西亚

西亚地区中医药健康服务发展环境的平均总体发展指数为45.052，整体发展环境较好，但其在经济与市场维度的得分率均不足50%。卡塔尔政局稳定、社会治安良好，稳定的经济增长、日益健全的法规体系，都为开展中医药健康服务投资合作创造了良好的发展空间。塞浦路斯中医药发展相对快速，多年来致力于推动中医立法，规范相关诊疗行为。以色列各维度得分率均在50%左右，发展较为均衡，其经济发达，政局稳定，积极接纳中资，为中医药健康服务提供了良好的营商环境。作为西亚北非地区最大的经济体，沙特阿拉伯政治稳定，医疗卫生条件优越，基础设施完善，但其在经济与市场维度的得分率较低,仍需优化中医药健康服务发展的宏观环境。伊拉克政治动荡,社会不稳定,基础设施落后,中医药健康服务投资应充分考虑安全风险,谨慎投资(见图3)。

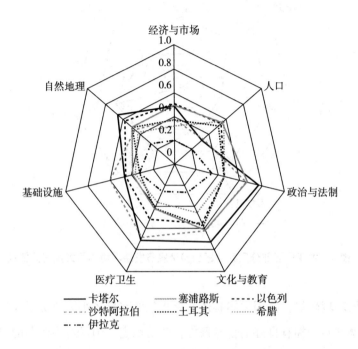

图3 西亚地区部分国家中医药健康服务发展环境不同维度得分情况

(4)中亚

中亚地区中医药健康服务发展环境的平均总体发展指数为38.790,整体发展环境落后,其文化与教育、政治与法制维度得分率均在50%以上,其余维度得分率均在50%及以下。哈萨克斯坦和乌兹别克斯坦政治稳定,随着"一带一路"建设的推进,基础设施将不断完善,两国尚待发展完善的医疗卫生体系为中医药健康服务相关产业的发展提供了广阔的需求市场。两国未来应充分发挥优越的地缘优势,加大中医药健康文化交流(见图4)。

(5)独联体

独联体国家的中医药健康服务发展环境的平均总体发展指数为44.416,

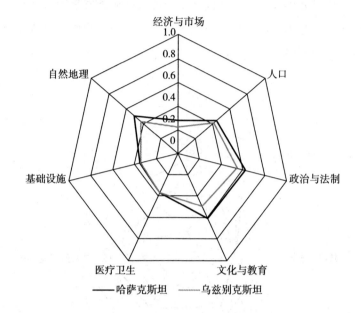

图4 中亚地区部分国家中医药健康服务发展环境不同维度得分情况

整体发展环境较好,各国之间总体发展指数的差异较小。亚美尼亚、白俄罗斯、阿塞拜疆均拥有良好的自然条件,政治稳定,国民对中医药的接纳程度较高,中文普及度较高,但其经济与市场、医疗卫生、基础设施维度的得分率均较低。俄罗斯资源丰富,科技发达,经济发展稳定,且中俄两国长期友好,全方位合作不断加强,经贸关系稳定发展,为进行中医药健康服务投资提供了良好的政策环境和群众基础。乌克兰拥有丰富的草药资源,自然地理条件优越,当地对中药也有一定的研究,近年来积极与中方合作开展大型学术交流活动。但乌克兰经济与市场维度得分率低,仅31%。对乌克兰进行中医药健康服务投资可充分利用其连接东西方的独特地缘优势大力开拓欧洲市场(见图5)。

(6)中东欧

中东欧地区中医药健康服务投资环境的平均总体发展指数为50.179,整体投资环境良好,且除个别地区外,各国的总体发展指数非常接近。

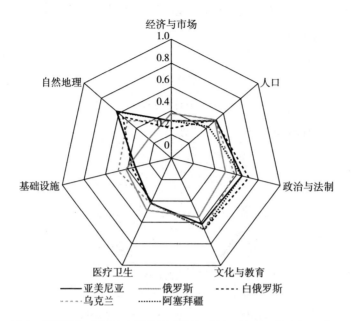

图5　独联体部分国家中医药健康服务发展环境不同维度得分情况

　　斯洛文尼亚、捷克、匈牙利三个国家政治稳定，人民健康需求大，基础设施相对完善，自然条件优越，中医药产业在当地的发展都具有一定的基础。如斯洛文尼亚中医药教育资源丰富；捷克是欧洲较早开展中医药教育的国家；匈牙利的中医诊所数量较多，匈牙利群众对于中医药认可程度逐年提升。斯洛文尼亚、捷克、匈牙利良好的营商环境和坚实的中医药基础都为中医药健康服务的可持续发展注入了长足的动力。

　　随着"一带一路"建设的推进，塞尔维亚的基础设施建设日趋完善，政治稳定、国民对中医药的接受程度高都为对塞尔维亚进行中医药健康服务投资奠定了良好的基础。爱沙尼亚法律体系较为健全，良好的营商环境为中医药健康服务的投资奠定了良好的基础，但其自然地理维度的得分率较低，仅为55%。

　　波兰与斯洛伐克两国文化与教育维度、基础设施维度、自然地理维度的得分率均较高，唯一不同的是波兰的医疗卫生维度的得分率高于斯洛伐克。波兰有较为完善的医疗保险体系，所有加入法定医疗保险的公民均可享受国

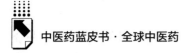

家补贴的医疗服务，斯洛伐克可在一定程度上借鉴波兰关于医疗保险方面的发展经验（见图6）。

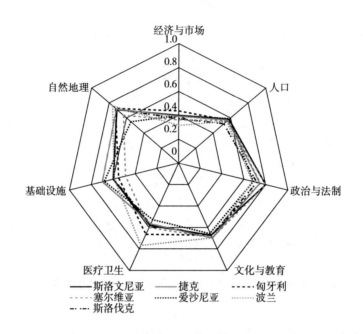

图6 中东欧部分国家中医药健康服务发展环境不同维度得分情况（一）

保加利亚与罗马尼亚均具有发展中医药的良好基础，如中医针灸在保加利亚广受欢迎，罗马尼亚与中国建立了广泛深入的中医药合作，对其进行中医药健康服务投资具有良好的市场基础。克罗地亚与阿尔巴尼亚除经济与市场维度外，其余维度的得分率均在50%左右，其中阿尔巴尼亚的医疗卫生维度和基础设施维度的得分率较低，分别为42.3%和33.6%。阿尔巴尼亚邻近西欧发达国家市场，地理位置优越，自然条件优越，气候温和，劳动力素质较高且成本较低，随着"一带一路"建设的推进，其基础设施将不断完善。拉脱维亚政局稳定，社会治安状况良好。波黑政治与法制维度的得分率较高为60.5%，其次是人口维度的得分率较高为55.8%，但其余维度的得分率均较低，尤其是医疗卫生维度的得分率仅9%（见图7）。

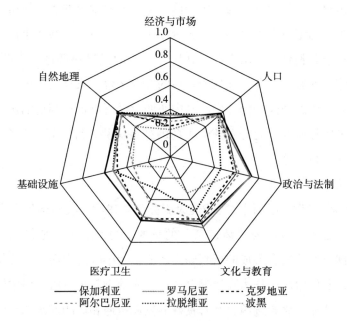

图7 中东欧部分国家中医药健康服务发展环境不同维度得分情况（二）

三 "一带一路"中医药发展路径与策略

（一）发展路径

目前，中医药服务贸易已呈现境内和境外两个市场、整体快速发展的新局面。因此，对于中医药健康服务的发展要充分发挥自身原创优势，创建强势品牌，将"走出去"和"请进来"相结合，继续面向国际市场和国内市场深耕。

1. "走出去"

"走出去"即推动中医药健康服务产业在海外发展，提高中医药国际影响力。在共建"一带一路"国家建设海外中医药中心项目，不仅是满足当地人民群众的健康需求的重要举措，也是推动中医药国际化发展的关键路径。作为国家中医药管理局为中医药国际化发展而设定的重要战略平台，海外中医药中心的定位在于聚焦中医药全球化，中方与海外共建单位之间的医疗资源实现充分整合，突出中医药在医疗方面的优势和特色，建设集科研、教育、医疗、保健、产业、文化于一体的综合平台，兼具提供中医药服务与展示中医药文化的功能。海外中医药中心的建设可以根据当地的疾病谱有针对性地开展医疗服务，充分发挥中医药的独特优势，综合运用针灸、拔罐、推拿等方式进行治疗。

2. "请进来"

"请进来"即强化本国中医药健康服务产业建设，吸引国外友人前来体验。中医药健康旅游作为"请进来"的重要着力点之一，是传统旅游产业与中医药健康产业融合形成的新兴朝阳产业，为中医药走向国际提供了内在动力。中医药健康旅游作为新兴融合产业，尚处于起步阶段，但中国拥有丰富的中医药资源、旅游资源，有着良好的发展机遇和广阔的市场空间。各中医药健康旅游目的地应不断加强自身建设，强化地方特色优势，发挥中医药资源的原创优势，整合资源，构建多元产品体系，建立特色品牌，加强宣传策划，增强吸引力。此外，规划建立国际中医药教育合作机制，推动国内科研院所与国外相关机构的长效合作交流，为联合培养复合型、国际型中医药人才搭建专业化平台。

（二）发展策略

1. 强化产权保护意识，制定统一的国际标准

中医药是中国拥有完全自主知识产权的民族医药。国家层面应出台中医药知识产权保护战略规划，加强理论研究；针对中医药的特点，制定中医药知识产权保护的专利申请机制，不断细化中医药专利知识保护的范围；加强对中医药企业和科研机构的引导，鼓励其设立知识产权部门，全面提高中医药产品和服务提供机构的知识产权保护意识和能力；充分发挥行业协会、产业联盟和协同体的作用，加大对中医药产品和服务机构知识产权的维权力度和对专利的扶持力度，促进合作专利的发展。

标准化是突破中医药服务市场准入壁垒的重要方式。要抓住"一带一路"的历史机遇，与国际社会展开对话，使其真正了解中医药的科学内涵以及中医药与西医药标准制定的主要区别，推动建立中医药在各个国家、地区发展的相关标准和规则。积极参加中医药以及世界传统医药的法规标准制定并掌握主动权，全面推动与世界卫生组织、世界贸易组织、国际标准化组织等相关国际组织合作建立中医药相关的国际标准，从而构建中医药国际标准体系。

2. 加强产业自身建设，打造中医药特色品牌

中医药国际化发展要采取差异化策略，强调中医药的独特优势，突出中医药在全周期、全方位保障人民健康方面的主导作用。中医药健康服务产品既要在总体上挖掘中医药的文化内涵，又要不断推出满足市场需求、适销对路的创新型产品，[1] 加大高质量中医药产品的研发力度，打造系列产品品牌，拓展产品市场，推动中医药产品"走出去"。[2] 中医药健康服务在"走出去"的过程中，应结合诊疗服务优势、区域疾病发病特点和医疗机构竞争格局，明确提供专业化中医药服务的种类，提高所在地区的医疗服务市场的竞争力。

品牌是中医药健康服务产业在国际市场上竞争的核心元素。要加快培育影响力大、具有国际竞争实力的中医医院、诊所和中药企业等中医药服务提供机构，提高中医药服务的专业化和精细化程度，组建中医药服务贸易集团等专业化的跨国公司。[3] 加大对特色中医药产品和服务的推广宣传力度，积极举办国际化的中医药会议、产品推介会、招商会及展览会，拓宽中医药国际服务贸易营销渠道，建立和完善中医药服务贸易国际营销体系，[4] 努力为

---

① 侯胜田、于海宁、杨思秋：《中医药服务贸易阻碍因素及发展策略研究概况》，《中国中医药信息杂志》2019 年第 4 期。

② 司富春、高燕：《加快推进中医药国际化发展研究》，《中医研究》2021 年第 7 期。

③ 杨逢柱、王芳：《中医药国际服务贸易发展战略刍议——以"一带一路"为例》，《湖南科技学院学报》2016 年第 4 期。

④ 罗中华、梁婷、张翔等：《推动甘肃省中医药服务贸易发展策略研究》，《中国中医药信息杂志》2017 年第 1 期。

中医药健康服务搭建平台、创造条件、营造环境。

3. 推动中医药科研国际合作，加快复合型人才培养

探索多种形式的合作办学，加强中医药科研国际合作。鼓励国内中医药高等院校和境外一流高等教育机构加强交流与合作，积极开展学生互换、学分互认等相关项目；充分利用"一带一路"倡议、海外中医药中心、中医孔子学院等契机和平台，推动中医药高等院校、科研院所、医疗机构和企业与境外的科研机构开展合作，建立产学研跨区域协作共同体，创建合作平台和协同机制。[①]

高素质复合型人才是中医药国际化发展的重要支撑。[②] 相关教育机构应明确中医药国际化人才的培养目标，提升人才培养理念，创立科学合理的教学大纲，健全培养模式，探索构建跨学科协同培养平台，培养与国际接轨的创新型、复合型中医药人才；充分利用"一带一路"等契机，与沿线国家加强良好合作，获取人才需求信息，将理论和实践结合起来，采取订单式中医药国际人才培养模式，合作制订人才培养计划，提升课程体系，宽进严出，保证教学质量，培养复合型人才，为中医药的国际化提供充足的人才储备。

4. 加大海外投资支持力度，建立投资风险应对策略

中医药是"一带一路"倡议中不可缺少的特色资源、重要内容和国家优势。建议中国政府加大中医药健康服务海外投资的政策支持力度，完善相关政策，给予企业相关优惠政策与资金支持，鼓励相关企业积极进行海外投资布局，提升中医药健康服务产业竞争力。为保障中资企业在海外的合法权益，中国应积极与"一带一路"沿线各国签订或修订投资准入及保护等协议，设立具有针对性的专业化协调机构，建立日常联动互动框架和投资安全保障，推动"一带一路"经济与社会持续发展。

[①] 赵丹：《中医药之花绽放一带一路》，中国中医药网，2019 年 4 月 25 日，http：//www.cntcm.com.cn/news.html？aid=140526。

[②] 侯胜田、于海宁、杨思秋：《中医药服务贸易阻碍因素及发展策略研究概况》，《中国中医药信息杂志》2019 年第 4 期。

"一带一路"倡议的实施为中医药国际化发展提供了重大历史机遇，但也意味着中医药海外投资将具有一定的风险。微观层面，相关经营者、投资者应客观评估当地中医药发展环境，完善项目可行性研究，因地制宜制定科学投资策略和完善风险应对策略；强化内部控制，建立健全高效可控的组织结构。宏观层面，紧抓"一带一路"倡议带来的发展机遇，加强沟通与交流，逐步减少贸易壁垒；建立健全海外投资保障制度，打造国际友好的中医药投资环境。

四　总结与未来展望

中医药是"一带一路"倡议中不可缺少的特色资源、重要内容和国家优势，其为落实中医药"走出去"与"引进来"提供了新的实施路径。本报告根据"一带一路"国家中医药健康服务投资环境评价指标体系，[①] 选取"一带一路"沿线 35 个主要国家作为研究对象，结合中医药健康服务发展现状，系统分析这些国家的中医药健康服务发展环境，并提出推动中医药国际化发展的路径与策略，以期为中国政府制定中医药健康服务发展战略和相关投资者选择合适的投资目标国与投资策略提供一定的参考性建议，推动中医药国际化发展。

随着"一带一路"建设的推进，相关国家的经济与市场、人口、政治与法制、文化与教育、医疗卫生、基础设施等方面均有可能发生改变，因而其投资环境总体发展指数也会有相应的变化。本研究在实施中本着严谨科学的态度进行，但也存在样本国家较少的局限性，未来将持续对"一带一路"国家中医药发展现状进行系统化研究，扩大研究对象的范围，从而为中医药健康服务投资提供更具可行性和参考价值的针对性建议。

---

① 于海宁：《"一带一路"国家中医药健康服务投资环境评价指标体系研究》，北京中医药大学硕士学位论文，2019。

B.8
东南亚国家中医药发展报告

侯胜田　王天琦　焦科兴*

摘　要： 中医药既是中华传统医学的伟大结晶，也是世界人民共享的文化瑰宝。早在秦汉时期中医药便随华人华商移居和商业活动被带到东南亚地区，东南亚各国由于长期受到中华文化辐射，其对中医药的接受及认可程度均优于其他海外地区。随着近年来中国与东南亚各国的交往日益密切，各类互惠合作政策的出台更是让东南亚地区中医药事业的发展迎来了前所未有的机遇。本报告通过文献研究对东南亚地区中医药发展现状进行梳理总结，并在此基础上运用问卷调查法，对东南亚地区部分国家中医药健康服务产业的发展环境进行多维度评价，系统分析其在经济与市场、人口、政治与法制、文化与教育、医疗卫生、基础设施、自然地理七个维度的发展情况。为推动中医药事业在东南亚地区进一步发展，本报告提出开拓国内外双市场、打造基础设施、强化产权保护、培养复合型人才等建议。

关键词： 东南亚　中医药　健康服务　发展环境

东南亚国家作为中国山水相邻的友好邻邦，其在地理位置上与中国相邻，在气候、生活习俗等方面与中国相近，东南亚国家传统医药也在历史的

---
* 侯胜田，管理学博士，北京中医药大学管理学院教授，主要研究方向为全球中医药、中医药健康经济与管理、中医药健康旅游；王天琦，北京中医药大学管理学院研究生，主要研究方向为中医药服务贸易、中医药健康经济与管理；焦科兴，北京中医药大学管理学院研究生，主要研究方向为中医药服务贸易、中医药健康经济与管理。

长河中深受中医药的影响，随着近年来中国与东南亚各国中医药交流合作日渐密切，东南亚地区逐渐发展成为重要的中医药国际市场之一。

中医药作为中国传统文化的精髓，是中国与东南亚国家在医药卫生领域交流的重要载体。《国务院关于扶持和促进中医药事业发展的若干意见》和《中医药对外交流与合作中长期规划纲要（2011~2020）》明确提出将中医药海外推广工作提升至国家行为。2016年2月，国务院颁布了《中医药发展战略规划纲要（2016~2030年）》，提出支持中医药机构参与东南亚地区"一带一路"建设。当前，东南亚地区中医药事业的发展将有望享受到中国政府与东南亚各国政府达成的相关政策红利，享有广泛的市场机遇。但东南亚各国在国情和文化上存在一定差异，加上各国中医药相关立法制度不完善、相关行业标准尚未统一，导致中医在东南亚国际市场发展的过程中仍面临一些阻碍。

本报告通过总结东南亚地区中医药发展现状，并从经济与市场、人口、政治与法制、文化与教育、医疗卫生、基础设施、自然地理等七个维度对东南亚部分国家的中医药健康服务发展环境进行评价，提出东南亚国家中医药健康服务产业发展建议。这不仅有利于为中国政府制定东南亚地区中医药事业发展战略提供参考，也有助于中医药相关投资者选择合适的投资目标国，促进中医药国际化发展。

一　东南亚国家中医药发展机遇

（一）地理人口机遇

东南亚国家人口基数大，与中国南方地理位置相近，气候类型相似，且步入21世纪以来同样深受人口老龄化和慢性疾病困扰。根据联合国和世界银行对于老龄化社会的定义，联合国经济和社会事务部公示的相关数据显示，东南亚各国均已步入老龄化社会，其中老龄化程度相对严重的国家分别是新加坡、泰国、越南、马来西亚和印度尼西亚。新加坡60岁以上的人口数量已经达到总人口的 44.6%，老龄化程度最为严重。人口老龄化带来的慢性病等相关负担对东南亚各国的医疗卫生支出影响较大，各国政府逐渐开始寻找高效经济的方式参与慢性疾病的相关防治工作，进而提高国民健康水平和生活质量。① 当前东南亚各国的人口老龄化和慢性疾病防治需求形势为中医药在东南亚地区的发展提供了广阔的潜在市场和发展机遇。

（二）经济政策机遇

21 世纪以来经济全球化的趋势日益明显，国际贸易联系日趋紧密，然而 2008 年全球经济危机以来，贸易保护主义和逆全球化思潮不断有新的表现，这让对内没有充足资源来促进经济发展、对外缺乏安全可靠的经济合作框架来实现区域经济复苏的东南亚国家面临较大的经济压力。为了促进世界其他国家和地区的经济复苏与发展，实现中国经济的软着陆，② 2010 年中国同东盟合作建立中国—东盟自由贸易区，促进中国同东南亚国家的进一步经贸合作。2013 年习近平主席提出了"一带一路"倡议，通过共同打造政治互信、经济融合、文化包容的利益共同体，推动区域合作，实现互利共赢。而东南亚地区与我国一衣带水，总体发展态势良好，逐渐成为打造"一带一路"国际产能合作高质量发展示范区的重要合作伙伴。东南亚地区的中医药事业在中国—东盟自由贸易区和"一带一路"的指引下将迎来全新的发展机遇。于中国而言，与东南亚各国合作构建自由贸易区、开展"一带一路"合作可在一定程度上推动我国中医药更好地"走出去"，倒逼中国本土中医药企业不断发展壮大，从而提升自身的国际竞争力。对于东南亚国家而言，加强区域合作可以促进本国中医药产业发展，加强与中国等国的传统医药文化交流，实现各国之间的互利共赢。③

---

① 苏芮、庄庭怡、苏庆民、图雅：《东南亚"一带一路"沿线国家中医药政策及市场调查》，《环球中医药》2018 年第 9 期。
② 黄仁森：《浅论"一带一路"战略提出的国内外背景与主要内容》，《人间》2016 年第 9 期。
③ 刘红：《"一带一路"战略发展机遇与风险论析》，《人民论坛》2015 年第 29 期。

（三）历史文化机遇

秦末汉初之际，由于中国中原地区局势动荡、王朝更迭，大量人口移居南方，中医药等传统文化被带至南方地区进而在东南亚地区传播开来。越南是东南亚地区较早接触中医药的国家之一，中医药在早期被越南称为"北药"，后与越南当地传统医学融合发展并称为"东医"。[①] 中医药以其物美价廉的优势一直广为越南民间所接纳，1945 年越南独立之后相关政府部门仍鼓励东西医结合。泰国也是对中医药认可度较高的国家之一，早在素可泰王朝时期中医药就已经随着移民传入，并不断与本国传统医学交流发展。宋朝中医药通过中国沿海地区的海外移民传播到了新加坡，以其安全有效被誉为"神州上药"。中医药在马来西亚、菲律宾的发展也与华人移居相关。早在公元 7 世纪的唐朝便已有华人移民马来西亚，到郑和下西洋时为当地带去了肉桂、茯苓等中药材，使中医药逐渐在马来西亚广泛传播。1789 年菲律宾华侨创办了第一所中医药医院——中华崇仁医院，促进了中医药事业在菲律宾的发展。中医药在缅甸的发展也历史悠久，1795 年缅甸使者访华，将《本草纲目》等中医经典传入缅甸，促进了中医药在缅甸的发展。近代著名的虎标万金油便是缅甸华侨中医医师家族胡文虎、胡文豹兄弟研制。[②] 东南亚地区由于地理位置毗邻中国，在历史文化等方面深受中国文化影响，中医药事业在当地的发展历史悠久，且广为当地群众接受认可，在东南亚地区发展中医药有着得天独厚的历史文化机遇。

二　东南亚国家中医药发展环境与现状

（一）东南亚国家中医药总体发展现状

近年来，中国与东南亚国家的经贸往来日益密切，特别是"一带一

---

① 汪科元、周建辉：《我国中医药在东南亚的影响与发展》，《养生大世界》2021 年第 5 期。
② 王锐、申俊龙：《浅析中医药在东南亚的传播与发展》，《世界中医药》2015 年第 12 期。

路"倡议提出后中国同东南亚域内国家签署了"一带一路"合作谅解备忘录,双边合作水平达到了前所未有之新高度。中医药作为我国传统文化特有的瑰宝,促进了中国面向东南亚地区打造海外全方位开放新格局。目前中国与东南亚各国均已积极开展相关中医药国际合作,在中医药海外中心建设、中医药服务提供、中医药发展论坛举办方面均已做出一定成绩。

1. 东南亚地区中医药海外中心建设现状

中医药海外中心是在中国政府引导下,与当地国家携手共建的集中医药教育、中医医疗、中医药科研、中医药文化于一体的大型海外中医药综合平台。2017 年,国家中医药管理局、国家发展和改革委员会联合印发《中医药"一带一路"发展规划(2016~2020)》,提出要建设 30 个中医药海外中心。中医药海外中心建设是促进东南亚地区中医药事业产、学、研一体化建设的重要抓手。目前,东南亚地区已建成中国—泰国中医药中心、中国—缅甸中医药中心和中国—菲律宾中医药中心,在推动中医药海外发展和文化国际传播方面取得了重要成果。

(1)中国—泰国中医药中心

中国—泰国中医药中心由上海中医药大学附属龙华医院与泰国华侨中医院合作建设。2018 年,中国—泰国中医药中心被立项为国家中医药管理局"一带一路"海外中医药中心类项目,并由国家中医药管理局立项资助,双方在中医医疗、人才培养、中医药疫情防控等方面开展合作建设。中国—泰国中医药中心每年病人的数量持续增长 10%,2019 年病人的总数近 20 万人次,是目前服务量最大的海外中医药中心。

(2)中国—缅甸中医药中心

2018 年缅甸传统医药司司长吴左登庭携缅甸传统医科大学部分领导与云南中医药大学达成合作意向。缅甸中国友好协会也同云南中医药大学达成相关合作协议,并同意为开展中医药健康服务、宣扬中医药健康文化提供相关场所。中国—缅甸中医药中心以中国中医药健康服务为核心,与缅甸传统医科大学进行合作,以传统中医知识作为主干开展相关教学活动,同时也提供一定的临床中医药健康服务。双方致力于打造集中医药教学、科研、文化于一体的综合性中医中心。

（3）中国—菲律宾中医药中心

中国—菲律宾中医药中心于2019年6月17日在菲律宾首都马尼拉正式设立。中心面向菲律宾当地群众开放提供中医药健康服务，旨在推动菲律宾民众更加深入地了解中医、认同中医药事业。除此之外，中国—菲律宾中医药中心还开展相关人才培养计划，为菲律宾当地培养中医药人才，以此推进中医药事业在菲律宾的发展。

2. 东南亚地区中医药服务开展现状

中医药服务机构是东南亚国家中医药健康服务发展的重要载体。目前，以天士力和同仁堂为代表的优秀中医药企业和医疗机构纷纷落户海外，在境外开办中医诊所和药店等中医药服务机构，并以中医、针灸诊所为主要存在形式。北京同仁堂集团积极响应国家号召，在新加坡、马来西亚、泰国等国家因地制宜提供多元化服务。此外，在新冠肺炎疫情（COVID-19）阻击战中，中西医结合优势明显。据中新社报道，中国抗疫医疗专家赴老挝协助开展疫情防控工作时，中医药得到了认可和欢迎，"中医药治疗"在老挝第二版新冠肺炎诊疗方案中成为重要且独立的内容。目前泰国已经给连花清瘟颁布了许可证，药品可以在泰国销售。马来西亚中医药抗疫工作小组发布的《马来西亚中医药人员安全指南（COVID-19）》中也鼓励中医药行业以线上形式或零接触形式服务民众。中医药国际影响力的不断提升，将有利于日后中国和东南亚国家开展中医药学术交流和医疗合作，积极推动中医药在东南亚和其他地区传播与发展。

3. 东南亚地区中医药发展论坛开展情况

中医药发展论坛是对东南亚地区中医药事业发展的重要补充。2017年，中国民间中医医药研究开发协会东南亚交流合作分会成立，并在北京召开了中医药发展研讨会，2019年中国—东盟传统医药健康旅游国际论坛在广西巴马召开，这些国际论坛的召开提升了中医药海外影响力。这是全力促进东南亚中医药事业"产、学、研"全面发展的重要体现，也为其了

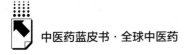

解中医药文化营造了良好氛围，有利于东南亚地区中医药事业的进一步发展。

（二）东南亚地区各国中医药发展环境与现状

东南亚地区包括 11 个国家：缅甸、泰国、柬埔寨、老挝、越南、菲律宾、马来西亚、新加坡、文莱、印度尼西亚和东帝汶，总面积约 457 万平方千米。近年来随着中国与东南亚各国的交往日益密切，以及中医药国际化影响力的提升，东南亚各国也在积极推动中医药事业发展。

1. 缅甸中医药发展环境与现状

缅甸是东南亚国家联盟成员国之一，位于中南半岛西侧，是东南亚陆地面积最大的国家。缅甸法律制度虽尚不完备，但在逐年改善。中医药合作方面，2019 年中国—缅甸中医药中心建于缅甸曼德勒，旨在推进中医药与缅甸传统医药的合作发展。云南中医药大学有关共建项目责任人表示，中方期待与缅甸传统医药相关机构以中医药中心为依托，加强传统医药合作，在中药材种植、药品研发以及区域内药用资源保护等多方面开展合作，促进两国传统医药的良性发展。

2. 泰国中医药发展环境与现状

泰国位于中南半岛中部，社会稳定，在东南亚国家中经济发展较好，经商环境开放包容。泰国政府积极响应"一带一路"倡议，中医药事业在泰国发展面临新的历史机遇。2021 年 8 月，"中国—泰国中医药中心"项目合作协议签约，中泰双方宣布共同建设"中国—泰国中医药中心"。此次合作将有利于深化开展中医药海外中心多元化建设，发挥专业优势，携手推动"中国—泰国中医药中心"的建设与发展，争取将其建设成为示范性中医药海外合作中心，辐射整个澜湄地区，积极助力中南半岛地区中医药事业的建设与发展。

3. 柬埔寨中医药发展环境与现状

柬埔寨位于中南半岛南部，属热带季风气候，森林覆盖率 61.4%。中国提出的"一带一路"倡议与柬埔寨"四角战略"高度契合，双方在经贸投资、基础设施建设等重点领域合作潜力巨大。中医药深受柬埔寨民众的欢迎，中药店与中医诊所发展迅速。2006 年，同仁堂国药公司与柬埔寨泰文隆有限公司共同兴建的一家合资公司，即北京同仁堂（泰文隆）有限公司深受当地群众欢迎。

4. 老挝中医药发展环境与现状

老挝是中南半岛北部唯一的内陆国家。中老两国山水相邻、文化相似，老挝国内对中医药文化具有较好的历史认同，特别是中国的壮药、瑶药等民族药和老挝民族医药有很多相似之处，这为双方开展传统医药方面的广泛合作奠定了良好的基础。老挝总体医疗水平不高，国内医疗条件难以较好满足国内卫生保健需求。2021 年 8 月，广西国际壮医医院与老挝万象湄公河医院达成合作，双方将在传统医药领域深入开展交流与合作，共同探索跨国医疗合作新路径。

5. 越南中医药发展环境与现状

越南位于中南半岛东部。自 20 世纪 80 年代以来，越南政府坚持以经济发展为中心，不断加大对外开放力度，加快融入国际社会。自加入世界贸易组织以来，越南政府为外资提供优惠政策，同时积极修订国内法律，积极与国际接轨。历史上，中医药的传入促进了越南民族医学事业的发展。在中医药不断传播到越南的过程中，越南医药也影响着中国南部地区。直到如今，中医药贸易仍然在中越贸易中占有重要地位。

6. 菲律宾中医药发展环境与现状

菲律宾位于亚洲东南部，政局稳定，经济快速发展，居民消费意愿强烈，私人消费占 GDP 的近 70%，拥有众多的廉价劳动力。在中医药交流上，中国—菲律宾中医药中心在菲律宾首都马尼拉设立，是菲律宾境内首家中医药中心。2018 年 9 月，福建中医药大学和中国—菲律宾中医药中心签署合作备忘录，旨在为菲律宾培养本土中医药人才。良好的双边关系和当地政府的政策支持有利于开展中医药健康服务投资。

7. 马来西亚中医药发展环境与现状

马来西亚位于东南亚地区中心，坐拥马六甲海峡，区位优越。中马两国经贸战略合作逐年深入。中医与针灸是马来西亚各族人民的重要医疗保健手段，仁爱堂、同善医院、中华施诊所等均提供中医药服务。当地拥有马来西亚华人医学总会等数十个研究机构与学术组织，槟城中医学院、诗巫中医学院等均开展中医药教育，中医药发展态势较好。2011年，中国与马来西亚双方签署了《中华人民共和国政府和马来西亚政府关于传统医学领域合作的谅解备忘录》，内容包括传统医学的产、学、研等诸多领域，为两国未来传统医学长效合作打下了坚实的基础。

8. 新加坡中医药发展环境与现状

新加坡是东南亚国家中唯一的发达国家，虽然国土面积较小，但其经济发达，政策开放，交通便利，且以外向型经济为主，辐射东南亚。新加坡是移民国家，华裔占74.3%，中医药及其相关健康产业在新加坡具有良好的群众基础和广阔的市场，且新加坡营商环境优越，相关法律制度健全，有助于中医药及其相关产业的发展。新加坡政府关注并支持中医药事业的发展，积极改革本国中医临床医疗体系，为中医药事业在新加坡发展提供完善的产、学、研体系。为加强中医药的管理工作，新加坡卫生部于2001年建立了新加坡中医药管理局，专司中医有关事务，并设立"中医药科研津贴""中医发展补助金"，鼓励和支持新加坡中医药事业的发展。

9. 文莱中医药发展环境与现状

文莱位于加里曼丹岛西北部，社会和谐，民风淳朴，政局长期保持稳定。为推动经济发展，文莱采取了一系列重大举措，简政放权，努力改善营商环境，大力招商引资，通过外资带动本土企业发展。随着文莱对外开放的力度不断加强和营商环境的不断改善，中医药及其相关产业在文莱地区的发展未来可期。

10. 印度尼西亚中医药发展环境与现状

印度尼西亚位于亚洲东南部，是全球最大的群岛国家，也是东南亚地区经济增长较快的国家之一。作为东盟最大经济体之一和G20集团成员国，印度尼西亚在东南亚地区的影响力不断提升。印度尼西亚的中医药健康产业发展得益于华侨华人的积极推动，尤其是全国和地方性中医机构的合法化建立起到了关键性的作用，东盟各国中医机构的交流互鉴也促进了印度尼西亚中医药健康产业的发展。印度尼西亚注册的中医师近 2000 人，其中本地中医师约占 8%。印度尼西亚最著名的中医诊所——位于雅加达的中国北京医疗中心，以主治疼痛、骨折和中风等病症而闻名。[①]

11. 东帝汶中医药发展环境与现状

东帝汶是位于努沙登加拉群岛东端的岛国，是亚洲最贫困的国家之一。经济尚处于重建阶段，以农业为主，基础设施建设十分落后，大部分物资需要进口和国际援助。由于基础设施建设、经济发展滞后，东帝汶的中医药事业发展也相对滞后。

三 东南亚国家中医药健康服务发展环境评价

为更好地了解东南亚各国中医药健康服务的发展环境，并在此基础上结合各国中医药发展现状，对东南亚地区中医药发展提出具体策略，本研究在查阅大量相关文献的基础上，结合专家意见，建立了东南亚国家中医药健康服务发展环境评价指标体系。东南亚国家涉及 11 个国家和地区，由于在前期研究中部分关键性数据难以获得，因此本报告选取了印度尼西亚、新加坡、泰国、柬埔寨和菲律宾 5 个主要国家作为样本进行调查研究。

（一）数据收集与处理

东南亚国家中医药健康服务发展环境评价指标体系由定量指标和定性指标构成，其中定量指标主要通过世界银行、WHO、经济与和平研究所等官方网站获得，定性指标由于不能直接获取具体数据，因此本研究将无法

---

① 者荣娜：《中国与东南亚国家中医药服务贸易合作机制构建——以越南、新加坡和印度尼西亚为例》，《亚太传统医药》2020 年第 10 期。

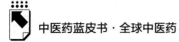

统计计算的定性指标形成可供专家评分的调查问卷，以实现指标的量化评估。

本研究基于17个定性指标分别形成中文版和英文版调查问卷，于2021年7月15日至8月15日邀请国内外中医药相关领域专家填写电子问卷。最终通过电子邮件、微信、linkedin等社交媒体软件共收集问卷45份，其中国内专家10位，国外专家35位。为了保证数据质量，本研究通过问卷设计和手工剔除以保证数据的有效性。问卷设计中，各个国家被设置为随机排序，并设置了漏答约束和相同IP只能回答一次的约束；手工剔除主要用于筛查逻辑错乱、后台IP地址相同、评价选项均相同的问卷。最终，得到有效问卷45份，有效回收率100%。

在数据分析方面，本研究首先将通过世界银行、WHO、经济与和平研究所等官方网站获得的定量指标数据和通过问卷网收集的定性指标数据导入MS Excel 2016，接着将各个国家中医药健康服务发展环境的不同指标发展指数进行汇总整理，最后利用图表更加直观地分析各个国家中医药健康服务发展环境不同维度的发展情况。

（二）东南亚国家中医药健康服务发展环境评价分析

1. 东南亚国家总体中医药健康服务发展环境评价分析

根据调查结果，综合分析东南亚国家中医药健康服务发展环境各指标的发展指数，除GDP总量、人均可支配收入、外商直接投资占GDP的比重、人口总数、人口增长率、65岁人口所占比重、政府的有效性、投资政策对中医药健康服务产业的支持力度、中医药及其他传统医学科技创新水平、非中医医疗服务的价格水平、医疗保险报销中医诊疗和中药费用的比例、安全互联网服务器（每百万人）这12个指标外，其余维度的发展指数均在50以上，整体上达到了比较满意的水平。七个维度中政治与法制维度发展指数最高，其次是文化与教育维度；人口维度的发展指数最低，有较大的提升空间（见表1）。

表 1　东南亚国家中医药健康服务发展环境评价总体情况各项发展指数

一级指标	二级指标	发展指数	该维度发展指数
经济与市场	GDP 总量	16.7996	36.5295
	人均可支配收入	25.1146	
	外商直接投资占 GDP 的比重	11.5557	
	健康服务产业的市场化程度	62.6000	
	营商便利度	62.7078	
人口	人口总数	6.8070	35.0041
	人口增长率	47.2548	
	人均健康预期寿命	52.7758	
	65 岁人口所占比重	33.4965	
	非传染性疾病估计占所有死亡的比例	51.7647	
政治与法制	全球和平指数	72.4957	60.5061
	政府的有效性	49.8222	
	投资政策对中医药健康服务产业的支持力度	44.4889	
	知识产权保护水平	52.1111	
	中医药的法律地位	60.3556	
	"一带一路"倡议的响应程度	55.8556	
	与中国关系的密切程度	64.2778	
文化与教育	国民对中医药的接纳程度	64.7667	59.2986
	中医药及其他传统医学科技创新水平	44.4778	
	中文在东道国的普及程度	61.9556	
医疗卫生	非中医医疗服务的价格水平	46.3000	50.5617
	中医药服务供给能力	56.6222	
	医疗保险报销中医诊疗和中药费用的比例	24.3111	
基础设施	安全互联网服务器(每百万人)	20.6258	45.0240
	生活配套设施条件	57.1778	
自然地理	中草药资源的丰富程度	55.2333	55.2311
	气候适宜程度	56.6444	
	环境污染程度	52.9556	

2. 东南亚地区各国中医药健康服务发展环境评价分析

本研究结合五个国家分别在经济与市场、人口、政治与法制、文化与教育、医疗卫生、基础设施和自然地理七个维度的得分情况，对其中医药健康服务发展环境进行分析，各国七个维度的得分情况见图1。

（1）新加坡

新加坡中医药健康服务发展环境总体发展指数为61.053，发展环境较好。其经济与市场、政治与法制、文化与教育、医疗卫生、基础设施以及自然地理六个维度的得分率较为接近，其中，经济与市场、基础设施和医疗卫生维度的得分率相对较高。其经济与市场维度得分表现突出，说明在新加坡进行中医药健康服务投资享有广阔的市场空间。政治稳定，法制健全，经济发达，基础设施完善，医疗卫生水平较高，这为中医药健康服务在新加坡的发展奠定了良好的基础。新加坡中医药健康服务的整体发展环境良好，适宜开展中医药健康及其相关服务。

（2）柬埔寨

柬埔寨中医药健康服务发展环境的总体发展指数为44.178，其各个维度的发展指数差距较大。其政治与法制、文化教育、医疗卫生、自然地理维度的得分率均相对较高，但经济与市场、人口、基础设施维度得分率较低。柬埔寨虽然在部分领域发展中医药健康服务具有一定优势，但短板也较为明显，在某些维度上不利于中医药健康服务的发展。总体而言，柬埔寨中医药健康服务的整体发展环境一般，与其达成中医药健康服务合作具有一定的发展潜力。

（3）泰国

泰国中医药健康服务发展环境的总体发展指数为40.352。泰国整体中医药发展环境一般，其在文化与教育、政治与法制、自然地理三个维度上的得分率相对较高，拥有良好的中医药文化氛围和法律支持，但其余维度得分率均较低，劣势因素是基础设施较不完善、经济表现比较差、资源禀赋匮乏等。但随着泰国的发展，各项指标将有所改进，届时大量闲置资源将会得到有效利用，基础设施将不断完善，发展环境将迎来较大改变。

（4）印度尼西亚

印度尼西亚中医药健康服务发展环境的总体发展指数为39.100，整体中医药发展环境尚需完善。七个维度中，除自然地理、政治与法制外各个维度的得分率均较低，其主要劣势因素是基础设施较不完善、人口与市场经济表现比较差等。未来随着"一带一路"建设在印度尼西亚的推进，其各项指标将有所发展，基础设施建设得以进一步加强，政治法律上的贸易壁垒将进一步破除，整体发展环境或将迎来较大改变。当前印度尼西亚中医药健康服务发展环境较落后，对其进行中医药健康服务投资需谨慎。

（5）菲律宾

菲律宾中医药健康服务发展环境的总体发展指数为36.285，整体中医药健康服务发展环境亟待改进。其各个维度的得分率均较低，面临基础设施差、政府效率不高、经济发展落后、人均资源禀赋薄弱、医疗卫生条件较差等困境。在菲律宾发展中医药健康服务及其相关产业时需要综合评估，并加强与当地政府的沟通以寻求一定的政策支持，从而克服发展环境上所存在的困难。

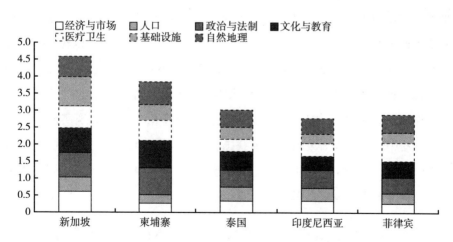

图1　东南亚各国中医药健康服务发展环境不同维度得分情况

注：各维度得分=各维度发展指数/该维度的总分（七个维度的总分均为100）。

四　东南亚国家中医药健康服务发展路径与策略

东南亚国家与我国一衣带水、文化相通。双方历史悠久的经贸与人文交流让东南亚各国民众对中医药有着较好的文化认知和良好的接受态度，这为中医药健康服务产业在东南亚地区的进一步发展打下了良好的基础，提供了广阔的潜在市场。在"一带一路"倡议实施背景下，中医药应抓紧机遇积极走出国门走向东南亚，加快国际化进程。

（一）丰富国内市场开拓国际需求，紧抓境内境外双市场

商务部服贸司副司长李元表示，中医药服务贸易已呈现境内和境外两个市场、整体快速发展的新局面。因此，发展中医药健康服务产业需要深耕境内市场，进一步开发境外市场。深耕境内市场即加强我国中医药健康服务产业建设，丰富中医药健康服务产业内涵。积极发展中医药健康服务产业新业态，如森林康养旅游、温泉康养旅游等。中医药健康旅游作为当前中医药健康服务产业的重要着力点之一，是传统旅游产业与中医药健康产业融合形成的新兴朝阳产业，为中医药走向国际提供了内在动力。推动中医药健康服务产业在海外发展，这不仅需要中医药走入当地高校、科研院所，更需要让中医药真正惠及"一带一路"沿线诸国的民众。[①] 推动中医药事业"走进东南亚"建设海外中医药中心，既可以满足当地群众对中医药的现实需求，也可以推动中医药的海外发展。目前我国已经成功合作建设中国—泰国中医药中心、中国—缅甸中医药中心等，为东南亚地区中医药中心的建设以及相关模式的推广打下了良好的基础。

（二）推动设施建设支持海外投资，打造基础设施"硬联通"

中医药是我国国际卫生合作中不可缺少的特色资源、重要内容和国家优

---

① 于福年：《中东欧 16 国中医药概况与发展战略思考》，《中医药导报》2016 年第 23 期。

势。"一带一路"倡议的实施为中医药健康服务产业的海外投资提供了政策利好的环境。中医药健康产业的投资者可以依靠相关优惠政策，以海外中医药中心为依托，推动相关中医药健康产业配套基础设施的建设与完善。中国政府亦应加大支持力度出台相关政策，鼓励中医药健康服务海外投资，给予企业相关优惠政策与资金支持，鼓励相关企业走出国门走向东南亚，提升中医药健康服务产业竞争力。部分东南亚国家的相关中医药健康产业配套设施尚未完善，推动当地中医药健康产业发展的首要任务是推进相关配套产业链的建设与完善。打造我国与东南亚国家中医药健康产业基础设施的"硬联通"，将有利于通过当地完善的中医中药相关产业链为后续多元化的中医药健康服务产品提供物质基础。

（三）强化产权保护破除制度壁垒，实现规则标准"软联通"

中医药是中国拥有完全自主知识产权的民族医药。国家层面应出台中医药知识产权保护战略规划，加强理论研究，制定符合中医药特色的知识产权保护机制，明确中医药专利知识保护的范围；鼓励设立知识产权部门，全面提高中医药产品和服务提供机构的知识产权保护意识和能力。我国应认真实施 WHO《世卫组织 2014～2023 年传统医学战略》和《公共卫生、创新和知识产权全球战略及行动计划草案》，将中医药传统知识的保护纳入中医药立法工作中，切实保护我国中医药传统医学知识。[①] 中医药在进入东南亚地区所面临的另一问题是制度壁垒及准入问题。中医中药在东南亚各国的相关立法有待完善，中国政府应积极与东南亚各国签订中医药投资准入协定，保障中医药健康服务产业在东南亚地区的贸易准入以及公平参与市场竞争的权利。中国应积极参加中医药以及世界传统医药的法规标准制定，积极与世界卫生组织、国际标准化组织等相关国际组织合作建立中医药相关国际标准，构建中医药国际标准体系。努力实现我国与东

---

① 苏芮、孙鹏、范吉平：《世界卫生组织及世界知识产权组织关于促进传统医学知识保护相关政策研究》，《中医杂志》2015 年第 15 期。

南亚各国的规则标准"软联通",有助于为中医药健康服务产业在东南亚地区的发展破除规则制度壁垒。

（四）培养复合人才加强科研合作，共建国家人民"心联通"

中医药健康服务产业的发展离不开高素质的复合型人才。相关教育机构应明确中医药国际化人才的培养目标，提升人才培养理念，健全培养模式，探索构建跨学科协同培养平台，培养与国际接轨的创新型、复合型中医药人才；充分利用"一带一路"等契机，与沿线国家加强良好合作，获取人才需求信息，将理论和实践结合起来，采取订单式中医药国际人才培养模式，合作制订人才培养计划，提升课程体系，宽进严出，保证教学质量，培养复合型人才，为中医药国际化提供充足的人才储备。

开展中医国际义诊服务，积极满足东南亚地区群众卫生健康需求。积极开展大型医疗项目是中医药走出国门走向世界的重要切入点，通过加强对东南亚国家大型卫生医疗项目的投入，充分利用中医药医疗产业，派出专业的中医医疗队赴东南亚开展义诊工作，为东南亚地区输送卫生设备和中医药专家学者，扩大中医药在东南亚国家的影响力，[1] 进而推动中医药文化在东南亚地区的进一步传播，共建国家人民"心联通"。

（五）构建中医药国际健康信息平台，创建区域健康"信息通"

随着"一带一路"倡议的实施，借助当前互联网的普及与应用，中医药将惠及更多的国家和地区。构建中医药国际健康信息平台，将中医药健康服务信息化，可以打破地域的局限，提高中医药健康服务的供给能力。中医与人工智能相结合建立中医药健康管理云平台，从而做到个体化、精准化保健，同时随访、跟踪、收集健康大数据，[2] 以便根据东南亚不同地区的疾病

---

[1] 者荣娜：《中国与东南亚国家中医药服务贸易合作机制构建——以越南、新加坡和印度尼西亚为例》，《亚太传统医药》2020 年第 10 期。

[2] 杨丽娜、尚力：《"一带一路"战略下东南亚地区"互联网+中医"实现途径初探》，《时珍国医国药》2020 年第 4 期。

谱特点，有针对性地开展相关中医药健康服务活动，通过大数据反映东南亚不同地区群众对中医药健康服务的具体需求，从而有助于投资者进行相关中医药健康服务投资活动，实现区域健康"信息通"带来的精准化中医药健康服务需求信息，有利于中医药健康服务投资在东南亚地区精准投放，同时也有利于我国与东南亚各国开展有关中医药健康教育科研活动。相信伴随中医药"走出去"战略布局的实施，中医药及其健康服务在东南亚将蓬勃发展。

五　总结与展望

东南亚域内国家是与我国山水相邻的友好邻邦，同时也是"一带一路"倡议中亚太地区的重要组成部分和重点合作对象。中医药是我国与世界共享的传统瑰宝，是我国与东南亚国家在合作交往中不可缺少的特色资源、重要内容和国家优势。作为倡议的重要组成，中医药合作交流、中医药健康服务贸易正逐渐成为区域交流合作的新发展亮点之一。

本研究通过运用文献研究法、问卷调查法等研究方法，选取东南亚地区的5个主要国家作为研究对象，从经济与市场、人口、政治与法制、文化与教育、医疗卫生、基础设施以及自然地理七个维度进行分析，并结合中医药健康服务发展现状，对东南亚5个国家的中医药健康服务发展环境进行系统分析与客观评价，并提出推进中医药健康服务发展的路径与策略，以期为中国政府制定面向东南亚地区的中医药健康服务发展战略和相关投资者选择合适的投资目标国与投资策略提供一定的参考性建议，推动东南亚地区的中医药国际化合作发展。

随着我国与东南亚国家战略合作的进一步推进，相关国家的经济与市场、人口、政治与法制、文化与教育、医疗卫生、基础设施等方面均有可能得到改善，其中医药发展环境总体发展指数也会有相应的变化。本研究在实施中本着严谨科学的态度进行，但也存在样本国家较少的局限性，在未来的研究中，将进一步扩大研究对象范围，从而为东南亚地区中医药健康服务的进一步发展提供更具可行性和参考价值的针对性建议。

B.9
欧洲中医药发展报告

王苗　焦云洞*

摘　要： 本报告运用文献研究、专家访谈等方法收集欧洲各国中医药法律
法规、发展历史的定性定量资料，从中医立法、中医医疗、中医
药教育、中医药组织、中医科研、中药等角度分析欧洲各国中医
药发展现状，并根据发展特点提出有针对性的中医药发展建议。
受国情影响，欧洲各国中医药发展不均：仅有少数国家对中医或
针灸立法；中医治疗以针灸疗法的认可度最高，中医执业人员以
针灸师居多；部分国家将中医或针灸治疗费用纳入医疗保险，但
保险比例不一；中医药教育专业师资匮乏；在欧盟传统草药注册
规定下，中药注册品种寥寥可数。为促进中医药在欧洲的可持续发
展，一是借助当前发展优势开展中医药联合攻关；二是加强中医学
历教育合作，提高执业人员素质；三是推动中医立法，以此带动中
药的合法使用。

关键词： 欧洲　中医医疗服务　中医药教育　中药管理　中医立法

　　欧洲国家在中医药发展上，既受到欧盟相关法规的制约，也深受国家历
史进程的影响。早在汉代，随着海陆商路的开辟，欧洲就与中医药有了渊
源，中医、中药等治疗方法也随之传入欧洲。但受国家文化、历史、政治等
因素的影响，中医药在欧洲各地区及各国的发展并不均衡。

---

* 王苗，中医药管理博士，山西中医药大学讲师，主要研究方向为中医药管理、中医健康管
理；焦云洞，世界中医药学会联合会学术部主任，主要研究方向为中医药管理。

一 欧洲中医药发展总体状况

（一）欧盟中医药管理概述

欧盟作为欧洲各国经济和社会事务共同体，对中医药的管理主要体现在传统药物政策上。欧共体于2001年11月6日发布了《关于人用药品的欧共体法规》（2001/83/EC），按照此法规，草药产品要注册为药品在欧共体国家上市，必须遵循与其他药品一样的安全性、有效性和质量标准。许多成员国在执行该法规时遇到诸多问题，因此，2004年3月31日，欧洲议会和理事会通过了《关于人用药品欧共体法规2001/83/EC法令中传统草药药品部分的修订》（Dierctive2004/24/EC），并于2004年4月30日在欧盟官方杂志用20种欧洲语言正式发表。该法令是对2001/83/EC法令的修改和完善，其对产品安全性、质量和效果的条文进行了修订，目的在于对草药通过法律予以管理。该法令将传统草药产品、草药物质和草药制剂列入其规范范围，根据规定，在欧洲境内销售和应用的中药产品、中药饮片、中成药属于该法令管理的范畴。各成员国需在2005年10月30日前修改或制定本国政策以符合法令的规定。2004年5月1日至2011年4月30日，为法令注册过渡期，在过渡期内已上市销售的传统草药产品仍可以按照现行的管理办法继续销售，过渡期后则必须按Derective 2004/24/EC法令注册后方可销售和使用。

根据法令中对于传统草药的范围以及简化注册的规定，中药作为传统药物在欧盟进行注册，可采取以下方法：一是对于具有悠久历史的传统药物，可免临床试验；根据传统草药的使用情况，已证明在特定情况下使用无毒副作用，可不必做临床前研究；如文献资料充分证明其安全性，可免除临床前毒理试验。如果不符合以上要求，作为传统药物注册的产品，需进行物理化学、生物学、微生物学、药理学和毒理学检测、临床前期和临床试验。二是凡是有30年以上使用历史，包括在欧盟国家境内使用15年以上的传统草药可以简化注册。三是如果一种或多种植物药/制剂混合入药，需要提供涉及其中的单个有效成分的资料。作为传统药物中的动物药或者矿物药是否简化注册，法令中未提及。自法令颁布后，欧洲各国对中药的管理政策也基本奉行 Directive 2004/24/EC 法令。到 2021 年，中国医药企业注册上市的单方中药产品有：丹参胶囊、愈风宁心片、地奥心血康、豨莶草片和板蓝根颗粒；瑞士药企获批生产的藏药 Padma Circosan 胶囊是唯一源自中国传统医学的中药复方产品。

（二）欧洲中医药发展概述

中医药在欧洲大多隶属于补充医学或替代医学范畴，且以针灸治疗为主。在中医立法上，有瑞士、匈牙利、葡萄牙三个国家对中医或针灸立法。全欧中医药教育机构尚无统一的教学计划、教学大纲和教材，专业资格讲师匮乏。几乎每个欧洲国家都有中医或针灸行业组织来行使资格认证、继续教育、水平评估、临床研究等职能。

据全欧洲中医药学会联合会 2018 年统计，德国具有针灸资格的治疗师 5 万余人，英国 1 万余人，法国 1 万余人，西班牙 1.5 万余人，荷兰 0.4 万余人，葡萄牙 0.3 万余人。接受针灸治疗的疾病以疼痛、皮肤病、过敏性疾病、抑郁症等为主。各国对中医医疗保险的规定并不一致，德国仅将疼痛症针灸治疗纳入医保，每年可报销 10 次；法国针灸治疗可以报销 10%~20%；瑞士针灸治疗可报销 50%~90%，推拿必须有附加保险才可以部分报销；荷兰须购买附加保险后，针灸才可报销 70%~100%，其他中医治疗、推拿或中药治疗可以报销诊费。

二 欧洲各国中医药发展状况

（一）东欧中医药发展状况

1. 俄罗斯

约 10 世纪（中国北宋年间）时，中药与针灸通过贸易往来的形式传入俄罗斯。欧洲天花流行期间，俄国医学使团赴中国学习中医牛痘接种术，并考察学习中国针灸术。目前，在俄罗斯得到官方承认并在临床应用的中医技术仍是针灸。

中医医疗上，俄罗斯针灸虽源于中医，但又不完全等同于中医针灸，它结合了西医反射作用原理，被命名为针刺反射疗法，方法与中医针灸相似，但部分疾病的临床应用时期和适应症有所不同。1998年，俄罗斯联邦卫生部将反射疗法列入医疗专业目录，引入医师和药剂师专业目录，并联合教育部将针灸学归入康复医学专业，此举标志着俄罗斯正式认可反射疗法，同时作为一种独立的、具备科学基础的治疗方法列入国家医疗卫生体系。俄罗斯真正的中医院屈指可数，2016年7月3日正式成立的北京中医药大学圣彼得堡中医中心成为俄罗斯历史上首所获得法律认可的中医医院。

中医药教育上，俄罗斯没有传统中医药学历教育，也没有完整的传统中医药培训体系，中国中医药院校的学历证书和毕业证书也未得到俄罗斯官方认可；只有具有西医院校毕业证书的西医师，在神经科进修一年并进行3个月以上的针灸专业培训才可以合法从事针灸治疗。

中药管理上，俄罗斯实行注册制。制药企业需提供原产国的所有许可文件、中药动物实验的资料和临床结果、中药使用说明，并由俄罗斯国家科研机构对其成分进行分析，最后进行临床试验，以确保适合俄罗斯人体质，才可获得注册证书。

俄罗斯致力于中医医疗技术的传播，出版有《针灸治疗法》核心期刊，翻译出版了中医经典著作《黄帝内经》《难经》《中医基础理论》《新针灸学》《时间针灸学》等，并在俄罗斯广泛使用。

2. 乌克兰

乌克兰是共建"一带一路"的重要国家，该国的中医药发展对"一带一路"倡议的推进起到重要作用。

受苏联时期针灸疗法应用的影响，乌克兰民众对针灸更为接受。乌克兰各大研究所、综合医院针灸部设施设备齐全，拥有穴位图、中医专著译本等教学资源，配备电针、梅花针、皮针、三棱针等针灸器具以及穴位电磁刺激仪、红外热电疗仪、理疗烤灯等物理治疗器械。受欧洲文化和生活习惯的影响，国民不喜针具直接刺入体内，因此乌克兰在各种激光治疗、电疗仪制造技术上较为先进，应用也较为普遍。应用针灸治疗的疾病大多是免疫性、代谢性、医源性和慢性疾病，以及老年退行性病变带来的心脑血管疾病、神经性疾病。

乌克兰全境有百余所中医诊所，但其中真正有医学背景的专业技术人员屈指可数，大多数从业人员没有经过专业正规中医或西医教育，没有中医执业执照。

（二）南欧中医药发展状况

1. 西班牙

西班牙官方尚未认可中医药的合法地位，教育、医疗、执业资格等都没有相应的法律保护，对针灸持观望和默许态度，但加泰罗尼亚自治区于2006年宣布正式承认中医的合法地位。

中医医疗上，西班牙没有中医专科医院，大型公立医院也未设置中医科，仅在部分公立医院和初级保健中心设置针灸科，由本国具有执业医师资格并接受过针灸培训的西医师进行针灸治疗。获得中国中医师资格证书的针灸医生可在西班牙为患者进行针灸治疗，但不具有处方权。针灸和中医费用未纳入公共卫生系统，仅有部分私人保险公司将其纳入保险范围。

中医药教育上，西班牙有10余所学校开设三年制中医学硕士学位教育，但毕业后不能合法行医。西班牙巴塞罗那中医学院设置中医、中药、针灸等专业，招收4~5年制全日制学生。欧洲中医基金会的中医药教育以周末班和函授班为主。另外还有一些私立学校开设中医药短期培训班。

国际合作上，西班牙正积极与中国政府、院校开拓中医药项目。2016年，巴塞罗那大学医学院与北京中医药大学合作招收中医学硕士研究生项目，这是中国中医院校首个在欧洲医学院开展的并被欧盟认可的官方硕士学位项目。2019年，加泰罗尼亚自治区商务知识部和北京市中医管理局签署"欧洲中医药发展促进中心"项目，在加泰罗尼亚建设集教育、医疗、科研、文化、产业于一体的中医药机构。西班牙欧洲中医基金会与中国多个机构合作，促进中医药法律、教育和医疗等的国际标准化。

中药管理上，中药被西班牙药品和保健品管理局认可为药物，在欧盟 Directive 24/2004/EC 指令指引下，西班牙出台 RD 1345/2007 法案，对人用草药产品的批准、注册和流通予以规定，设定了传统草药产品简化注册标准。

2. 葡萄牙

葡萄牙是为数不多的将中医独立于西医体系之外自主管理和执业，并对中医药进行立法的欧洲国家，同时也是将针刺纳入中医药整体进行管理的国家。2013 年 7 月，葡萄牙国会通过了《非常规疗法执业法》，确定了中医在葡萄牙的合法地位。法案将"大中医"分为针刺疗法、植物药疗法和传统中医三种非常规疗法，并就三种疗法的教育规范出台了详细的实施条例。经葡萄牙教育部认可的补充和替代医学学校具有高等教育证书颁发资质，学校学生所修的学分纳入欧洲大学学分互认系统。针刺疗法、植物药疗法、中医学学士学位均由教育部进行管理，均由理工类院校授课，学制 8 学期，共 240 学分。只有持有相应专业资格证的针灸师、植物药治疗师、传统中医专家才能施行中医治疗，部分私人保险将中医治疗纳入保险支付范围。

2014 年，根据《非常规疗法职业资格申请办法》及《非常规疗法职业资格申请细则》，中医药从业人员的职业资格归葡萄牙卫生部管理，由中央卫生管理署特别设立非常规疗法从业人员评估工作小组，对非常规疗法专业人员依据学位、专业经验、学校教育及刊物发表情况予以评估，根据评估得分情况授予永久职业资格证书、临时职业资格证书或不予以授予证书。

2014 年，葡萄牙卫生部发布了《非常规疗法职业场所基本规范》，从营业执照、从业人员管理、卫生与安全标准、设备管理、消毒及医疗废物处理、诊疗室面积及设置、通风及排水设备、投诉机制、患者隐私等方面作了具体规定。

3. 意大利

中医药在意大利的发展稍迟于其他欧洲国家，基本始于第二次世界大战之后，直到 20 世纪 90 年代中医药才作为医疗手段在意大利立足，并获得了官方认可。1982 年 11 月，意大利刑事仲裁法院和意大利高等卫生委员会裁决针灸获得意大利合法身份。马尔凯是第一个将针灸列入医疗服务清单的意大利大区。在意大利从事中医临床治疗，并不需要相应的学历证书，只需获得医学或外科本科毕业文凭即可行医。2007 年，意大利高等卫生研究所正式承认中医药作为临床试验和研究管理的替代医学，这是欧盟国家首开正式承认中医药对等医学地位的先例，并支持中医药在本国主流医学中的推广和发展。

意大利中医药教育、科研的发展主要依托于中意两国的官方合作。在科研上，集中于中医针灸临床与基础研究、传统药物疗效评价和研究开发等领域；在教育上，不断探索合作办学模式，由意大利大学开设中医硕士课程、中西医结合研究生课程，由中国提供教学和临床培训支持，其中中西医结合研究生课程面向在职西医医师授课，这是中医药教育融入意大利主流医学高等教育领域的一个里程碑。

4. 希腊

20 世纪 60 年代，针刺疗法开始传入希腊并逐步发展，从 1973 年成立的"希腊针刺研究与应用中心"、1975 年成立的"希腊针刺协会"到"希腊针刺医学协会"，再到希腊第一所通过在中国开展教育实践活动的中医学校——"希腊东方医学院"的成立，都见证着针刺在希腊的发展。目前，希腊尚未制定任何中医药相关的法律法规或规范来管理中医药。中草药产品的使用遵循欧盟的规定，大部分产品仍以食品补充剂的形式在市场销售。

（三）中欧中医药发展状况

1. 德国

17 世纪针灸便传入欧洲，直到 1951 年德国盖哈特·巴克曼和赫里博特·许米特创办了德国针灸学会，并于 1952 年发行《德国针灸杂志》，针灸在德国才得以发展，并在 20 世纪 90 年代取得较大进步，中医药学术组织纷纷建立、中医医疗机构不断涌现，德国一些著名的医疗机构也开始了针灸临床和基础理论研究。

中医医疗机构方面，作为德国第一家中医医院的魁茨汀中医医院建立于1991年，由德国巴伐利亚州卫生部门与北京中医药大学合作建立，开创了中医院进入欧洲的先河，是中医药在德国发展的里程碑；该院是第一家政府认可、保险公司付费的中医院，中药、针灸、推拿、气功等中医治疗均纳入报销范畴。医院通过了 ISO 9001 质量认证，并采用信息技术将住院和门诊患者的舌象、脉象、穴位、中医诊断处方等录入计算机进行规范化管理。此外，德国比较大型的中医医疗机构还有欧洲中医康复中心（由中国中医科学院与德方合作在克莱恩利特斯弗建立）、欧洲针灸中心（由上海中医药大学与德国疗养公司合作在法兰克福建立）。部分综合医院还设有中医治疗科，如埃尔兰根大学、伊勒蒂森中西医结合医院与南京中医药大学合作建立中医治疗科。

中医从业人员方面，德国医疗从业实行执业许可制度，只有注册医师和传统医生（Heilpraktiker）可以从事中医药工作，传统医生需通过 Heilpraktiker 资格考试（简称 HP 考试）后取得从业资格方可提供中医药医疗服务，但不具有处方权。德国的中医从业人员基本包含以下三类，一是德国本土传统医学从业人员及毕业于中国中医药院校的人员，经过 HP 考试后取得执业执照提供针灸、按摩等中医服务。二是部分注册医师学习中医针灸技术后，在常规西医执业过程中，结合运用中医治疗手段提高临床疗效；但注册医师需具备 140 小时针灸基础课程培训证书、每年参加 25 小时以上的针灸进修，针刺治疗才给予报销。三是德国保险公司指定的公立医院西医医师出于提高临床疗效或科研的目的而开展中医药治疗服务。

中医药教育方面，德国中医药教育可追溯到 1953 年，曾在中国上海同济大学任教的弗兰茨·许宝德率先将中医学讲座搬上德国大学课堂。1977年，慕尼黑工业大学举办"针灸教学讲座"之后，中医药教育在德国逐步开展，先后出现了中医学校、学习班、培训班等，如魁茨汀中医医院举办中医内科与针灸初级和高级班、推拿按摩班。但截至 2021 年，德国尚无国家认可的中医药学历教育以及完整规范的中医药教育体系。德国学习中医药的方式主要有以下几种：一是针灸课程或中国医学讲座；二是包含中医学内容的传统医学课程；三是赴中国各省区市的中医药大学系统学习中医药知识或进行短期学习与培训。

中医药组织方面，数量庞大的中医从业人员以及中医药教育的发展推动了德国中医药组织的成立。成立较早的是德国医生针灸协会，负责对德国针灸医生进行针灸培训。随后，类似的中医组织不断涌现，不胜枚举。截至2020年，德国有国际中医学会、德国传统医学研究院、德国针灸—耳针医学学会等50余个中医药学术和研究组织，这些组织不定期举办中医药学术讲座，为中医药在德国的传播起到了极大的推动作用。

中医药学术组织成立的同时，中医药科学研究在德国逐步开展，尤其是对针灸临床应用的研究最为深入和广泛，如针灸镇痛、减肥、治疗不孕症和抑郁症等，对针刺机理和作用的研究鲜少开展。德国侧重于植物药活性成分的提取、质量检测、体内代谢和制剂特性的研究，以及通过分析植物药的主要成分及作用来开发新的植物药。一些医疗机构在承担中医医疗职能的同时，开展相应的中医科学研究，比如，魁茨汀中医医院在德国科技合作部资助下开展"关于现代自然疗法治疗头痛的研究"，与慕尼黑科技大学、北京中医药大学合作开展中医药疗效临床验证、中药质控研究。

2. 捷克

捷克是欧洲较早开展中医药教育的国家，20世纪60年代即有为医学专业研究生传授的1~3周中医针灸按摩课程。在捷克中医学会的帮助和支持下，布拉格第一中医学院于20世纪90年代成立。随后，许多私立中医培训机构或私立中医学院纷纷建立，由中国聘请的中医或针灸专家以及捷克当地中医或针灸讲师进行授课，学生完成课程并通过考试即可获得结业证书。2016年，帕拉茨基大学将中医课程列为可获学分的选修本科课程。

中医医疗上，2015年，首家中国—捷克中医中心在赫拉德茨克拉洛韦医院建立，成为捷克第一所由政府支持、开办在国立医院内部的中医中心。

中心由门诊部和研究中心组成，门诊部从事疼痛类、肠道疾病以及失眠、中风后遗症、慢性咳嗽等针灸疗效较佳疾病的治疗，研究中心则专注于中医疗法的研究开发、培训和临床试验。

中医药服务规范上，捷克曾发布管理法规，但由于条件苛刻，法规于次年取消，截至目前，尚未出台新的管理法规。2017 年 6 月 8 日，捷克颁布中医药管理新法规《中医非执业医法案》，法规中规定了中医治疗师和中医专科医生执业资格证获得方式。在获得中医相关专业本科学位 3 年以上，或者获得护士、理疗师、物理治疗师、营养师或药学助理资格并通过经认证的中医课程后，可取得中医治疗师资格证；获得中医相关专业硕士学位 5 年以上，或获得西医执业资格证并通过经认证的中医课程后，可获得中医专业医生职业资格。中医治疗师可以在西医执业医师或中医专业医生监管下参与中医预防和诊疗服务；中医师不能独立诊治患者，需在西医执业医师诊断后，方可为患者提供中医治疗。由于该项法案条件苛刻，多数人难以达到要求，2018 年 6 月该项法案取消。

3. 匈牙利

匈牙利是第一个与中国签署"一带一路"合作备忘录的欧洲国家。经史料记载，匈牙利在中世纪即有针刺术治疗疾病的应用，但中医药正式应用要从 1987 年算起，此后中医药发展极为迅速，是欧洲为数不多对中医立法的国家。

2003 年 9 月 18 日，匈牙利卫生部正式立法，批准中国医生可在本国合法行医，成为欧洲对中医医师发放执业资格最早的国家。2014 年 12 月 17日，匈牙利国会通过了中医立法法案，使中医行医合法化。2015 年 9 月 19日，匈牙利人力资源部在中医法案基础上，颁布实施《中医法案实施细则》，对中医药从业人员进行规范，规定职业范围以针灸外治法为主，限于针灸、按摩和导引。

中医药在匈牙利的发展离不开学术组织的作用，1984 年，匈牙利生物物理学会成立"针灸工作组"，随后匈牙利针灸医学学会、匈牙利中医药学会相继成立；2005 年，匈牙利中医药学会被匈牙利医学会纳为正式会员，

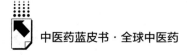

成为欧洲唯一被医学会纳为正式会员的中医药组织,其为促进中医医疗、文化和合作交流做出了积极努力。

4. 瑞士

瑞士的中医药教育处于起步阶段,境内所有大学均未设置中医学专业,仅有 2 所公立大学开设中医相关课程和培训,伯尔尼大学补充医学院开设针灸选修课,苏黎世大学医院补充和结合医学研究所组织学术讲座、开办中医继续教育和培训。2015 年,瑞士联邦教育研究创新部出台了联邦职业考试计划,批准了自然疗法师(其中包含传统中医医师)的高级专业考试规则,考试时要求使用当地语言,通过考试即可拥有联邦认可的文凭,但只可称为技师;拥有 10 年以上临床经验的西医医师考试只要求 30~40 页的论文及 45 分钟答辩即可获得文凭。

5. 波兰

中医药在波兰有浓厚的历史基底。17 世纪,波兰汉学家卜弥格彼将《黄帝内经》《难经》《脉经》翻译成拉丁文在欧洲传播,并详细记录了针灸及中草药的理论和应用,其编撰的《中国植物志》首次向欧洲介绍中国药用植物知识,《医学要诀》用图文并茂的形式介绍中医诊疗手段。但中医疗法尤其是针灸的广泛应用到 20 世纪 60 年代才逐步开展,1976 年,针灸被纳入波兰医学体系,2010 年,针灸师作为医学相关专业被波兰劳动和社会政策部认可,2014 年,草药—植物治疗师(不限于中医领域)也被认可。时至今日,针灸是波兰主要的中医治疗方法,推拿、拔罐、中药的运用较为有限。

中药在波兰以草药茶或卫生督查注册下的膳食补充剂的形式销售;膳食补充剂在卫生督查注册的专利配方可在诊所、互联网、草药商店以及有机和健康食品店出售。

(四)北欧中医药发展状况

瑞典未将传统中医针灸与推拿纳入瑞典医师资格认证体系。根据 2010 年颁布的《患者安全法案》,瑞典的两种注册医师资格(分别为脊椎指压治疗师和推拿治疗师）与中医针灸推拿类似，但与传统中医的推拿手法及理论均不同，是近百年来西方医师将自然疗法古老手法与解剖生理学相结合而形成的推拿按摩手法。

传统中医医疗在瑞典主要以提供针灸服务的形式存在，注册西医医师、经过瑞典卫生署认证的脊椎指压治疗师和推拿治疗师均可在公立医院或私立诊所应用针灸作为辅助治疗手段，针灸费用的报销比例因区域而异；部分以脊椎指压、推拿、自然疗法等注册的诊所也将针灸服务作为辅助手法。

瑞典的中医药教育并未通过官方认证，目前主要由瑞典传统中医针灸协会主导。该协会认可瑞典境内的 6 所学校传授中医课程，分别为斯德哥尔摩针灸学校、哥德堡健使学校、中医药南部学校、内经学校、瑞典传统中医药学院和五行学校。在瑞典开设中医针灸诊所并非必须提供此类学校文凭，但被瑞典传统中医针灸协会认可的学校受同行和患者认可，因此较受学生欢迎。

（五）西欧中医药发展状况

1. 法国

法国是欧洲乃至全球各国最早使用中医药的国家之一，中医药在法国的历史可追溯到 13 世纪，当时中医脉诊和针灸在法国已有所应用。直到 16 世纪，中医药通过意大利耶稣教会的马特奥·利玛窦传播到法国，有了进一步发展。目前，法国医学会已将中医药确定为常规医学的一部分，并已有医疗保险覆盖。

中医从业人员方面，法国的中医从业人员主要有以下三类，第一类是获得法国针灸文凭并被保险公司认可的西医执业医师，在公立医院主任责任制下，运用针灸、按摩、气功等中医疗法对特殊病症进行治疗，或者在私立医院、私人诊所开展针灸、按摩服务。第二类是在中国接受过正规、系统中医药教育和临床技能训练的中医师。第三类是法国本土获得私立中医学校毕业文凭的欧洲人、在中国接受短期中医培训的按摩从业人员。

中医药教育方面，1934 年乔治·苏理·德·莫昂编撰出版的《真正的中国针刺术》是法国最早的针灸教科书，在法国医学界产生极大影响；

1946 年，富耶通过创立"法国针灸中心学院"，率先在法国开始正规的中医高等教育。到 20 世纪 90 年代初期，法国中医药教育机构主要由两大部分组成：公立医学院校和私立中医学校，学制一到四年不等，以短期集训或周末授课为主。公立医学院校以针灸教育为主，1989 年，法国政府批准公立医学院校开设针灸课程，随后，里昂大学、巴黎北方大学、波尔多大学、尼斯大学、蒙彼利埃—尼姆大学等九所医学院设立了校际针灸文凭课程，针灸正式成为法国高等医学院校的教学课程，校际文凭也迅速被学习运用针灸的医学博士所认可。2007 年，巴黎、斯特拉斯堡、尼姆、南特等地医学院设立了针灸专科文凭，取代了之前的校际文凭。除了针灸文凭外，法国还创立授予医学博士的大学中医文凭、导引心身同调文凭，上述文凭通过考试或者论文答辩后即可授予。私立中医学校始于 20 世纪 80 年代，截至 2018 年，共有 30 余所规模不等的私立学校。为解决私立学校毕业生的合法就业问题，法国中医联盟联合法国中医医师联合会、法国传统中医联合会、传统中医针灸和气功治疗独立工会组织每年一次的"国家中医考试"。

中医药管理、组织及科研方面，法国是最早使用针灸技术的欧洲国家，也是对针灸的管理和研究较为规范和全面的欧洲国家之一。法国卫生部于 1985 年成立了针灸专门委员会来管理全国针灸相关事宜，委员会规定医师正式注册后才能操作针灸术。1987 年起，法国实施针灸资格考试和证书制度。在中医药组织方面，1943 年成立了法国针灸学会，并在 1966 年被法国针灸协会所替代，组织出版《法国针灸杂志》；1975 年，成立欧洲针灸学院，这些民间学术组织通过学术年会、系列专题等活动为针灸在法国的传播奠定良好的基础。在中医药科研尤其是针灸研究上，1938 年，乔治·苏理·德·莫昂出版了《针灸法》；1969 年，诺吉尔出版了《法国耳针疗法》；1980 年，时任法国针灸协会主席的伊勒·安德海斯翻译出版了《针灸甲乙经》和《黄帝内经灵枢经》，自此，《伤寒论》《灵枢经》《濒湖脉学》的不同法文译本先后问世。此外，许多针灸界专家运用红外线成像方法和同位素跟踪方法对中医经络走向进行研究，从解剖学、病理学、神经生理学和内脏反射原理以及治疗方法等方面对耳针耳穴原理开展研究。在中医药临床应用上，将针灸止痛和麻醉运用于分娩、辅助癌症手术疗法、自身免疫性疾病、慢性病疾病、骨骼肌损伤等方面。

2. 英国

中医传入英国最早记载于 17 世纪晚期，现藏于大英博物馆的《中国脉理医论》被视为中医学传入英国的最早著作。英国的中医发展也始于针灸疗法，19~20 世纪，针灸临床应用论文不断发表，针灸学校、民间组织纷纷涌现。但中医药在英国属于补充与替代医学范畴，因未完全纳入国民医疗卫生服务体系、保险公司未能偿付中医诊疗费用而使中医的发展受限。

中医药教育方面，1960 年，杰克·沃斯利创办了英国第一所传统针灸学校，所培养的针灸师为针灸在英国的传播和发展做出了巨大贡献。1993 年创办的伦敦中医学院是欧洲第一所中医高等学府，旨在对英国医学局注册的在职西医师进行为期两年的中医硕士课程培训，将中医引入西方主流医学体系；学院的中医课程还被纳入英国著名 GKT 医学院的选修课。1995 年，伦敦中医学院与西敏市大学联合开办的针灸专业首开英国公立大学针灸专业之先河，毕业生可获得针灸学士学位；1997 年，中萨大学成立的中医学专业正式招生，毕业生可依据实习地获得中国—英国双学位或英国科学学士学位。此后，英国萨福特大学、北伦敦大学等多所公立大学在公共卫生系、卫生保健系下设中医或针灸学位专业，学制三至四年不等，毕业可授予理科或文科学士学位，部分学校可授予博士学位。

伴随着针灸专业的开办，统一的专业标准对规范针灸乃至中医药教育至关重要，认证委员会便随之产生。1990 年，英国针灸认证委员会成立，其是由英国针灸学会支持的英国权威针灸职业教育评审机构，负责对开办针灸专业的学校进行教学条件和质量认证。

中医药组织方面，英国最早成立的民间组织为英国针灸师注册协会；1980 年英国医学针灸学会成立，旨在成为英国权威性针灸学术组织，并于次年创办了《医学针灸》杂志；1986 年，由英国针灸委员会、正骨学院、国家医疗草药师研究所、顺势疗法学会构成的英国补充与替代医学委员会成立，中医正式纳入补充和替代医学范畴。

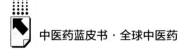

中医立法进程上，2002年，英国先后成立草药立法管理工作组和针灸立法管理工作组；2004年，英国卫生部公布《草药和针灸立法管理议案》，首次确定了针灸和草药的合法地位；2008年，英国卫生部立法工作小组提交给英国政府的《针灸、草药、中医和其他传统医学立法建议报告》将针灸、草药与中医隔离开来，但是目前，英国还未有正式的中医药法案出台。

3. 荷兰

中医药在荷兰已有数百年的历史，早在17世纪中期，就由东印度公司的旅行医生带入并使用。目前，荷兰将中医药列入补充医学范畴，中药饮片、中成药作为食品补充剂使用和销售，疗效较好的针灸、中药被西医医师推荐作为辅助疗法在临床使用。在荷兰注册成立的中医药组织，如全欧洲中医药学会联合会、欧洲中药商会，对推动中医药在欧洲的发展以及中药贸易做出极大的贡献，荷兰已发展成为欧洲中医药产品的重要集散地。

三　促进欧洲中医药发展的建议

（一）借助当前发展优势开展中医药联合攻关

欧洲多数国家认可中医针灸在治疗慢性疼痛、肠胃疾病、失眠、风湿性疾病上的良好疗效，包括匈牙利、葡萄牙的一些国家还对针灸进行了立法。中医药对这些疾病具有明显的治疗优势，中国中医药高校、科研院所、研发企业可与欧洲国家的大学、主导机构开展针对这些疾病的联合科研，研讨疾病治疗原理及机制，获得现代西医医学认可的疗效证据，将为中医药在欧洲的发展提供强有力的支撑。

（二）加强中医学历教育合作，提高执业人员素质

目前，欧洲国家中医行业从业人员大多为在中国获得学历资格认证的中医师或在本国接受中医药教育取得文凭的中医从业人员，以及经短期培训上岗的人员，基本提供针灸、推拿、按摩等中医服务，人员资质参差不齐，极

大制约中医药在欧洲的影响力和认同感。因此，应依托欧洲各国的中医行业组织、开办中医药教育的公立院校，探索中欧中医学历教育合作的新模式，将中国优秀的中医药师资以及教学实践条件输送到欧洲国家，依据各个国家现状，因地制宜地推进中医药教育模式创新；充分发挥中医行业组织的监管作用，严格中医药行业人员准入，提升中医执业人员能力素养。

（三）推动中医立法，规范中医执业行为

综观中医药在欧洲遇到的种种问题，如中医执业人员资格、中医学历文凭、中医独立治疗、中医治疗纳入医保体系，都与法律保障不到位有关。中医药在欧洲的长久发展归根结底还需要实现中医立法。借助针灸在欧洲的认可度，从推进针灸立法入手，实现针灸师独立从业、具备处方权、针灸规范教育等发展期望，进一步带动中医在欧洲取得立法突破，从而为中药的正规使用奠定基础。

参考文献

顾小军等：《中医药在德国、法国、英国及荷兰的发展现状及合作策略分析》，《国际中医中药杂志》2021 年第 7 期。

魏竞竞等：《波兰中医药发展现状与分析》，《国际中医中药杂志》2021 年第 3 期。

谢瑞等：《欧洲五国中医药认知度调查与中医药教育现状探究》，《世界中西医结合杂志》2020 年第 1 期。

颜春明等：《葡萄牙中医药全面立法的回顾、解读与启示》，《浙江中医药大学学报》2021 年第 4 期。

朱勉生等：《中医药在法国的发展史、现状、前景》，《世界中医药》2018 年第 4 期。

RMC Farnòs，"The regulation of Chinese medicine in Spain"，*Longhua Chinese Medicine*，3（2020）：22.

B.10
非洲中医药发展报告

倪飞 王珊珊 黄今*

摘　要： 随着中医药国际化的程度不断提高，中医药在非洲的发展日益蓬勃。自新中国成立以来，中医药在非洲的发展经历了改革开放前阶段、改革开放至 20 世纪 90 年代和 21 世纪以来三个阶段。尤其是在 21 世纪以后，"一带一路"和中非合作论坛的发展大大促进了中医药在非洲的发展。但由于非洲各个地区经济发展的不平衡，中医药在东非、南非、西非和北非的发展程度不同。目前中医药在非洲的发展还存在政策门槛高、中医人才缺乏和中医药企业进入困难等问题，如何采取措施解决这些问题对于促进非洲中医药发展具有重要意义。

关键词： 中医药　非洲　"一带一路"　中非合作

自新中国成立以来，随着中国的国际化程度不断提高，中医药逐渐成为中国与世界其他各个国家进行交流沟通的文化桥梁，同时作为中华文化的瑰宝，中医药在维护人类健康方面发挥着自身的优势，为全世界抗击疾病做出重要贡献。目前，中医药已经遍及全球 183 个国家和地区，并在这些国家和地区落地生根发芽开花，中医药在世界的舞台上正蓬勃发展。随着中国与非洲各国的联系日益紧密，中医药在非洲发展的态势也越来越好。但任何事情

---

* 倪飞，管理学博士，安徽中医药大学副教授，主要研究方向为医药产业经济管理；王珊珊，安徽中医药大学医药经济管理学院研究生，主要研究方向为医药产业经济管理；黄今，安徽中医药大学医药经济管理学院研究生，主要研究方向为健康医疗保险。

的发展都不是一蹴而就的，通过梳理中医药在非洲的发展历程，了解非洲中医药发展现状，分析非洲中医药发展中存在的问题，有利于促进非洲中医药的发展。

一 中医药在非洲的发展历程

历史学研究表明，中国与非洲有着悠久的医药交流历史。史料记载，从明朝郑和下西洋时期就出现了中非医药交流的现象。[①] 自新中国成立以来，中医药加快向非洲传播。主要包括以下几个阶段。

（一）第一阶段：新中国成立至改革开放前阶段

早在新中国成立之初，中国就高度关注非洲的发展，大力支持非洲各国的反帝反殖反霸斗争，不断加强与非洲各国的政治、经济和文化的交流与联系，[②] 中国与非洲的中医药文化交流从此拉开了序幕。为了促进中非友谊，20 世纪 60 年代以来，中国开展了对非洲的医疗援助活动，在援助队伍中有不少医生都是中医。与此同时，遍布非洲 55 个国家和地区的人员也纷纷来华学习中医。[③] 自 20 世纪 70 年代以来，随着非洲很多国家的反帝反殖斗争的胜利，中国与非洲国家相继正式建交，中非的合作交流日益频繁。但这一阶段，中医药的传播呈现随机性，规模较小。

（二）第二阶段：改革开放至20世纪90年代

中国自改革开放以来，经济发展程度不断提高，对国际的开放程度也在不断提高。中非之间的经济交流日益频繁，中国加强了对非洲的经济援助，中医药向非洲的传播方式和途径不断增加。由于当时的非洲缺医少药，对具有"简、便、廉、验"特点的中医药有强烈的需求，因此很多华人中医纷

---

① 刘海舟：《中医药在非洲的发展现状及传播策略研究》，《科技视界》2016 年第 4 期。

② 李新烽：《百年中国共产党与非洲革命和建设》，《马克思主义研究》2021 年第 3 期。

③ 杨继红、宋强：《中医药在非洲的发展概况》，《世界中西医结合杂志》2013 年第 2 期。

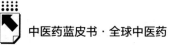

纷到非洲开诊所。例如 20 世纪 90 年代在全南非就开有华人诊所 40 多家。与此同时，在"以医带药"的效应下，中医药对非洲的贸易额也在不断提高。

（三）第三阶段：21世纪以来

自 21 世纪以来，中非的经济协作水平不断提高。为了进一步增强我国同非洲各国在新形势下的经济友好合作，中非双方在 2000 年 10 月共同倡议成立中非合作论坛，以便双方共同面对经济全球化的新挑战，并寻求共同发展。中非合作论坛从创办至今，已举办过八届部长级会议，历届部长级会议均围绕着关乎中非发展的重大问题展开协商，并努力推动中非政治、经贸、科技和教育等各方面的交往和合作。截至目前，我国已同非洲的 53 个成员国建立正式外交关系，并与非洲联盟委员会保持友好往来和良好合作。中非合作论坛为中医药向非洲的传播和发展开启了新篇章。

1. "一带一路"促进了非洲的中医药发展

2013 年，围绕着建设政治互信、经济融合、人文宽容的发展共同体、人类命运共同体和社会责任共同体，国家总书记习近平提出了打造"新丝绸之路经济带"和"21 世纪海上丝绸之路"的合作倡议，旨在积极发展与共建"一带一路"国家的经济合作伙伴关系，"一带一路"建设工作推进得很快，效果显著。截至 2021 年 11 月 20 日，中国与 141 个国家和 32 个国际组织，签署了 206 份共建"一带一路"合作文件。在推进"一带一路"建设过程中，非洲积极参与"一带一路"合作建设，是中国重要的合作伙伴，近年来中非合作发展势头强劲。伴随着"一带一路"建设的顺利发展，作为中华文化载体的中医药在共建"一带一路"国家的传播和发展也获得极大的推动。2017 年 9 月 22 日首届"一带一路"中医药发展论坛在西安举行，论坛发布了"一带一路"中医药国际标准化平台，举行了"中医中药中国行——陕西省中医药健康文化推进行动"、"纪念李时珍诞辰 500 周年"一带一路行、共同建设"一带一路"中医药文化特色小镇启动仪式。中外专家学者围绕建设中医药国际标准认证体系、推动国际共享和中医药传承与现代化等主题进行了深入研讨，以期促进中医药为中国和共建"一带一路"国家增进健康福祉、建设人类命运共同体做出贡献。截至 2021 年 9 月 5 日"一带一路"中医药发展论坛已经举办了四届，这对于推动中医药在共建"一带一路"国家的传播和发展具有重要的推动作用，中医药向世界释放出越来越强大的吸引力。

2. 中非合作论坛推动了非洲中医药的发展

中非合作论坛已成立 21 年，成为中非开展集体对话的重要平台、务实合作的有效机制、南南合作的"金字招牌"。论坛为中非合作规划了发展蓝图，同时促进了中非友好合作，在推动中非全面战略合作伙伴关系的深入发展方面发挥了重要作用，为维护发展中国家整体利益、推动世界和平稳定和发展繁荣做出巨大的贡献。中非合作论坛对于促进中医药在非洲的发展也起到了积极的推动作用，这在历次中非合作论坛峰会中都有体现。例如"中非公共外交论坛"于 2016 年 8 月在坦桑尼亚首都达累斯萨拉姆举行。中非与会者围绕"合作共赢、共同发展，稳步推进中非全面战略合作伙伴关系建设"这一主题进行讨论，旨在落实中非合作论坛翰内斯堡峰会（2015 年）成果，进一步加强中非双边合作，促进中非双方相互理解。会上，"中医药"作为国际文化交流的纽带成为会议的热点话题。2018 年 9 月 3 日至 4 日，中非合作论坛北京峰会的主题是"合作共赢，携手构建更加紧密的中非命运共同体"，中国与非洲的合作在各个方面都得到体现，从贸易到农业、交通到能源、资源到环境，中国将在未来 3 年重点实施"八大行动"，其中中医药在中非合作当中也有重要体现。

二 非洲中医药的发展现状

非洲是世界第二大洲，人口约 12.86 亿，面积约为 3020 万平方公里。按区域划分，非洲可以分为东非、南非、西非和北非。由于非洲各部分经济发展具有不平衡性，中医药在东非、南非、西非和北非的发展程度也存在很大的不同。

（一）中医药在东非的发展

东非是中医药在非洲地区发展的关键地区，2017~2019 年东非地区中医药类产品出口到非洲的金额总数，苏丹、摩洛哥、埃及位列前三。首先，得益于政府的医药政策支持，东非共同体 2011 年通过制定《东非共同体地区医药制造业发展规划》发展本地医药制造业①；布隆迪在《传统医学与传统治疗师行为》基础上颁发 253 法令，形成草药法规；肯尼亚政府允许中医自由经营的同时其卫生部门设置中医事宜相关管理机构。其次，东非普通民众最早接触到传统医药的利好。20 世纪 80 年代。坦桑尼亚成为艾滋病蔓延的重灾区，中方中医药管理局与坦桑尼亚卫生部签署合作备忘录，先后派遣共计 64 名中医药专家前往坦桑尼亚工作，②通过大量的临床实践，中医辨证论治对艾滋病进行探索性研究，使中医药理论获得民众认可。中医药在东非国家主导的传染病防治、试治项目，均取得良好效果。

但是国家间经济发展差距巨大，塞舌尔人均 GDP 达到 16681 美元，而布隆迪人均 GDP 仅 275 美元。巨大的贫富差异使东非地区本土制药企业相当匮乏，中医药产能有限，仅有 34 家制药企业，且大部分未形成现代化的自动生产线。

（二）中医药在南非的发展

南非中医药的发展最为迅速，发展态势良好。南非约 3000 种植物具有药用价值，是世界上药用植物资源最丰富的国家之一，这一自然条件为在处于经济发展初级阶段的南非发展中医药产业提供了现实选择。虽然中国与南非建交时间较晚，但 2000 年南非已出台明确的政策，承认针灸等相关产品和草药产品的合法性；2002 年，南非政府要求所有中草药在进入市场前必

---

① 迟建新：《中国参与非洲公共卫生治理：基于医药投资合作的视角》，《西亚非洲》2017 年第 1 期。
② 孙源源、熊季霞、施萍：《中成药开拓非洲市场的 PEST 分析及对策研究》，《中成药》2015 年第 9 期。

须依法申报并登记。南非国会以法律的形式确认了中医中药在南非的合法地位，通过制定行业规范、教育、文化交流等方面的政策推动了中医药在南非的发展。

行业规范方面，南非卫生部通过举行中医师永久注册考试，为合格的中医师颁发终身行医执照，自此中医在南非拥有合法地位，中医师执业合法；鼓励中医药行业发展，仅约翰内斯堡就有 50 余家中医诊所以及开办有称为"中国中医诊疗院"和"中国大药房"的综合性中医院。①

教育方面，20 世纪 70 年代，当地华人在南非成立了中医学会；南非西开普大学已设立中医专业。尽管非洲对中医药相关教育给予高度重视，但南非本土的中医药教育仍无法满足民众需求，这也为我国中医药对外教育的开展提供了广阔空间。

文化交流方面，南非卫生部、南非天然医药专业委员会、中国驻南非大使馆等机构高度重视中医药文化交流，为南非民众接受中医药文化、深入感受中医药的魅力发挥重要作用。例如，2012 年举办首届中非中医药国际合作与发展论坛、2020 年与湖南省建立抗疫合作中心等。

目前，中草药药典中所列中草药，我国可不受任何限制地向南非出口，此外，不包含在中草药药典内的中成药，经南非国家卫生部下属的医药管理委员会（MCC）特别许可后也可进行出口。

（三）中医药在西非的发展

中国向非洲国家出口中成药增长呈现疲软态势时，西非国家如贝宁、几内亚等，中成药出口出现新的增长点，出口额及其出口量同比增幅超 100%。西非国家将核心地区作为重点，采用以点带面的方式，通过公益营销，如借助讲座、健康培训等手段，逐步扩大市场。例如，国内天士力集团目前已在西非国家建立多家独资公司，策略性地在非洲市

---

① 陈焕鑫、张昕、卓清缘等：《中医药在非洲发展前景的 SWOT-PEST 分析》，《中医药导报》2021 年第 11 期。

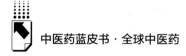

场组建营销团队，取得了较好的销售业绩。此外还建立中医药中心，通过为居民提供针灸、推拿等全面中医药服务提高当地居民对中医药的认可程度。

西非政府对中国传统医学表示高度认可，同时给予中方高度信任。例如2010年，国家中医药管理局与加纳共和国卫生部签署《关于合作发展中医药的协议》；中国与马拉维签订的传统医学领域合作谅解备忘录中指出，马方希望中方能够协助其发展传统医学并制定传统医学政策。官方在政策高度上，为中医药在西非发展提供了协助与支持，对中医药文化快速进入西非市场，发挥了重要推动作用。

教育层面上，西非是除南非外，第二个将中医药相关学科纳入大学课程的地区，几内亚的科纳克里大学医学院开办了针灸康复课程，为中医药国际化与中医药文化传播培养了更多的国际人才。

尽管西非国家中医药发展的态势一片良好，但是西非大部分国家和地区仍面临经济落后、医药产业发展困难的现实。西非本土制药企业匮乏，医药产能有限，只能生产一些常用、有限的品种，如抗生素、维生素等，无法满足国内需求，进口依存度较高。

（四）中医药在北非的发展

北非国家政府高度重视中医药在非洲的发展，鼓励医药制造领域在非投资，为提高制药业的竞争力，埃及政府鼓励和支持植物药剂等市场空缺的开发①；摩洛哥等国家对包括中药在内的原料药实行免税政策。

阿尔及利亚、摩洛哥、突尼斯等北非国家较早与我国援非医疗队合作，与我国在中医药领域交流频繁，民众对中医药接受程度较高，中方与北非各国联合开展的针灸培训合作项目尤其受当地民众欢迎和重视，为北非中医药人才的培养奠定了良好基础。

---

① 迟建新：《中国参与非洲公共卫生治理：基于医药投资合作的视角》，《西亚非洲》2017年第1期。

北非地区近年经济发展速度快，城市化加速发展，民众生活水平提高，生活方式改变，慢性病等日益增多，北非地区的发展是非洲地区经济发展的缩影，非洲地区难以避免地成为"传染病与慢性病双重疾病负担区"。以北非国家为代表的众多快速发展国家，将会成为慢性病患病人口大国。伴随"一带一路"的建设，以北非地区为首的中成药、保健品、中药饮片等进口市场呈现短缺状态，为我国中医药的发展带来机遇。

三　非洲中医药发展存在的问题

（一）中医药在非洲发展还存在政策门槛

自中非合作论坛成立以来，中医药在非洲的发展进程迅速推进。非洲地区国家对传统医学的政策与法律也在不断地完善，这为中医药在非洲发展奠定了相应的政策法律基础。但仍然缺少具体的法律政策内容、实施规范与监管政策，而且几乎没有对传统医学医疗机构与从业者的相关监管规定。在非洲，屈指可数的国家如南非可以对传统医学从业者进行相关技能教育培训与考核并为其颁发专门的从业许可证，而能为中医师提供考试和行医执照的，目前只有南非卫生部有相关规定，因此中医药在非洲的发展，还存在政策门槛。

另外，由于目前中药还没有纳入非洲的商业医疗保险范围，无法报销，所以患者认为中药很贵。再加上非洲受西方文化的影响，往往对西药的疗效更为青睐，所以消费者对中药的认可程度还需要提高。

（二）中医药企业进入非洲市场存在门槛

目前，日本、欧盟、美国和韩国依然是传统中药的主要出口市场，尽管非洲对于中国走出国门越来越重要，但中医药在非洲的市场份额还比较小。中医药企业要想走进非洲市场并获得一定的市场影响力，需要获得专业权威机构的检验和认证，才能获得入门牌。

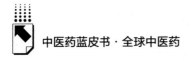

（三）非洲的中医药人才缺乏

尽管中医药在非洲的传播历史悠久，但由于非洲遭受殖民的史实，中医药的繁荣进程也遭受了阻挠。非洲的中医从业人员大多数是通过中国的医疗援助或志愿服务到达非洲的。非洲的中医药教育匮乏，非洲的大部分地区并没有高等中医院校，目前在南非只有西开普大学设有中医专业，无法培养大批量属于本国的中医药从业人员。因此当地的中医药从业人员数量非常少，这严重影响了中医药在非洲的发展。

四 促进非洲中医药发展的建议

（一）完善中医药在非洲的相关政策

首先，通过我国的"一带一路"政策为非洲国家建立中医药相关政策和管理体系带去经验，加强中非国家的中医药合作。将中国在中医药方面所采取的有效措施与经验理论传递给相关国家，为它们制定中医药具体监管措施和细节提供帮助。

其次，在中非医疗卫生领域上，应逐步规范化，提高其医疗卫生综合能力。例如"中医师执业证书""中医师资格证书"等中医行业的权威资格证书在非洲国家应加快认证步伐，为传统中医药的发展创造良好的氛围环境。另外，通过已有研究发现，中医对于常见的非洲地区多发病痛风、关节炎等具有良好效果，可以在中医药海外中心与援外医疗队相关机构进行中医药日常医疗保健推广作用，让非洲人民切身感受到中医药传统医学的价值。在传统中医药的文化认同方面，可以利用非洲留学生、开办孔子学院加强对中医药文化的传播，并且鼓励非洲当地开办中医诊所，积极邀请国内专家到非洲中医诊所进行培训指导，广泛地推动中医药在非洲的发展。

最后，应该鼓励国内有实力的保险公司积极地与非洲保险公司合作或者在非洲开办分公司，联合非洲的保险公司推出具有中医药特色的商业医疗保险，推动非洲地区将中药纳入商业医疗保险的保障范围，增加患者在就医时对中药的使用。

（二）提高中医药企业在非洲市场的份额

如前所述，中医药在非洲的市场份额较小，当前需要多措并举，努力提高中医药企业在非洲的影响力。首先，中医药企业协调与国际组织和非洲国家政府的标准和认证。中医药企业要研究非洲市场的药品准入和注册标准，针对非洲的标准对自身标准进行改进，使其符合非洲国家政府的标准和认证，让中医药产品"走进非洲"。并且加强与世界卫生组织等国际组织的联系，结合我国中药的标准，借鉴西方标准，提升国内的整体水平，加快推进中医药国际标准的建设，争取我国在国际标准制定上的话语权。[①]

其次，有针对性地发展非洲目标市场。中医药企业可以将政策相对宽松，有一定中医药基础的国家作为优先发展的目标市场，比如南非和肯尼亚等国家。国内科研机构和院所可以从非洲当地多发的常见病入手，有针对性地研发新的中药产品，已有相关研究[②]说明，我国研发的艾灵颗粒、田式免疫激发剂等在非洲抗艾中发挥了稳定疗效。并且，组建专业团队积极与非洲当地的企业或中医药协会进行沟通与推广，力争将经济、优质、安全的中药产品在非洲推广，增强国内中药产品的竞争力。

最后，我国中医药企业在非洲实现本土化经营。我国一些实力较强的中医药企业可关注南非、肯尼亚、尼日利亚等国家的医药企业，对非洲医药企业进行投资或并购，也可根据要求在非洲当地办厂或开设分公司，以实现中医药企业的本土化生产和经营。通过建立中医药产业园或生产基地，整合中医药产品的研发、生产、包装、物流等上下游企业，深入了解当地的文化，掌握市场的实际需求，扩大中医药产品的市场。

[①] 孙源源、熊季霞、施萍：《中成药开拓非洲市场的 PEST 分析及对策研究》，《中成药》2015年第 9 期。

[②] 朱佳卿、李强：《亚太地区传统医药（中医药）治疗艾滋病的现状及问题研究》，《亚太传统医药》2005 年第 3 期。

（三）加强中医药人才队伍建设

中国传统医学包含着中国传统文化的丰富精神内核，在悠久的历史中，积淀了深厚的内涵和功力。中医药文化输出，对增强国家软实力有着不可忽视的作用。随着中医药的发展、国家政策的支持，中医药在非洲辐射地区越来越宽广，认可度和影响力也在不断提升。但是不能只依靠卖药开拓非洲中医药市场，还需要向非洲传播中医治疗理论，用"以医带药"的方式来刺激中医药对非洲的出口。然而推进中医理念在当地的传播，离不开人才的培养，因此，中医药融入非洲亟须人才培养。[①]

目前非洲的许多传统医学从业者都没有接受过系统的教育，他们的医学知识来源于父子之间的代代口头相传，是祖先们的经验，多数的医学世家都非常谨慎地保护这些医学知识。[②] 因此，帮助非洲建立系统的中医药人才培养模式是重中之重，培养具有过硬医学技术水平和语言水平、丰富医学理论体系的中医药国际人才，并重点培养药品检测、质量控制和药事管理等方面的人才，为扩大中医药在非洲的服务范围提供更加优秀的人才。[③]

此外，非洲本土医务工作者的认可和参与对中医药产品打入非洲市场具有重要意义。"授人以鱼不如授人以渔"，培养非洲本土的中医药人才，让中医药在非洲大地扎根，对推动当地医疗体制和机制优化具有深刻意义。《推进中医药高质量融入共建"一带一路"发展规划（2021～2025年）》中也明确指出"深化教育合作，着力加强中医药国际人才队伍建设"。未来可以扩大对医药学科非洲留学生的招生比例，有利于非洲传统医学从业者和医学教育从业者从根源上对中国的医疗技术、产品和相关标准的认同。并通

---

① 朱德伟、宋欣阳、沈云辉：《海外中药发展现状及产业链控制思考》，《中国医药导报》2020年第29期。

② Samuel S. Antwi-Baffour, Ajediran I. Bello, David N. Adjei, Seidu A. Mahmood, Patrick F. Ayeh-Kumi, "The Place of Traditional Medicine in the African Society: the Science, Acceptance and Support", *American Journal of Health Research* 2（2014）.

③ 刘峥屹、牛雨霞、刘金红、夏新斌：《湖南省与非洲加强中医药产业合作对策研究》，《中国初级卫生保健》2021年第5期。

过开设传统中药诊疗室、针灸室、推拿理疗室、特色技术训练室等部门，对医院的中医从业者进行传统中医药理论学习和实践训练等。充分运用现代网络宣传手段，在互联网开展中医药远程教育，宣传中医药文化与独特疗法，使非洲民众在线上掌握日常的医疗卫生的经验常识，为非洲民众掌握中医学常识提供便利的互联网平台。提升传统中医学文化与中医药健康概念在非洲的流行度，提高传统中医学文化在非洲的社会知名度与影响力。在展示中华民族源远流长的传统中医学发展史的同时，又要利用现代科技推动传统中医学的繁荣传播，不但要继承我国古代贤人在传统中医思想方面的智慧结晶，还要推动传统中医学在现代非洲的进一步发展，最大限度地利用两者的优势，实现融合发展。

五 总结

在中医药国际化与"一带一路"的大背景下，中医药的发展也逐渐走向世界，中国应把握中医药在非洲发展的良好机遇，助力中医药国际化。总体来说，政策门槛高、中医人才缺乏、中医药企业进入困难等是当前中医药在非洲发展的阻碍，针对非洲各地区发展特点，本文从政策制定、经济发展、人才培养角度对非洲中医药发展提出了针对性的建议。事实证明，只有对症下药制定符合当前发展趋势的相关政策，才会在传统医药激烈的竞争中体现出中国特色。本文针对非洲中医药发展提出的相关建议，对各国尤其是发展中国家的中医药国际化发展措施具有借鉴意义。

本文不足之处在于，研究样本国家数量不足，缺少翔实的数据支持，在对非洲地区国家中医药发展的研究中需要进一步地深入研究，为中医药在非洲发展提供更多可行性建议。

国家发展篇

National Development Reports

B.11
新加坡中医药发展报告

莫颖宁　李　震　侯王君*

摘　要： 中医药是中华民族数千年的医学底蕴，也是世界人民所共有
的文化瑰宝。早在宋朝时期中医药便随华人华商移居和商业
活动被带到新加坡地区，新加坡由于长期受到中华文化影响，
其对于中医药的接受及认可程度远高于其他海外地区。随着
近年来中国与新加坡的交往日益密切，各类互利合作政策的
出台更是让新加坡中医药事业的发展迎来了前所未有的机遇。
本报告通过文献研究对新加坡中医药发展现状进行梳理总结，
从而对新加坡中医药健康服务产业的发展环境进行了多维度
评价，系统分析其在中医药历史、发展现状、"一带一路"背
景下中医药国际化、教育现状、政策与法规、学术现状六个
维度的情况，并提出相关的建议，为中医药事业在新加坡的

---

* 莫颖宁，博士，山东中医药大学教授，主要研究方向为中医药政策与产业研究；李震，山东
中医药大学讲师，主要研究方向为中药新药、新剂型研究；侯王君，博士，山东中医药大学
实验师，主要研究方向为中医内科学、实验室管理与教学。

未来发展提供参考。

关键词： 新加坡　中医药　发展环境

新加坡作为中国的友好邻邦，其在地理位置上与中国相邻，在生活习俗等方面与中国相似，新加坡传统医药也在历史的长河中深受中医药的影响，随着近年来中国与新加坡中医药交流合作日渐密切，新加坡逐渐发展成为重要的中医药国际市场之一。

中医药作为中国传统文化的精髓，是中国与新加坡在医药卫生领域交流的重要载体。《国务院关于扶持和促进中医药事业发展的若干意见》和《中医药对外交流与合作中长期规划纲要（2011~2020）》明确提出将中医药海外推广工作提升至国家行为。2016年2月，国务院颁布了《中医药发展战略规划纲要（2016~2030年）》，提出支持中医药机构参与新加坡"一带一路"建设。当前，新加坡中医药事业的发展将有望享受到中国政府与新加坡政府达成的相关政策红利，享有广泛的市场机遇。但新加坡在国情和文化上与中国存在一定的差异，相关行业标准尚未统一，导致中医药在东南亚国际市场发展的过程中仍面临一些阻碍。

本报告通过总结新加坡中医药发展现状，并从中医药历史、发展现状、"一带一路"背景下中医药国际化、教育现状、政策与法规、学术现状六个维度对新加坡的中医药发展环境进行评价，提出新加坡中医药健康服务产业发展建议。这不仅有利于为中国政府制定新加坡中医药事业发展战略提供参考，也有助于中国中医药相关投资者选择合适的投资方向，促进中医药国际化发展。

一　新加坡中医药发展历史

新加坡是东南亚地区的中心，是世界上重要的交通枢纽，地理位置极其优越。新加坡国土面积约为714.3平方公里，全国由新加坡岛、裕廊岛、圣淘沙、圣约翰岛和龟屿等60多个岛屿组成。位于北纬1°18′，东经103°51′，在马来半岛南端、马六甲海峡出入口，北隔柔佛海峡与马来西亚相邻，南隔新加坡海峡与印度尼西亚相望，是连接印度洋和太平洋的海上通道，也是欧洲、非洲向东航行到东南亚、东亚各港及大洋洲最短航线的必经之路，因此自古以来便受到关注与开发。①

新加坡有着较为悠久的发展历史。从宋朝驻泉州市舶司主管赵汝适的《诸蕃志》（1225年）记录"凌牙门"这个时代开始推算，新加坡便有华人的贸易活动，至今有700多年的历史，据记载医疗活动至少也该有400年的历史了。②

在早期的生活中，新加坡医疗条件极其落后。由于新加坡资源较为匮乏，因此主要工业原料、生活必需品必须依赖进口。并且新加坡地处热带地区，常年受赤道低压带控制，雨水较多，年平均气温较高，是诸多疾病的多发地。由于当地开发不完善，政治、经济、科学技术发展欠缺，新加坡缺乏医疗知识与药品，没有完善的医疗体系。而当地恶性疟疾、霍乱、痢疾等诸多流行疾病肆虐，导致患者患病因无力医治或医病无方、医病无药而丧失宝贵的生命。因此，在当时这样条件恶劣且疾病多发的新加坡，新加坡人对中医药有极大的渴望与需求，他们迫切希望得到医疗救助，这为中医药在新加坡的传播提供了良好的接受环境，也为中医药事业在新加坡的传播与发展奠定了良好的社会基础。

（一）早期中医药传入新加坡

据元朝汪大源的《岛夷志略》记载，早在14世纪便有来自中国沿海各省的华人来到新加坡定居谋生。当然，到达新加坡的不仅仅只有华人，更重要的是还有对新加坡的发展产生深远影响的中华文化和科学技术。作为我国

① 郭建军：《独立以来新加坡外向型经济的发展：全球化与区域化视角》，云南大学博士学位论文，2011，第16页。
② 方盛泉：《新加坡中医药发展及现状》，《上海中医药杂志》2007年第4期。

传统文化瑰宝的中医药便是其中极具价值的一部分，自此中医药文化便开始落户新加坡，成为华人在新加坡医治疾病的方法之一，后来也渐渐被新加坡人所接纳，成为造福新加坡人民的宝藏，也逐渐成为新加坡医疗体系的一部分。

（二）工业革命后新加坡医疗的发展

19世纪初，欧洲各国商品经济的迅速发展以及文艺复兴时期的人文主义思潮的盛行，促使欧洲人努力开拓海外市场与殖民地。英国想要扩张其在印度的殖民版图，并密切与中国的贸易往来，因此他们急需找到一个可以停泊、维修船只的港口来达到这一目的，并以此在与荷兰的贸易竞争中获得领先地位，争夺在世界经济贸易中的主导权。1819年，英国东印度公司雇员斯坦福·莱佛士到达新加坡后，发现新加坡南部水域宽敞且受风暴影响很小，附近也有充足的淡水水源供给饮用，是一个良好且符合需求的天然港口，因此便决定开始管辖新加坡。此后新加坡成为英国殖民地并升级为海峡殖民地，受英国直接统治。[①] 工业革命后，随着蒸汽机的发明和使用，蒸汽轮船出现在人们的视野中。苏伊士运河开通以后，蒸汽轮船成为海上重要的交通工具，新加坡成为航行于欧亚之间船只的重要停泊港口。在新加坡开埠后，中国和东南亚其他地区的华裔同胞有部分移居到新加坡生活。随着这一部分华人的移居，传统的"儒医"和祖传的中医以及诸如"先生妈"的妇儿科中医也在新加坡出现，提供较为简陋的医药治疗，保证正常疾病的治疗及妇幼健康，这使中医药在新加坡有了一定的发展。

（三）中国内部环境对新加坡中医药发展的影响

1840~1949年，中国处于内忧外患的艰难处境，经历了鸦片战争、第二次鸦片战争、太平天国运动、甲午战争、义和团运动、八国联军侵华战争、

---

① 陈锦文：《中医药在新加坡的历史现状和研究及前景展望》，南京中医药大学博士学位论文，2011。

辛亥革命、第一次世界大战、第二次世界大战、抗日战争、解放战争等战争炮火的摧残，中国人民生活水平大大降低，生活在水深火热之中，生命安全得不到保障。因此，此时的东南亚地区特别是新加坡，成为当时人们心中的世外桃源。人们渴望和平与稳定的生活，背井离乡、不辞艰辛、远渡重洋到达新加坡等国家和地区定居生活。在这一中国人口迁移的过程中，中国传统中医药学也再次随着华人定居而传入新加坡。当时的新加坡，不仅华人在其国内占有较大比例，华裔也占新加坡人口的80%。正是由于这庞大的华人比例，中医药在新加坡有着巨大的市场和广泛的接受范围，促使中医药在新加坡构建起重要的医疗体系，有着独特的发展轨迹和悠久的历史。

（四）新加坡医疗机构的演变

由于当时移居新加坡的同胞大多是穷苦的华工，一旦生病便无力支付较为高昂的医疗费用而白白经受痛苦甚至是丧失宝贵的生命。因此，在1901年，何道生、梁炯堂两位闽、粤侨商共同创办了新加坡第一家中医慈善诊所同济医院，医院名称取"同善同济"之美好寓意，真心实意从事慈善医疗事业，多年来治愈过十几万患者，最终成为新加坡历史最悠久的中医慈善医疗机构，也是新加坡中医药发展历史的见证。① 随着新加坡华人同胞的不断增多，为满足更多民众的医疗需求，1910年新加坡又成立了首家中医药医院——广惠肇留医院。在其创办初期，所有治疗均采用中医药疗法，充分发挥了中医药治疗疾病的优势，极大地促进了当时中医药的发展。1926年，胡文虎创立了首间大规模药厂永安堂，为人们提供医疗所需的药品，也为中医药事业在新加坡的发展做出了极大贡献。1928年新加坡成立了第一个医药学术机构中医药研究会。1929年，为反抗"3·17"事件，新加坡中医药界人士联合建立了新加坡首个中医药联合组织——中医药联合会，初步将新加坡中医药界人士组织联合起来，为新加坡中医药事业的发展起到了推动作

---

① 李金龙：《新加坡中医药发展简介》，第七届全国中医药结合肾脏疾病会议专题讲座汇编，中国中西医结合学会会议论文集，专辑：医药卫生科技，2003，第195页。

用。随着新加坡中医药事业的不断发展，1930 年，成立了从事中医慈善医疗的"普救善堂"，后期更多的中医慈善医疗机构如雨后春笋般纷纷涌现。这些中医慈善机构为广大人民群众提供了低廉甚至免费的中医药治疗服务，救治了众多濒危的生命，挽救了众多的普通家庭，为广大人民的健康生活提供了基本保障，也因此为更多的人民群众信任中医药、支持中医药打下了坚实的群众基础。

（五）新加坡中医药事业的停滞

1942 年日本侵略军占领新加坡，新加坡沦陷。这一时期，新加坡的中医药事业已经几乎处于停滞状态，各种中医药组织、医院几乎停止了一切活动。即使后期新加坡人民民不聊生，迫于压力，日本被迫恢复了中医医院的正常医疗服务，但由于当时战乱，药物资源极度匮乏，医院无奈采用生草药进行治疗而无法充分发挥中医医术与中草药基本疗效，使中医药发展一度止步不前。[①]

（六）新加坡中医药事业的发展

1945 年日本战败投降后，新加坡的中医药事业逐渐恢复发展起来。到 1946 年时，新加坡诸多资深的中医药师决定重振中医药在新加坡的发展，一致决定携手创办属于自己的学术研究组织，促进中医药界同仁团结一致、相互切磋、相互借鉴学习，进而重振中医药往日雄风。于是，1946 年 10 月在医师吴瑞甫的带领下成立了"中国医学会"，后改名为"中医师公会"，这是新加坡迄今为止唯一的纯中医组织，对新加坡中医药事业的恢复发展做出了巨大贡献。中医师公会作为发扬新加坡中医药事业的学术中心，积极推广中医药事业，提高了新加坡人民对中医药的重视与信赖，极大地支持中医药事业发展，还在 1952 年成立了中华医院。[②]

---

① 陈锦文：《中医药在新加坡的历史现状和研究及前景展望》，南京中医药大学博士学位论文，2011。
② 李金龙：《新加坡中医药发展简介》，第七届全国中医药结合肾脏疾病会议专题讲座汇编，中国中西医结合学会会议论文集，专辑：医药卫生科技，2003，第 195 页。

（七）新加坡中医药机构发展历程

在此之后，许多中医药机构相继成立。1957 年成立了"中医药提炼药业促进会"（后改名为"中医药促进会"），1960 年成立了"中华医药研究所"，1969 年成立了"佛教施诊所"，1971 年成立了"云英中药施诊所"，1973 年成立了"大众医院"，1975 年成立了"观音救苦会"，1978 年成立了"中华针灸研究所"，1979 年成立了"大巴窑中华医院"，1983 年成立了"友谊针灸医疗院"。1978 年，新加坡中医师公会第一次组团来到中国进行访问交流，学习到了中医药发展的宝贵经验，为中医药在新加坡的更好发展起了积极作用。①

新加坡的中医药发展历史漫长且曲折，但在一代代中医药事业的从业者的努力下，中医药事业最终在新加坡扎根成长乃至枝繁叶茂，展现着其独特的魅力。中医药也伴随着一代代新加坡人的出生、成长，为新加坡人民的健康繁衍做出了极大贡献。新加坡中医药发展历史成为世界医学史上光彩夺目的一页。

二 新加坡中医药发展现状

近年来，中医药事业的发展在世界上日益得到重视，受到越来越多的关注。特别是 2015 年中国中医科学院首席科学家屠呦呦发现青蒿素获得诺贝尔生理或医学奖，有效降低了疟疾患者的死亡率，挽救了全球特别是发展中国家数以万计的人的生命，为人类生命健康安全做出极大贡献后，中医药在国际医疗界更是备受关注。世界上越来越多的中医药工作者积极参与到中医药事业的创新发展中，中医药在预防常见疾病、多发病、慢性病以及重大疾病中的良好效果和有效作用也日益被国际社会接受和认可。② 加之现在世界

---

① 陈锦文：《中医药在新加坡的历史现状和研究及前景展望》，南京中医药大学博士学位论文，2011。
② 蔡慧姿、张伯礼：《探讨中医药在新加坡的发展状况与未来趋势》，《天津中医药大学学报》2020 年第 1 期。

正面临严峻的新冠肺炎疫情，而在预防诊治新冠肺炎疫情的过程中，人们发现中医药的疗效极好，在临床治疗的过程中能够有效发挥其治疗作用，这也进一步推动了中医药的发展。众所周知，疫情的全球性蔓延已经危及了数以亿计人的生命健康，人们正在寻求各种方法对新冠肺炎疫情进行阻断预防，中成药连花清瘟胶囊不仅迅速流行于国内，也成为中国驻国外大使馆为海外学子送温暖的必备物资，是给予海外中国留学生的一颗"定心丸"。[①] 国外众多国家和地区也发现了连花清瘟胶囊的独特疗效，因此连花清瘟胶囊也成为它们的抗疫之需。除此之外，其他中医药产品也因其良好的疗效而备受国内外的关注，这进一步在世界范围内对中医药进行了宣传，使越来越多的国际友人提高了对中医药的期望，为中医药在世界范围内的传播创造了更为宽松良好的接受环境。特别是新加坡这类东南亚国家，本身就具有悠久的中医药文化传播历史，对中医药有着较为深刻的认知，也因此新加坡人民对中医药有着更为良好的接受条件，所以，新加坡政府及人民对中医药的发展也愈发重视。

（一）新加坡中医药发展现状概况

随着新加坡民众对中医药需求的提高，加之新加坡中医药人才的不断培养与积累、新加坡政府部门对中医药的日渐重视，中医药事业在新加坡的发展方兴未艾。新加坡现已逐渐形成了一套规范化、模范化的中医药体系，在给予患者良好完备的医疗条件与服务的同时，兼顾了中医药事业的教育、科研以及海内外学术交流，使中医药在新加坡传承的同时不断精益求精、创新发展。

（二）新加坡中医药学术发展

自 1981 年"新加坡中医药联合会"成立了"新加坡中医药全国最高理

---

① 《中医药在东南亚：长盛不衰 风靡"疫"时》，澎湃号，政务，https：//m. thepaper. cn/ newsDetail_ forward_ 7228578。

事会"并加强对新加坡中医药事业发展的统一协调后，"新加坡中医药全国最高理事会"也成为东盟六国中医药业的发展中心与学术研究中心，极大地促进了东盟地区中医药事业的学术交流与合作。在"一带一路"倡议的大的社会背景下，中国提出并制定了《中医药"一带一路"发展规划（2016~2020年）》，把中医药提升到战略高度，积极与周边国家实现中医药合作，实现更大范围、更高水平、更深层次的大开放、大交流、大融合。2021年7月30日，中国—东盟中医药行业合作委员会第一次会议暨中国—东盟中医药产品推介会在贵阳市南明区隆重举行，会议邀请中国—东盟商务理事会、东盟成员国官员、中医药行业专家等共100多名代表，通过线上网络及线下会议的形式齐聚南明区，聚焦中医药文化产业，共谋产业大发展。会上，新加坡中国商会副会长李雪民指出，新加坡目前每年人均中成药材消费较低，因此，中医药在新加坡的发展潜力巨大。建议在提高中医药出口质量的同时，可在新加坡设置办厂点，利用新加坡优越的地理位置和便利的交通条件将其发展为全球领先贸易平台。而我国的中医药发展也正处于上升阶段，因此也迫切希望将新加坡作为进军东盟的"桥头堡"，为中国及新加坡中医药事业带来前所未有的发展机遇，既打开东盟市场的大门，也进军国际市场，促进中国和新加坡中医药事业的协同发展与互利共赢。①

（三）新加坡政府大力支持中医药事业

近10年来，新加坡政府对中医药事业在新加坡的发展关注度大大提高，对中医临床医疗体系进行了深化改革，允许注册医院和疗养院提供中医服务、加强中医执业者的管理及注册、严格控制中药管理、完善中医高等教育、培养中医人才、推动继续教育、提高中医师医疗水平、建立津贴鼓励中医药科研、扶持学术机构建立，使新加坡中医药的发展如日中天。中医立法也有效保障了中医药师的合法权益，给予了广大中医药师极大的法律支持，

---

① 南阳区人民政府：《如何推动中国——东盟中医药行业合作？与会嘉宾这样说》，贵阳市人民政府官网，2021年8月1日。

也规范了中医药师的执业范围和医疗行为，为他们给广大人民群众提供更好的医疗服务提供了法律依据。当然，这也极大地鼓励了新加坡中医药师更好地发展中医药，自愿积极地为中医药事业的发展贡献出属于自己的一分力量，促进中医药事业在新加坡医疗界地位的提高。据新加坡政府数据统计，新加坡注册并活跃的中医药师正在逐年增加。为进一步提高新加坡中医药师的技术水平、增加他们的中医药知识储备、促进中医药工作者更好地进行学术交流，新加坡政府自 2013 年起实行自愿性中医继续教育制度，并为中医药事业拨款资助，进一步加快促进发展。[①]

（四）新加坡的中医药学术和临床研究发展成果

时至今日，新加坡的中医药学术和临床研究取得很大进展，采用中医药的治疗方法在预防、诊断、治疗疾病方面发挥了极大的作用，在改善人民生活水平、提升生活幸福感方面得到了广大民众的信任与认可。再者，随着近代科学技术的不断发展与进步，有关中医药医疗的机器设备也在日益更新完善。这种良好发展的趋势既使中医诊断与现代化专业技术相结合，使之更具科学性与安全性，提高人民群众对中医诊断的信任度，又在不断更新中药的创新型发展、完善中药炮制方法、改进中药药剂、延长中药保存时间，为中医药在新加坡的发展提供坚实的物质基础与科技支持。我们可以看到，在新加坡已有许多中医医院以及一些宗教及民间团体主办的中医诊所、中医药企业等，正在为患者们提供良好的医疗卫生服务，惠及各个阶层，为新加坡人民提供了极大的便利，维护了新加坡人民的生命健康安全，有利于新加坡的长治久安，有效推动了新加坡的政治稳定、经济上升与社会发展。

（五）对外合作交流

随着社会的不断发展，新加坡从事中医药事业有关组织也在不断与时俱

[①] 蔡慧姿、张伯礼：《探讨中医药在新加坡的发展状况与未来趋势》，《天津中医药大学学报》2020 年第 1 期。

进，及时关注社会当前生命安全卫生问题，为更好地实现国家富强而不断做出贡献。诸如新加坡中医中药联合会、新加坡中医师公会、新加坡中医药促进会、新加坡中华医学会等中医药组织等，已正式纳入合法化轨道，正在更好地发挥其在中医药界的引导与推动作用。创办至今，这些组织已培养众多中医师，中医药界各类知名人士通过不断交流与合作，共同发现问题、剖析问题、解决问题，在探讨中实现互补，这既促进了中医药学术发展，又能够更好地为中医临床提供更好的专业支持，为新加坡的中医药事业做出了卓越的贡献，其发展如日东升，前景光辉灿烂。而新加坡目前的两大院校——新加坡中医学院、新加坡中医学研究院也承载着培养中医药接班人的艰巨任务，为新加坡中医药事业提供源源不断的人才供给，促进新加坡中医药守正创新，促进中医药事业在新加坡的顺利发展。

（六）新加坡中医药事业发展现状

当前中医药在新加坡的发展正在顺利进行。从各级政府到各类组织院校，再到民间团体、公会，大家都在努力完善自己的本职工作以更好地促进新加坡中医药事业的协调稳定发展。在更为广阔的世界范围内，新加坡也在不断加强与中国等国家的合作交流，通过不断地借鉴学习从而取长补短，在促进各国中医药事业稳步发展的同时也带动本国的经济发展，从而实现互利共赢，促进世界中医药的稳步发展。

三 "一带一路"背景下新加坡中医药国际化发展

"一带一路"（The Belt and Road）是"丝绸之路经济带"和"21世纪海上丝绸之路"的简称，2013年9月和10月中国国家主席习近平分别提出建设"新丝绸之路经济带"和"21世纪海上丝绸之路"的合作倡议。依靠中国与有关国家既有的双多边机制，借助既有的、行之有效的区域合作平台，从而实现发展。"一带一路"的目的是借中国古代丝绸之路的历史传承，秉承和平发展大前提，发展并促进与周边国家的贸易经济文化往来，共同打造互利共赢、团结协作的利益共同体，发展中国特色社会主义制度，发展人类命运共同体。从另一层面来讲，即推动沿线各国实现经济政策协调，开展全方位、多角度、高层次、宽领域的区域合作，共同打造均衡、包容、开放、普惠的区域经济合作架构。共建"一带一路"符合国际社会的根本利益，体现了人类社会的共同理想和美好追求，是国际合作以及全球治理新模式的积极探索，将为世界和平发展增添新的正能量。[1]

当今世界风雨莫测，时刻发生着复杂深刻的变化，多边投资贸易规则时刻调整，全球各国均面临自身发展的问题，贸易壁垒、经济制裁以及商品市场份额偏差等问题层出不穷。面对当前的复杂国际背景，推进建设"丝绸之路经济带""海上丝绸之路"是我国重大经济战略决策之一，能刺激我国内部行业的活性，持续扩大内陆沿边地区的开放。同时，也是中医药借助这个国际合作大平台进一步向周边国家、地区发展的重大机遇。中医药行业应努力刺激自身活性，紧跟时代步伐，积极参与国家"一带一路"倡议的实施，实现自身的创新性发展。由于历史文化背景上的交融、地理位置上的邻近以及良好的双边贸易发展背景，中医药在共建"一带一路"国家具备比较好的发展基础。中国是东盟最大的国际贸易伙伴，东盟是中国仅次于欧盟和美国的第三大贸易伙伴。新加坡作为东盟成员，是中国在东南亚最重要的贸易伙伴之一，加之和中国相似的历史和文化背景，中医药在新加坡的认可度较高，是中国现在以及将来重要的中医药产品出口市场。

（一）新加坡中医药的政策与形式

1994 年新加坡卫生部高级政务部长 Aline Wong 博士带领的国家中医药委员会对新加坡中医药发展现状进行了全面调查，并对中医药相关问题提出了新的发展建议。调查研究表明，当时已有超过 12% 的门诊患者接受过中医疗法。在 1995 年中医药在新加坡民间的广泛接受程度，并且已知中医药

---

[1] 《推动共建丝绸之路经济带和 21 世纪海上丝绸之路的愿望与行动》，新华社，2015 年 6 月 27 日。

在中国悠久的发展历史以及在国际上获得普遍好评的大背景下，新加坡卫生部专门制定并发布了针对中医药的发展政策，通过该政策促进中医药在新加坡本土的应用、监管和医药企业的规范及从业人员的培训。[①] 1999年新加坡颁布新药品法，规定了中成药产品的上市审批流程，改为由新加坡卫生科学局负责中医药产品的审批和监管，满足了新加坡市场上中医药产品的监管需求。随着中医药在新加坡的发展，中医师数量逐年增多，中医师却不能够拥有合法行医权利。因此，新加坡在2000年颁布了《中医注册法令》，从而确定了中医师在新加坡的合法地位。2001年12月，新加坡中医管理委员会正式颁布《中医师注册纲要》，其注册方式完全采用"老人老办法、新人新办法"的原则。针对已在执业的中医师，根据其学术水平与行医经验给予安排特别注册流程。[②] 随着经济文化的交流，中医药在新加坡的受欢迎程度不断提高。新加坡中医中药联合会、新加坡中医师公会已有70余年的历史，大量资深医师齐聚，是新加坡中医药事业发展的中坚力量，其与其他中医药团体为中医取得合法地位，发挥了极为重要的作用。[③] 当前，新加坡中医医疗服务已纳入国家医疗保险的范围，拥有十几家中医医疗机构和上千家优质中药专卖店。

（二）出口新加坡的主要中药产品

1.中药材、中药初级产品

在我国出口新加坡的中药产品中中药材和中药初级产品占较大比值，新加坡更是我国在东南亚地区中药材和中药产品的出口大国。统计数据显示，在2020年上半年的中药材海外市场中新加坡出口占比2.60%，仅次于美国，是我国第八大中药材出口国家。当前我国中药材出口的主要品种为人参、红

---

① 苏芮、庄庭怡：《东南亚"一带一路"沿线国家中医药政策及市场调查》，《环球中医药》2018年第9期。

② 海外华人中医药群集体：《国际中医药发展和立法情况概括》，《中医药导报》2016年5月15日。

③ 贾少谦：《中医药花开东南亚》，《中国中医药报》2010年12月9日。

枣、肉桂、当归、茯苓、半夏、鹿茸、菊花等。其中能够散风清热、平肝明目、清热解毒的菊花是我国出口新加坡的一大支撑产品，从原产地安徽、浙江和广西出口至新加坡。[1] 近年来备受新加坡人喜欢的枸杞能够滋肾、润肺、补肝、明目，治肝肾阴亏、腰膝酸软、头晕、目眩、目昏多泪、虚劳咳嗽。随着对枸杞研究的日益深入，新加坡对这"药食两用"的产品兴趣越来越浓。2019年，我国枸杞出口额为9446万美元，其中新加坡对枸杞的需求量大大提高，出口额增长43.2%，高达582吨。[2]

2. 中成药

新加坡位于热带，气候湿热，拥有近280万华人。当地居民不喜热饮、常直吹空调冷风，易患风湿痹痛、脾胃不顺、感冒诸证，对于祛风除湿、调和脾胃、清热解毒等类中成药的需求较大。因此，我国清凉油、云南白药、藿香正气胶囊等中成药在新加坡市场所占份额较大，但其作为经济发达的成熟市场仍有待开发的潜力。总体来说，中成药在新加坡市场出口量不断增加，例如连花清瘟胶囊。根据连花清瘟胶囊的产品介绍，这款胶囊主要用来治疗发热或高烧、鼻塞流涕、头疼、咳嗽等症状。2020年4月，国家药监局批准连花清瘟胶囊/颗粒在原批准适应症的基础上，增加"新型冠状病毒肺炎轻型、普通型"的新适应症。同年5月，连花清瘟胶囊在新加坡卫生科学局顺利注册为中成药。连花清瘟产品占以岭药业营收比重也在持续增加，2019年连花清瘟产品实现营收17.03亿元，占同期营收比重为29.24%，到2020上半年，连花清瘟产品实现营收20.24亿元，几乎撑起以岭药业营收的半壁江山，达到45.11%。因其品质良好，在新加坡市场广受好评，销量稳步提高。

（三）新加坡中医药论坛活动概况

为有效促进新加坡中医药的继承与创新发展，新加坡中医药大学先后召

---

[1] 钱韵旭、张中朋：《中药初级产品及中间产品出口东盟的影响因素分析》，《中国中药杂志》2014年第7期。

[2] 柳燕、于志斌：《热门中药材出口成绩单》，《医药经济报》2020年5月21日。

开了多次新加坡国际中医药高层论坛，并得到了可喜的结果。如在 2017 年举办的关于中医药诊治妇科疾病新进展的论坛、2018 年举办的关于针灸临床新进展的论坛、2019 年举办的关于中医药防治肿瘤新进展的论坛等。这些论坛召开形式与时俱进，采取线上线下相结合的形式开展深层次的学术交流，活动包括开幕式、专题演讲、主题演讲、闭幕式几部分，邀请诸多中医药界知名教授参与活动。通过进行广泛的国际交流与研讨，详细研究中医药在临床的应用，提高中医药临床疗效，进一步提高新加坡当地中医药学术及临床治疗水平，进而造福广大人民群众。

（四）我国与新加坡的中医药贸易发展思考

新加坡华人人口占 70% 以上，具有大致相同的疾病病谱和几乎一致的用药习惯，使中医药在新加坡认可度极高。另外，我国与新加坡历史文化背景上的交融、地理位置上的相近以及良好的双边贸易发展背景，推动中医药在新加坡形成重要的人文基础。研究显示，新加坡已经进入老龄化社会，人口老龄化成为中医药在新加坡发展的动力之一。新加坡方面希望通过传统医学疗法降低病痛负担，即在一定程度上引进中医药疗法治疗病症。中医药行业的发展离不开新加坡政府政策支持和法律法规的保护。2013 年 11 月 12 日中国共产党第十八届中央委员会第三次全体会议审议通过了《中共中央关于全面深化改革若干重大问题的决定》，明确提出"推进丝绸之路经济带、海上丝绸之路建设，形成全方位开放新格局"。这一决策有利于推动中国周边国家的建设，中医药在新加坡市场的发展进入新阶段。2017 年，我国颁布了《中医药"一带一路"发展规划（2016~2020）》，指出要完善中医药国际医疗服务体系以及中医药国际贸易体系等相关中医药政策。中医药逐步成为"一带一路"建设的重点内容，拓宽了中医药在新加坡的发展前景。

在"一带一路"大背景下，中医药在新加坡市场逐步发展的同时也出现了问题。在中医药贸易中，中医药缺乏国际标准，致使中医药产品质量参差不齐，新加坡假冒伪劣产品层出不穷。中医药的标准过于西化、中医药标准混乱等问题在一定程度上影响了我国正规药对新加坡的出口，为我国中医药在新加坡的发展埋下隐患。因此，我国务必要提高中医药产品质量，紧抓"一带一路"贸易政策，避免产品质量问题，防止市场出现拒绝中医药产品的现象发生。① 虽然新加坡中医药产品众多，却仍无法满足市场需求。

综上所述，"一带一路"背景下，我国在新加坡的中医药市场机遇与挑战并存。贸易需求量不断增大，越来越多的中医药机构建立，促进我国同新加坡中医药文化的交流与创新发展，并以新加坡为切入点，为我国提供了宝贵的发展经验，推动了整个东南亚中医药市场的发展。质量问题、需求问题、创新性问题等对于我国中医药产业出口的阻碍也随之显露。我国应当警醒中医药产品质量问题，研发符合新加坡市场需求的中医药产品，培养全方位的创新型中医药人才，从而实现在"一带一路"大背景下，我国中医药在新加坡的国际化发展。

四 新加坡中医药教育发展概况

凭借优越的地理位置与政治因素，自先秦两汉时期，我国的文化、货物，以及中医药技术就不断向南蔓延，后逐渐扩展到东南亚各国。自丝绸之路开始，"一带一路"、中国—东盟自由贸易区等政策，更为东南亚各国之间的中医药教育的发展与传播创造了诸多新契机。

我国的中医药被东南亚国家接纳后，根据各国当地的文化、医疗特点，与本土传统医学相结合共同保障各国居民的身体健康。目前，东南亚各国政府越发重视传统中医药教育，呈现相关教育体系扩大化、正规化、科学化的发展特点。新加坡是目前中医药教育实施最完善、体系最正规的东南亚国家之一。在英国殖民地时期，便有中国华侨为当地居民治病的先例，后因英殖民地政府颁布并施行移民限制条例，中医药人才的培养和交流逐渐减少，新

---

① 毛佩瑾：《中医药"走出去"关键在哪里》，《学习时报》2019 年 8 月 23 日。

加坡中医师公会的前辈们意识到中医界面临后继乏人的危机，为了更好地服务当地居民和传播中医药文化，新加坡中医师公会开始筹建当地第一家中医专门学校，先贤们承担起培养新加坡、马来西亚等地的中医接班人的任务。①

新加坡中医师公会于1946年成立，成立初期由吴瑞甫等23人组成，目前其下属机构包括新加坡中医学院、中华医院、中华医药研究院和中华针灸研究院等，其建设目的主要是改善战后医疗状况，救治病残伤员。②

新加坡中医学院秉持"中医为主、西医为辅"的宗旨，于1953年建立，该校为东南亚地区规模最大、历史最为悠久、影响力最为广泛的一所中医专业院校，已获得新加坡卫生部门认可，与我国诸多高等中医药院校长期合作办学，互相交流授课等。新加坡中医学院旨在实现公开、科学、系统性地传授中医药学相关知识，为新加坡、马来西亚两地培养中医药人才和接班人。至今该学院已培养中医药相关毕业生3300余人，其中中医师150余人，毕业生从事相关医疗活动和教育工作，在当地取得良好的社会声誉。③

（一）新加坡中医学历教育

新加坡中医学院目前中医学历教育设置为5~7年学制，教学模式和课程设置与中国类似。初建校时招收4年制非全日制学生，随着课程的完善与丰富，后改为6年全日制中医专业课程。自2006年开始，学院与北京中医药大学等多所著名学校合作，开办7年全日制本科学士学位课程，修满相关学分并考试合格者，可参加由当地中医管理委员会主办的新加坡中医师注册资格考试，取得相关执业证书。2007年与北京中医药大学再度合作开办中医硕士、博士相关课程，建立了本科、硕士研究生、博士研究生三梯队的新

① 苏成吉：《新加坡中医药发展概况》，《天津中医药》2011年第1期。
② 方盛泉：《新加坡中医药发展及现状》，《上海中医药杂志》2007年第4期。
③ 陈锦文：《中医学在新加坡的历史现状研究及其前景展望》，南京中医药大学博士学位论文，2011。

加坡中医药学历教育体系。目前，新加坡中医学院已开设课程如下：中医专业高级课程、中医（学士、硕士、博士）学位课程、中药学（药学）（学士、硕士）学位课程、护理学专业（学士、硕士）学位课程、针灸专业课程、中华药膳师课程、中医健康管理师课程、中医药基础课程、中医助理课程等。

1. 中医专业高级课程

课程设置为全日制五年。报考学生需具备新加坡剑桥 GCE（General Certificate of Education，通用教育证书）"A"等水平，语言方面，新加坡剑桥 GCE "O"等水准华文科目及格，方可申请就读。办学宗旨是培养医德高尚、医术高超的综合性中医专业人才。课程主要从中医理论和临床科目两方面设计。中医理论主要包括中医基础理论、中医诊断学、中药学、方剂学、四大经典、中医内外妇儿、针灸推拿等 26 个科目，临床科目主要包括解剖学、生理学、生物化学、西医内科学、诊断学基础、急救医学等 10 个科目。共 36 门课程 3100 学时。

在校生修满规定学分，通过中西医理论考核、临床实习考评以及毕业考核（硕士、博士需通过论文答辩）后，可获得新加坡中医学院授予的中医专业高级文凭，学生可报名参加由新加坡中医管理委员会主办的新加坡中医师注册资格考试，考核合格者可注册新加坡中医师，从事相关医疗活动。

2. 中华药膳师课程

新加坡我国气候相似、区域邻近，饮食习惯亦有相似之处，中华饮食在当地颇受欢迎，药膳是其中一个重要的部分。新加坡中医学院开设中华药膳师相关课程，报考条件相对简单，具备新加坡剑桥 GCE "O"等水平，语言方面仅需华文科目及格即可。相较于中医专业高级课程而言，课程设置相对简单、通俗、易学。包括中医基础理论、中医诊断学、中药学、方剂学等基础学科，更多侧重于食品、药膳的具体授课，共 13 门课程 548 学时。

课程设置主要目的是用药膳预防疾病，增强体质；保健康复，增进健康；延年益寿，驻颜美容。用于日常防病康复、保健强身，亦可将所学知识和技艺用于餐馆经营，增加经营特色，提高服务档次。学生修满规定学分，通过考核后，方准予毕业，由新加坡中医学院颁发中华药膳师文凭。

3.中医健康管理师课程

随着人口老龄化与人们健康意识的增强，越来越多人关注养生保健方面的知识，新加坡中医学院专门设立中医健康管理师课程，培训学生中医养生学理念、知识和方法；学会准确辨识体质；合理选用养精神、调饮食、练形体、调经络等综合性的养生保健方法，能独立完成中医体质辨识评估报告，制定个性化养生指导方案。课程共设置中医学基础、中药学、方剂学、养生健身功法学、中医营养食疗学、中医养生学、中医经络养生、常见疾病预防、健康管理概论9门课程432学时。学生修满规定学分，通过考核，可从事中医养生指导与健康管理工作，帮助指导他人保养身体、增进健康、调节平衡、减少疾病、延年益寿等。[1]

除新加坡中医学院外，目前新加坡有10余所中医药院校相继成立，除了南洋理工大学中医学院是公立的外，其余的都是私立的。新加坡南洋理工大学中医学院采取中医双学位课程设置，学生毕业后可获得南洋理工大学生物医学科学学士学位和北京中医药大学中医学学士学位。学校采取中英双语教学，相比于传统的理论教学，亦致力于培养具有科研能力的中医师。[2]

同时，新加坡政府承认包括南京中医药大学、北京中医药大学、上海中医药大学、山东中医药大学等8所中国中医药大学本科学历。凡取得上述8所大学本科毕业证且通过新加坡中医师注册考试者，可在新加坡当地从事中医临床工作。这一举措大大吸引了中国医疗人才向新加坡流动，增强了当地中医医疗水平，扩大了医疗队伍。

（二）新加坡中医继续教育

新加坡政府统计数据显示，当地注册中医师已由2006年的1946人发展

---

① 新加坡中医管理委员会：《中医管理委员会2018年报》，https://www.healthprofessionals.gov.sg/docs/librariesprovider12/default-document-library/annual-report-2018-（final）460004d61aa348de8b972dfd449f1465.pdf。

② 陈岩、邹建华：《新加坡中医药发展历史和现状》，《世界中西医结合杂志》2011年第7期。

到 2019 年的 2284 人，且 70% 中医师属于活跃行医中医师，在医院、门诊部或其他医疗场所诊疗疾病。为提高新加坡当地中医师诊疗水平，促进中国与新加坡中医师学术交流，自 2013 年新加坡开始组织中医继续教育学习，中医师可自愿报名申请继续教育。2019 年新加坡重新制定中医师（修正）法案，规定执业中医师和针灸推拿师需在 2 年内完成 50 个继续教育学分方可继续执业，且 30 个学分需在新加坡中医管理委员会批准下继续教育项目中取得。

为鼓励新加坡中医师积极参与继续教育学习，政府每年补贴相应补助金以供中医师参与培训和学习。目前，新加坡采取与中国类似的继续教育学习形式，多以讲座和培训班的形式开展，涉及内容较为广泛，除临床课程、内外妇儿等，还涉及康复、养身、饮食等多方面培训讲座，可满足不同层次、不同学科学习教育。培训教师除聘请当地学者外，还邀请中国国内知名专家进行教学交流、学习。

（三）新加坡中医师资建设

为提高新加坡中医教师理论和实践技能水平，多所中医学校采取措施共同提高师资能力水平。具体措施如下。

1. 招聘国内外优秀师资

新加坡中医学院广纳贤才，学历层次以硕士、博士为主，选拔优秀人才，建立一支学历层次较高、学科分配合理、年龄梯度适中的优秀团队。

2. 硬件设备较为先进

中国大陆针对中医四诊、针灸推拿等临床技能研发了先进的医疗器械，新加坡中医学院紧跟时代脚步，引进了部分较为先进的硬件设备，使学生在学习期间能够更好地掌握中医技能。

3. 多措并举，增强教师自身业务水平

（1）定期举行学术交流、研讨会。学校定期聘请国内外知名专家进行学术交流，与本校老师学生进行学习心得、技术措施的详细交流，提高教师、学生的理论和技能水平。教研室召开学科研讨会，多学科交流碰撞，引

发新思路、新手段。

（2）学校要求教师每年至少完成1篇学术论文，并进行交流，通过搜集资料、学习新技能等方法促进教师的自学，提高教师的学习主动性。

（3）除提高教师教学能力水平外，还重视教师科研水平的提高。每年拨发一定资金专门用来开展科研项目，并与中华医药研究院、中华针灸研究院等机构合作，在教学中创新，在教学中科研。

（4）专职教师要求每年定期去附属医院进行临床技能学习，保持教学一致性，强化实习过程。

（四）重视临床教学

无论是学历教育还是继续教育，新加坡中医教学过程中重视临床教学的渗透和实践，教学模式基本与中国相似。如就中医专业本科而言，第一年在校学习中西医基础理论知识，第二年即安排临床见习，至毕业结束。具体临床教学安排如下。

（1）见习期：学生通过一学年的基础学习后，前往临床进行见习。主要先通过"看"来观察诊断、治疗疾病的过程，了解大体的诊疗流程。

（2）待诊期：学生通过"听"跟随导师进行病例分析，导师讲解诊病的具体方法和意义。

（3）试诊期：学生初步接触患者，先通过中医四诊望闻问切诊断病情，分析理法方药给予中医治则，培养学生整体临床思维能力，并根据患者实际情况完成病例书写，导师给予诊疗过程的指导和帮助。

（4）应诊期：四年级学生独立应诊，带教导师不参与诊疗过程，最后做总结分析，快速帮助学生成长为一名医师。

（5）毕业实习期：五年级学生不再学习理论知识，全年在医院作为实习医生，完成住院医师职责。

在实习期结束后，提交毕业论文和临床报告，经学校考试委员会审查合格后签发毕业证书后，方可参加新加坡相关执业证书考核。

五 新加坡中医药政策与法规

（一）新加坡中医管理部门及法规

为统一管理新加坡中医药人才和相关医疗机构，新加坡政府筹备将中医药规划为新加坡国家医疗体系的合法内容，于1994年由卫生部成立了"传统中医药委员会"并研究撰写了适用于本国的《传统中医中药白皮书》。白皮书制定了中医师、中药师具体培训与注册要求方法，以及中成药的管制制度条例。委员会成员广泛征求当地中医师意见，统一制定了相应的执医守则和纪律规范。

经过征求意见、筹划运行等，新加坡于2000年末正式出台《中医注册法令》，这标志着中医药在新加坡正式成为合法合规医疗手段，确立了当地中医师、针灸师注册规章制度，明显提升、规范了新加坡中医药水平。[①] 该法令要求执业中医师需持有新加坡有效执业证书方可行医，医师可通过中医师等相关考试取得执业资格证书。后来新加坡又成立了中医管理委员会，中医师根据自身专业特长，申请考核，经中医、西医等理论和实践技能考试合格后，方可注册执业。政府授权中医管理委员会于2006年出台《中医执业道德准则及道德指导原则》，规范了新加坡注册中医师、针灸师的具体医疗行为，极大地促进了新加坡中医药行业发展，同时保护了中医师和针灸师的合法权益，从政府法律层面上使中医药更好地服务于新加坡民众，做到有法可依，有法必依。[②]

新加坡政府设立具体负责监管中医中药事业相关机构：健康科学局，主要负责中成药进出口、审批、质控等；中医管理委员会，主要负责执业中医师的注册、审核和相关学历认证、政策咨询等工作。

[①] 张敏：《新加坡国会通过法案中医合法地位被确认》，《检察日报》2000年11月16日。
[②] 王尚勇、孔丹妹：《中医药在世界各国和地区的现状（上）》，《亚太传统医药》2006年第8期。

（二）新加坡中药饮片进口政策

目前新加坡对中药饮片已具备一套较为完整的进口政策，从中国进口中药饮片、中成药等需要提交完整且合格的通关手续以及检验检疫、进口许可、进口关税、技术标准等多项材料。在未统一进出口政策前，多种临床常用中药因为毒副作用被禁止进口，根据新规，新加坡卫生管理局复核了相关中药，部分小毒中药已可以进口新加坡，但明确规定了有毒中药饮片每日用量，并进行相关登记。因中药价格低廉且疗效显著，其在新加坡当地居民和华人中的接受度较高。

同时，在新加坡本地中药饮片和中成药的生产、包装、销售和制备等方面亦有相关法律法规，上述环节均需获得新加坡卫生管理局的许可。由于烦琐复杂的相关手续，不少不法分子选择走私中药以牟取暴利，扰乱了部分中医药市场，需要新加坡政府加强监管。

（三）新加坡中医药知识产权法律体系

随着中医药在新加坡当地的应用和发展，中医药与新加坡本土医疗手段相融合，衍生发展出一些新型的、更符合当地居民需要的融合性医疗手段。但新加坡目前并未针对中医药知识产权、专利、中成药等进行法律保护。世界卫生组织呼吁全球中医药学者尽可能申请相关专利，以保护中医药知识产权。[①]

六　新加坡中医药学术发展现状

（一）中医学术组织

1. 新加坡中医师公会

目前，新加坡最大的中医学术组织为新加坡中医师公会，中医师公会于

① 孟宪军、朱安宁等：《针灸在新加坡的现状与发展》，《中国针灸》2013年第10期。

1946 年成立，目前有 1600 余名会员，下属机构包括中华医院、新加坡中医学院、中华医药研究院、中华针灸研究院等。[①] 中医师公会除负责基础的医疗保健外，还负责相关的教学、培训、科研相关工作等。新加坡拥有东南亚地区藏书最多、规模最大的中医药类别图书馆；拥有中华百草园，种植当地常见中草药及部分名贵中药，供中医药学校和相关医疗机构学习、科研和参观使用。

新加坡中医师公会为新加坡当地的中医药事业奠定了基础，共同探讨中医药学术，培育中医人才，提高医疗水平；为各区域之间中医师沟通提供了途径，为中医药从业人员提供了交流机会，共同促进中医药事业的发展；团结新加坡中医药界人士，共谋发展，为新加坡卫生保健事业做出贡献。

2. 新加坡中医药促进会

新加坡中医药促进会于 1957 年筹备建立，于 2006 年申请加入世界针灸学会联合会，下属机构包括新加坡大众医院、中医学研究院、中医药针灸研究院等。促进会的建立极大推动了当地针灸医师相互之间的学术交流和学习，定时开展相关讲座、培训，致力于提高新加坡针灸医疗水平，为当地居民保健、医疗做出巨大贡献。

（二）中医报刊

1901 年 7 月，东南亚地区首份中医类期刊《新加坡医学报》创刊。医学报设有中医理论、医学界和临床 3 个版块。《医药月刊》创刊于 1929 年 3 月。[②]

20 世纪 40 年代，新加坡当地中文报纸《星渊日报》《南洋商报》《中兴日报》，专门设立中医药专栏，分为"医粹"和"医航"2 个版块。[③]

1981 年，新加坡（中医）全国最高理事会决定在新加坡华文报纸上定

---

① 杨妍：《新加坡中医药的传入与中医教学的本土化变迁》，《中医药文化》2018 年第 4 期。
② 王勇、李勇华：《新加坡中医学院职业教育的启示》，《中国中医药现代远程教育》2015 年第 22 期。
③ 陈岩、邹建华：《中医药在新加坡的发展现状》，《世界中医药》2013 年第 5 期。

期开办中医药专栏，通过报纸和媒体介绍中医药，让民众了解中医、相信中
医、选择中医。

1991年，由新加坡中医师公会主办的《新加坡中医杂志》创刊，是目前
新加坡最重要的中医药杂志之一。内容主要涉及中医药、中西医结合方面临
床经验分享、中医药动态发展、科研成果及转化、骨伤推拿、针灸等。此外，
与中医相关的报刊还有《医药月刊》《新加坡中医学报》《医学集刊》等。①

---

① 赵翠芳、祖娜、杨军等：《中医药国际合作办学研究》，《湖北中医药大学学报》2012年第
4期。

B.12
日本中医药发展报告

孙艳香　许才明　孟雪晖*

摘　要： 本报告通过文献溯源，回顾了日本中医药（汉方医学）的历史渊源，从六个方面对日本近年来的中医药发展进行了梳理，并在此基础上分析了日本中医药发展的主要障碍。分析认为，日本汉方医学的发展历程为我国中医药事业的高质量发展提供了四点启示：进一步优化中医药教育体系、大力加强对中医药专利保护的力度、着力营造有利于中医药发展的医药卫生管理体制以及持续加强中药的质量管理和供应保障。

关键词： 日本　中医药　汉方药

日本作为我国一衣带水的邻邦，不仅在地理位置上与我国相邻，而且与我国有相似的文化背景，是除中国以外使用中医药最早的国家之一。在长期的中日文化交流历史中，中医药对日本的影响非常深远。日本中医药（汉方药）渊源于中国传统医学，并逐渐形成了一套适应于日本本国文化、国民体质和民族特点的医药文化体系。日本在中医药国际市场扮演着桥头堡角色，但与此同时，日本也是我国在天然药物国际市场的主要竞争对手。

本报告通过历史溯源，回顾了日本中医药（汉方医学）的历史渊源，

---

* 孙艳香，经济学博士，浙江中医药大学副教授，主要研究方向为健康经济学、中医药产业经济学；许才明，法学博士，浙江中医药大学人文与管理学院教授，主要研究方向为中医药产业政策、中医药卫生事业管理；孟雪晖，管理学博士，浙江中医药大学人文与管理学院副教授，主要研究方向为公共卫生政策、中医药卫生事业管理。

对其近年来的中医药发展，从产业规模、研究与开发、栽培生产、经营销售、专利保护、教育培训等六个方面进行了梳理，并在此基础上分析了日本中医药发展的主要障碍。这将不仅有助于中医药相关投资者了解日本市场，也将为我国中医药产业高质量发展提供有益的借鉴，并进一步促进中医药全球化和国际化发展。

一 日本中医药（汉方医学）的历史渊源

（一）汉方医学的由来

汉方医学（kampo medicine）是日本的一种传统医学，又称东洋医学①，渊源于中国传统医学，在两国长期的文化交流过程中形成了一套适应于本国文化、国民体质和民族特点的医药文化体系，包括草药、针灸和推拿。日本当前应用的 210 个汉方药处方，大多是东汉张仲景《伤寒杂病论》中的原方，故称汉方。② 汉方医学发展至今已有 1000 多年的历史，是日本文化重要的组成部分。其发展主要分为三个时期：前唐时期、隋唐时期和明清时期。

1. 前唐时期

中国与日本在地理位置上比较接近，早在秦汉时期两国就有文化上的交流。但是中医学进入日本的确切时间并未得到充分论证，有文献报道中国中医药文化自汉代开始正式流传至日本，③ 也有文献记录是在公元 5 世纪前后由朝鲜陆续传入，当时朝鲜使者对日本天皇的医治效果显著，促使中国中医得到了日本学者的肯定和接纳，中医学由此传入日本成为汉方医学的起源。④ 公元 552 年，梁元帝赠日本《针经》一套。公元 562 年（钦明天皇时

① 仝选甫：《从日本中医药发展现状探讨未来国际间发展与合作领域》，《中医药管理杂志》2006 年第 1 期。
② 郭晓、郁洋：《日本汉方药的发展及对我国中药产业的启示》，《亚太传统医药》2007 年第 9 期。
③ 靳士英：《日本汉方医与中医的异同》，《新中医》1979 年第 6 期。
④ 杨晶鑫：《近世日本汉方医学变迁研究》，吉林大学博士学位论文，2008。

期），吴人知聪携《明唐图》等中医医方、本草针灸书籍164卷经高句丽东渡日本，拉开了中日医学文化直接交流的序幕，该事件对此后日本传统医学，尤其是针术产生了深远的影响。随后日本在此基础上也编写了数本著名医书，如《掌中药方》《本草知名》等。

2. 隋唐时期

隋唐时期是中国历史上最强盛的时期之一，当时的政治、文化、经济得到了空前的发展，中日两国医学交流达到了全盛的时期。据记载，这一时期日本共派遣了4次"遣隋使"和19次"遣唐使"来当时的中国。隋炀帝时期（公元608年），日本的推古天皇派遣遣隋使惠日、倭汉直福因等人来中国学习中医理论和技术，在隋学习15年后，于公元623年学成归国，并带回《诸病源候论》等重要医学典籍。不仅如此，在这一时期，日本通过不断派遣遣唐使、留学生和僧侣，带回了大量的医药典籍、文化技术，还邀请中国学者去日本讲学，如著名高僧鉴真东渡日本后，不仅传授中医药知识，还带去了数百斤名贵中草药。这一时期，日本在其行政律令的影响下，涌现大量潜心研究中国中医药的学者。公元808年，在参考中国医书《素问》《黄帝内经》《脉经》《甲乙经》《小品方》《新修本草》等基础上，日本学者出云广真等人编写成《大同类聚方》。但这一时期临床经验和学术见解只作为家传，对他人常秘而不授，医学流派尚未形成。

3. 明清时期

在北宋时期，日本采取闭关锁国的政策，中日两国的医学交流陷入低谷阶段。直至明清时期，日本大量遣使来华学习，归国后极大地推动了日本汉方医学独立体系的形成与发展。不仅如此，随着朝贡体系的完善和印刷技术的成熟，中国医书在日本广泛传播，这也为汉方医学充分发展打下了坚实的理论基础。伴随着明清时期中日交流的愈加频繁，在日本江户时期（1603～1868年），日本学者将中国中医学与其本土的医学相结合，诞生出后世派、古方派、折衷派与考证派四大著名的汉方医学流派[①]，各流派间既存在承袭

---

① 邵沁、宋欣阳：《明清中日医学交流对汉方医流派形成的影响》，《医学与哲学》2019年第1期。

又存在对立的关系。在这一时期，日本汉方医学发展达到全新的高度，直至明治维新期间，日本政府全面废止汉方医学，中国医学对汉方医学的理论滋养也停滞在这一阶段。

（二）汉方医学的政策演变

回顾日本整个汉方医学的历史，既经历过繁荣的蓬勃发展期，也经历过近乎被抹除的黑暗期。概括地说，日本汉方医学的发展经历了起源到昌盛、昌盛到式微、式微到复兴三个阶段，而在不同阶段的政策导向是截然不同的。

1. 起源到昌盛

在明治维新之前，日本在文化上的发展在很大程度上依从于中国文化，本国基本上未有成形的医药文化体系和相关技术，迫切需要一套成熟的医药理论来满足本国的需求。因此，汉方医学在此时期得到了统治阶级强有力的支持。在隋唐时期和明清时期，日本天皇屡遣使者来华学习中医药理论和技术，邀请中国医者或僧侣至日本传道授学，并且依据唐朝制度制定《大宝律令·疾医令》医学教育制度，如规定医学生必修《素问》《黄帝内经》《明堂脉诀》《甲乙经》《新修本草》等课程。在此时期，日本对汉方医学的政策更多的是包容和支持，汉方医学百家争鸣、百花齐放，得到了蓬勃的发展。

2. 昌盛到式微

明治维新时期，日本的西学东渐历程让汉方医学近乎在本土消失。1853年，日本政府被迫签订《神奈川条约》，标志着日本的闭关锁国彻底结束。在此之后，倍感压力的日本政府掀起了一场学习西学、废弃传统文化的浪潮，在医学界采取德国医学教育制度，高举灭汉兴洋的大旗，直接将汉方医学引向衰败。1875年，日本出台规定在医师考试中增加6门西医考试。1880年，日本又规定汉方医从业者的唯一执业途径是通过国家西医考试，与此同时禁止汉方医的处方权。当时一系列的政策举措旨在将汉方医从日本本土消除。1895年，日本国会第8次会议彻底否定了汉方医的存在，标志着日本近千年的汉方医学文化全面走向衰落。

3. 式微到复兴

明治维新后的汉方医学残余在数十年的黑暗时期中不断反抗和斗争，直至"二战"后日本政治文化的改变为汉方医学迎来了微弱的复兴。但是从本质上说，日本政府当时对汉方医学的政策并没有松动，法律规定只有成为西医师才能合法从事汉方医学事业。直到 19 世纪 70 年代，厚生劳动省出台了汉方药医疗保险制度，将中国《伤寒杂病论》中 210 个古方生产的汉方药纳入医疗保险目录；并且同期颁布的《一般用汉方制剂承认基准》简化了汉方药的注册与审批流程。① 自此之后，汉方药产业迎来了快速发展的机遇。但是汉医医师的执业规定和医保对汉方药的支持，间接地将汉方医学的核心——辨证施治与汉方药剥离开。如今的汉方医学已与中国传统中医药学在用药思路上存在本质的差异，汉方医学单纯"方病相对"直接应用中医药，废弃了中医学以"辨证施治"为基础的用药思路。从宏观角度来说，日本当前只有中药，没有中医师。

（三）现代汉方医学的复兴

汉方医学的衰落与复兴虽说都是时代的产物，但是从本质上来说，汉方医学的复兴离不开其自身在治疗慢性疾病上的优势和西医在不良反应多、价格昂贵等方面的缺点，同时也与民间残余的汉方医学学者坚持不懈的努力密切相关。从整个过程来说，现代汉方医学的复兴之路也是崎岖坎坷。汉方医学在漫长的边缘化期间，人们在医学实践中慢慢发现"西医非万能、汉医非陈腐"的道理，出现很多疑难杂症汉医疗效显著、西医却无从下手的案例。1938 年，日本国内致力于汉方医学复兴的团体机构成立了东亚医学协会，标志着汉方医学的应用价值重新得到了主流人群的接受。尽管在此期间，在日本法律未予以正式认可汉方医学的情形下，汉方医学依然得到了医学学者广泛的关注和研究。② 1950 年，日本东洋医学会正式成立，此后汉方

---

① 杨明、杨逢柱：《日本汉方药国际化路径研究及对我国中药行业发展的启示》，《世界中医药》2020 年第 20 期。

② 潘桂娟：《近百年来日本汉方医学的变迁》，《亚太传统医药》2005 年第 4 期。

医学在学术界的影响越来越大，各种汉方医学的学术组织和团体明显增多；各类理论学说和著作连续登报、发行；汉方制剂在整个药品市场的占比越来越高；曾经由于政策和战争原因被销毁的汉方医学书籍得到了重新收集、整理和保存。这些举措也为后来汉方医学的正式复兴打下了坚实的基础。

20 世纪 70 年代，日本社会老龄化背景下群众慢性病问题的加剧，促使社会在现代医学治疗效果不理想的情况下寻找新的突破口，加之日本群众对于重振汉方医学的呼声越来越高，日本政府为了顺应民心，将汉方药纳入国家健康保险作为医疗保健品使用，由最初的 43 种至 2000 年达到 200 种[①]，这是汉方医学在 100 多年的低谷期后再次在国家制度层面得到认可和重视，标志着汉方医学在日本已经开始全面复兴。不仅如此，支持汉方医学发展的制度体系越来越完善。首先是医学教育对汉方医学的支持，从 2001 年起，日本文部科学省将汉方医学纳入医学教育模式中心教程中。2004 年，日本正式发布通令，在全国 80 所专业或综合性大学医学部的必修课程中加入"汉方医学概论"等汉方医学课程。自 2006 年起，汉方医学成为日本医生临床考试内容之一，并从 2008 年开始纳入日本医生资格考试的试题范围。[②]其次是对汉方制剂的制度支持，1974 年日本颁发的《一般用汉方制剂承认基准》简化了汉方制剂的注册审批程序；1987 年和 2012 年制定的两版汉方药生产品质管理基准以及 2003 年颁布的《药用植物种植和采集的生产质量管理规范》，确保了汉方药生产的质量。[③]成熟的制度体系保证了汉方药的市场竞争力和生命力。1992 年，汉方药的市场价值到达巅峰——1848.79 亿日元，尽管此后的"小柴胡事件"和日本由于经济原因导致汉方药市场份额出现下跌，但是日本政府对汉方药质量管控强度的提升和药物警戒制度的完善，使汉方药产业市场份额重新迎来上涨。

---

① 杨瑾、加茂智嗣、能瀬爱加：《汉方药在日本的发展现状》，《中草药》2016 年第 15 期。

② 李丹溪、田丁、孟昊等：《关于日本医学院校现代汉方医学教育的调查》，《世界科学技术—中医药现代化》2012 年第 6 期。

③ 丁腾、李耿、张红等：《日本汉方药产业发展现状分析及思考》，《中国现代中药》2018 年第 7 期。

二 日本中医药近年的发展与变化

（一）汉方药的产业规模

日本把汉方药制剂列入国家健康保险和社会医保制度的报销范围，这一举措极大推动了日本汉方药的发展，使汉方药的销售额飞速增长。2017 年由日本汉方生药制剂协会总务委员会主编的《汉方制剂等生产动态》所刊载的 1976~2015 年日本汉方药年生产金额中可以看出，1976~1987 年生产总金额由 95.58 亿日元突破至 1096.22 亿日元，1992 年到达巅峰 1848.79 亿日元，随后出现下滑趋势，最低跌至 1998 年的 1073.53 亿日元，随后几年逐渐稳定，到 2007 年缓慢回升至 1228.10 亿日元，2015 年上升到 1670.54 亿日元（见图 1)[①]。

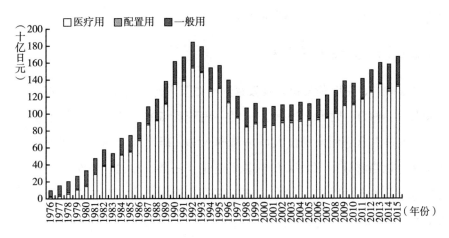

图 1 1976~2015 年日本汉方药年生产金额变化

资料来源：日本汉方生药制剂协会总务委员会主编《汉方制剂等生产动态》，2017。

---

① 丁腾、李耿、张红等：《日本汉方药产业发展现状分析及思考》，《中国现代中药》2018 年第 7 期。

据不完全统计，2016 年日本汉方药的市场销售总额约为 11.9 亿美元，其中医疗用的汉方药仅占日本政府社会保障制度和日本国民健康保险年度费用金额的 1.2%~1.5%，而一般用的汉方制剂则占据日本非处方药物市场的约 1.4%。① 日本厚生劳动省历年《药事工业生产动态统计年报》的统计资料显示，除 2019 年外，近五年来，日本汉方药产值增速高于药品全产业，在药品总产值中占比稳步攀升，2018 年占比达 2.6%。2019 年，日本药品总产值大幅上升，约为 9.49 万亿日元，汉方药占比 1.88%。

日本汉方药剂量主要为应付日本国内市场的需要，出口额非常小，在全球市场中所占有的份额并不高。如 2012 年汉方制剂类产品的出口金额仅为约 3050 万元，最负盛名的"救心丹"产品每年出口量也不超过 2 亿日元。② 从中可以发现，汉方药在日本医药市场以及国外市场中所占有的份额都十分有限。政府对汉方药的扶持逐渐减少，导致应用汉方药的医师、病人均大量减少，进而影响汉方药行业的蓬勃发展。③

（二）汉方药的研究开发

日本政府、中医药公司以及教育部门在汉方药研究开发方面，都倾注了巨大人力、物力、财力。20 世纪末的一份统计资料表明，当时日本制药公司技术人员占全部国家科技人员总量的 60%，研究经费约占全部国家投资的 80%。以当时日本三大汉方药生产企业（三共、津村、钟纺）为例，其新药研发费用占年销售收入的 10%~20%④，表明日本制药公司对药物研究是十分重视的。

---

① 薛斐然、周贝：《日本汉方制剂对我国经典名方注册监管的启示》，《世界科学技术—中医药现代化》2017 年第 4 期。
② 李耿：《汉方药真的打败中国中药了吗》，《健康报》2016 年 5 月 11 日。
③ 姚燕萍、邵蓉：《日本汉方药的兴衰对我国中药注射剂发展的启示》，《中国现代中药》2010 年第 5 期。
④ 郭晓、郁洋：《日本汉方药的发展及对我国中药产业的启示》，《亚太传统医药》2007 年第 9 期。

1. 处方来源

目前，日本主要按照《一般用汉方制剂承认基准》中的标准处方进行研制开发，并以 1968~2015 年允许生产的承认基准以外的汉方药进行仿制。在新汉方药开发过程中，除药理研发之外，也需要同时开展有巨大资金支撑的药效、毒理研究以及临床研发工作，所以目前真正独立开发的新汉方药数量相对较少。

2. 制剂

传统中医大多以药物粉末保健食物或水煎方式服药，中医学传入日本后上千年的实际应用中，仍以这些传统服药方式作为最有效的形式。因此，在制剂工艺方面，日本汉方药更多倾向于传统药材粉末入药或保留中药材水煎的特点。为确保药物成分不破损坏，主要采取低温萃取方法，如温浸萃取；在浓缩干燥过程中大多使用减压法、喷雾干燥，或最大真空度冷冻干燥等工艺技术与装置，以便最大限度地保持药品有效成分不被破坏，提高药品效果。[1]

汉方药在剂型选用方面以颗粒剂为主，在颗粒剂结合传统汤药的综合作用强、易于消化吸收、显效快优点的同时，也解决了中国传统方剂因服用量大和加工工艺设计合理性差导致的有效物质基础容易被破坏的矛盾问题。[2]从外形来看，如今日本许多汉方药颗粒剂并非国人印象里的外表粗糙、味道苦涩，其不仅颗粒色泽光亮、大小均匀、包装考究，而且口感较好，甚至许多汉方药颗粒可以直接口服不需水送。

（三）汉方药的栽培生产

1974 年日本颁布了《药品生产质量管理规范》，基于此 1989 年编写了《汉方药品生产质量管理规范》，如今所有汉方药仍按此标准栽培生产。目前，日本津村制药公司已在国内设立了 70 余个国家中医药生产质量管理

---

[1] 杨瑾、加茂智嗣、能濑爱加：《汉方药在日本的发展现状》，《中草药》2016 年第 15 期。
[2] 黄明福、朱长康：《浅述日本汉方药颗粒剂的研制与发展》，《中国药业》2000 年第 7 期。

标准化（GAP）的药物种植基地。与此构成鲜明对比的是，中国国内具有最大 GAP 基地的中医药公司为北京同仁堂，同仁堂 GAP 基地却仅有8个。①

为了确保原料药品质的稳定性，日本制定了药物栽培标准，并设立了专业的药用植物栽培指导委员会，制定了栽培药用植物品质评价指标。从药材的种植、采收、运输，到炮制、制剂及贮藏，汉方企业均实施了严格管理，特别是在药材生长阶段，政府投放了大量资金运用高新技术追踪药用植物里的活性成分浓度，并对种植困难程度较大的地方药材种植企业予以强力支持。为保障药材供给链的稳定，汉方企业对各环节的信息进行严格管理，逐步建立起一个中医药信息溯源体系，不仅能对汉方制剂的生产过程、流通过程信息进行记载，还能对从医疗机构到原料生药产地的所有历史信息进行追溯。②

此外，日本公司还和生药产品的农户、产地企业建立了产品栽培合作网，由公司直接对农户和合作方实施产品栽培指导。同时汉方企业也不断扩大国内栽培面积，并与世界其他国家联合开办学校种植园。③

（四）汉方药的经营销售

目前全球 90%的中药市场销量来源于日本，我国大陆地区的全球中药销售占比仅约 2%。日本汉方药生产公司有 18 家，其中津村制药占到近80%的市场份额，处于垄断地位。汉方企业严格管理上游制造环节并注重完善下游销售环节，实行企业生产和销售的汉方药制剂模式，销售渠道和促销方式相对单一。

日本汉方药主要是内销，将本国市场生产销售用的汉方药制剂分成中医

---

① 余黄合、曾嵘、李鑫等：《从汉方药的发展探讨中医药的传承与保护》，《中国医药导报》2019 年第 3 期。

② 杨明、杨逢柱：《日本汉方药国际化路径研究及对我国中药行业发展的启示》，《世界中医药》2020 年第 20 期。

③ 津村株式会社：《生药栽培》，2019 年 6 月 1 日，https：//www.tsumura.co.ip/kampo/hitokara/cultivation/story01/。

药用汉方医学品（相当于我国的处方药）、普通用汉方医学品和家庭配制汉方医学品（非处方药）三个品种。医院用汉方药制剂通常由公司或个人委托中介机构将产品销售给诊所和药局，普通家庭用汉方药制剂直接销售给药房，或者家庭配备用汉方药制剂以家庭药盒的形式分配到家庭和个人，或由公司定时指派专员去抽查家庭药盒的使用状况等。① 而汉方药制剂也可以通过学术会议或学术期刊来进行促销和宣传。通过向医务人员科普汉方药剂，增加医生们对汉方药制剂的熟悉程度和认同感，目的是通过中长期视角拓宽医药营销途径，增加医师开方工作量。这样简洁方便的营销和宣传模式，能够有效减少随意的药物推销和推广活动，促进公司的管理与运营，对于维护汉方药市场的长久稳定有着很大意义。

（五）汉方药的专利保护

进入 21 世纪后，日本由"技术兴国"转为"知识产权兴国"，企业和科研院所都进行了自主技术创新和专利申请。日本主要根据国际惯例对汉方药进行专利保护，同时日本也十分注重专利申请。

日本政府从 1885 年开始确立了专利制度，而现行专利法则为 1959 年制定的"特许法"，同年颁布使用新型法律。日本在早期只对中国药物生产方法予以专利保护，直至 1976 年日本才制定了汉方药物的健康医疗保险制度，并开始对药物实施专利保护。② 日本对药品的专利保护包括化学物质、化学物质的医疗用途、药用化学物质的制备方法、药品的外观设计、制药机械、药用植物及其提取物、生物制品、药用植物提取物的组方（但只限于中国古代的 210 个汉方，如安中散、芍药甘草汤等），不保护以原药用植物为原料的中药复方。③

---

① 薛斐然、周贝：《日本汉方制剂对我国经典名方注册监管的启示》，《世界科学技术—中医药现代化》2017 年第 4 期。
② 李茵、柯尊丽：《传统中医药专利保护制度检视——以日本汉方药发展战略为例》，《河北广播电视大学学报》2019 年第 5 期。
③ 江茹、沈爱玲：《日本汉方药的专利保护政策及其借鉴意义》，《现代中药研究与实践》2012 年第 2 期。

《世界专利数据库》显示，目前我国中医古方共有 10943 个，只有 0.3%左右在国际上申报了发明专利，而日本汉方药则独占了 70%以上的国际中药发明专利。这主要是因为日本在汉方药专利国际化保护方面所形成的全方位专利保护网，包括专利网战略、高投入研究战略、1.5 次的创造性仿制战略、海外市场战略、专利实施与转移战略。

1. 专利网战略

专利网战略是日本公司最关键的战略保护手段之一。基础专利才是核心技术，外设研发专利则是指根据关键技术所研发的一系列外设科技。日本政府的发明专利管理制度容许狭小区域内仅有简单权限条件的发明专利申报，这就导致日本公司可以围绕着基本发明专利优先申报各具特色的大量改进发明专利、应用发明专利等较外围的小发明专利，从而构建起更严密的专利保护网络系统，不会给竞争者留下任何机会。滴水不漏的基础专利权网络技术，一方面可以防范竞争对手绕开或规避侵权攻破自己的权利，另一方面也可以包围竞争对手的基本权利，迫使竞争对手以基本专利交换其外围小专利。[1]

日方正是以美国外围专利网战略应对中国的基本专利策略，由于美国基本专利数量比日本多，且其技术出口额也很大，日方不得不为此付出了沉重的专利税。为了提高产品质量和降低生产成本，日本政府对美国的基本发明专利进行了大量改良，即使很小的改进也会直接通过美国专利申请，进而向外出口，甚至美国政府为了提高生产质量和成本还要反向收购这种小发明专利。

2. 高投入研究战略

日本政府与医药公司都重视对药品的研究投入，并形成由公司主导的产品创新体制。政府每年拿出 1.72 万亿日元的研发费用，占研发总费用的

---

[1] 何文威、李野、洪兰：《日本药品专利战略浅析及对我国的启示》，《中国药房》2006 年第 12 期。

80%，再运用高新技术手段加大对中医理论的研发。^① 津村、三和等日本汉方药公司，每年都要把收益的10%~20%用作药物开发。^② 由此可见，日本政府对基础研究工作给予高水平投入是技术创新的一项重要保证。

3. 1.5次的创造性仿制战略

自1950年至1980年，日本政府一共导入了30006个科技，带来了超过3000亿美元的效益。日本向世界其他国家引进技术并不是全部应用、全盘接受，而是在消化和吸收的基础上进行再创造，从而围绕着一些基础专利，逐渐研发出具有日本特点的专利，俗称"蚕食政策"。日本汉方药企业意识到首次研发历时长、花费大、经营风险高，而第二次研发即进行仿制极易侵犯专利权，于是把重心转向"1.5次研发"，将原专利药修改为本国的药物，如将奥美拉唑修改成兰索拉唑。^③

4. 海外市场战略

日本主要是依靠出口贸易来保证其存在和增长，对海外出口商品投资，专利先行战略是至关重要的。根据1976~2003年美国的中医药专利申请、许可情况统计资料，日本在所有外来申请者中的申请量最多，共计38件，约占总申请量（234件）的16.2%；中国大陆地区位居第二，共计28件，约占总申请量的12%。^④ 目前在国内申报并取得国际发明专利数量最多的是日本公司，然后才是美国、德国、韩国等国家。由此可见，日本公司以海外专利申请的手段，已经成功抢占了全球市场。

5. 专利实施与转移战略

实现专利保护最根本的目的就是成果转移，即将科学技术转变为社会生

---

① 谢辉、卞鹰、江滨：《日本新药研发策略及对中国的启示》，《中国创业投资与高科技》2005年第7期。

② 董丽丽、李野、刘春波：《日本汉方药发展概况及其借鉴意义》，《国际医药卫生导报》2004年第13期。

③ 许实波、蒋建敏、许东晖等：《苦丁茶水提物的毒理学研究》，《中山大学学报》（自然科学版）2001年第3期。

④ 陈朝晖：《1976~2003年美国中医药专利申请、授权情况分析》，《中华医学科研管理杂志》2005年第1期。

产力。日本政府十分重视专利实践工作，并积极出台优惠政策以引导专利实践。日本政府特许厅的研究表明，目前日本专利技术平均成果转化率已超过52%，[①] 为世界发明专利成功转化率较高的发达国家，并大大超过了全球人均水平。这和日本把科研发展、专利权维护、产品营销视为整体策略有关。在这种理念的指导下，日本制药公司也能够把工作重心由原来的基础研究领域转向到更加具有市场前景的新应用领域，在研究完成后也能够及时申请专利保护，从而大大提高了专利成果转化率，实现了品牌价值最大化。

（六）汉方药的教育培训

日本医学生教育模式注重汉方药的教育。据 2011 年日本汉方生药制剂公会的"汉方药处方实况调查"结果，日本约有 89% 的医生开始应用汉方药处方。[②] 2005~2017 年，日本医生中通过国家考核的合格人员已累计突破十万人。按照日本厚生劳动省的调查结果，截至 2016 年 12 月末，在日本国内的注册医师数量已经达到 319480 名，可以推算在日本境内的所有医师中，平均每三名中就有一名接受了汉方医学教育。

1. 本科生教育

1997 年，日本全国 24 所高校的医学部和医科大学都教授了有关汉方医学的课程。自 2001 年日本文部科学省把汉方医学列为日本医学教育模式中心教程以来，开设汉方医学课程的大学数量持续增加。2004 年，日本国内的 80 多所高校医学部、医科大学都引入了汉方医学教育。[③] 到 2008 年，71 所学校都设置了 8 学时以上的汉方医学高等教育基本学科，有些学校甚至超过 8 学分。例如，以日本大学医学部内科医学生为例，自 2008 年开展系统

---

① 冯国忠、罗赛男：《从日本汉方药的成功看我国中药产业的发展》，《中国药房》2006 年第 20 期。
② 日本汉方生药制剂协会：《汉方药处方实况调查》，2019 年 6 月 1 日，https://www.nikkankyo.org/sery/sery1.html。
③ 邓虎、郭晓龙、杨继红：《日本汉方医学教育现状及分析》，《世界中西医结合杂志》2013 年第 8 期。

的汉方医学教育后，必修课为 19 课时；从 2017 年开始，该学校在牙医学、护理学方面的高等教育模式中心课程中也明确增加了对临床汉方药的介绍，使汉方剂正式列入医疗、药学方面四个领域的医学高等教育模式中心课程中。①

2. 专科医师临床教育

日本东洋医学会于 1990 年确立了汉方专科医生认定制度。日本医学生要成为汉方专科医生首先得成为医科大学的本科生。如图 2 所示，医学生首先要在医科大学学习 6 年，学习内容包括一般素质教育、基础医学和临床研修，毕业前需要参加国家医师资格考试。2004 年实施的《医师法》规定，医科大学学生毕业后要在厚生劳动省指定的医院进行 2 年以上的研修。后期临床研修中内科研修 2 年可考取内科认定医资格，外科研修 3 年可考取认定医或专科医生资格。由此可知，获得汉方专科医生资格过程长、条件严苛。因此，到 2015 年日本汉方专科医生共 2148 名。②

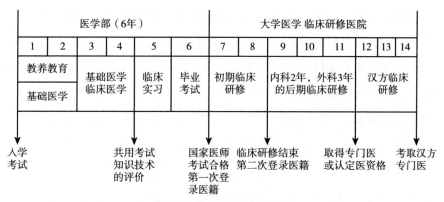

图 2　日本医师受教育过程

资料来源：刘薇、武锋、马骥等，《日本汉方教育现状及对中国中医教育的启示》，《环球中医药》2016 年第 12 期。

---

① 日本厚生劳动省：《2016 年医师、牙医、药剂师调查概况》，2017 年 12 月 14 日，https：// www，mhlw，go. ip/toukei/saikin/hw/ishi/16/index. html。

② 《专门医认定制度》，2016 年 2 月 10 日，http：// www. jsom. or. jp/about/genjou. html。

3. 继续教育

日本十分注重医学生毕业后继续教育，即便已经取得汉方专科医师资格证也要每五年进行一次更新，还必须修满 50 学时的继续教育课程，内容涵盖到医院进修和参加医院、研究所或学术团体召开的研讨会。2010 年东京临床中医学研究会作为日本中医学会正式建立，每月面向医师定期组织中医临床案例讨论、中医理论教育工作。此外，医学生毕业后还要继续参加专门医和认定医考试。

三 日本中医药发展障碍分析

（一）汉方医学教育仍处于边缘地位

日本称中医中药为东洋医药或汉方药，日本汉方医学起源于中国传统医学，可以说日本汉方医学的基础理论体系至今仍然是中国传统的中医药学，但有所偏向自身的研究重点。[1] 日本汉方医学的教育理论与教学体系，自日本明治时期以来就未统一。目前汉方医学教育也只在其西医专业中作为选修课出现，高等院校医学生在校 6 年中只有十多个学时的汉方医学选修课，且不作为考核标准，[2] 大大降低了汉方医学课程的重要性，并使之逐渐在医学课程体系中越来越边缘化。《和汉药概论》是日本当前汉方医学教育体系中的核心课程，主要是讲授汉方药基础知识，如汉方基本理论知识、汉方的诊断方法、汉方方剂的使用等。即使在大学阶段选修了汉方医学课程的学员也并不意味着他们就具有真正的开汉医处方的资格，[3] 只是说他们在学术研究上可以参加汉医团体经常举行的学术研讨会，融入汉方医学研究的圈子。

---

[1] 赵永旺、柏莹、刘峥嵘等：《日本汉方医药学发展历程对我国中医药学发展的启示》，《湖南中医药大学学报》2018 年第 5 期。

[2] 汤岳龙：《中医药在日本》，《第一军医大学学报》2000 年第 5 期。

[3] 许芷菲：《西学东渐前后中医与日本汉方医学的生存发展对比研究》，江西中医药大学硕士学位论文，2019。

这就是汉方医学的教育与实践逐步脱节的原因，也与日本社会对汉方医学的现实需求很不协调。目前日本医师的处方中，真正使用汉方药的不多，而且有权使用汉方药的医师和药剂师大多没能接受日本正规的汉方医学教育，从知识的普及性和汉方药使用的规范性上就极大地影响了其在日本的发展。

从汉方医学的教育机构来看，日本大多数医科大学及综合大学的医学部均会在学生的培养方案里设置汉方医学的教学内容，但时间安排基本上处于高年级后期临床教学环节，对授课时长也没有明文规定，有的课时多，有的仅安排一些选修内容，由各大学及医学部自行设置。[1] 开课的高校数虽然较多，但除极少数大学以外（例如千叶大学），日本国立县、市级医科大学均未单独设置汉方医学教研室，而是合并在其他西方医学教研室里。目前不少大学还存在教学实践、合格师资等方面的种种困难，所以不得不采取"汉方研究会"等形式来替代课堂教学。除了学校内的教育以外，一些学会也是汉方医药学培训和教育的重要机构。例如北里大学东洋医学研究所被WHO指定为世界传统医学研究基地之一，经常在春夏长假期里举办一些短期培训班，供汉方医学爱好者参与；再如我国的辽宁中医药大学、上海中医药大学等大学的日本分校，也成为传播中医学知识的重要场所，[2] 但从参与的人数来看并不可观。东洋医学研究会于1950年成立，1976年东洋医学研究会全国会员数超过1万人，但此后就慢慢开始回落，逐步减少。同时，在全国注册医生中了解汉方医学、会应用汉方药的医生不足总数的1/4，[3] 极大地影响了汉方医学的推广。中医中药在日本医学界已经被冷落了100多年，当前全盘西化的日本医学教育体制，从根本上造成了中医学的知识断档和人才匮乏，汉方医学在日本的复兴已不容乐观。[4]

---

[1] 杨瑾、加茂智嗣、能濑爱加：《汉方药在日本的发展现状》，《中草药》2016年第15期。
[2] 杨瑾、加茂智嗣、能濑爱加：《汉方药在日本的发展现状》，《中草药》2016年第15期。
[3] 汤岳龙：《中医药在日本》，《第一军医大学学报》2000年第5期。
[4] 梁嵘：《日本汉方医学兴衰的历史启示》，《国际中医中药杂志》2006年第2期。

（二）日本医疗制度与汉方药的应用和发展不匹配

汉方医学与西方医学是两种不同的医学原理和体系，但日本现行的医疗制度则完全是西方医学的管理模式。西方医学早已成为日本官方的现代化正统医学，在医师的管理中实行了类似于我国的"医师法"，日本的医师体系下设医师、牙科医师和药剂师三大类，但没有类似我国的"中医医师"的说法，更没有"汉方医师"的称谓。汉方医学知识体系中有针灸师和推拿师，但他们不是跟医师一个体系，所以还不能称为医师，当然也得不到医师的待遇，仅仅属于医业类似行为。[①] 针灸师和推拿师不是医师系列，固然也就没有诊断和使用各种中西药物的权利。不仅如此，在日本针和灸是作为两种不同的专业对待的，要参加不同的专业技能考试，均属于技师范畴。

在汉方药的使用方面，汉方药要经过有权使用中国汉方药的医师和药剂师的认可才可以应用到患者身上。日本的医疗保险制度中也并没有设置对汉方药的政策倾斜，所有的汉方药必须遵从以西方医学为主导的医疗保险制度，即无论是西药还是汉方药均需按照保险药物目录和药物功效来治疗，这样做一方面限制了汉方药的科学使用，另一方面又出现滥用汉方药的现象。西方医学从患者的主诉与症状入手，采取对症治疗方式，汉方医学则是从体质诊察入手，进行"证"的诊断，然后随证治疗。同样的症状，汉方医学的药方与西药截然不同。但现行的日本医疗卫生管理体制规定，汉方的"随证治疗"必须在西方医学认可的前提下才能进行，所以临床医生必须同时掌握两种医学的理论和体系才有可能给患者使用汉方药。[②] 不熟悉汉方药的西医师极少会去使用汉方药，这使汉方药在临床上的应用困难重重。无论是从对医生的管理还是对汉方药的应用管理上，日本现行的医疗卫生管理制度是不利于汉方药的应用和发展的。

---

① 《中医药在日本的发展现状》，《世界中西医结合杂志》2011 年第 4 期。
② 王克勤、王孝莹：《日本汉方医学发展的历史、现状与未来（续）》，《国外医学·中医中药分册》1998 年第 2 期。

（三）汉方药的质量和供应保障需进一步加强

汉方方剂是由生药组成的，汉方制剂的原料就是生药，生药原料的质量直接影响着汉方制剂的质量。日本国土面积较小，生药原料相对匮乏，本国资源仅能满足1/4的原料需求，剩余的都须从他国进口。[①] 中国是日本的邻国，且中医药资源丰富，一直是日本进口生药原料的主要国家。但近些年日本从中国进口的中药材数量呈现不断下降的趋势，主要原因有两方面：一是日本国内对汉方方剂的需求量有所下降，二是从中国进口的中药材质量有所下降，导致日本逐渐增加了从其他国家的进口，替代中国的中药材。近年来，尽管日本本土对汉方方剂的需求有所下降，但对外出口方面需求激增，所以对汉方生药原料的需求量也迅速增加。与此同时，汉方生药原料的质量和数量供应保障成为阻碍汉方药在日本发展的重要因素。近几年日本政府虽然已从汉方生药资源的种植与开发上下足了功夫，但效果仍然不理想。

汉方制剂作为日本临床药品的一个种类，必须严格遵守医疗药品的质量规定。[②] 但众所周知，生药原料是天然产物，其生长受气候条件及产地的影响很大，加上经营汉方生药的商人缺乏必要的质量鉴定能力，所以影响了最终进入临床的汉方制剂效果。[③] 总的来说，汉方生药原料的质量也一定程度上阻碍了汉方药的发展，从他国进口的汉方生药原料中，由于不能严格按GMP的标准建立中药材饮片和制剂质量控制标准，其不稳定性直接影响了临床效果，[④] 也会进一步影响汉方药的推广。

---

① 徐睿瑶、梁子钰：《日本汉方药的发展概况》，《世界中西医结合杂志》2014 年第 7 期。
② 严令耕：《日本汉方药的发展对我们的启示》，《中医药管理杂志》2004 年第 5 期；郭晓、郁洋：《日本汉方药发展及对我国中药产业的启示》，《亚太传统医药》2007 年第 9 期。
③ 王克勤、王孝莹：《日本汉方医学发展的历史、现状与未来（续）》，《国外医学·中医中药分册》1998 年第 2 期。
④ 汤岳龙：《中医药在日本》，《第一军医大学学报》2000 年第 5 期。

B.13
巴西中医药发展报告

裴彤 荣超*

摘　要： 随着新冠肺炎疫情在全球范围内传播，中医药的治疗效果获得了全世界的广泛关注和积极评价，国际上多个国家和组织邀请中国专家分享中医治疗方案。中医药"走出去"步伐大步提升，在全球疫情防控的推动下迎来了新的发展契机。中国和巴西是世界两大发展中国家，同时也是金砖国家成员，两国在医疗卫生方面，特别是在中医药领域的合作与交流密切。本文基于二手文献资料，对目前中巴两国在中医药多领域的发展与合作方面展开深入调查与分析，围绕医疗卫生、政策制度、国际服务贸易、文化传播与人才培养等方面进行论述。研究发现，中医药和针灸技术在巴西越来越受到推广和发扬。在此次的全球新冠肺炎疫情中，我国中西医结合诊疗模式在巴西发挥了重要作用。"一带一路"背景下，中医药产业对巴西的出口贸易额加大，同时面临诸多政策法规和技术壁垒。中国通过在巴西建立中医学院、孔子学院、民间协会，以及设立大学学位课程等形式，加强两国人才教育培养与技术合作。两国通过养生讲座、"一带一路"中医药文化周和健康旅游等形式，加强中医药文化传播和国际学术交流。最后，本文为今后中巴两国中医药领域的深化合作提出了对策建议。

关键词： 巴西　传统中医药　医疗卫生合作

---

* 裴彤，社会学博士，浙江中医药大学讲师，主要研究方向为全球公共卫生治理、健康行为、质性研究方法；荣超，社会医学博士，浙江中医药大学副教授，主要研究方向为中医药政策与管理、全球健康。

一 引言

中国和巴西是世界两大发展中国家，同时也是金砖国家成员。两国在医疗卫生方面的合作，对于全球的公共卫生发展产生了不可忽视的影响。本文通过对中国、巴西两国自建交以来在医疗卫生方面的合作交流进程进行梳理，特别是中医药在巴西本土的实践与应用，围绕医疗卫生、政策制度、国际服务贸易、文化传播与人才培养等方面展开论述，最后为未来两国在中医药领域的可持续发展与合作提出对策建议。

南美地区是海上丝绸之路不可或缺的一极，具有广阔的热带雨林、丰富的生物品种，有悠久的玛雅文化。众多的传统药物得到了很好的传承与发展，例如，俗称秘鲁人参的玛卡、巴西人参、具有多种生物活性且现代广泛应用的猫爪藤、具抗癌活性的刺果番荔枝、在南美广泛用作提神滋补的饮料——瓜拉那、在南美传统饮用的茶饮——马黛茶、用作甜味剂的甜味菊等。① 我们所熟悉的玉米、花生、菠萝、辣椒、南瓜、马铃薯、番茄等均原产自南美。

巴西是拉丁美洲领土面积最大、人口最多的国家，总面积和总人口均居世界第五位。随着中巴双边友好关系的稳步发展，中医药服务越来越深入巴西人的生活。中医注重个人自身机体平衡，这种保健方式得到越来越多巴西人的认可。巴西前总统卢拉、罗塞夫等都接受过中医治疗。受到名人效应的影响，越来越多的巴西人相信中医、使用中医。越来越多的中医诊所出现在巴西。巴西卫生部卫生促进专员戈麦斯也曾指出，中国传统医药历史悠久、内容丰富，可以为巴西人提供优质的保健服务。新冠肺炎疫情在全球范围内传播，中医药的治疗效果获得了国际社会的关注与积极评价。因此，中国中医药"走出去"步伐加快，是时代需求，也是世界对中医药的迫切需求。

---

① 肖培根、何春年：《世界传统医药概况》，《中国现代中药》2019 年第 7 期。

二 传统医药的传播发展概述

自 20 世纪 70 年代以来，世界卫生组织（WHO）一直鼓励其他国家在公共卫生系统之中纳入中国传统医学。WHO《世卫组织 2014~2023 年传统医学战略》要求，各国制定国家政策、标准和法规，加强能力建设，以发展传统医学。巴西在 2006 年将针灸纳入巴西国家卫生医疗体系，称为国内统一医疗体系(SUS)。[①] 巴西天然资源丰富，民间很早就利用草药来治疗各种常见病和多发病。已有数十种草药被制成饮片、散剂、胶囊剂、片剂、酊剂，但其加工生产工艺非常落后，加工粗糙，质量较差，而且并非法定药品。巴西迫切希望在传统药物生产制备技术方面与中国展开合作。[②] 然而，中国地域与南美地区由于自然条件上的差异，在中草药培育方面，更讲究因地制宜。

三 中巴两国在医疗卫生领域的合作

（一）历史梳理

19 世纪初，伴随着 2000 名中国移民抵达当时葡萄牙殖民地的巴西，包括中草药和针灸在内的中国医学也随之传入当地。但是由于沟通障碍，中医药知识无法在巴西广泛传播。直到 20 世纪上半叶，十几万日本人移居巴西，促进了针灸理论和技法的广泛推广。1958 年，弗里德里奇·史贝斯（Friedrich Spaeth）教授在巴西开设了首个针灸与中医培训课程，1961 年成立首家针灸诊所，1972 年成立巴西针灸协会。1963 年，随着朝鲜人民移居

[①] SUS 体系是全球最大的公立医疗体系，该体系中有 6 个项目，即家庭医疗、疫苗、HIV 管控、器官移植、丙肝防治及烟草控制，在 WHO 大会中被称作"世界典范"。
[②] 《中医药在世界各地（九）》，《世界报》2007 年第 16 期。

巴西，巴西针灸取得了进一步发展。① 因此，作为中医药的主要疗法，针灸技术最早传入巴西，应用最多，发展最好。

（二）中国—巴西医疗卫生领域的交流与合作

中国和巴西于1974年8月15日正式建交，于1993年建立战略伙伴关系，2012年两国将关系提升为全面战略伙伴关系。中巴建交近50年来，双方在经济、贸易、医疗、文化等方面都有广泛的互动与合作。② 中巴两国在20世纪80年代就开始了第一次医疗卫生合作。《中国改革开放新时期年鉴》记载，中巴两国于1983年在巴西利亚签署了关于促进两国卫生领域的科学技术交流合作意向书。③ 根据意向书的规定，双方将在医疗卫生技术方面开展合作，包括中草药、针灸、医治癌症、热带病调查等。但是，在签署意向书之后的数十年间，中巴两国在医疗卫生方面的合作主要是在倡议层面上进行的交流经验，实质性的合作项目开展得较少。直到21世纪初，时任巴西卫生部长滕波朗于2009年出访北京，中巴两国在卫生领域的合作开始取得明显进展。2011年，两国签署了《卫生共同行动计划》，确定了今后4年在卫生领域开展具体合作的计划，其中将"传染病的控制"列为两国卫生合作的优先事项。2014年，中国国家发展和改革委员会就如何为国民提供医疗服务，与巴西卫生部展开交流。2015年5月，双方就2011年所签署的《卫生共同行动计划》重申了对推进卫生领域合作的承诺，提出将在未来两年或以上的时间内，设立中巴高级委员会"卫生分委会"，为今后两国在医疗卫生领域的深度合作做出贡献。2017年9月，两国共同签署了《中华人民共和国国家卫生和计划生育委员会与巴西联邦共和国卫计委2018～2020年度卫生合作执行计划》，明确了两国在医疗卫生以及其他相关领域的合作

---

① 陈鼎：《巴西：利用资源优势加大中药研发》，https：//yxy.gxtcmu.edu.cn/Item/3211.aspx。
② 金恒宇：《中医药文化对"一带一路"沿线国家传播策略研究》，《福建医科大学学报》（社会科学版）2021年第1期。
③ 金恒宇：《中医药文化对"一带一路"沿线国家传播策略研究》，《福建医科大学学报》（社会科学版）2021年第1期。

目标，其中包括医疗研究、医药研发、中国传统医学在巴西的传播、流行疾病的防控、金砖国家医疗卫生、抗生素耐药性以及埃及伊蚊的防治措施等。①

四　中医药在巴西的政策和制度规范

在巴西，其称中医药为"整合和互补实践"，是国家卫生系统的一部分。它涵盖了5个实践分组，包括顺势疗法、传统中医和针灸、药用植物和草药、人智医学和社会热学。2017年，巴西的中医药政策在原来的5项基础上扩大到14项。国家层面的管理机构是国家综合和补充实践协调办公室，由卫生部管理。关于中医药实践的立法最近一次更新是在2016年。2013年，巴西用于中医药的财政支出或公共研究资助总额达到100万美元。②

（一）巴西针灸的历史回溯

中国针灸在巴西的发展对中医走向世界具有非常重要的意义。巴西的针灸最早可以追溯到20世纪80年代初。1981年，祖传中医王钰医师将中国针灸技术引入南美地区，并开设了针灸师培训班及研究班，自此中国针灸在巴西逐渐发展起来。1989年巴西里约热内卢（当时巴西首都）州政府成立了卫生局民间传统医疗机构，主要致力于在州内的国立、州立、市立医院对中国针灸及民间疗法（汉药、草药、自然饮食、导引等）的应用进行指导。同时该州政府表示，今后将协助用针灸为市民进行治疗的活动。这一举措推动了中医针灸在巴西的合法化进程。③ 1990年，巴西卫生部试图拟订一项计划，将针灸纳入公共卫生体系，却因巴西联邦医学委员会（医师工会）以

---

① 王若瞳：《中国—巴西医疗卫生合作历史、现状及前景》，《文化创新比较研究》2021年第5期。

② 朱文俊、梁欣儿、冯铭敏等：《探讨基于一带一路背景下中医药发展的有效途径》，《中国中医药现代远程教育》2021年第1期。

③ 宋健、宋晓亭：《中医药传统知识的防御性保护探究》，《中国卫生法制》2021年第1期。

针灸不具备科学的理论基础为由，反对其实施。然而在 1992 年，该委员会却一反常态，不仅在委员会内部设立了针灸部，指导西医医生开展针灸治疗工作，而且还通过了一项决议，允许西医医生开展针灸治疗。但这种保护当地医学院毕业生而排斥在国外受过教育的针灸从业者的做法，使中医针灸在巴西发展了十余年却依旧未取得合法地位。在巴西，只有伯南布哥大学提供过针灸教育，却因缺乏生源而办学中断。那些热爱中医的人们只好通过国外学习、民间师带徒、参加中医学开办的学习班等私立途径，进行针灸培训。由于缺乏统一规范的国家教育体系支撑，针灸师的水平参差不齐。[①]

（二）巴西针灸的合法化进程

经过各方不断努力，巴西联邦医学委员会终于在 1996 年 8 月承认了针灸在减少疼痛和控制炎症方面的疗效，承认了针灸的合法性。1997 年 4 月，巴西参议院表决通过了针灸议案，从此非巴西医师有资格从事针灸业务。2006 年巴西卫生部特别颁发了 971 法案，将传统中医学，包括针灸、太极拳、中草药等，纳入国内 SUS 医疗系统。同年，巴西卫生部颁布整合和互补实践政策，整体将传统中医学纳入全国 SUS 医疗体系，并积极拓展其应用范围，使针灸、草药等传统中医疗法在健康维护领域更加普及。

以针灸为代表的中医疗法因其"简便廉验"的特点，得到巴西健康工作者的广泛青睐和患者的好评，其在 SUS 中的应用也迅速增加。巴西卫生部的数据显示，2011~2016 年，在 SUS 系统内接受针灸疗法的患者数量成倍增加，由 2011 年的 68 万人次增加到 2016 年的 120 万人次。目前，巴西的中医治疗方法主要有针灸、拔罐、中药、食疗、太极及气功等。其中中草药、中成药等中药产品在巴西亚裔人群中被普遍使用。针灸疗法主要应用于疼痛、中风、关节炎、肌腱病、神经性疾病、哮喘、心血管病以及艾滋病等疾病的治疗。

---

① 惠青：《巴西中医针灸发展的历程与权益争取回顾》，《中医药导报》2016 年第 22 期。

（三）巴西针灸的发展现状

尽管中医针灸在巴西取得合法地位的时间较晚，但自中医针灸疗法引进巴西以来，巴西政府和人民一直都很信任和欢迎中医。中国的中医针灸师在巴西行医的感受是，在巴西当地行医是正规的，与在国内行医时的感觉差不多，没有明显的心理落差。[①] 巴西现有 1 万多名针灸师，其中圣保罗就有2500 名，不过人才还是很紧缺。[②] 针对针灸师供应不足的问题，巴西卫生部正在筹备一个国家培训中心，向全国招募人员，培养针灸和推拿医师。圣保罗卫生局开设传统疗法医院，主要从事针灸、推拿、理疗等。由于针灸的显著疗效，巴西部分医院已经开设了针灸科，在临床上广泛应用于治疗疼痛、关节炎、面神经麻痹、血小板减少、精神紊乱症等多种疾病。巴西国内约19 个州和 32 个城市的公立医院都采用了结合与补充医学疗法，这无疑促进了中医药在巴西的合法化及广泛推广。以圣保罗州为例，2013 年共开展了34.83 万次针灸治疗，2014 年增加到 38.92 万次，增幅达 11.8%；2016 年，巴西全国总共开展了 200 万次替代疗法治疗，其中中医与针灸治疗占 77万次。

五　中国—巴西中医药产业服务贸易发展

我国与拉美地区医疗器械进出口贸易持续增长，年均增长率达33.14%。仅 2011 年，我国对拉美地区医疗器械出口总额达 10.72 亿美元，同比增长 71.94%。其中，向巴西出口排名第一，出口额为 2.42 亿美元，同比增长 69.47%。值得注意的是，2011 年巴西医疗器械进口额高达 27 亿美元，其中 68% 来自欧美国家，而来自我国的医疗器械进口额仅占很小比例，且多为医用敷料、注射器和医用导管等附加值相对较低的产品。因此，我国

---

① 王泽琳：《针灸在巴西的发展》，《中国民族民间医药》2012 年第 19 期。
② 王泽琳：《针灸在巴西的发展》，《中国民族民间医药》2012 年第 19 期。

对巴西的出口贸易额仍有巨大的上升空间。

近年来，中国的药品和医疗设备在巴西的需求很大，由于巴西承认中药药品的合法身份，中国已成为巴西在该领域的第二大供应国。[①] 而且，中医治疗很受当地人欢迎，单是圣保罗地区，每年就有60万人通过中医诊疗进行健康管理。[②] 因此，当地对中医药的增长需求，也为中医药产业服务贸易带来巨大的市场潜力。虽然巴西民间的传统草药品种多样，传统性地加工成饮片、散剂、片剂、胶囊剂、酊剂，应用于治疗各种常见病、多发病。但是这些传统技术加工粗糙，质量参差不齐，一直未能纳入国内法定药品销售名单。[③] 因此，为了提升当地传统医药的质量，在传统药物生产制备技术方面，巴西一直寻求加强与中国的合作。[④]

中医药具有引入费用较低且效果较好的特点，巴西政府一直希望通过普及中医药疗法，提高巴西的公共卫生医疗服务成效、减少开支。因此，巴西的中医药产业发展潜力很大。近些年，中国和巴西医药贸易保持持续稳定增长，据GTA贸易统计，2017年，中国对巴西医药产品出口2.96亿美元，同比增长22.8%，占巴西医药进口份额的10.59%，仅次于美国和德国，是巴西第三大医药进口来源国。根据2014年到2018年巴西从中国进口的趋势来看，医药整体稳步增长，四年复合增长率为3.1%。从产品类别来看，植物提取物、中成药、医院诊断与治疗设备、氨基酸维生素类原料的增长最为迅速。[⑤]

中巴传统医药贸易合作的数据显示，从2010年到2019年，中巴医药贸易额从903万美元，最高飙升至5338万美元。2011年，中国向巴西出口中

---

① 中华人民共和国中央人民政府：《中国的药品安全监管状况》，http://www.gov.cn/zhengce/2008-07/18/content_ 2615765. htm。

② 中华人民共和国商务部：《中国巴西国际传统医药抗疫合作系列研讨会开幕式》，http://www.mofcom.gov.cn/article/i/jyjl/l/202105/20210503058078.shtml。

③ 沈文：《中医药在巴西》，《中华养生保健》2004年第10期。

④ 李皓月、党迎迎、于涛等：《中医药在巴西的发展现状与分析》，《国际中医中药杂志》2021年第5期。

⑤ 中国医药保健品进出口商会：《巴西医药市场概述》，http://www.cccmhpie.org.cn/Pub/9629/175993.shtml。

成药 99 万美元,列我国向全球其他国家出口的第 78 位。① 2018 年,中国和巴西医药双边贸易情况如图 1 所示,总额同比增长 3.9%。其中,中国对巴西出口同比增长 2.8%;自巴西进口同比增长 19.4%。中方顺差 13.27 亿美元,突出反映巴西医药市场依赖进口的特点。巴西从中国进口的医药产品以西药原料药和医院诊断与治疗设备为主。2018 年,巴西从中国进口的西药原料药 8.84 亿美元,同比增长 2.0%;从中国进口的医院诊断与治疗设备 2.36 亿美元,同比增长 3.8%。②

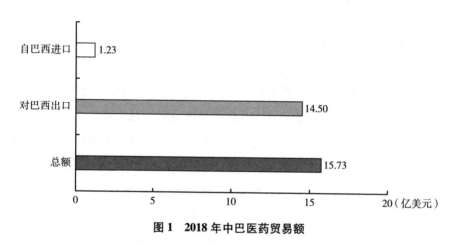

图 1 2018 年中巴医药贸易额

六 中医药文化传播与人才培养

(一)中医孔子学院

中医孔子学院在巴西的建立,对促进中国传统医药在当地的推广和文化交流发挥了重要作用。目前巴西有 10 家孔子学院,其中一家比较特殊。

① 世界中医药联合会:《巴西中医药针灸学会成立 25 周年》,http://www.wfcms.org/show/21/457.html。
② 中国医药保健品进出口商会:《巴西医药市场概述》,http://www.cccmhpie.org.cn/Pub/9629/175993.shtml。

作为唯一的中医孔子学院，即巴西戈亚斯联邦大学（UFG）中医孔子学院，成立于 2019 年 10 月 25 日。当天，中国国家主席习近平和来华进行国事访问的巴西总统博索纳罗在人民大会堂进行了会谈。会谈结束后，两国元首在现场宣布该中医孔子学院成立。该中医孔子学院开设了汉语和中医学等相关课程，在讲授初级中文课程的同时，开展针灸相关的医疗实践教学。当地的学生对中文和针灸推拿课程表现出了浓厚的兴趣。同时，中医孔子学院的教师还会每周为大学的教职工开展一次义务诊疗活动，让教职工体验推拿、针灸等中医特色健康管理服务，同时向教职工们宣传中医药知识与文化。[①]

（二）人才培养

自针灸在巴西合法化以来，巴西很多学校陆续开设了针灸课程。巴西已有多所医科院校设置了针灸课程，[②] 例如圣保罗医科大学、里约州联邦大学医院、圣卡塔里那州联邦大学、巴西利亚大学等，都开设了中医科，成立针灸培训班，在具有临床工作经验的西医中选拔医师进行中医技术的培养，同时建立严格的考核标准，提升巴西针灸师的医疗水平。巴西的针灸师具有三个级别，包括针灸专家、针灸技师、针灸师。各级人员具有自己的训练要求、考核办法以及业务水准。[③] 随着中巴两国的人才培养与学术交流的日益增多，大学间也共同设立培训基地，通过师资互换的形式，联合培养中医药方面的技能人才。2019 年 9 月，甘肃中医药大学附属医院与巴西达明公司共同建立了"巴西中医药诊疗培训基地"，地点设在圣保罗州。来自中国的多名中医专家受邀来到巴西执业问诊，普及中医药的诊疗服务优势给当地居民，同时向当地的中医爱好者传授技术。

---

① 王若瞳：《中国—巴西医疗卫生合作历史、现状及前景》，《文化创新比较研究》2021 年第 29 期。
② 王泽琳：《针灸在巴西的发展》，《中国民族民间医药》2012 年第 19 期。
③ 闵玲：《中医药文化对外传播交流人才培养模式研究》，《中国中医药现代远程教育》2021 年第 6 期。

（三）中医药协会

1983 年，旅居巴西的华人中医针灸医师创建了巴西第一家"中医药针灸学会"。[①] 该协会创建的宗旨是推广中国传统医学，维护执业者合法地位与权益，进行同业学术交流，提高医疗救治水平及提高巴西本国国民的健康素养，发扬中国传统中医药文化。同年，"南美针灸学会"在圣保罗成立。该协会于 1987 年 11 月 22 日加入了世界针灸学会，作为该学会的创始成员之一，1998 年，协会正式更名为"巴西中医针灸协会"，成为世界针灸学会认证的一家中医药实体机构。随后"圣保罗针灸协会"也成立了。[②] 前期中医针灸协会的不断发展，为针灸合法化进程提供了良好的社会资源与群众基础。在巴西医疗卫生局的支持下，"巴西中西医学协会"成立了。作为较大的学术组织，协会为在巴西的中医药专家提供了学术交流和开展各种针灸学术讨论会等活动的平台。[③] 特别是针对针灸治疗，希望通过学术交流，不仅能将其应用于临床医疗诊断治病，还可以促进中西医结合发展，因地制宜，发挥其"简便廉验"的优势作用。例如，巴西里约热内卢针灸协会成员蓬法迪医师，在牙科手术方面，不断研究针刺麻醉技术。这种通过针灸的手法将麻醉药物注射进口腔，极大降低了患者的痛苦，对患有心脏病和糖尿病的牙病患者是一大福音。这种中西医结合的医学技术获得了巴西联邦医学会的认可。[④]

（四）其他学术交流活动

除了民间学术交流外，中巴两国政府也加强学术交流活动。1994 年，福建省卫生代表团一行 6 人受邀来到巴西圣保罗市，开展为期 10 天的考察

① 世界中医药学会联合会：《巴西中医药针灸学会成立 25 周年　巴西总统发贺电》，http://www.wfcms.org/show/21/457.html。
② 王泽琳：《针灸在巴西的发展》，《中国民族民间医药》2012 年第 19 期。
③ 惠青：《巴西中医针灸发展的历程与权益争取回顾》，《中医药导报》2016 年第 22 期。
④ 秦洋：《中医药在巴西》，《医药世界》2005 年第 4 期。

访问活动。① 访问全程受到巴西联邦共和国卫生部和圣保罗市卫生局长的接待，在民间老百姓中间也广受欢迎，极大地传播了中国中医药的传统文化，加强了两国人民的友谊。另外，在加强两国学术交流方面，1996 年 1 月 26 日，国家中医药管理局科教司赵来喜副处长、北京中医药大学牛建昭副校长等相关人员一行 4 人，受邀赴巴西对中医药在当地的发展与应用进行考察与调研。② 其间获得大量数据与案例，为两国的中医药经贸往来与医疗卫生合作积累了良好的基础。中医针灸与康复养生疗效向来受到世界医学界的关注。在 1996 年 10 月 23 日举行的首届拉美针灸学会联合大会上，学界专家专门针对中国的针灸与康复保健进行了广泛的学术讨论，在来自拉美各国近 200 名代表出席的大会上获得了广泛的关注与好评。③ 总体来讲，这些学术交流活动为中国中医药事业在巴西当地的发展，以及教育与科研的合作提供了良好的合作平台，极大地推动了传统医药在拉美地区的扩展。

七　中巴两国医疗卫生合作前景展望

近几年，随着现代的医学技术不断融入中医诊疗体系，中医临床研究的不断深入，中医诊疗体系更加标准化与制度化，世界范围内对中国传统医药的认可度广泛提升。中医现代化成为国际化发展的主流方向。《中医药发展战略规划纲要（2016～2030 年）》明确提出，积极提升中医药的海外发展水平，进一步加大中医药国际教育交流合作的力度，通过扩大国际贸易、加强中医药对外交流与合作等途径，让中国传统医药"走出去"。④ 在巴西，新时代背景下的中医药在当地的发展是机遇与挑战并存。如何加强两国交流

---

① 王若瞳：《中国—巴西医疗卫生合作历史、现状及前景》，《文化创新比较究》2021 年第 5 期。

② 惠青：《巴西中医针灸发展的历程与权益争取回顾》，《中医药导报》2016 年第 22 期。

③ 惠青：《巴西中医针灸发展的历程与权益争取回顾》，《中医药导报》2016 年第 22 期。

④ 中华人民共和国国务院：《国务院关于印发中医药发展战略规划纲要（2016～2030 年）的通知》，《中华人民共和国国务院公报》2016 年第 8 期。

合作，拓宽中医药"走进巴西"的通道，提高实效，提升国际影响力，我们提出如下具体对策建议。

（一）切实提高中医医疗服务巴西医疗卫生的能力

在此次全球新冠肺炎疫情防控的背景下，中西医结合诊疗的方案获得了全世界的关注与应用，在治疗疾病与康复等方面发挥了突出的优势与效果，这为中医药走向巴西乃至全世界提供了历史性的机遇。基于巴西民众对中医，特别是对针灸的喜爱，中国传统医药在巴西的传播和发展具有很大发展空间。通过发挥中医药治未病的特色，中巴两国在未来可以继续推进针灸疗法方面的合作。以此为契机，推进中医药在巴西的全面发展。

与此同时，中巴两国在医疗卫生领域的合作兼具医学价值与外交价值，中医在巴西广泛应用，成为当地人了解中国文化的重要桥梁和纽带。后疫情时代，中巴两国应积极构建"人类卫生健康共同体"，加速推进医疗卫生方面的纵深合作。

（二）加强两国中药产业发展合作

巴西具有丰富的野生动植物资源，植物种类异常丰富，单是高等植物就有4万多种。① 与此同时，中国由于土地、劳动力成本升高等原因，国内药用资源已经出现不足的情况，中国对植物资源特别是中药材资源需求量日益攀升。因此中国中医药企业可以走进巴西，建设中药材种植基地，形成优势资源互补，促进两国中药材进出口贸易进一步繁荣。同时，积极利用中国中医药的品牌效应，加强两国中医药的国际贸易合作，提升中国中医药的核心竞争力。

（三）扎实推进巴西中医药继承与文化传播

孔子学院是推广中国文化、加深中巴两国友谊的良好平台。基于巴西现

---

① 中华人民共和国商务部：《中国巴西国际传统医药抗疫合作系列研讨会开幕式》，http：// www. mofcom. gov. cn/article/i/jyjl/l/202105/20210503058078. shtml。

有的中医孔子学院，在此平台上要不断拓展，通过开展学术会议、互换留学生等方式，促进中国传统医药在当地的推广和文化交流。巴西的高校可以加强与中国高校的合作，联合推出中医药相关的专业和课程，开展中医药文化宣传活动，让越来越多的当地人了解中医药和中国文化，对中医药产生兴趣。同时积极利用巴西媒体和网络拓展自身影响力和知名度。通过加大中医药的科研投入力度、规范中医药教育等措施，提升中医药人才的培养质量与水平。

（四）深化中医药特色的健康管理与服务

中巴两国应继续加强医疗卫生合作，将中医药的多种疗法融入巴西本国的整体医疗治疗规范中。鉴于目前巴西民众对中医整体理论的认识并不全面，当地的治疗模式还是偏西化，并未形成中西医结合的良好模式。因此两国未来应合作共同挖掘中医药"治未病"特色与优势，分享针灸、中药、食疗、太极等非药物疗法的治疗经验，针对巴西近几年高发的慢性非传染性疾病，例如缺血性心脏病、脑卒中等，通过中医疗法，在疾病预防和治疗与健康管理等方面入手，为提升当地的健康水平贡献中医药的独特力量。另外，中巴两国应发挥各自传统药材的特色，取长补短，在提高质量的同时，加强合作培育研究与技术转换，融合发展。

B.14
南非中医药发展报告

王 磊　徐有强*

摘　要： 中医药文化随着华人移民南非传入当地，经历了缓慢的发展过程。传统中医药在南非医疗卫生领域占据重要的地位，中国与南非建交后，因中医药疗效显著，南非政府于 2000 年 10 月以法律形式承认中医药在南非的合法地位。近年来，中医药在南非影响不断扩大，中南医疗合作持续深化，新冠肺炎疫情发生以来，中医药在南非疫情防控中发挥了重要作用。本报告通过文献研究、新闻报道、口述资料对南非中医药发展现状进行梳理总结，对南非中医药起源立法过程、南非中医药教育科研、中南传统医药合作、中医药在南非疫情防控中的作用等进行多维度评析，并提出针对性政策建议，以期为中医药事业在非洲持续发展提供参考借鉴。

关键词： 南非　中医药　疫情防控

南非共和国地处非洲大陆最南端，全国大部分地区属热带草原气候，被誉为"彩虹国度"，分黑人、有色人、白人和亚裔四大种族，矿产资源丰富，其东、南、西三面被印度洋和大西洋环抱，地处两大洋间的航运要冲，西南端的好望角航线是世界上最繁忙的海上通道之一，有"西方海上生命

---

* 王磊，历史学博士、华东师范大学副教授，主要研究方向为马克思主义理论教育、中共党史、非洲史、中非传统医药合作交流史；徐有强，成都中医药大学南非分校校长，南部非洲中医药学会秘书长，南非中国中医诊疗院院长，世中联疫病专业委员会常务理事。

线"之称。北邻纳米比亚、博茨瓦纳、津巴布韦、莫桑比克和斯威士兰，另有莱索托为南非领土所包围。南非曾是英国的殖民地，1961 年 5 月 31 日，南非结束同英联邦的关系，成立南非共和国。

一　南非对传统疗法的信任与宽容

南非有应用草药治病的悠久历史，对传统疗法比较信任，有 20 万传统医生在使用草药为患者治病，有 60% 的民众在使用传统药物治疗疾病，有自己的用药特色。但由于南非长期的种族隔离政策，传统医疗主要存在于黑人社区，发展比较落后，没有形成传统医药理论体系，没有专业学校。行医过程常带有巫术表演。南非的草药产品加工也比较粗糙，大多数产品是液体剂型，疗效也不确切。

南非的传统医学有顺势疗法、自然疗法、正骨疗法、芳香疗法、脊柱按摩疗法和按摩疗法、反射疗法、中医和针灸。1971 年至 1980 年，南非制定和修订了 5 部有关传统医学的法案，分别是 1971 年第 76 号法《脊柱按摩师法》，1972 年第 96 号法《脊柱按摩师法修正案》，1974 年第 52 号法《顺势疗法师、自然疗法师、正骨医师、草药医师法》，1977 年第 20 号法《卫生法修正案》和 1980 年第 20 号法《顺势疗法师、自然疗法师、正骨医师、草药医师法修正案》。南非会议于 1982 年 3 月 26 日通过的第 63 号法，即《卫生服务相关专业法》，它替代了 1971 年至 1980 年制定和修订的 5 部法规。由此可见，第 63 号法实际上是一部规范传统医学执业的法案。[①]

南非政府为了解决多数人的医疗保健问题和艾滋病的困扰，对包括中医中药在内的传统医学采取宽容的态度，鼓励其发展。作为传统医疗的中医药，有较为完善的理论体系和效果明确的产品，使南非民众很容易接受中医药产品和服务，但由于专业人才不多，而且主要集中在约翰内斯堡、比勒陀利亚、开普敦、德班等大城市，很多地方缺少中医药服务和产品，市场需求

① 方廷钰：《南非传统医学执业管理情况简介》，《世界中医药》2007 年第 6 期。

很大。我国发展与南非的传统医药进出口，发挥中医药五大资源优势，在经济上是可行的，对非洲的中医药市场以及中医药文化国际传播也有着重要的意义。

由于南非长期采取种族隔离政策，远离国际社会，中医药在南非的发展比其他非洲地区晚了几十年。南非中医药发展是以针灸推拿疗法开始的，1994 年南非种族隔离结束后，政府管理部门对草药包括中草药采取了相对开放的政策，为中医药发展及中医药文化传播提供了良好的发展机遇。1998 年中南建交后，中医药在南非逐步发展起来，因其成本较低且疗效显著，2000 年 10 月，南非政府以法律形式承认中医药的合法地位。南非是最早承认中医合法地位的国家，针灸在南非深受市民欢迎，中成药也在南非医药市场凸显其需求量。南非是中医药在非洲大陆发展成绩较为突出的国家，其发展模式可以为中医药产品及中医药文化进入非洲乃至世界其他国家提供参考和借鉴。

二　南非中医药传播发端

据史料考证，我国东南沿海的同胞早在 200 多年前就开始移民南非这片沃土，中医药在南非的发展传播是一个生动的写照。南非的中医起源于何时，已经无法考证，或许在留着辫子的时代，就有华人先辈们将中国的医学、中国的一草一木带到南非。有资料表明，1904 年 5 月 24 日第一艘满载华工的"推德答尔号"轮船离开香港驶往德班港，在短短一年的时间内，共有 43296 名契约华工进入德兰士瓦地区各金矿，1907 年最高峰时，华工达到 53846 名。[①] 一般说来，南非最早涉足中医药领域的是老一代华侨，主要在 19 世纪初形成的约翰内斯堡的唐人街商铺经营，规模较小。在这些最初到达南非的华工中，有部分懂得中国传统医术疗法之人，当面对疾病时，就寻找那些稍微懂得一点中医的人尝试中医药治疗，或者采用推拿按摩疗

---

① 郑家馨：《南非史》，北京大学出版社，2010，210 页。

法，于是中医疗法开始在南非民间流行。一开始人们运用中医只是为了给自己的家族和邻居防病治疗，随着时间推移，逐渐出现了在华人社区为华人治病并以此为生的中医医生，这些人大多擅长某一中医专科技术，靠家传或师徒传授行医，由于疗效较好，因此其深受当地华人喜爱。约翰内斯堡南区的黄金矿城保存着的一幅患者感谢中医治好疾病的锦旗可以理解为一个经典案例。据一位65岁的老华人说，她在南非已经是第5代了，已经不会讲中国话了，对中国的印象只存在于祖辈稀疏的描述中。据她介绍，她的祖辈来到南非的时候还是留着辫子的，华人远渡重洋来到南非的年代之久远可见一斑。

种族隔离政策使南非长期以来隔绝于国际社会，在某种程度上限制了中医药文化在南非的传播发展，南非人一段时间以来对中医药更显陌生和不了解。1994年南非重返国际社会，特别是在1998年中南建交后，一些经过中医院校学习，又具临床经验的中医人员相继到达南非，这使中医疗法和产品在南非有了极快的发展。1998年底，新一代华侨，南非三九国际贸易公司的重庆籍人士徐有强夫妇吸取了前几年在南非开办中医诊所失败的教训，投资在约翰内斯堡开设了非洲第一家综合性的中医院"中国中医诊疗院"并附设"中国大药房"，聘请中国的中医专家主持诊疗院临床工作。诊疗院设有中医临床各科，有化验、B超、心电图、胃肠电图等检查设备。中国大药房有中药饮片800余种，中成药100余种，同时还向南非开业的中医诊所和南非邻近国家的中医诊所批发中药饮片和中成药，基本满足南部非洲的中医用药需求。

三　南非中医药合法化

长期以来，中医诊疗服务没有在南非没有得到法律承认，属于灰色行业。1963年4月，中国政府派出第一支援助非洲医疗队，这些医疗团队将中医传入非洲，并致力于中医药，尤其是针灸在非洲的传播与发展。经过几代中医的努力，2000年10月，南非政府通过法令确认了中医药在当地的合法地位，中医师可以在南非申请注册领取执照。

1965 年，南非开始制定一系列与传统医药有关或直接针对传统医药的法规，2000 年前后，大量新移民的进入为南非中医药市场带来新的活力，使中医药步入了快速发展期，2000 年以立法的形式确立中医的合法地位。这些政策和法规都直接或间接涉及传统药物，对传统医药的有关问题，如传统医药的种类、药材界定、销售、注册、医师资格等作了比较明确的规定。在这些法规和政策中，中医药被明确地列为传统医药，为中医药在南非的应用提供了法律保障。中医师执照获得者在按要求参加在职培训后，可加入意外保险，发生医疗纠纷时可以获得保障；患者接受中医治疗所发生的费用将涵盖在医疗保险之内。

南非成为除中国以外，世界上第一个以明确的立法形式对中医针灸进行管理的国家。南非卫生部下设卫生专业委员会和综合卫生专业委员会，前者负责西医的管理工作，后者负责包括中医、印度医学、欧洲草药等 11 个医学专业在内的相关管理工作。中医的具体工作由该委员会下设的"中医药与印度医学部"负责。

南非西开普大学自然医学院设立了中医及针灸系，开设有中医专业，与国内的一些中医药研究机构及中医院校开展交流与合作，进一步促进中医药人才培养，使中医药高级人才本土化，对中医药融入南非本土医疗保健体系产生深远的影响。

2000 年 10 月，南非政府通过法律程序确认各种补充医疗的合法地位。2001 年 2 月 11 日，南非政府通过联合健康法，确立了这些补充医疗的合法地位，由联合健康总署对南非的中医师和针灸师进行预注册并发放临时执照，2004 年进行了正式注册，并发放永久执照。依据知识层次和行医范围，分别注册中医师（Doctor）与针灸师（Acupuncturist），中医师可同时拥有中医师和针灸师执照。目前共有 300 多位中医针灸从业者获得合法注册资格，中医师和针灸师均可在卫生系统取得行医号码，提供的诊疗服务可接受医疗保险。目前南非有 100 多家中医诊所，主要集中在约翰内斯堡、比勒陀利亚、开普敦、德班等大城市，且规模都比较小，一般是由 1~2 名中医师组成的家庭诊所。也有一部分中医师和针灸师在健康中心的租用办公室行医，还没出现有真正的中医院。

2001年5月，南部非洲中医药学会在约翰内斯堡正式成立，其宗旨是团结所有在南部非洲的中医药人才，弘扬传统中医药学，向南部非洲各国人民展示中医药学独特的理论基础和神奇的疗效，更好地为南部非洲人民服务，使中医药学在南部非洲发扬光大。中医药在南非取得合法地位以后，越来越多的中医师到南非发展，南非中医药事业随之进入崭新的发展阶段，中医药理论研究、临床应用和培训教育日益兴盛。目前，近400种常用中草药都可以顺利向南非出口而不受任何限制。我国目前除了青蒿产品和一些原料药外，在非洲市场投资和出口制剂数量都非常小。疟疾是困扰非洲的第二大疾病，中国具有自主知识产权的青蒿素对它的疗效已得到认可，青蒿素不仅作为世界卫生组织推荐的抗疟一线用药，而且成为抗疟药生产企业在非洲市场的开路先锋。清凉油、人丹、风油精、红花油、花露水、六神丸等疗效好、价格低的中国传统中药产品，在南非非常受欢迎。

2002年，经过各方的努力，南非政府开始着手规范中医医疗行业，尤其是针灸。同年，针灸立法被提上日程，南非医学会要求在南非从事针灸的医师必须注册，从而有了专门的中医立法机构。目前，在南非卫生部，还专门有中医管理部门，管理在南非执业的中医师。

为响应我国政府促进中非合作的号召，天士力集团在2002年就开始了非洲国际化之旅。2007年6月12~24日，天士力集团总裁闫希军教授亲自挂帅的"中医药走进非洲研讨会暨2007年天士力南非年会"在南非和肯尼亚成功举行，来自南非卫生部、南非天然医药专业委员会的官员出席了本次活动。为加深南非人民对中医药文化的了解和认识，天士力南非公司定期举办健康培训班，向来参加培训的南非消费者讲解、传播中医药文化知识。

2011年，中医正式被纳入南非医疗系统。中医诊所产生的所有费用，包括诊费，以及针灸、拔罐、刮痧、推拿、正骨等费用，都可以通过医疗保险支付。南非政府对中医的支持还体现在在西开普大学的公共卫生学院设立中医系，培养当地的中医人才，让中医后继有人。

据南非医学会公布的数据，目前在南非合法注册的中医师及针灸师（当地人及华人）共有 149 人，其中华人（裔）数量尚不足一半。与此相反，在南非中医逐步壮大，走近居民的同时，也存在一些困扰，比如语言问题，许多在南非的中医师语言尚存在障碍，无法与当地医生、当地患者流畅地沟通，势必会影响中医的治疗与推广。但这些问题经过一定的时间，尤其是新一代中医的成长，一定能够得到很好的解决。南非中医的发展任重而道远，需要当地政府的支持和在南非华人的拥护，更需要中医师们对"中医"的用心呵护。

四　南非的中医药教育与科研

非洲的中医药研究与学术交流起步于中国援非医疗队与医学专家组，中国医疗队运用中医学辨证论治理论，综合应用中药、针灸等措施开展了艾滋病、毒性肝炎等临床研究，并发表了一些学术论文。近年随着我国"一带一路"倡议的持续推进，交流活动也趋于更加广泛。2012 年和 2014 年世界中医药联合会与西开普大学中医系和中医针灸学会合作举办了两届"中医药非洲论坛"，有力促进了中医药在非洲的传播。

南非的中医药从业人员主要为来自中国大陆和台湾地区的华人以及部分本地其他医疗行业的医师，有的是国内高等中医药院校毕业的从业人员，也有部分是从中国或欧美中医学校接受过短期培训的从业人员。南非卫生管理法规定，注册中医师和针灸师在取得资格行医期间，必须接受相关的中医药继续教育，每两年须取得 40 学分。为了使中医师和针灸师达到这一要求，南非中医针灸协会 SAACMA 定期举办培训课程。

南非的中医药科研起步较晚，长期以来，媒体报道的信息比较片面，主要是来自部分华人描述，没有学术文献可供查阅。近年来，随着中医药市场和中医药教育的发展，有关南非中医药科研的报告逐渐出现。南非茨瓦尼科技大学曾在 2010 年做了关于南非中医药消费行为的研究，西开普大学也进行了中医专业领域的研究，如针灸治疗冰毒、海洛因、大麻戒断综合征的临床和基础研究，西开普大学中医系社区医疗的人口分布及疾病谱系调查回顾性研究，南非本土草药中医性味归经功效主治的临床研究等。

1996 年开始，南非医学针灸学会有计划地聘请中国中医著名学者，先后举办了 10 余期中医药进修班，300 余名西医大夫接受了中医培训，学习中医药方剂，体悟中医药文化，体验中医药魅力，在培训中强调辩证思维，遵循中医传统理论与方法，接受培训的这些医师成为推动南非中医针灸合法化的力量。

2006 年南非西开普大学在非洲大陆建立了第一所包括中医在内的自然疗法学院，中医专业学制 5 年，教学大纲涵盖了基础学科和临床学科，山东中医药大学向西开普大学派驻了教师，保证了教学质量，中医药高级人才培养第一次在非洲大陆实现了本土化，对中医药融入南非本土医疗保健体系有深远影响。西开普大学中医专业的毕业生很多已经自己执业，扩大了中医师本土化队伍，并以此为平台开展了多层次国际学术交流与研究活动。

方药、针灸是中医治疗方法的主要形式，无论是施针还是用药都以中医理论为指导，即辨证施治下的辨证用方和辨证施针。针灸治疗当中，前人给我们留下很多宝贵的取穴经验，除常规的辨证取穴外，还有独特的取穴方法，如子午流注、灵龟八法等，这些都是理论深奥而又行之有效的方法，需要扎实的中医基础理论功底，才能掌握并有效地应用于临床实际当中，并非短期培训就能够完成。方药的使用概率实际上比针灸还大，而且以汤剂为主，因此，没有中医理论指导，没有中医药文化氛围，哪怕是经典成方的应用也将大打折扣。比如，"藿香正气滴丸"是经典名方"藿香正气散"经现代制药工艺研制而成，具有体积小、服用携带方便、不易变质、确保疗效等特点，深受欢迎。但要正确使用该药，必须知道，其具有解表化湿、理气和中作用，必须在见有恶寒发热、无汗头痛风寒表证的同时，又见脘腹胀痛、呕吐泄泻、舌苔白腻湿滞胃肠证的情况下使用，在临床实际应用中，并非只要西医诊断为胃肠型感冒、急性胃肠炎就可以用，必须用中医的先辨证后施治，方证对应才能获相应疗效。假若西医诊断为胃肠型感冒而中医辨证为表里俱热证，不是表寒里湿，本方则非所宜，而应使用葛根黄芩黄连汤。因此，缺乏中医理论指导下的用药或施针，都是没有生命力的中医，不是真正的中医。所以，要使中医真正在南非乃至世界发展，让全球共享中医药优质资源，其根本就在于中医药教育的发展，一定要在掌握中医理论的前提下正确用药。没有理论指导，只按西医诊断用方，不仅疗效大打折扣，而且限制了方药的适用范围。[①]

五　中医药在南非影响不断扩大，中南医疗合作持续深化

（一）成都中医药大学南非分校成立

为推进中非中医药教育教学科研合作，2017年9月，南部非洲中医学院与成都中医药大学签约合作办学，正式成立"成都中医药大学南非分校"，并向中国相关部门进行申报。21世纪之初，成都中医药大学的教育教学科研资质已经得到南非高等学历认证委员会的认可。成都中医药大学南非分校成立后，本科毕业生可参加南非当地行医执照考试。这一举措大大吸引了当地学生报考成都中医药大学南非分校，对提高就业率产生很大推动作用，促进中医药教育教学科研在当地的发展以及中医药文化在非洲传播。

（二）加强与南非在中医药领域合作，发挥双方各自优势

2012年8月，为加强中国与南非两国间的中医药合作，北京中医药大学和南非医学研究理事会签署协议，这是中国与南非两国政府在中医药领域签署的由双方投资的重要合作项目，目的是发挥双方各自传统资源优势，通

---

① 袁振仪、雷玉娥：《中医药教育是中医在南非发展的基石》，《山西中医学院学报》2012年第3期。

过中国中医药专家的技术输出和南非中医药资源开发，进行学术、学科、文化、人员等交流。合作项目有利于提供扎实的科学依据、实践基础、调研资料，为南非传统药物研究发展发挥作用。

（三）世界中医药学会联合会助推中医药走进非洲

世界中医药学会联合会近年来积极助力《中医药"一带一路"发展规划（2016~2020年）》，分别于2012年和2014年在南非开普敦召开首届中非中医药合作与发展论坛和第二届中非中医药国际合作与发展论坛，扩大了中医药在当地的影响，推动了中医药进一步走进非洲。

（四）举办"首届中非中医药国际合作与发展论坛"

2012年3月，南非开普敦与西开普大学、南非中医针灸学会合作，举办了"首届中非中医药国际合作与发展论坛"，来自11个国家和地区的近300名中医药专家学者、企业家参加了论坛。这是非洲大陆举行的规模最大的一次中医药论坛，本次论坛加强了中国和非洲在传统医学和中医方面的合作与交流，促进了中医在非洲国家的发展，为非洲人民提供中医医疗服务。论坛期间，来自中国和南非以及非洲其他国家的专家、学者和中医从业人员就中医和针灸对心血管病、糖尿病、艾滋病等疾病的防治作用以及中药的研发进行专题研讨和交流。中国专家还举行了中医实用操作专场，与非洲中医从业人员互相切磋医术。

（五）南部非洲中医药学会在南非成立

2001年5月，南部非洲中医药学会正式成立，中国驻约翰内斯堡总领事叶明朗、南非卫生部有关官员以及南非各界华侨华人代表200多人出席了成立仪式。其宗旨是团结所有在南部非洲的中医药人才，弘扬传统中医药学。新华社报道的资料显示，南部非洲中医药学会会长孙庆涪说，中医药学是中华民族优秀文化的重要组成部分，该学会目前有正式会员81人，他们分别来自南非、津巴布韦、莱索托、斯威士兰、博茨瓦纳、纳米比亚等南部非洲国家，其中大多数人来自国内高等中医药院校。近40年来，随着中国与世界各国医学人文交往的持续增加，中医药疗效越来越被世界各国人民了解和认可。南非政府批准包括中医在内的传统疗法的法案，表明中医药在南非地位合法。孙庆涪说，该学会将积极抓住机遇，团结生活在南部非洲的所有中医药人才，努力发挥各自聪明才智，向南部非洲各国人民展示中医药学独特的理论基础和优秀的疗效，更好地为南部非洲人民服务，使中国中医药事业及中医药文化在南部非洲发扬光大。

（六）中医养生在南非受欢迎

2017年国际养生研讨会暨本土中医师培训会5月27日在南非斯坦陵布什大学举行。会议展示了中医的神奇功效，受到当地民众的欢迎。活动由孔子学院总部/国家汉办主办，斯坦陵布什大学孔子学院和南非中医针灸学会承办，内容包括专业培训、专家讲座、医疗实践指导、义诊、教学与临床经验交流等。中国驻开普敦总领事康勇，南非中医针灸学会主席鲁宾·罗德博士，斯坦陵布什大学孔子学院外方院长罗伯特·科策、中方院长简福爱以及中南两国中医从业人员、华人华侨、社区居民等百余人参加了活动。国际养生研讨会暨本土中医师培训会已在南非成功举办三次。在会议专家讲座环节中，广州中医药大学的几位教授介绍了中医疗法的优势和特色。呼吸科专家邓国安介绍了中医对咳嗽病因病机的认识，讲解了中医整体调节、辨证论治、疗效好且副作用少的特点；内科专家刘明平对临床常见病高血压的病因病机、辨证分型、治疗方药及保健预防进行了介绍；专家彭旭明则针对当前使用电脑和手机的"低头族"众多的现状，讲解如何运用针灸、穴位按摩和拔火罐有效缓解颈项部疼痛、头痛、手麻、失眠等症状；肖建喜博士分享了使用火针治疗湿疹、疣、银屑病等常见皮肤病的经验。中医药在当地的发展，丰富了本土中医师的理论和实践知识，提高了当地民众对中医养生的了解，扩大了中医文化在当地的影响力，深受当地中医师欢迎。

六　中医药在南非抗疫中发挥重要作用

新冠肺炎疫情发生以来，党中央、国务院多次强调坚持中西医结合治疗，多地推动中医药及时介入诊疗全过程。中医药不仅在我国受到更多医生、患者和民众的认可与支持，同时在非洲社会也得到更多关注和肯定。2020 年 3 月 5 日，南非出现新冠病毒感染首例病人，引起南非社会一片恐慌，南非的华侨认识到新冠病毒在武汉传播的部分新闻报道及其严重性，因而南部非洲中医药学会采取紧急行动，发布系列通知，以公告形式详细介绍疫情发生发展与中医药应对疫情防控的相关内容。南非侨界徐有强等华人联合各方力量，出力出钱，同心协力，在 4 月、6 月、8 月集中举办了三次免费中药预防新冠肺炎汤剂发放活动，每次发放数量达到万人以上，提供每人连续三天服用剂量，通过后续观察及数据分析看，连续三天服用取得很好的效果，有中药汤剂疫情防控支持，华人中间弥漫的焦躁恐慌心理得以缓解并逐渐平复。不仅如此，中药汤剂对当地黑人居民疫情防控也发挥了重要作用，中药预防新冠肺炎汤剂免费发放地点选择在唐人街、东方文化街以及中国人较多的大型商场，众多不同肤色的当地居民纷纷排队领取，对这部分人群进行统计和观察，领取南部非洲中医药学会发放的中药汤剂，每天坚持服用的居民无一例感染，在一定程度上说明了中药预防效果非常理想，也得到当地居民的一致好评。

病毒没有国界，只有国际社会合作应对，才能战而胜之。近两年来，我国积极动员起来，汇聚各方资源，中央地方联动，官民并举，前后方协作，向南非和非洲国家提供大力援助和支持。江西中医药大学等单位在紧急时刻用特殊办法，援助了 700 余公斤抗疫中药材运抵南非，由南部非洲中医学院、南部非洲中医药学会接收，熬制成中药汤剂，分批次免费发放至南非侨胞各社区，当地各国侨团及运输公司主动出人出钱，积极主动参与免费发放中药汤剂活动，得到了南非侨胞的高度赞扬，多个社区发来感谢信，点赞祖国人民爱心和义举。

　　整个抗疫过程中南非中医诊疗院坚持开门应诊。疫情发生之初，南非政府规定每个医院都不能接待发热病人，南非中医诊疗院也只是每天坚持对常规病人进行治疗。2020年5月，政府的疫情防控政策稍微放松一些，出乎意料，一个月后疫情大流行，每天新感染数量达两三万之多，迫于新冠肺炎疫情传播压力，政府号召所有医护人员上岗，同时呼吁一切私立或公立机构为缓解大医院的压力，在能力允许条件下，要坚持开门接待病人，在病人自愿的情况下，大力支持利用传统医药方案治疗新冠肺炎。政府的号召与支持，为中医药在南非疫情防控中发挥作用提供了较大的空间和较多的机会。两年来，南非中医诊疗院治疗了1000余名新冠患者，部分统计结果说明，治疗前检测阳性的患者，通过中药治疗，再做核酸检查，全部转阴，这批有完整病历的病人，前后都做过检测的，累计有286例。通过南非中医诊疗院治疗的600多位新冠患者，无一例转为重症，大部分在十天之内康复转阴，有小部分四周左右转阴，这在很大程度上证明了中医药在新冠病毒方面治疗效果很好。

　　疫情在不断蔓延，新冠病毒在不断变异。2021年11月，南非首现奥密克戎，来势汹汹，去势如潮。时值南非夏季，每日感染从几万降至几千，南非中医诊疗院通过病例分析发现，病症大多为轻症，病位在少阳。11月26日至12月29日，针对奥密克戎感染病例，南非中医诊疗院以小柴胡汤为主方，随症加减，用5剂中药，服用7天，共治疗121例，其中110例前后都做核酸检测，有11例症状消失后，不愿花钱、未作复查，其余全部康复，无一例转重症。奥密克戎感染病人服用中药汤剂后，80%的10~14天转阴（少数7天），15%的三周转阴，5%的四周转阴。中医药在南非疫情防控中得到了当地医生、华人、患者和民众的认可与支持，在很大程度上使非洲社会对我国中医药发展拥有全新的认知。

　　截至2022年5月5日，南非抗疫第770天，新冠病毒感染累计3808368例，累计死亡100407例，康复累计3663153例。南非疫情防控中医药发挥了重要作用，对成功案例分析有以下几点启发。第一，坚持尽早介入，防止邪气深入。在观察中发现，感染出现症状以后，如果三天内服用中药，效果很快，往往在十天之内症状消失，而且核酸检测为阴性。如果在五天以后就诊，一般需要 15~20 天才能康复和转阴。第二，坚持人与自然是一个整体。在南非以中药汤剂治疗新冠肺炎，不但要考虑季节变化，还要考虑区域差异，像开普敦、德班这些靠海边的城市，就要加重除湿，在内陆城市，偏重于清热化痰。第三，坚持药量适中。在海外，至少是在南非用的药量，没必要像中国这么大，这与南非气候比较干燥有一定关系，用量不宜太大，以国内开药开 10 克为例，南非开 6~7 克就可以了。第四，坚持科学用药。疫情发生初期曾经使用中药颗粒或中成药来治疗新冠肺炎，实践证明这些不如汤药效果好，在新冠肺炎发病中必须用汤药。当病人已经转阴，后期调养可以考虑给颗粒或者中成药进行治疗。第五，坚持一人一方。中医药没有一方治百病的神药，要辨证施治。具体病情具体分析，南非出现的症型没有国内这么多，这与人少、区域小、气候变化相对不大有关系，没有必要照搬国内治疗新冠肺炎的方法，重点在于辨证施治。第六，注意心理疏导。每个新冠患者的心理压力都很大，多做开导工作，要树立必胜的信心，让病患知道中医中药有能力解决问题，只要心情放松，对康复有很大作用。新冠肺炎疫情防控中南非发挥中医药"辨证论治"，让我们见证了中医药的作用，也体现了祖国医学大有可为。

七　中医药在南非发展建议与对策

（一）发挥中医药五大资源优势，加强与本地传统医药的结合

中医药完备的理论体系和丰富的实践经验是中医药走向非洲的主要优势。南非政府强调"本土知识"的创新以及中医药本土化，其中传统医药是主要内容之一，希望加强与中国的合作，借鉴中医药的理论、实践经验及丰富的科研资源，开发其传统医药，这给中医药在南非的发展带来了难得的机遇。南非中医药研发力量较弱，国内中医药有关科研机构、公司、高校等可以联合南非当地的高等院校和研究机构，取得双方政府的支持，建立联合实验室，合作

研究传统医药标准,以国际合作方式,形成所在国以中医药特点为基础的传统医药注册管理标准。我们在利用中医药的这些优势的同时,也可对其传统医疗体系加以利用,借鸡下蛋,优势互补,实现双赢,推动国内中医药与南非传统医药的融合。南非有着丰富的中药资源,国内中药企业应加强和当地知名机构或社会人士的合作,增加南非当地对中药的研究、种植和培训,这有助于推动南非人民对中药的认同。

(二)加大中医药文化的宣传力度,增进南非对中医药文化的了解

一是利用政府渠道,增进双方行业之间的了解。例如,可利用中非科技伙伴计划和政府间科技合作项目,通过举办培训班、研讨会等方式宣传,商讨中医药进入非洲的方式、方法等。二是加强对本地中医药人才的培养,利用我国中医药院校的教育资源优势,主动为南非培训更多的中医药人才,形成一支高水平的中医药人才队伍,使更多的南非人民了解中医药,从而推动中医药及文化更好地在南非传播。

(三)争取当地政府支持,架起中南医学人文合作交流桥梁

国内中医药企业要想在南非开拓市场,离不开当地政府部门的支持。以天津天士力公司为例,天士力进入南非后,曾多次到政府机关讲授中医药文化,让患病人员尝试体验其产品,邀请南非政府、约翰内斯堡市政府及有关机构的要员到天士力集团参观,他们通过服药体验、社会反响和实地考察,对中医药文化和与天士力合作充满了信心。除此之外,天士力还与南非医疗保险公司合作,成为非洲大陆第一家被列入医保目录的中国中药企业。

(四)加强与世界卫生组织、非盟等重要国际组织的医学交流合作

通过与世界卫生组织、非盟等重要国际组织的合作,加强与南非在传统医学管理、法律法规等方面的交流与沟通;共同举办传统医学方面的研讨会;加大对南非的中医药文化宣传,配合国家"一带一路"外交大局,举办中医药展览等活动。支持有条件的国内中医药机构与南非开展医疗、科研

和教育培训等方面的合作；支持国内大型中医药企业开拓南非市场，提高中国药品在南非的声誉，杜绝假冒伪劣药品，加强宣传，尊重当地的文化习俗。

八 结语

南非属于中等收入的发展中国家，也是非洲经济最发达的国家。自然资源十分丰富，在医学领域具有较高水平，传统医药在医疗卫生领域仍然占据着重要的地位，在传统医药的应用方面南非仍然发挥着非洲领头羊的作用。传统医药在南非医疗体系中占据重要地位的状况在相当长时期内将继续下去，随着中医在南非的合法化，中医在南非获得越来越多的认可。经过二十多年的快速发展，南非中医药行业已经有了稳定的消费人群，这将给正规运作的公司带来更多市场机会。虽然南非本地人对中药产品比较信任，但绝大多数人不了解中药品牌，预计未来3~5年将是南非中药产品的市场调整期。这期间将出现一批高质量的产品和知名品牌，有了好产品和好品牌做基础，中药产业将会迎来一个稳定快速发展期。作为一个行业，南非中医药的发展离不开中医药同仁的共同努力，也离不开中华文化的传播。南非中医药从业人员少，力量也相对较弱，还需要来自外部的支持。中国政府对中医药的立法，对海外中医药界人士是一个巨大的鼓舞。随着中国政府对中医药的扶持政策的逐步实施，在南非中医药界同仁的共同努力下，南非中医药行业必将迎来光明的未来。

参考文献

张铌雪、吴国英、梁宁等：《南非中医药发展现状与分析》，《国际中医中药杂志》2021年第2期。

刘海舟：《中医药在南非的发展现状及传播策略》，《考试周刊》2016年第9期。

代金刚：《中医药在南非》，《家庭中医药》2012年第11期。

袁振仪、雷玉娥:《中医药教育是中医在南非发展的基石》,《山西中医学院学报》2012 年第 3 期。

侯建春、鲍燕:《中医药在南非》,《世界中西医结合杂志》2012 年第 3 期。

陈焕鑫、张昕、卓清缘等:《中医药在非洲发展前景的 SWOT-PEST 分析》,《中医药导报》2021 年第 11 期。

柯夏童、陈一鸣:《中国对非洲中医药国际投资分析》,《合作经济与科技》2018 年第 15 期。

Demisew Yiheyies、徐一兰、李明月等:《非洲中医药发展概况》,《天津中医药》2015 年第 4 期。

《2020 年政府工作报告提出促进中医药振兴发展》,《中医药管理杂志》2020 年第 10 期。

郑家馨:《南非史》,北京大学出版社,2010。

B.15
澳大利亚中医药发展报告

杨 芳 陈 翔 谢丽香 刘金旭 雷善言*

摘 要： 中医药是世界人民的宝贵财富，澳大利亚作为中国"一带一路"建设的主要国家，其中医药人才培养体系、中医药政策法规的接受度及认可度高于大部分发达国家。随着近年来中国与澳大利亚交往日益密切，澳大利亚中医药发展对中医药全球推广发挥着至关重要的作用。本报告通过文献研究对澳大利亚中医药发展现状进行梳理总结，多维度评价澳大利亚的中医药历史、发展现状，系统分析其在经济和社会环境、人口健康和医疗体系、从业市场、政策法规、人才培养体系等方面的发展情况，提出中医药发展在澳大利亚存在的问题和面临的挑战、发展前景和发展基本思路，以期为中医药事业在澳大利亚的进一步发展提供参考。

关键词： 澳大利亚 中医药 发展环境

---

* 杨芳，英国爱丁堡大学博士后，浙江中医药大学教授、博士生导师，主要研究方向为中医药卫生事业管理、中医药健康管理、中医药健康养老；陈翔，浙江中医药大学第二临床医学院党委副书记，副教授，主要研究方向为中医药卫生事业管理、健康管理、医学生培养；谢丽香，浙江中医药大学人文与管理学院医养结合研究中心科研秘书，主要研究方向为中医药卫生事业管理、中医药健康管理；刘金旭，浙江中医药大学人文与管理学院医养结合研究中心科研秘书，主要研究方向为老年护理、健康管理；雷善言，浙江中医药大学团委副书记（兼），主要研究方向为中西医结合临床、健康管理。

一 澳大利亚中医药发展概述

（一）澳大利亚中医药发展历史与特点

澳大利亚有着较为悠久的中医药发展历史，根据发展时间可分为传入期、萧条期、复苏期和发展期四个时期①。在 19 世纪 50 年代，中医药随着"淘金热"的出现进入澳大利亚，当时为了满足当地华人劳工治病的需求，较小范围开设了简单的中医药铺和中医馆，标志着中医药传入澳大利亚。1901 年澳大利亚进入"白澳"时期，政府颁布有关限制外来移民进入澳大利亚的法令。② 外来华人难以入境使中医药发展进入数十年的萧条期，中医药传播和发展陷入困境。1972 年澳大利亚工党废除"白澳政策"，外来华人入境恢复正常，中医药传播和发展进入复苏期，市场上陆续出现中医和针灸诊所以及中药店，尤其是针灸临床疗效方面得到了初步的肯定，也出现了澳大利亚本土的针灸教育。改革开放以来，中国的中医学院增设，到澳大利亚的访学华人将中医药文化和中医学理论及临床经验在澳大利亚进一步传播。2000 年，维多利亚州通过中医注册法案（Chinese Medicine Registration），该法案是西方国家首个肯定中医法律地位和承认其合法的法案，此后颁发了多个标准制定和执业人员规范文件，中医药在澳大利亚进入了立法后的发展期。③

随着中医药在澳大利亚立法体系规范化以及立法后发展优势提升，近几年两国中医药代表团围绕中医药的未来发展目标和标准化等相关问题开展深入交流，呈现中医药在澳大利亚积极传播的现象。各个历史阶段的主要特点

---

① 陈骥：《中医药在澳大利亚的发展评述：回顾、现状与展望》，《中国中西医结合杂志》2017 年第 5 期。
② 梁瑜：《中医药在澳大利亚的历史、现状分析及展望》，《世界中西医结合杂志》2019 年第 14 期。
③ 陈骥：《中医药在澳大利亚的发展评述：回顾、现状与展望》，《中国中西医结合杂志》2017 年第 5 期。

总体呈现为：传入时期中医药被少数人接触和使用，但它的传入为后来的发展奠定了基础；萧条时期的中医药发展受到限制，进入困境；复苏时期发展环境改善，中医药类别增加，但规模仍然较小，发展水平低；发展期之后中医药发展迅速，包括中医从业人员增加、中医诊所和中药店的经营规模扩大、中医药教育模式完善、两国中医药贸易交流合作增加等。至今中医药在澳大利亚以补充和替代医学角色发展，在健康管理服务中发挥了重要作用，也促进了中国和澳大利亚中医药事业协同发展和互利共赢。

（二）澳大利亚中医药发展现状

1. 澳大利亚中医药发展基础

澳大利亚拥有发达的医疗卫生系统和良好的医疗卫生环境，在联合国发布的《世界幸福报告》中位居前列，这和当地居民的生活状态和稳定的社会环境分不开，多元化的社会融合政策也给中医药带来了发展契机。依据澳大利亚统计局公布的数据，中国大陆移民人口从 2015 年到 2020 年由 508870 人增长至 650640 人，在澳大利亚所有移民国家中排在第 3 位，中国香港移民人口也从 95050 人增长至 104760 人，进入澳大利亚的华人数量增加，加速了中医药文化的传播，也给当地带来了中医药发展需求。澳大利亚是全球第一个为中医立法并将中草药直接按药品注册与化学药同等管理的西方发达国家，[①] 并且澳大利亚对中医药接受度和认同度较高，新药注册制度在澳大利亚发展日益成熟和完善，其中草药产品的注册管理为中医药全球推广打下了基础。

2. 澳大利亚中医药发展范围

因人口密度小，中医诊所分布密度小，在澳大利亚接受中医药信息和服务的受众通过医学从业人员、网络、亲戚朋友推荐渠道来获取。[②] 就其中医

---

① 宋永军、刘建勋、李浩：《澳大利亚中药监管与审批现状及我国中药产品注册分析》，《中国现代中药》2021 年第 5 期。

② 赵娣：《2012～2017 年中医澳大利亚传播的本土研究现状分析》，《国际中医中药杂志》2019 年第 2 期。

馆的地区分布而言，影响力较大的北京同仁堂主要分布在澳大利亚的墨尔本、悉尼、布里斯班等地，此外还有国医馆、中医中药针灸诊所、养生堂、保健堂等中医馆也分布在澳大利亚各地区。中医药的传播被澳大利亚的主流媒体《先锋太阳报》、《星期日电讯报》、《悉尼晨锋报》以及《时代报》等报道，比人际传播更加便捷有效。澳大利亚中医药发展范围除了医疗行业，还包括中医药教育、中药贸易、中医学术交流等。

3. 澳大利亚中医药发展领域

（1）中医药从业市场

进入 20 世纪以后，随着中医药市场需求增加，针灸师、中医师和中药配药师也随之增加，本土的从业人员加入澳大利亚全国注册和认证方案（NRAS），标志着中医与其他医疗行业享有同样的法律地位。中医具体的服务包括针灸、艾灸、推拿、拔罐、健康管理等，执业地点均为私人诊所和中医馆。制订疾病治疗计划、中医开方配药和实施针灸选穴针刺是中医临床诊疗中的重要能力指标。

（2）中医药学术组织

截至 2021 年 12 月，世界中医药学会联合会已拥有 72 个国家和地区的 277 家团体会员、204 个分支机构，[1] 是世界卫生组织确定的全面合作伙伴，在中国抗疫中扮演着重要的角色。而澳大利亚全国中医药针灸学会联合会（FCMA）是世界中医药学会联合会创始会的主要推动者之一，另外还有 4 家具有代表性的中医药学会分别是澳大利亚自然疗法协会、澳大利亚针灸中医学会、澳大利亚传统医学学会以及澳大利亚中医学会，[2] 学术组织助力澳大利亚中医药事业的发展，促进澳大利亚中医药执业同行的联谊和中医学术团体合作交流。

（3）中医药教育

高等教育方面，澳大利亚目前共有 3 所综合型公立大学开设了与中医相

---

① 国家中医药管理局：《第十八届世界中医药大会在香港举办》，中国政府网，2022 年 1 月 4 日，http://ghs.satcm.gov.cn/gongzuodongtai/2022-01-04/23983.html。

② 赵娣、张四红：《澳大利亚中医针灸传播者的类型和现状分析》，《中医药导报》2018 年第 21 期。

关的课程,[①] 包含皇家墨尔本理工大学、悉尼科技大学和西悉尼大学。同时个别私立机构开设中医药教育课程,并在汉办的支持下建立了中医孔子学院(Chinese Medicine Confucius Institute),其中医孔子学院数量居全世界第二,并长期与南京中医药大学形成教育和科研合作,澳大利亚在全球发达国家中医药教育领域中属于排名较前的国家。[②]

(4)中药贸易市场

根据 2019 年中国医药健康企业海外并购与交易情况,美国虽为中国企业在海外并购的首选国家,但在澳大利亚具备优势的营养健康企业则是近几年中国企业为了满足国内市场需求的另一种海外选择,随之也促进了近年来澳大利亚中医药企业规模的不断扩大。国家辅助医学研究所(NICM)已开展对 80 余种中药材的栽培和种植研究,例如藿香、荆芥、紫苏、黄芪、桔梗等十几味中药材已经在澳大利亚成功试种。中草药补充药物的获取,不仅可在中药房和药店购买,也可在澳大利亚的商铺购买,亚洲超市和保健品药店也有出售,购买简便。2018 年中药进口量已达 1.80 万吨,进口额达 3706 万美元,平均进口量年增长率约 9.8%,近年来保持着稳步增长的趋势。[③]

4. 澳大利亚中医药发展的优势与不足

从传入至今,中医药在澳大利亚的执业人员注册、中药专利药品监管等政策较为完善,注册人员规模增大、中药贸易市场规模扩大、中医药教育基地资源优厚都是中医药发展的优势。澳大利亚作为多元化国家,提供了良好的发展环境,促进了中医药文化融入当地。但中医药在澳大利亚目前大多以

---

① Baer, H. A., "The Drive for Legitimation in Chinese Medicine and Acupuncture in Australia: Successes and Dilemmas", *Complementary Health Practice Review* 2 (2007): 87.

② 沈云辉:《澳大利亚中医药教育现状及对中医药国际化传播的思考》,《中国中医药现代远程教育》2020 年第 18 期。

③ 宋永军:《澳大利亚中药监管与审批现状及我国中药产品注册分析》,《中国现代中药》2021 年第 5 期。

诊疗技术和中药产品形态呈现，① 对中医药文化认同，以及人才培养、相关法律的完善有待进一步研究和推进。

（三）澳大利亚中医药发展市场特征分析

1. 澳大利亚人口健康和医疗体系状况

截至 2021 年 6 月 30 日，据澳大利亚统计局（Australian Bureau of Statistics，ABS）统计，澳大利亚的人口为 25739256 人，拥有世界第六高的男性和女性预期寿命，截至 2018 年 12 月，澳大利亚全国健康初步调查显示，67% 的成年人超重或肥胖，47% 的澳大利亚人患有一种或多种慢性病，480 万澳大利亚人有精神或行为问题。2020 年全国死亡的主要原因是缺血性心脏病（IHD），占所有死亡人数的 10.3%，死亡人数是排名第二的疾病（痴呆症）的 2 倍。从 2021 年的数据得知，全科医生仍是澳大利亚最常见的卫生专业人员，但是 21.7% 的人等待医疗专家预约的时间超过了他们认为可以接受的时间，而等待全科医生预约的人的比例为 16.6%。2020~2021 年由于受新冠肺炎病毒的影响，超过 1/4 的人针对自己的健康至少接受了一次远程医疗咨询，尤其是对全科医生的咨询达 23.6%。澳大利亚是实行全民医保的国家，拥有完善的全民公费保健系统，实施全民医疗保险（Medicare）制度，强制实施国民医疗津贴和药品津贴计划，拥有私人医疗保险的人口比例从 2019~2020 年的 56.5% 增加到 2020~2021 年的 58.1%，医院保险和附加险是最常见的私人健康保险类型。

基于澳大利亚标准职业分类（ANZSCO），专业卫生人员分为健康诊断和促进专业人员、健康治疗专家、医生、助产士和护理专业人员四类，中医药服务属于健康治疗专家下的补充健康治疗师范畴，包含了针灸师和中医师，在标准职业分类（ANZSCO）中属于 ANZSCO Skill Level 1 的技能水平，需要注册和获得许可。

---

① 陈骥：《中医药在澳大利亚的发展评述：回顾、现状与展望》，《中国中西医结合杂志》2017 年第 5 期。

2. 澳大利亚中医药发展规模和潜力

2000 年颁发的《中医注册法》中将中医药类医疗人员按中医师、针灸师和中药配药师 3 个专业注册，[①] 根据澳大利亚中医药管理局发布的数据，截至 2021 年 12 月，注册中医药类医疗人员的人数有 4931 人，分布情况如表 1 所示，注册人员年龄在 25~80 岁，45~49 岁年龄段最多，男性占42.5%，女性占 57.5%。其中绝大部分人同时完成针灸师注册。据有关服务场所统计，截至 2019 年 12 月澳大利亚开业的中医针灸诊所和中药房已达 4000 多家。[②] 中医药类医疗注册人员和中医诊所规模相比于过去呈上升趋势，并且得益于中医药教育规模的扩大，在当地已开设 13 所孔子学院，对中医药文化的输出起到重要作用，再加上后疫情时代的需求，给中医药后期发展带来了更大的发展空间。

表 1 澳大利亚中医药类医疗人员注册情况分布

单位：人

类型	ACT	NSW	NT	QLD	SA	TAS	VIC	WA	No PPP	Total
针灸师	25	423	7	608	126	24	396	112	25	1746
针灸师和中药配药师				2						2
针灸师、中药配药师、中医师	13	602	3	70	12	7	281	42	30	1060
针灸师和中医师	34	902	3	223	65	20	597	113	66	2023
中药配药师		30		2			3	2	1	38
中药配药师和中医师		11		1	1		4	1	2	20
中医师		16		8			17		1	42
总数	72	1984	13	914	204	51	1298	270	125	4931

注：ACT——首都领地；NSW——新南威尔士；NT——北领地；QLD——昆士兰；SA——南澳大利亚；TAS——塔斯马尼亚；VIC——维多利亚；WA——西澳大利亚；No PPP——非上述地区。

资料来源："Chinese Medicine Board of Australia Registrant data"，31 December 2021，www. chinese medicineboard. gov. au/Registration. aspx.

[①] 李佳烨、柴铁劬：《澳大利亚中医药全面立法后的发展现状》，《世界中医药》2020 年第 20 期。

[②] 宋永军：《澳大利亚中药监管与审批现状及我国中药产品注册分析》，《中国现代中药》2021 年第 5 期。

3. 经济和社会环境对澳大利亚中医药发展的影响和冲击

据澳大利亚统计局（Australian Bureau of Statistics，ABS）数据，受疫情影响，在部分地区受到封锁限制的不利影响后，澳大利亚GDP降至新冠肺炎疫情前水平以下。2019~2020年的经济活动受到新冠肺炎疫情大流行和丛林大火的影响，人均GDP下降1.7%。封锁的影响在一系列关键经济统计数据中都有明显的表现，特别是在家庭消费方面，家庭最终消费支出下降。医疗保健相关服务消费也显示为下降，由于选择性手术、牙科和其他相关服务的封锁限制，私人医疗保健和社会援助下降，同样，中医药医疗服务也受到封锁限制。

澳大利亚属于英联邦中的发达国家，是个典型的多元文化移民国家，多元文化背景促进了中医药文化的传播，尽管中医药在当地有了合法地位，但其理论体系与西方医学体系相差较大，也存在文化差异而不被认同的情况。中医药发展受到一定程度上的经济和社会环境影响，但中医药在澳大利亚的发展是显而易见的，具有广阔的发展空间。

二 澳大利亚中医药发展重点与政策环境分析

（一）澳大利亚中医药发展重点与方向

1. 澳大利亚中医药现阶段发展重点

从19世纪中叶中医药开始传入到2000年，维多利亚州颁布了第一部《中医注册法》，澳大利亚的中医药发展逐渐步入正轨。中医药高等教育快速兴起，中医师的执业人数逐渐增多，执业范围不断扩大，执业要求更加严格，中医药的进口总量不断攀升。到目前为止，澳大利亚是除中国外唯一在公立大学设立中医药相关高等教育课程的国家，也是西方国家中进行中医药高等教育最成功的国家。数据显示，到2021年末，澳大利亚中医药类医疗人员总执业人数为4931人，中医药已被广泛应用于内、外、妇、儿各个病症的治疗。如今，澳大利亚全国约有5000家中医及针灸诊所，直接从中国进口的中药已经达到六成左右。

虽然中医药以及其延伸出的各个不同领域早已在澳大利亚这个海外国家中渗透，但是当前的范围和程度尚有不足。从总体上看，现阶段澳大利亚中医药主要的发展重点仍然是立法和教育这两个大方面，虽然澳大利亚的中医药立法较其他西方国家已经走在前列，但是当前的法律法规仍然存在许多不合理之处。虽然澳大利亚已经发展出了具有本土特色的中医药高等教育体系，但是仍旧缺乏如小学、中学等阶段的中医药教育。坚实的法律基础是支持澳大利亚中医药稳定发展的坚强后盾，杰出的中医人才是保证澳大利亚中医药快速发展的有力保障。只有稳固了立法和教育这两个基础方面，才能使中医药向外更好地生根发芽。[①]

2.澳大利亚中医药未来发展方向

虽然现阶段中医药在澳大利亚的总体发展前景是光明的，但仍然存在一些不足之处，部分法律法规的出台导致澳大利亚对于中医药的管制比以前更加严格，其中某些中医药管理条例与当前的行业现状不相适应。例如，因澳大利亚本土气候环境问题，所需中药材大部分需要直接从中国进口，而澳大利亚的中药材检疫管理非常严格，许多动物、植物类中药材很难进入，这就大大降低了中医药在澳大利亚所能发挥的作用，未来应该进一步对现存立法进行优化、出台新的法律法规，查漏补缺，使其更加符合实际情况。在教育方面，由于中医药的学习对语言能力有较高的要求，澳大利亚中医注册局对注册中医师使用英文书写病历以及开中药处方的个人能力非常重视。目前，加拿大哥伦比亚省是西方国家中少数几个允许使用中文学习中医、考中医执照、写病历的地区，未来澳大利亚应该更加重视相关语言教育，开放更多地区使用中文学习中医药，以吸引更多中国人才助力澳大利亚中医药的发展。此外，中国作为几千年的文明古国，与澳大利亚等西方国家的历史文化背景有较大差异，人们的哲学思维、价值观不同，且缺少深入的推广和传播交

---

① 梁瑜：《中医药在澳大利亚的历史、现状分析及展望》，《世界中西医结合杂志》2019 年第14 期。

流，澳大利亚人民对中医药的文化内涵理解不足，对中医药的认同和接受存在一定困难，这又在一定程度上限制了中医药在澳大利亚的发展，未来澳大利亚政府需要进一步加强中国历史、文化等的宣传和教育。可将中医药知识融入小学、中学阶段的教育中，引进更多中国中医药典籍，培养更多有志于从事中医药的年轻人，帮助澳大利亚国内已从事中医药相关人员更加深入地理解中医经典。①

（二）澳大利亚中医药发展政策和法规体系

1. 澳大利亚中医药发展政策概况

澳大利亚的中医药自开始发展起，几十年来虽然没有得到大范围的传播，但也没有受到很多的限制，直到 1901 年澳大利亚建立联邦政府，推行"白澳"政策以限制外来移民。虽然这不是直接针对中医药的政策，但是政策推行后许多州开始禁止华人入澳并驱逐本地华人以及其他移民，由于作为外籍人员自身的地位不合法，间接地导致这一时期中医药活动备受阻碍。直到 1972 年 12 月，"白澳"政策被正式废除，多元文化主义政策逐渐形成，加之中澳两国开始建交，促进了中医药事业的复苏，此时期的澳大利亚政府虽然没有正式发文承认中医药的合法地位，但也没有明确的禁令禁止中医药，而是将其划入了"商业经营"的范畴，此后越来越多的澳大利亚人开始重新接触、了解、学习中医药，并且对于使用中医药来进行治疗的总体接受度也不断上升。

2. 澳大利亚中医药发展法规体系概况

澳大利亚的中医立法经历了调查研究、公开论证和实施立法三个阶段，20 世纪 90 年代，维多利亚州政府成立了中医调研委员会，开始着手研究中医在澳大利亚立法的可行性，在完成调研报告以及向公众进行正式答辩之后政府发布讨论文件，采纳全国人民以及国内外专家具有建设性的意见，最后由维多利亚州卫生部进行法案的起草，直到 5 年后的 2000 年 5 月 16 日，澳

---

① 李佳烨：《澳大利亚中医药全面立法后的发展现状》，《世界中医药》2020 年第 15 期。

大利亚维多利亚州总督宣布签署最终文件，标志着《中医注册法》正式生效，[1] 这是西方社会为中医立法的里程碑事件，标志着中医在澳大利亚实践的合法性得到保障，大大促进了中医药在澳大利亚的发展。2005 年，西澳大利亚州卫生部发布了《关于西澳中医执业者管理条例的讨论文件》，文件中指出，该州应与维多利亚州的中医注册委员会合作，对中医师进行联合监管。2012 年《全国注册与认证条例》发布，中医职业被纳入《医疗从业者管理国家法》，澳大利亚对中医执业者进行全国范围的注册管理，同时发布了包括《英语技能注册标准》《过渡期原有资格认定和普通注册资质标准》在内等多份文件，设置了国内进行中医药相关的教育培训等必须达到的最低标准，这是西方国家第一次对中医进行全国性的立法管理，旨在促进各医疗行业的流动性、统一性高效率、共协作和透明度。澳大利亚中医法规体系一步步完善的过程，是中医药地位在澳大利亚不断上升的过程，也是中医药在澳大利亚逐渐向前向好发展的证明。

（三）澳大利亚中医药发展人才培养体系

1. 澳大利亚中医药发展人才培养概况

因在西方国家中，中医药传入澳大利亚较早，经过多年的发展，当前政府对于中医药重视程度较高，且澳大利亚的中医药具有立法基础，所以其中医药教育教学水平在西方国家中处于领先地位，澳大利亚正规的本硕博中医药专业教育早在 20 世纪 90 年代就已经被纳入正规的高等教育体系。虽然中医药被纳入高等教育体系的时间较早，但是总体来看范围仍然较局限，当前澳大利亚开设中医课程的高等专科院校主要有 3 所——澳大利亚自然健康学院、悉尼中医学院和南部自然疗法学院，提供包括针灸学、物理疗法、营养与饮食医学等多种高等教育课程，学生们不仅需要完成理论学习，还需要完成较长时间的临床实践考核，合格后才允许毕业。此外皇家墨尔本理工大学、悉尼科技大学、西悉尼大学是另外 3 所设有中医学本科学历教育的综合

---

① 江南：《中医药在澳大利亚的传播和发展》，《中国民族民间医药》2015 年第 24 期。

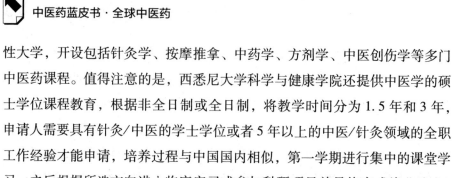

性大学,开设包括针灸学、按摩推拿、中药学、方剂学、中医创伤学等多门中医药课程。值得注意的是,西悉尼大学科学与健康学院还提供中医学的硕士学位课程教育,根据非全日制或全日制,将教学时间分为 1.5 年和 3 年,申请人需要具有针灸/中医的学士学位或者 5 年以上的中医/针灸领域的全职工作经验才能申请,培养过程与中国国内相似,第一学期进行集中的课堂学习,之后根据所选方向进入临床实习或参加科研项目并最终完成毕业论文;与西悉尼大学不同,皇家墨尔本理工大学所开设的中医药硕士学位课程则为中草药应用科学、针灸应用科学以及补充医学,学制在 2~4 年,不同本科学位的学生所能申请的硕士学位也有所不同,重点是培养学生独立的科研能力以及撰写论文的能力,该大学生物医学及健康科学学院同时开设补充医学研究型博士学位,学制更长(3~8 年),要求更高,培养学生独立监督研究的能力并同时得出重要的原始研究成果,致力于提高澳大利亚传统医学和补充医学的科研水平,并以循证医学为基础,希望在这些博士的研究培养过程中能够阐明传统疗法以及补充替代疗法的治疗原理。①

2. 澳大利亚中医药发展人才的继续教育

近年来,澳大利亚中医药的继续教育课程主要开设地点为一些大学和私立学院,其中只有部分继续教育课程会发放合格证书,授课时间差距较大,在 5~3000 小时不等,已经具有执业医师资格的医生再进修或者为了拿到某协会的会员资格而参加的继续教育课程,时长则缩短为 50~250 小时。澳大利亚的中医药学术组织在中医学继续教育及传播中起到非常重要的作用。目前澳大利亚国内总计有 20 个以上的中医药相关学术组织,其中主要包括:澳大利亚中医学会,于 1999 年正式注册,下设澳大利亚中医骨伤学会、太极气功协会、中澳老年协会,为会员提供急救等培训课程,开展高水平的学术研讨会以及提供其他继续教育课程;澳大利亚全国中医药针灸学会联合会,于 1991 年成立,经常为不同水平的从业者或对中医药领域有兴趣的个

① 陈旖旎:《澳大利亚中医药学历教育发展现状及分析》,中国中医科学院硕士学位论文,2017。

人或团体举办研讨会、讲座或国内国际会议，与国内的院校合作紧密，共同助推澳大利亚中医药的广泛传播和发展；澳大利亚针灸中医学会，于1973年成立，它的宗旨是为发展针灸事业和提高针灸教育水平提供空间。①

3. 澳大利亚中医药发展人才需求调研分析

澳大利亚中医药体系发展日趋完备，全国人民对于中医药的接受程度正在逐渐升高。全国中医药从业人员由澳大利亚中医委员会监管，澳大利亚中医委员会于2021年发布的数据显示，到2021年12月底，澳大利亚全国共有4931名注册中医药类医疗人员，女性占57.5%，男性占42.5%，绝大部分从事的是针灸和中药治疗。2005年澳大利亚皇家墨尔本理工大学世界卫生组织传统医学合作中心举行了为期12个月的全国范围群体调查，结果显示，高达93%的全科医生在临床中使用过一次或多次的中医药补充替代疗法，约有24.5%的成年澳大利亚人接受过针灸、按摩等方法治疗。粗略统计，成年澳大利亚人在此周期内约有323万次针灸、推拿或整骨，可以看出，澳大利亚人民对于中医药的整体需求是较高的，但是当前澳大利亚总人口约为2570万，注册中医药类医疗人员仅占总人口的0.019%，在中国14亿庞大的人口基数下，中医药类医疗人员的占比仍达到了0.048%。从总体上看，澳大利亚注册中医药类医疗人员总量较少，需求较大；从人才特点来看，当前澳大利亚注册中医药类医疗人员的学习重点集中于针灸和中药，对于其他中医药特色补充疗法的了解和掌握，远远不及针灸和中药深入，未来澳大利亚需要优化教育教学，培养更多掌握多种中医药知识的优秀人才，助力中医药全面发展；从人才的分布来看，统计数据显示，澳大利亚60%以上的中医药从业者分布于新南威尔士州和维多利亚州，② 其余4个州的居民对于中医药人才的需求自然就会提高，此外60%以上的中医药从业者在40~65岁，大多数为中年人甚至老年人，揭示了澳大利亚中医药行业对于

① 沈云辉：《澳大利亚中医药教育现状及对中医药国际化传播的思考》，《中国中医药现代远程教育》2020年第18期。
② 任晏华：《文化认同视域下中医药在澳大利亚的传播研究》，南京中医药大学硕士学位论文，2019。

年轻人的吸引力可能存在不足，如果缺乏新鲜血液的注入就会导致若干年后澳大利亚对于中医药人才的需求量进一步上升。

三 澳大利亚中医药发展趋势与对策

（一）澳大利亚中医药发展存在的问题和面临的挑战

1.澳大利亚中医药发展存在的问题

（1）人才培养体系有待完善

杰出的中医人才是保障中医药高质量发展的关键因素，随着澳大利亚中医药的不断发展，人才需求也进一步扩大，但现实中人才供给的短板构成了发展矛盾。当前澳大利亚注册中医药类医疗人员仅占总人口的 0.019%，中医药从业者中缺少年轻血液，且中医学习重点目前仅主要集中于针灸和中药。

（2）中医药法规建设有待健全

坚实的法律基础是澳大利亚中医药稳定发展的坚强后盾，虽然当前澳大利亚对中医的地位予以认可和保护，但其实际发展中仍存在壁垒。部分法律法规的出台导致澳大利亚在中医药管制方面相比以前更为严苛，其中某些规定和条例与当下中医药行业的发展并不匹配，还有待进一步优化。

（3）中医药科学性认识有待提高

由于东西方思维固有的差异，外加中医药的某些方面确实缺乏严谨的科学证据，导致中医药科学性在澳大利亚高等学府的认同不高。[①] 因此，尽管中医药研究在澳大利亚研究界非常活跃，但某些科学成果也引发了一些争议，这从一定程度上阻碍了中医药的国际化进程和发展。

（4）中医药课程体系标准有待规范

在澳大利亚中医药教育中，由于文化背景不同，澳大利亚中医药学习者对于阴阳五行、辨证论治等概念难以准确理解，文化交流还不够充分。同时

---

① 苗沈超：《澳大利亚高等教育与中医的传播》，《文化软实力研究》2021 年第 1 期。

中医药课程体系标准有待规范，当前仍存在课程内容、中医药译本、专业名词术语标准化不一等问题，这对中医药教育的质量都有着极大影响。

（5）中医药用药范围有待扩大

澳大利亚这个国家本身并未自主开展中药的生产，对中药的大面积种植、药效分析等方面还缺乏全面了解，所以澳大利亚国内使用的中药大多从中国进口。[①] 中医中常用的虫类、动物类以及部分植物药因其毒性而被禁止使用，大大限制了中医药的用药范围，影响了中医药治病的疗效，从而影响了中医药在澳大利亚的进一步传播。

2. 澳大利亚中医药发展面临的挑战

中医药作为打开中华文明宝库的钥匙，不仅拓宽了澳大利亚健康领域的研究面，也为澳大利亚人民从理论知识和治疗实践两方面了解中国文化提供了一条新路径。作为我国"一带一路"沿线主要国家之一，澳大利亚在中医药高等教育培养模式上也做了积极探索，可谓发达国家中最重视中医药高等教育的国家。[②] 但中医药事业在澳大利亚国内发展依然险阻重重，充满挑战。受近年来中澳两国关系出现不稳定状态的影响，部分澳大利亚主流媒体对中医药的某些方面进行了抨击，这造成了中医药形象受损，也影响着澳大利亚民众对中医药的看法。随着"一带一路"倡议深入推进，中澳两国相关政府机构也在积极推进中医药事业发展，渴望以此作为提升两国关系的重要推进器；反之，健康良好的中澳关系在某种程度上有助于促进中医药的全面发展。[③] 澳大利亚的中医药高等教育范围相对比较局限，有限的几所大学或学院提供的学位教育主要集中在本科生教育，能够提供研究生学历教育的仅有少数一两所大学，同时中医药相关专业的授课主要由大学里的健康学院来承担，与西医的临床医学院的学习教育完全区分开来，就教育主体承担对

---

① 李佳烨、柴铁劬：《澳大利亚中医药全面立法后的发展现状》，《世界中医药》2020 年第 20 期。

② 梁瑜、张卫、李艳彦等：《中医药在澳大利亚的历史、现状分析及展望》，《世界中西医结合杂志》2019 年第 5 期。

③ 苗沈超：《澳大利亚高等教育与中医的传播》，《文化软实力研究》2021 年第 1 期。

象而言，中医药教育处于临床医学治疗之外的替代医学和补充医学的角色，[①] 因此，中医药学习者到医院的临床实践机会也较少。另外，澳大利亚与我国有着不同的历史文化背景，要让澳大利亚民众、大学生甚至从教的本土教师对中国文化、中医药文化、中医药价值观、中医哲学思维等方面能理解接受，也需要一个比较漫长的过程，长此以往中医药有被边缘化趋势。中医药在澳大利亚的进一步发展，离不开相应的社会人文环境的营造，培育适合中医药传播的文化土壤，才能使中医药真正走进并服务澳大利亚民众。

（二）澳大利亚中医药发展前景

1.澳大利亚中医药发展的预期

目前，澳大利亚民众对中医药的接受程度总体呈上升趋势，中澳两国在经济、文化、科研等领域关于中医药的合作也日益频繁，总体来讲，和平共处的国际环境为中医药在澳大利亚进一步发展提供了难能可贵的机遇。新冠肺炎疫情全球大流行以来，中医药诊疗方案和诊疗效果也为全球有目共睹，越来越多的国家开始尝试中医药抗击疫情，中医药疗效的国际认可度和影响力持续提升。在"一带一路"倡议向纵深推进的背景下，加之国内各项政策的大力支持和澳大利亚中医药发展的良好基础，澳大利亚中医药的国际合作方面将得以进一步深化，中医药服务与产品应用范围将进一步扩大，中医药在澳大利亚及国际传统医学领域的话语权和影响力也将日趋提升。

2.澳大利亚中医药发展产业体系与组织生态

当前，以同仁堂为代表的我国一批中药企业，包括兰州佛慈制药、天津乐仁堂、广州奇星药业有限公司等都在澳大利亚开展了中医药贸易服务。有600~800种中药和500多种中成药获准在澳大利亚市场上销售，这其中大约

---

① 沈云辉、王硕、郑林赟：《澳大利亚中医药教育现状及对中医药国际化传播的思考》，《中国中医药现代远程教育》2020年第17期。

有 60%是从我国进口的。① 随着中国企业"走出去"水平不断提升，我国也将着眼于中医药国际市场的准入，在推动中医药贸易合作的进程中进一步构建中医药发展的新优势。

除此之外，中医药产品、中药材产业合作在澳大利亚也有很大的发展空间。在健康产品共同研发合作方面，利用澳大利亚丰富肥沃的种植资源开展中药种植合作，建立全球中药种植和样本数据库等方面大有可为。中澳曾合作实施"百人百药"健康产品计划，即将传统中医药配方与西方草本相结合，通过科学配比、成分分析等改良措施，生产出符合澳大利亚药物标准的产品，从而推动中医药产品及产业走向国际市场。② 中医药具有丰富的养生经验和文化，而澳大利亚在健康产品研发和生产方面具有较为先进的技术，中澳之间可以因地制宜、强强联合，发挥各自已有优势，同时结合澳大利亚本土天然植物药，合作开发出更多更好的健康产品，抑或通过建设中外合作产业园、中药材海外基地等方式联合开展药用植物的保护、开发与利用，进一步加强中药材产业合作。

3. 澳大利亚中医药国际合作和组织发展

（1）开展合作办学

澳大利亚目前共有 3 所综合型大学开设了与中医相关的课程，并在中国国家汉办的支持下建设了全球第二家中医孔子学院。3 所大学即皇家墨尔本理工大学（RMIT）、悉尼科技大学（UTS）和西悉尼大学（WSU）在办学过程中分别与南京中医药大学、成都中医药大学、北京中医药大学有着不同形式的合作关系。

（2）共建研究中心

皇家墨尔本理工大学、阿德莱德大学等澳大利亚的许多知名综合性大学都建有中医或者传统医学研究中心，如西悉尼大学和中国中医科学院西苑医

---

① 梁瑜、张卫、李艳彦等：《中医药在澳大利亚的历史、现状分析及展望》，《世界中西医结合杂志》2019 年第 5 期。

② 樊海旭、杨牧：《澳大利亚举行国际中医论坛　探索中医药走向世界新途径》，人民网，2017 年 12 月 4 日，http://world.people.com.cn/n1/2017/1204/c1002-29683799.html。

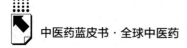

院合作建立了中澳中医药国际联合研究中心，国内多所中医药大学和澳大利亚均有持续开展广泛的中医研究合作。

（3）依托中医药学会增强合作

澳大利亚共有5个全国性的中医药协会，即澳大利亚针灸中医学会（AACMA）、澳大利亚全国中医药针灸学会联合会（FCMA）、澳大利亚传统医学学会（ATMS）、澳大利亚昆士兰草药学会（QHS）和澳大利亚国立草药师协会（NHAA）。① 各类学会通过开展国际学术研讨会、共建中医药相关机构等方式，不断增强中医药国际合作与交流。

（三）澳大利亚中医药未来发展的基本思路

1. 完善澳大利亚中医药发展政策建议

（1）立足"一带一路"倡议加强中医药文化传播

文化是一个与民族血脉相连最深沉、最牢固的因素，也是一个民族沉淀下来的民众智慧结晶，因此中医药文化作为中华传统文化的重要组成部分，是传播我国大国形象的重要载体。中医药在澳大利亚的发展和传播需要搭建多渠道、多层次的宣传平台，要从民间和官方多个口径，从文化、政策、服务等多个层面去发出中医药的声音，多措并举帮助澳大利亚民众加强对中医的全面认识，夯实中医药发展的良好群众基础。

（2）增加国家汉办对澳大利亚中医孔子学院的资助

习近平总书记访问澳大利亚时说，中医孔子学院把传统和现代中医药科学同汉语教学相融合，必将为澳大利亚民众开启一扇了解中国文化新的窗口。② 因此，中医药文化传播、中医药治疗疗效宣传亦是孔子学院作为国家交流平台的重要职责之一，国外友人通过孔子学院了解中国，了解中医药在临床治疗、疫情防治、疾病预防、养生保健方面的独特价值。国家

---

① 梁瑜、张卫、李艳彦等：《中医药在澳大利亚的历史、现状分析及展望》，《世界中西医结合杂志》2019年第5期。
② 习近平：《中医孔子学院将有助于澳民众了解中国文化》，中国政府网，2010年6月20日，http：//www.gov.cn/ldhd/2010-06/20/content_ 1631961. htm。

汉办要大力支持和资助中医孔子学院的办学，丰富教学资源、创新文化传播活动，进一步发挥中医孔子学院对澳大利亚中医药发展的促进作用。

（3）国家中医药管理局牵头进一步增强国际合作

国家中医药管理局承担着组织开展中医药国际推广、应用和传播的工作职责，应积极与澳大利亚相关政府部门、行业组织等强化沟通，深化合作伙伴关系，纵深推进中医药在澳大利亚的发展。[①] 通过国家中医药管理局的统筹部署和资源协调，以中医药发展为中心促进学术界、文化界、医学界在科研合作、文化互通互鉴、交流互访等方面有更进一步的协同发展，全方位、多层次构建起与澳方的合作新局。

（4）持续推进相关法律的建立和完善

中医尽管在澳大利亚拥有了合法地位，但仍被界定为一种健康科学，而不是医学专科，且中医针灸在澳大利亚并没有获得医疗费用补贴。当前澳大利亚法律法规的某些管理条例与中医药行业发展还并不相称，在一定程度上也制约了中医的发展。全面立法管制后出现的各类现实情况仍需要在不断的探索中逐步完善，相关管理条例也需要更多的时间去检验和磨合改进。

（5）为中药贸易提供政策支持

国际贸易是推动两国文化交流、事业发展的重要举措。我国应重视与澳大利亚的中药国际贸易事业发展，认真研究澳大利亚对外贸易相关法律法规，通过两国积极对话和协商，尽可能消除中药国际贸易的壁垒，扩大中药服务贸易在澳大利亚的国际市场准入份额。国家也要积极鼓励国内一些有条件的中医药机构广泛参与到"一带一路"建设中来，为中药服务贸易发展提供全方位的公共资源保障。[②]

---

① Fang L. , Wang B. , "Study on Current Trends in the Development of Traditional Chinese Medicine in Australia and Policy Proposals of Internationalization of Traditional Chinese Medicine Education in Future", *Chinese Medicine and Culture* 2（2019）：135.

② 国务院：《国务院关于印发中医药发展战略规划纲要（2016~2030 年）的通知》，中国政府网，2016 年 2 月 26 日，http://www.gov.cn/zhengce/content/2016 - 02/26/content_5046678.htm。

2. 完善澳大利亚中医药发展人才培养体系

（1）开展院校合作

提升国内中医药高等院校国际教育水平，加强师资队伍建设，选送优秀国内中医教师赴澳教学、交流和培训。积极鼓励国家中医药高等院校"走出去"和动起来，以院校中医类相关的优势学科与澳大利亚各大医学院校和综合性院校开展学术交流，以本硕博学历教育共建及短期的非学历教育培训合作等多种模式促进澳大利亚本土的中医药人才和文化交流。[①]

（2）建立中医药教材全球标准

着力解决中医药教科书各类译本并存且翻译标准不同和翻译质量参差不齐的问题，规范中医药相关教材译本，统一专业术语的标准，建立标准规范化的中医药全英文课程体系，进一步提高澳大利亚本土的中医药高等教育教学质量。

（3）拓展培训合作

要与时俱进，用好互联网的信息工具，积极发展远程合作办学教育模式，搭建中医药培训课程云平台，为澳大利亚的中医药从业人员提供专业非学历教育和短期培训。同时，要深挖澳大利亚现代医学从业者主动学习中医药的潜能。澳大利亚相关高校和部门除了与国内知名中医药大学合作外，还可以把合作对象延伸到中国中医科学院，尤其是其附属研究机构，以及一些具有国际化视野的国内中医医院，从而丰富国内一线教师的引进渠道，并为澳大利亚中医药工作者提供更为多元的实践平台。

3. 推动澳大利亚中医发展创新模式的建议

在全球抗击新冠肺炎疫情的大背景下，我国更要积极出击，主动作为，进一步推进政府和国际卫生相关组织的框架下合作，以疫情为抓手，画好聚焦国际卫生事业繁荣发展的同心圆，画好聚焦科技交流、平台建设研发的同心圆，画好聚焦运用中西医结合提升世界疾病疗效的同心圆，进一步发挥中医药的重要作用。

---

① 国家中医药管理局：《关于印发〈推进中医药高质量融入共建"一带一路"发展规划（2021～2025年）〉的通知》，中国政府网，2021年12月31日，http://www.gov.cn/zhengce/zhengceku/2022-01/15/content_5668349.htm。

B.16
匈牙利中医药发展报告

欧阳静　冯居君*

摘　要： 中医药是中华民族的文化瑰宝，也是全世界人民共享的财富。匈牙利和中国具有很深的历史渊源，使得中医药在匈牙利有坚实的民众基础，中医药得到了匈牙利民众充分的信赖和支持。同时，匈牙利政府为中医药在匈牙利传播提供了立法和各种政策支持，民间团体、学术协会也展开多层次多方位的合作和交流，进一步促进了中医药在匈牙利的传播和发展。本报告对匈牙利中医药发展现状进行文献调查研究，在对匈牙利中医药发展环境分析的基础上，提出推动中医药标准化进程、加强两国在中医药方面的交流合作、促进中医药在匈牙利的普及教育和传播等，从而推动中医药在匈牙利的发展。

关键词： 匈牙利　中医药　中医药标准化　中医立法

一　匈牙利和中国

21世纪以来，中匈两国在政治经济、文化教育、科学技术等诸多领域展开深度合作取得丰硕成果，屡创多项"首个"纪录：匈牙利是欧洲首个和中国签订共建"一带一路"的合作国家，首个在国内推行人民币债券的

---

* 欧阳静，管理学博士，陕西中医药大学教授，主要研究方向为中医药产业、中医药健康经济与管理；冯居君，陕西中医药大学人文管理学院市场营销教研室主任，副教授，主要研究方向为中医药产业发展、中医药健康经济与管理。

欧洲国家，也是首个设立人民币清算行的欧洲国家，更是首个批准并使用中国疫苗的欧洲国家。

"一带一路"倡议提出后，匈牙利便表现出了积极热烈的响应。2015年6月，中国外交部部长王毅在匈牙利首都布达佩斯，同匈牙利外交与对外经济部部长西亚尔托签署了共同推进"一带一路"建设的谅解备忘录。这标志着匈牙利是首个与中国签署此类合作协议的欧洲国家，同时也意味着匈牙利是首个走上"一带一路"的欧洲国家。

匈牙利位于欧洲中部的内陆，在欧洲大陆上具有得天独厚的门户位置，其地理优势也意味着其在"一带一路"倡议中发挥着至关重要的作用。"匈塞铁路"向南延伸，经马其顿与希腊比雷埃夫斯港（比港）相连，打造"中欧陆海快线"。"匈塞铁路"与"中欧陆海快线"为中国对欧出口和欧洲商品进入中国开辟新的便捷通道。当前，匈牙利俨然成为中国在欧洲的主要商贸物品的集散地。

2015年6月27日，中国人民银行与匈牙利央行签署在匈牙利建立人民币清算安排的合作备忘录。6月28日，中国人民银行授权中国银行担任匈牙利人民币清算行，这是欧洲地区首个人民币清算行。建立人民币清算机制，将会进一步降低双方经贸成本，为两国深化合作开辟了新的空间[①]。

2015年11月25日，匈牙利与中国签署一项协议，该协议可使布达佩斯以人民币发行国家债券，匈牙利成为欧洲首个发行人民币债券的国家。

新冠肺炎疫情在全球肆虐以来，中国自始至终对疫情进行严格管控，也取得了显著的成效。疫情刚开始时，匈牙利就对中国政府在疫情形势下的防控措施表示坚决支持，并是首个向中国捐赠医疗物资的中东欧国家。相应地，匈牙利当地发生疫情后，中国政府也快速做出反应，并立刻组织抗疫物资援助匈牙利。疫情期间，中匈两国共克疫情，表现了两国之间坚定友好的

---

① 《中国银行举行匈牙利人民币清算行启动仪式》，中国银行网，2015年10月2日，https://www.boc.cn/aboutboc/bi1/201510/t20151003_5719375.html。

伙伴关系。2021 年 1 月底，匈牙利成为首个批准并使用中国疫苗的欧盟国家，首批购买了 500 万剂国药疫苗。①

二　匈牙利中医药发展史

（一）匈牙利中医药渊源

据史料记载，中匈两国历史渊源悠久，很多匈牙利专家学者认为匈牙利人是匈奴后裔，在一代又一代的文化传承中，中医学思想被继承和发扬，并植根于匈牙利民众的心里，使得中医药在匈牙利有非常好的民间基础。

追溯到中世纪，中医学的一些基本思想就经由丝绸之路从中国流传到西方国家。在距匈牙利首都 180 公里的墓穴内发掘出的史料中，明确记载了在 1300 年前通过针灸治疗疾病的现象。匈牙利藏书中也记载了中国针灸的针刺方式、治疗方法和相关效果等。这也显示出匈牙利很早便对中国传统针灸治疗方法有了深入的研究，并掌握了针灸应用技术和实践手段。

公元 11 世纪，阿维森纳撰写了《医典》这一经典著作，这一著作成为欧洲医学乃至西方医学的经典教科书，这部著作中就有关于描述中国诊脉治疗方面的内容。另外，被西方称为藏学研究创始者的匈牙利人——乔玛（1784~1842 年），在其著作《四部医典》内详细描述了藏药理论，这部医书广泛吸收了汉地传来的医药科学。

（二）匈牙利中医学会

1. 匈牙利医师针灸学会

20 世纪 70 年代起，受苏联的影响，匈牙利对中医针灸进行了基础研究，并开展针灸临床实践，中医药在匈牙利进入快速发展的初期阶段。匈牙

---

① 《首个签署"一带一路"合作文件的欧盟国家，又宣布一件大事》，中国一带一路网，2021 年 6 月 4 日，https：//www.sohu.com/a/391990441_ 120675263？_ trans_ = 000019_ hao123_ nbahttp：//www.myzaker.com/article/623ae1078e9f09013f3e90df。

利于 1987 年正式成立了针灸学会，并邀请了中国中医学家张缙教授（黑龙江省中医研究院原院长）受邀前往匈牙利传授针灸知识，深受欢迎。①

2. 匈牙利补充和替代医学联盟（UHCAMT）

补充和替代医学在疾病防治中发挥着非常重要的作用。早在公元前 16 ~前 11 世纪，就有中医治疗肿瘤的方法的记录。很多患癌病人将补充和替代医学（CAM）作为另外一种治疗选择。自 20 世纪 70 年代初以来，CAM 在癌症治疗中的应用已经扩展到全世界。

1992 ~ 1994 年，匈牙利国内掀起了中医的热潮，中医药的相关内容经常出现在电视、报纸、杂志上。中医药保健品对于当地人的保健与治疗起到了重要的辅助作用，被匈牙利人广泛接受，深受当地人的喜爱和推崇，如人参蜂王浆、五加参口服液、风湿膏、降脂降压胶囊等保健治疗药品。目前已经有几十种中医药保健产品同时获得匈牙利政府颁发的进口与销售许可证。

CAM 有两种最常用的方式，一是膳食补充剂，主要是服用维生素及矿物质等非处方天然产品；二是身心练习，包括瑜伽、冥想、针灸、按摩等。其中部分方法已经被证实可以起到改善癌症患者呕吐、疼痛等症状的作用，从而提高患者的生活质量。1996 年匈牙利补充和替代医学联盟（UHCAMT）成立，致力于推动包括中医在内的补充与替代医学的应用和发展。

3. 匈牙利中医药学会（HKOME）

2002 年 9 月，在匈牙利政府、匈牙利医科大学和中国驻匈牙利大使馆的支持下，以华人医师为主体的匈牙利中医药学会（HKOME）正式成立，该学会构建起华人医师与匈牙利政府有效沟通的渠道。

匈牙利中医药学会成立后，学会于福年会长积极争取中医在匈牙利合法行医的权利。在经学会与匈牙利卫生部等政府部门反复沟通以及多方努力下，2003 年 9 月 18 日，匈牙利卫生部正式批准中国医生拥有在匈牙利行医的合法权利。匈牙利中医药学会借助民间中医义诊活动来推广普及中医，通

① 陈晨：《针灸在匈牙利应用现状研究与展望》，《中国中医药现代远程教育》2020 年第 18 期。

过举办中匈双边医学学术研讨会收获一大批当地中医药工作者的支持，使得学会的影响力逐步扩大，学会规模迅速扩大，从最初的 20 多人发展到百余人，成为匈牙利具有重要影响力和代表性的中医团体，匈牙利中医事业发展驶入快车道。

匈牙利中医药学会（HKOME）自成立以来，多次组织国际性中医药学术交流研讨会，并在匈牙利巡回举办科普讲座，显著提升了中医学在匈牙利的知名度。该协会已累计治疗患者高达百万人次，在匈牙利拥有了极高的声誉。[①]

（三）匈牙利中医药立法

2013 年，匈牙利着手推动中医药立法工作；2015 年 9 月 19 日，匈牙利正式颁布中医药立法实施细则并生效实施。匈牙利成为欧洲首个也是唯一的为中医药立法的国家，是欧盟历史上唯一承认中国中医药大学五年制本科毕业证书的国家。[②] 匈牙利中医药立法是中医药在匈牙利医学发展史上的重要里程碑，它是在中匈两国政府的支持下、世界中医药学会联合会的指导下、匈牙利民众的大力支持下，以及匈牙利中医领域同仁的共同努力下获得的成果。

（四）中医师欧盟行医许可证

2016 年，匈牙利政府为中医师颁发欧盟行医许可证，结束了中医在匈牙利须在西医监护下行医的历史，中医获得独立行医许可。匈牙利政府对中医从业人员行医许可证的发放条件作出明确规定。

（1）申请人需要向国家医疗注册培训中心递交至少 5 年学历的中医药高等教育文凭、至少有 5 年中医药专业从业经历，并掌握专业语言，才有资格向有关当局递交申请。

---

① 巴拉蜡·佳浓斯：《匈牙利中医针灸发展和传播的研究》，《中医药导报》2017 年第 6 期。
② 夏林军：《匈牙利中医概况和中医立法后的思考（二）》，《中医药导报》2016 年第 9 期。

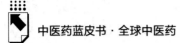
（2）学历证书须出示公证资料以证明申请人在其学校所学的课程及课时数，必要时该注册中心有权要求申请人面释所提交的资料。

（3）许可证有效期为 5 年，到期可申请延期，但申请延期的前提是申请人在过去 5 年期间有超过 2/3 的时间从事中医药专业工作。

（4）申请人应提供证明以证实在祖籍国从事中医药相关工作的单位没有任何刑事犯罪记录，也未曾被吊销过行医执照。

（5）该规定还对中医行医的卫生环境和相关设施做出了明确要求。①

三 匈牙利中医药发展现状

在中匈两国政府的积极推动以及匈牙利中医团体和社会各界的共同努力下，中医药在匈牙利取得长足发展。中医药事业在匈牙利经历了长达 30 余年的发展，已经成为匈牙利国家健康管理体系中重要的组成部分，中医药得以加入欧盟大健康计划。中医从业者经常为匈牙利人提供免费诊疗服务，这也使中医学在匈牙利获得了政府的认可和匈牙利国民的支持。

（一）匈牙利中医药临床实践

1.针灸应用

据史料记载，早在 1300 年前匈牙利人就把针刺技术运用到了临床实践中。1983 年，匈牙利考古出土了一个公元 7 世纪的盒子，盒中保存的古书对针灸治疗疾病的方式进行了记载。1986 年，匈牙利生物物理协会针灸研究组在匈牙利医学历史博物馆藏书中发现了一篇 1850 年用拉丁文撰写的博士论文，该篇论文出版于匈牙利的首都布达佩斯，作者 An-tonLaner，文章详尽地描述了针灸治疗方法，并附有 3 页彩色插图。

随着针灸技术在匈牙利医学治疗领域的推广普及，大量的有关中医针灸的论文在学术会议和医学刊物上发表，这些论文既有基础理论研究，也有临

---

① 《匈牙利中医立法实施细则颁布》，《世界中医药》2015 年第 10 期。

床治疗实践。目前针灸治疗手段得到匈牙利人的普遍接受和认可，许多患有风湿、神经痛以及消化道、呼吸道疾病的患者还会主动向医师提出采用针灸方式进行治疗。除此以外，针灸疗法还被广泛地运用到减肥方面。

2. 中草药应用

匈牙利大部分草药以花叶为主，矿物药、动物药和植物根茎几乎不被使用，通常情况下也不会炮制，更不会用复方。经过中匈药物专家的潜心研究和发现，当地的草药丰富多样，大约有几百种，而且部分草药和中草药药效相同，可以就地取材，发挥其价值。

1915 年以后，匈牙利先后成立药用植物研究所、生态学与植物学研究所，从英国、法国引种一些药用植物，进行了栽培，开展了植物药学、植物化学、植物生态学方面的研究。还建立了多家药用植物加工厂，研发、生产了一些植物药妆。

3. 自然疗法——温泉疗法

匈牙利拥有众多的温泉资源，被誉为"温泉之国"，匈牙利民众通过泡温泉来达到预防保健、休闲娱乐的目的。匈牙利的温泉不仅水质好，而且富含各种矿物质，80%的温泉具备医疗效果，对于皮肤、关节、肌肉的近 120 种疾病都有非常明显的治疗效果。匈牙利的医生有给患者开温泉处方的习惯，温泉治疗也被纳入了医疗保险。

（二）匈牙利中医药教育

1. 塞梅尔维斯大学

塞梅尔维斯大学成立于 1769 年，是匈牙利一所历史最悠久的医学院。匈牙利塞梅尔维斯大学与北京中医药大学经过长达两年多的磋商，最终达成共识，于 2001 年 11 月 7 日正式签订合同，成为国际姐妹学校。此后，双方在中医教学、中医药人才培养、科研和学术交流等领域开展多方面的合作，取得不错的成绩。

2004 年，黑龙江中医药大学和塞梅尔维斯大学合作办学，成立了"黑龙江中医药大学匈牙利分校"。2009 年，经匈牙利教育部的批准，黑龙江中医药大学匈牙利分校纳入塞梅尔维斯大学健康科学学院，为匈牙利培养了一大批本土的中医专业医生。该学院是正规的五年制的中医本科学位教育，学位包括学士、硕士、博士。中医本科毕业的学生可获得医师资格证，注册后即可从事中医临床工作。2017年两校共建"中国—中东欧中医药中心（匈牙利）"，在中药学领域开始展开深度合作。2018年10月10日华北理工大学校长朱立光教授亲临布达佩斯向双方合作的培植与研发基地项目的成功表示祝贺，并为"中东欧中药培植与研发基地"正式授牌。

2. 佩奇大学中医孔子学院

佩奇大学成立于1367年，是匈牙利第一所国立高等学府。匈牙利佩奇大学和我国华北理工大学于2015年联合创办了匈牙利佩奇大学中医孔子学院，该学院大力推动中医特色医学教育，开设了中医理论、中医养生、中医临床等课程。学院积极服务于中国中医药国际化发展战略，多次成功举办高端中医国际性学术性会议，如"一带一路"中医针灸国际会议、欧洲整合替代医学大会、中匈医学论坛等，增强了中医药领域在国际上的深入合作。

此外，学院还开展了面向匈牙利民众的公益性活动，全面推广中医药知识和文化。2017年12月11日，孔子学院主席、国务院副总理刘延东在西安的座谈会上发表讲话，充分肯定了中医孔子学院做出的巨大贡献，给予高度的赞扬。并特别提到，中医孔子学院为匈牙利民众提供中医义诊服务，既服务了当地民众，又起到广泛推广普及中医养生保健知识的作用，让匈牙利民众更好地了解中医和中华文化。同时，举办匈牙利医师中医知识和技能培训，提高匈牙利本地医生的中医诊疗水平和技能，为匈牙利民众带来实实在在的好处。

（三）中匈两国政府在中医药领域的合作

自1949年中匈建交以来，两国在各个领域始终保持着良好的合作关系，尤其是在医疗卫生领域展开了广泛深入的合作。1984年11月，两国政府在北京签署《中华人民共和国政府和匈牙利人民共和国政府卫生和医学科学合作协定》。2004年，匈牙利卫生、社会和家庭事务部部长克凯尼·米哈伊等一行人来华访问，与时任卫生部副部长兼国家中医药管理局局长佘靖进行了会谈，双方针对建立匈牙利中医医疗中心的具体事宜进行了商讨。匈牙利卫生、社会和家庭事务部部长指出，匈牙利国内越来越崇尚中医药，因此希望中方提供师资帮助在匈牙利大学开设中医课程，建立中医医疗中心进行诊疗和教学活动，为匈牙利国民提供医疗服务。

2013 年 6 月，国家卫计委陈啸宏副主任率领代表团访问匈牙利，与匈牙利人力资源部卫生国务部部长苏克斯卡进行会晤时明确表示，将会为匈牙利建立中医药中心提供大力支持和保障。匈牙利前总理迈杰希先生、国务秘书欧拉赫先生、匈牙利医学会分别对中国国家级中医药科研机构进行了访问，表达了在匈牙利发展中医药的强烈愿望。

2014 年 3 月，在国务院总理李克强和匈牙利总理欧尔班的见证下，国家卫生和计划生育委员会副主任、国家中医药管理局局长王国强与匈牙利人力资源部部长佐尔丹·鲍洛格在京签署了《中华人民共和国国家中医药管理局与匈牙利人力资源部中医药领域合作意向书》。意向书中明确了共建联合工作组，强化两国在中医药方面的合作，在匈牙利筹备建立"中东欧中医医疗培训中心"，以中医药领域为切入点，促进双方的交流合作、信息共享，开展学术交流、医疗合作、教育培训等，最终实现中东欧地区大规模普及中医药的目标。

2017 年 5 月，习近平主席与欧尔班总理宣布建立两国全面战略伙伴关系，尤其是要促进医疗卫生方面的双边合作，特别是强化中医学方面的科研合作，推动双方中医药事业的发展。由两国高等教育学府共同构建高水平的中医药教育平台，培养更多中医药高质量专业人才。通过两国医疗领域专家学者们的通力合作，将中西医治疗理念和治疗手段相互补充，开发中西医联合治疗的新模式。

2017 年 10 月 30 日，匈牙利和中国政府共同签订了中医药领域的合作办学协议，支持黑龙江中医药大学在匈牙利办学的协议签约仪式在匈牙利外交部举行。受教育部委派，黑龙江省教育厅厅长徐梅代表中国政府，匈牙利政府由匈牙利外交部部长西雅尔代表，双方在协议上签字。

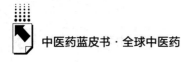

（四）匈牙利国际中医药学术交流

世界中医药大会是中医药领域的全球性学术大会，由总部设在北京的世界中医药学会联合会主办。2019 年 11 月 8~9 日，世界中医药学会联合会在匈牙利首都布达佩斯举办第十六届世界中医药大会暨"一带一路"中医药学术交流活动，本届会议由中东欧中医药学会和匈牙利中医药学会承办，主题为"防病强身民心所向，健康和谐命运相连"。来自 30 多个国家和地区的近 800 名中医药行业代表齐聚一堂，围绕怎样培养新一代中医药领域人才、继承发扬与创新中医药事业开展沟通讨论。参会者们在中医药事业发展方面达成共识，中医药将在全球医学领域中发挥更为重要的作用。

（五）匈牙利中医药国际标准化发展

随着中医药在全世界的传播，世界各国越来越热衷对传统医学及中医药的研究，中医药相关标准的缺失阻碍了中医药在匈牙利乃至全球的普及和发展。2012 年起，匈牙利积极主导并参与相关国际组织的标准化活动，编写了匈牙利第一本中、匈、英三国语言的中医基本名词术语对照国际标准。2016 年，匈牙利正式加入中医药国际标准化组委会（ISO/TC249），成为中东欧地区继捷克之后第二个参加此组委会的国家。近年来，匈牙利主要关注并参与了中药材、中医术语、相关器材等标准制修订工作。

四 中医药在匈牙利的发展环境

（一）政治环境

匈牙利政府制定的多个政策文件和法律为中医药在匈牙利的发展提供了重要政策和法律保障。2014 年 2 月 12 日，匈牙利与中国政府共同签订了《中医药领域合作意向书》，为推动匈牙利国内的中医药发展提供了重大历史机遇。在两国中医药人的共同努力推动下，2014 年 12 月 17 日，匈牙利国会终于立法，中医药在匈牙利得到合法化的待遇。2015年9月19日，匈牙利人力资源部颁布中医立法实施细则，该细则正式生效于2015年10月18日。该法令对中医药行医从业人员许可证发放进行了规定，中医行医资格有了法律保护。这一系列合作协议的签署和法律政策的制定为中医药在匈牙利的发展奠定了坚实的基础。

（二）经济环境

习近平总书记提出的"一带一路"倡议与匈牙利"向东"的外交策略不谋而合，进一步促进两国在各个领域展开深层次的双赢合作。"一带一路"倡议的实施为匈牙利带来更多的资源与机遇，中国目前在匈牙利的投资规模超过42亿美元。匈牙利属于发达国家，2020年国民生产总值达到11550亿美元，居世界第53位；人均国民生产总值为15980美元，在世界排名49位。同时，匈牙利是中东欧地区医药产业最发达的国家，拥有完善的医疗保障体系，匈牙利人对医疗需求大。有数据表明，2020年，匈牙利4%的GDP源于医疗健康方面的消费，并且医疗健康的实际消费率达到26.6%。匈牙利医疗体系非常完善，医疗技术水平世界领先，是世界医疗旅游胜地，每年有超过220万人来到匈牙利，享受匈牙利价廉物美的诊疗服务。

（三）社会环境

通过中匈两国中医药人的近30年的不懈努力，如今中医药在匈牙利已打下了坚实的民众基础。中医药在匈牙利的认可度很高，民众信任中医药。匈牙利的中医诊所在当地非常受欢迎，如心血管疾病、肥胖、风湿等病症西医治疗效果不佳，病人更愿意尝试用中医来治疗。在旺季，需要提前预约否则很难及时得到中医诊治。目前，有近600名匈牙利医师经过了针灸培训，也开设了匈牙利人自己的中医诊所。同时，中医药文化已走进匈牙利人的日常生活，匈牙利人在日常生活中会应用中医传统养生理念去养生保健，比如冬季用药材煲汤等。

（四）技术环境

匈牙利中医药学会在本国政府的支持和倡导下和中国中医药学会进行学术和科研的交流活动，在中医药研究领域展开全方位、深层次的合作，共同致力于中医药水平的提高。比如同仁堂和匈牙利中医药学会合作，培养数千名的中医按摩理疗、中医针灸专业医师，并且同仁堂适时地为其提供技术支持，这为中医药在匈牙利的发展营造了浓厚的学术氛围并提供了强有力的技术保障。

尽管现阶段中医药在匈牙利有了一定的发展，也取得了可喜的成绩，但是仍然存在诸多短板，妨碍中医药在匈牙利的进一步推进，主要表现在如下几个方面。①中医药标准体系有待进一步健全并推广应用。②匈牙利民众对中医药的认识有待继续推进，媒体对中医药宣传渠道有待拓展。③对现有的中医药从业人员专业素养的培养机制和方法有待制度化、规范化。④中国中医药学会与匈牙利当地大学、医院及科研部门的合作有待深入。[①]

五　推动中医药在匈牙利发展的举措

（一）推动中医药标准化进程

中医药事业要想取得长足的进步与发展，必须秉持开放的发展理念，普及推广到世界各地才能使中国中医药在国际标准制定中得到足够的话语权。要使传统中医药具有与时俱进的能力，要做好标准化。规范中医药领域并推动标准化发展，才能促进中医药向现代化医学的发展过渡，通过现代化医学研究技术和国际普遍认可的科学检验标准分析探索中医治疗，促进中医药快速融入现代医学体系，实现传统中医取精去粗的升级转变；通过科技手段证明中医药是科学的、有效的。[②]

---

① 于福年：《中医药在匈牙利的发展与展望》，《第三届国际传统医药大会文集》，2004 年 11 月。

② 司富春、高燕：《加快推进中医药国际化发展研究》，《中医研究》2021 年第 7 期。

加工和研制中药材应秉持标准化发展理念，构建适宜现代化医疗事业发展的配套质量管理控制体系及其相关规范化标准；在临床方面，构建既能体现中医特色，又符合临床评价体系的标准；同时还要建立中药和传统医药技术规范以及标准。要推动中药国际产品的普及，促进国际标准的推广，使得中医药文化影响力更大，从而得到全球的认可。

（二）加强中匈两国之间的交流合作

第一，不断完善中医药领域的政府合作机制，稳步推进国家之间的文化传播、科研创新、教育培训和医疗保健等，日益强化中医药事业的全球化发展视野，这为中医药"走出去"明晰了路线图，也为中医药国际化发展注入强劲动力。

第二，推进两个国家之间深入的学术交流，推动中医药行业的创新发展。不断开拓全球范围内关于中医药方面的交流渠道，呼吁专业的中医药从业者"走出去"，积极参与专业化、高水平、全球化的中医药学术交流论坛和会议，拓展思路、创新技术、学习理论、开发方法，强化与其他国家优秀中医药人才、专业实验室、国际组织的友好协作，进而推动中医药研制、针灸治疗等方面的创新发展。

（三）加强中医药教育

强化培养专业能力强、极具学科特色的中医药事业从业人才，并完善构建国际化人才培养体系。①培养国际化中医药领域人才，需要兼顾培养人才的外语掌握能力和中医药专业素养，同时部分人才应具备一定的外贸业务能力等。所以，在进行专业培养时，不能有局限性，应在特定理论教育的基础上融入更多学科教学。②采取精英培养模式，着重培养具有多元化工作能力的复合型人才。推荐具有良好动手操作能力和较高中医药专业能力的优秀人才出国学习，使其更好地为中医药国际事业服务。③携手打造高水平中医药教育合作平台，发挥中西医医学理念、诊疗方式互补优势，探索中西医联合攻克疾病的新模式。

（四）加强中医药的传播

要让中国的中医药走向全球，首先要讲好"现代话"。用现代人能够听得懂的语言、世界人能够听得懂的语言，讲好中医药的故事，从而实现中医药的传承与发展。中医中药在国内和国际上得到越来越多的认可，我们要认识中医药，宣传中医药。借助中医药跨国传播的优越条件，将中医药传统故事付诸多元化载体上，探索多样化文化融合途径，使中医药文化更好地为世界人民认可接受。

通过民间组织、政府官方部门让中医药走出国门、走向世界，通过国内优秀中医药从业人员、海外华侨，借助医疗救援、教育培训、文化传播、国际贸易等，或者学术交流、健康旅游、科研合作等方式传播中医药文化，拓展中医药在全球范围内的推广渠道。

六　总结与展望

匈牙利和中国具有很深的历史渊源，两国人民具有深厚的感情。近30年来，中匈两国在政治、经济、文化、教育等领域开启了深入合作，谋求共同发展。中医药在匈牙利有着坚实的民众基础，匈牙利民众充分信赖和支持中医药，加之在两国中医药人的积极努力下，民间团体、学术协会开展多层次多方位的合作和交流，最终推动了匈牙利中医药立法。匈牙利政府为中医药在匈牙利传播提供了立法和各种政策支持，进一步促进了中医药在匈牙利的传播和发展。

本报告从讲述匈牙利和中国的历史渊源为起点，对匈牙利中医药发展现状进行文献调查研究，在对匈牙利中医药发展环境分析的基础上，提出推动中医药标准化进程、加强两国在中医药方面的交流合作、促进中医药在匈牙利的普及教育和传播等，从而推动中医药在匈牙利的发展。两国在中医药领域合作的进一步深入，势必会推动中医药国际化的进程。

B.17
加拿大中医药发展研究报告

陶群山　叶贻忠　张　雪*

摘　要： 中医药在加拿大经历了100多年的发展。中医药在加拿大经过了萌芽、发展和成熟三个阶段，中医药服务、中医药贸易、中医药立法和中医药教育取得了显著的成就，为加拿大社会发展和人民健康做出了较大的贡献。但加拿大中医药在发展过程中也存在中医药服务质量参差不齐、中医药立法进程缓慢、中医药政策壁垒广泛存在、中医药缺乏行业标准等问题，给中医药在加拿大快速发展和中医药国际化造成了阻碍。因此加拿大中医药发展还需要加快中医药立法进程，深入开展中医药理论创新，不断推广中医药标准化工作，积极发展中医药教育，广泛开展中医药国际交流，注重中医药知识产权保护。

关键词： 加拿大　中医药发展　中医药立法

一　加拿大中医药的发展历程

19世纪末，中医药和中医针灸疗法传入加拿大。100多年来，加拿大中医药及针灸事业取得一定进展，加拿大中医针灸从业人员已经超过5000人，

---

* 陶群山，经济学教授，博士，安徽中医药大学医药经济管理学院副院长，主要研究方向为医药经济、卫生经济；叶贻忠，安徽中医药大学社会医学与卫生事业管理硕士研究生，主要研究方向为医药经济；张雪，安徽中医药大学社会医学与卫生事业管理硕士研究生，主要研究方向为医药经济。

中医药针灸学院 20 多家，已经形成了专业化明显的中医药针灸服务体系。综观加拿大中医药发展历史，中医药发展经历了萌芽、发展和成熟三个阶段。

第一阶段：萌芽阶段（19 世纪后期—20 世纪 70 年代初期）。中医药传播到加拿大可以追溯到 19 世纪后期，华人劳工在加拿大修筑铁路，为解决身体疾病问题，其将中医和针灸诊疗技术带来用于自身疾病的诊疗，此时尚未形成专业性的中医药诊疗服务。到了 20 世纪 20 年代，大量华人定居加拿大，部分华人在其开设的杂货店、中药材店里面销售一些常见的中成药和中药饮片，中药商贸自发零散形成。

第二阶段：发展时期（20 世纪 70 年代初期—20 世纪末期）。20 世纪 70 年代初期，中美关系改善，尼克松总统访华，西方国家开始关注中国社会，特别是针灸麻醉等诊疗技术及效果在北美社会传播，震惊了当时的美国、加拿大及西方世界，在北美掀起了针灸热潮。学习中医药迅速成为北美医疗界的一股浪潮，许多加拿大的执业西医开始逐步学习中医针灸疗法并将其运用到日常的诊疗服务中。移民北美的中医针灸医生也重操旧业，开设中医诊所和中医针灸治疗所，提供中医药服务和针灸诊疗服务。在当时中医针灸服务被视为商业行为，不作为医疗服务进行规范化管理。

随着中国改革开放的推进，越来越多的中国人到美国、加拿大等北美国家留学、探亲、访问，移民到北美的大陆人士数不胜数，而旅居北美的台湾、香港和东南亚华人也逐渐增多，这些华人多集中于美洲的东西海岸，如美国的洛杉矶、旧金山，加拿大的多伦多、温哥华、蒙特利尔等。随着华人集聚区的形成，中医药服务需求也逐渐增加，中医诊所和中医针灸治疗所数量迅速攀升，中医针灸从业者数量剧增。为推动中医针灸事业快速发展，各地中医针灸人士成立了专业团体、学会和协会，致力于向西方主流社会推广中医药、针灸诊疗，通过召开学术会议、创办中医学校、沟通政府部门，争取主流社会和保险公司对中医诊疗服务的认可，推动中医针灸立法。随着华人社会的自觉推动，中医药服务在北美迅速发展。

第三阶段：成熟阶段（21 世纪初至今）。中医药在加拿大走向成熟的标志是中医针灸立法取得成功。2003 年加拿大卑诗省发出北美洲第一批政府认可的中医行医执照，这是西方国家首次承认中医生与主流医疗体系西医生具有同等医师地位。2008 年中医针灸治疗也被列入卑诗省医疗保健系统。2006 年，中医针灸立法在安大略省通过，传统中医是 1991 年以来第一种新的医护行业在省内受到法律规管。随后魁北克省、亚伯特省也实现了中医立法管理。

随着中医针灸立法的通过，中医药在加拿大逐步被接受和推广，加拿大大温哥华地区本拿比、列治文、温哥华、素里、北温哥华及维多利亚共六个城市正式将每年 4 月第三个星期日定为该市的"中医针灸日"。加拿大中医从业者人数已有 5000 多人，中医药商贸逐渐细化为中药材及针灸用品的进口商、批发商、零售商。为形成专业化的中医药服务体系，综合治疗所和专科治疗所是其服务于群众的主要有效形式。

二　加拿大中医药发展现状

（一）中医药服务

1. 加拿大主要省份中医药服务发展情况

加拿大是多元文化的移民国家，具有多元文化基础，这为中医药服务提供了一定发展空间。中医针灸进入加拿大已有百年时间，但中医针灸在加拿大不属于医疗保健制度的医疗服务项目，全国无统一的中医药政策，目前已经立法的有卑诗省、安大略省、魁北克省、亚伯特省和纽芬兰省。中医立法规范的省份尚不足半数，中医执业人员尚不属于国家医疗系统中法定的医疗专业人员。现主要介绍以上几个省份①中医针灸的发展状况。

卑诗省。卑诗省曾经经过两次中医立法程序，是加拿大中医立法较完善的省份。1993 年卑诗省多个中医针灸民间组织向政府提出立法申请，1996 年通过有条件限制的中医针灸师法规并成立卑诗省针灸管理局。2000 年卑诗省通过中医师及针灸师法规并正式成立中医针灸管理局，卑诗省中医立法开创了加拿大中医立法的先河，正式使用 Doctor 职衔，确立了中医在加拿大医疗领域的地位。

---

① 纽芬兰省资料较少，不再做介绍。

2007年卑诗省宣布将中医针灸项目纳入本省医疗辅助计划。卑诗省中医立法中中医药服务包括中药、针灸、推拿、药膳与气功。在卑诗省中医注册执业师共分四类：高级中医师、注册中医师、注册中草药师和注册针灸师，其中高级中医师和注册中医师可以执业中药处方和针灸专业，注册中草药师可以执业中药及处方，但不能执业针灸。注册针灸师可以执业针灸但不能执业中药及处方。

亚伯特省。亚伯特省在1988年根据亚伯特省健康行业法订立《针灸法规》，设立针灸委员会负责针灸师管理及注册考试事宜，法规于1991年生效。2006年11月亚伯特省成立过渡时期针灸管理局和协会委员会，由亚伯特针灸协会、亚伯特中医师协会和加拿大卫生专业针灸协会构成。亚伯特省针灸新法规于2011年1月实施。法规确定针灸师业务范围有：针刺、电针、灸疗、拔罐和穴位推拿。病人在接受针灸服务前必须先得到西医与牙医的同意。中草药在亚伯特省尚无立法。

魁北克省。魁北克省是加拿大针灸立法最早的省，1973年制定的医疗法就有关于西医针灸的规定。1985年制定了《非（西）医生针灸执业法规》，1994年制定了《针灸法》。针灸法确定了针灸师的执业范围是：针刺、热疗、推拿、电频波或光能的使用。由于魁北克是法语省份，针灸执业师需要具备熟练的法语交流能力。

安大略省。安大略省有着与卑诗省相同的中医立法道路。1994年安大略省医疗专业法制顾问委员会就提议中医针灸立法，2006年12月传统中医药法案获批通过，2009年底法案生效并成立安大略省中医针灸管理局。安大略省传统中医药法案最受争议的是明订足疗师、整脊师、按摩治疗师、物理治疗师、牙医等七种医疗服务均准许进行针灸治疗。安大略省强调中医针灸执业者需要接受高水平的传统中医药教育，建立相应的培训标准，只有接受专门机构培训的中医师才有资格进行中医针灸执业。

2. 中医诊疗服务范围

目前加拿大中医针灸已经被用于多种疑难杂症诊疗，例如偏头痛、头痛、风湿病、类风湿关节炎、三叉神经痛、面瘫、腰背痛、坐骨神经痛、高血压病、中风后遗症、小儿中耳炎、多发性硬化症、哮喘、失眠、各种过敏症、肩凝症、胆石症、慢性鼻炎、鼻衄、落枕、糖尿病、足跟痛等。中医针灸还用于健康保健服务，例如针灸戒烟、针灸减肥、针灸治疗某些免疫缺陷疾病。在加拿大中医针灸已经受到越来越多的人的欢迎。

在加拿大，中医药疗法和针灸疗法并没有纳入医保报销范围，诊疗费用完全由病人自付。接受中医药疗法和针灸疗法的一般都是慢性病、罕见病等疑难杂症和顽固性疾病患者，其中肌肉骨骼疾病是针灸门诊最常见的病种。中医针灸诊疗效果明显，加拿大西医医师在诊疗中也主动学习针灸和中草药使用方法。根据加拿大公共医疗制度要求，传统中医药医疗服务费用由患者自己支付，因此只有西医难以治疗或者治疗效果不好的疾病才去寻求传统中医药服务。中医药诊疗师在进行传统中医治疗的同时，还需要借助现代医学，这样才能赢得患者的青睐。

3. 中医药服务形态

加拿大以中医针灸师为代表的中医药医疗服务执业形态主要有以下几种。

坐堂行医。坐堂行医是加拿大早期中医诊疗服务形态，加拿大华人早期通过开设中药房和坐堂行医方式开业行医，特别是在华人集中区唐人街附近，中药店家较多，以开立处方为主。

家庭中医诊所。家庭中医诊所投入资金较少，方便患者就诊，在加拿大普遍存在，主要诊疗项目有：针灸、内科、妇科、骨科、儿科和皮肤科。

中医诊室。随着中医诊疗服务影响不断扩大，加拿大西医院也开设了中医诊室或针灸诊室。

诊疗健康中心。加拿大诊疗健康中心主要是集运动健身、慢病康复、健康管理于一体的复合功能体，诊疗服务形式主要是以按摩师、整脊师、物理治疗师及针灸师相结合的形式开展。中医诊疗仅限中医传统治疗方法，但可以采用法律规定的相关诊疗器具。

（二）中医药贸易

1. 中医药贸易现状

中国每年进口的西洋参以美国威斯康星州和加拿大安大略省西姆康

地区为主，2019 年中国进口西洋参 1496 吨，同比增长 102.5%，自加拿大进口量为 1306 吨，占比为 87.3%，加拿大是中国西洋参进口的最主要国家。

中药作为自然健康产品的一部分在加拿大市场上越来越受到欢迎。自 2003 年以来，我国每年出口加拿大的中药及其产品金额高达 1 亿加元并呈不断扩大趋势。目前，加拿大中药市场所售中药大部分来自中国香港，小部分来自中国大陆和台湾地区，但主要原料大部分来源于中国大陆。

已经获得中医立法的省份有卑诗省、安大略省、魁北克省、亚伯特省及纽芬兰五省，惠民于全国 88%的人口。新冠肺炎疫情未发生时，中医针灸以中医针灸立法、开展中医针灸教育、进行中医针灸临床治疗为主。疫情后，加拿大的家庭医生主要以线上电话询问的方式进行关怀和开药方，而中医针灸师必须面对面地对患者进行切脉、望舌和针灸，工作在临床第一线。后经证实，中医针灸治疗对于新冠肺炎后遗症有着极大的效用，吸引了大批加拿大人对中医针灸的关注。在教育方面，加拿大联邦层面加快了对中医针灸教育机构认证工作的进程。

2. 加拿大中药进口和销售的政策规定

加拿大将中药分为中草药和中成药，两者采取不同的管理规定。中草药管理在"自然健康产品法规"生效前，依据《食品和药品法》相关规定进口，条款规定相对宽松，进口申报手续较为简单，检验内容为：药材是否有农药残留物，是否用硫黄熏蒸过，是否含重金属，是否有微生物和泥土、沙子等。经加拿大食品检验局检验合格后方可销售和使用。但"自然健康产品法规"生效后，将中草药分为食品和具有药性的药草，如果中草药列入自然健康产品草药目录，中草药就按照药品要求进行管理，这样就不利于中国药材进入加拿大市场。中药管理则依据"自然健康产品法规"要求进行，中药经营必须依据执照合法经营，有符合规定的包装和标签，按照 GMP（《药品生产质量管理规范》）要求进行加工、包装、贴标签、储存和销售，必须依据规定向卫生部门报告不良反应。

加拿大对中国中药进口基本不征收关税，大部分中药关税水平为零，但对中国中药保健饮品征收关税，关税税率是11%。如果是能提供普惠制产地证的中药保健饮品，则征收6%的优惠关税。加拿大对中药的非关税措施表现在技术标准和禁止进口两大方面。加拿大政府对中药产品中检出有毒成分或者某种对人体不利的成分超标，立即对进口方进行警告，甚至禁止进口该产品。加拿大不承认中国中药药典，对中药药理、药性及用药方式不予接受，严重影响中药出口加拿大，阻碍中药国际化进程，影响中药国际地位。

3. 加拿大中药内销的政策规定

加拿大《食品和药品法》及"自然健康产品法规"规定中药产品进口符合法规规定，并获得食品检验局或卫生部健康产品检验处的准予销售通知，即允许进口。而在GMP颁布后，中药产品需要达到GMP规范要求才准许销售。在加拿大，中药享受和普通商品一样的税收政策，中药批发商需要支付货物增值部分7%的货物和服务税，而零售商除了缴纳商品增值税（GST）外，在大部分省份还需支付一个省的零售销售税（PST）。PST由各省政府自行规定，税率一般在6%~10.7%（亚伯特省和北部三个地区免征）。这两部分税收在销售时进行抵扣，最终由消费者来承担。

4. 加拿大中药注册管理制度

中药产品在加拿大注册管理受到严格限制。在加拿大，中草药按照食品类规范管理，中成药按照药品类规范管理。中药注册需通过卫生部严格审批，取得药品识别编码（DIN）或一般公众（GP）认可。可加拿大拒绝承认中国中药药典，而中药药理、用药方式和药品成分等与西药有着明显差异，《食品和药品法》不具备评价中药药性的功能，运用西药标准来检测和衡量中成药，会导致中药在加拿大很难注册。由于中药无法注册，自然无法在加拿大国内市场进行销售，甚至无法进入。为获得合理理由使中药进入加拿大，只能以食品或自然健康产品名义进口或销售。中药在加拿大不能作为药品注册也就无法进入医保报销范围，对中药在加拿大的贸易中有很大影响。

（三）中医药立法

1.中医针灸立法

在加拿大，中医针灸技术逐渐被加拿大市民接受，特别是遇到疑难杂症以及西医难以治疗的顽症时，中医针灸越来越受到当地群众的重视。中医针灸在当地缺乏规范化的从业和治疗标准，缺乏医疗体制和法制的约束，中医针灸发展受到限制，因此中医针灸立法成为中医发展的保障。魁北克省是加拿大第一个通过针灸立法的省份。1973年魁北克省就对西医针灸进行了立法，1985年制定了《非（西）医生针灸执业法规》，1994年制定了《针灸法》，要求注册针灸师具备加拿大公民或移民身份，通过理论和专业化考试，针灸师还要有流利的法语语言能力。亚伯特省在1988年通过了《针灸法规》，并设立针灸委员会，法规于1991年正式生效。《针灸法规》规定针灸从业者须在针灸委员会注册才能获得"针灸师"称号。针灸师注册后两年须立刻执业并须执业一段时间，否则需要继续进行课程考试和术科操作考试方可继续执业。法规规定患者进行针灸治疗前必须先咨询西医。安大略省中医立法追溯到1974年，"安大略省传统中医针灸协会"向政府提交针灸立法要求，但由于当时市民对中医疗法尚未普遍接受而未能获批。2006年，安大略省议会通过了中医立法第50号法案，标志着中医针灸被社会公众所接受。法案规定中医师和针灸师只能进行中医诊断和治疗，不能采取西医治疗方法。卑诗省经历了两次中医立法程序，是加拿大立法较为完善的省份。1974年，卑诗省成立中医协会，1996年卑诗省在温哥华成立针灸管理局，1999年卑诗省开始颁发针灸师注册执照。2000年卑诗省《中医师及针灸条例》获准通过，成为加拿大中医立法先驱，提升了中医在加拿大的地位和影响力。2001年卑诗省中医和针灸师地方法通过，卑诗省成为加拿大中医、针灸疗法全面合法化的第一个省份。

2.中药立法

中药在加拿大一直作为一种自然健康产品，加拿大《食品和药品法》对药品注册是按照西药的标准进行的，中药药理、药用方式及药品成分与西药存在显著的差别，根据《食品和药品法》，中药无法成为药品，只能以自然健康产品或食品形式销售。1998 年加拿大卫生部委员会提出了 55 条自然健康产品规范管理建议，1999 年加拿大卫生部采纳了其中 53 条建议。建议将中药产品纳入自然健康产品管理，并成立自然健康产品办公室和工作组专门起草法规对中药产品单独进行管理。2001 年 12 月加拿大正式公布自然健康产品法规提案。2004 年 1 月以后，非处方药和天然保健品都归国家保健产品理事会管理。2008 年，所有保健品都要求颁发许可证并给予相应产品编号，规范管理。

（四）中医药教育

1. 加拿大中医药教育发展历程

加拿大中医针灸教育经历了萌芽、发展、高潮、回落和成熟五个时期。20 世纪 80 年代是加拿大中医针灸教育的萌芽时期。1984 年加拿大第一所中医针灸学校成立，全国中医针灸学校数量很少，还有一些以"师带徒"形式的中医针灸教育散见于各地。20 世纪 80 年代末到 90 年代初，加拿大中医针灸教育进入发展期，卑诗省、安大略省纷纷建立中医针灸学校。到了20 世纪 90 年代，全国中医针灸学校已经有 50 所，中医针灸教育发展进入高潮。21 世纪初，加拿大政府对中医针灸立法进行管制，对中医针灸学校进行严格管制，中医针灸学校数量开始回落。之后，加拿大对中医针灸学校进行严格审查，通过资格评审的中医针灸院校有 22 所，没有通过审查的学校逐渐萎缩、消失。2013 年，加拿大组织了全国中医师与针灸师注册统一考试，标志着加拿大中医针灸教育进入成熟阶段。

2. 加拿大中医药教育现况

加拿大中医针灸学校多为私立学校，学校称谓有学院、学校、研究所或研究院等。学校规模取决于所在地理位置、所在省立法状况、地区人口密度以及学校的财力物力、师资、学生数、学费等因素。中医针灸学校少则只有20~40 名学生，多则有 100~150 名学生。卑诗省、安大略省和亚伯特省是华裔中医人才集聚区，中医针灸学校也多集中于此。加拿大现有中医针灸院校 22 所（见表1），全国目前共有在校生约 1500 人，每年的毕业生约有 400 人。

表1　加拿大中医针灸学校分布

单位：所

省份	数量
卑诗省	7
亚伯特省	5
魁北克省	1
新斯科舍省	1
安大略省	8

加拿大中医针灸教育属于学历教育，但尚未开展学位教育。学历教育形式有：针灸师教育、中医师教育、中药师教育、高级中医师教育和继续教育。学位教育是和中国的中医药大学合作办学，联合培育的多层次学位人才。

加拿大中医针灸学校师资以中国中医院校毕业的教师为主，也有一部分欧美院校毕业的教师，本土培养的毕业生也逐渐成为学校的教师。学生多半是女性，且已经具有其他专业学士及以上学位，也有博士和西医医生等高学位者。多学科交叉，为中医针灸学科未来多学科融合发展奠定了基础。但是学生很多都是非在职学习，专注性不够，临床技能薄弱。学生毕业后大多独立行医，一般先在中医针灸诊所，或在有中医针灸项目的西医医院工作，具有一定临床经验后，开设自己的中医针灸诊所。目前加拿大中医针灸教育培养的学生主要面向个体行医者，中医药教育进入加拿大医疗主流尚处于早期阶段。

三　加拿大中医药发展存在的问题

（一）中医药服务质量参差不齐

中医药从业人员受教育水平不同导致执业的中医师诊疗技术和疗效参

差不齐；中医医疗服务机构如诊所，规模都较小，仪器设备落后且严重不足；中医医生收入与西医医生相差较多，在一定程度上不利于中医药医疗服务机构人员积极性的提高。在加拿大，中医针灸多在私人诊所或者药铺进行，一般很难被正式医院所接受。中医针灸诊疗服务模式或是专门进行针灸服务，或将针灸和处方中药相结合，或结合物理治疗师、按摩治疗师、整脊治疗师开展诊疗服务，或是全面诊疗健康中心经营模式。根据相关省份中医立法规定，中医针灸应该按照中医传统疗法开展，但实际行医者大多按照行医者个人喜好经营具体的专科而致使中医服务质量参差不齐。加拿大寻求中医针灸的患者多半患有经西医诊疗无效的疑难杂症，而中医诊所的门诊量则取决于临床疗效，诊疗效果好的中医门诊量大。这主要是由于中医针灸的行医者教育培训水平参差不齐，诊疗效果差异很大。中医诊疗教育和中医针灸规范化影响着中医针灸的推广和发展。

（二）中医药政策壁垒广泛存在

加拿大是一个文化多元化的国家，由于政治制度、社会制度以及文化宗教等多种因素，中医药政策壁垒非常突出。中医药缺乏国际统一标准、申报注册程序复杂、绿色贸易壁垒的存在，使中医药在加拿大受到歧视性对待。加拿大的药物质量标准和检测方法都是针对单一成分的化学药剂制定的，中药药理以及中药成分的复杂性特征不适合化学药质量标准和检验方法，中药在加拿大的认可度不高，多被作为食品销售，中药出口和销售受到很大影响。

（三）中医药理论体系深邃增加了中医药传播的难度

中医药理论是以阴阳五行、经络学说为基础的，中医药理论难以通过现代医学理论和证据进行解释，中医药难以被西方医学纳入科学体系。中医讲究对症下药，不同病人、不同体质用药，药方药量均不同，中药炮制工艺多样，不同炮制方法药效不同。而这与西方药理文化中强调医疗的规范化、药品的标准化截然不同。虽然加拿大是多元文化共存的移民国家，但是在短时间内接受阴阳五行学说，是有难度的，需要跨越语言和文化双重障碍。中医药在加拿大普及也较难，中医药理论中的一些概念很难用其他语言进行表述，翻译成其他语言较为困难，理论体系对非中国文化圈的医学从业者来说难以理解和把握，而对于在加拿大华人来说，具有深厚中医药功底，又能具有熟练英语功底的人也较缺乏，这为中医药在加拿大推广造成困难。

（四）中医药行业标准缺乏为中医药推广增加了障碍

中医针灸在加拿大已经被广为接受，被称为"神奇之术"，但缺乏世界公认的行业标准和诊疗规范，也没有通行的评价体系，无法对其效果进行综合评价。中医针灸的科学性也没有较为完善的临床资料和深入的现代科学理论支撑，中医针灸难以广泛推广，不能进入现代医疗体系。中西药品也存在标准的差异。中药没有通用的标准，中药处方多来自古代秘方，中药饮片来自天然植物或动物，经过配伍组合形成中药，其功效已经得到临床验证；而西药是完全定量的产品，有着严格的产品标准，是经过提取、动物实验、临床试验，有大量临床数据支撑的。

（五）中医药没有被纳入加拿大的国家保险体系

加拿大在西方国家中，医疗保险制度较为发达，加拿大政府正在不断增加医疗保险经费的投入。但在加拿大整个医疗保险体系中，中医、针灸疗法、中药没有被纳入医疗保险体系，阻碍了中医药在加拿大的发展。在中西医学竞争的市场中，中医针灸、中药缺乏医疗保险的支持，处于非常不利的地位，其发展受到西医的挤压，中医药在国外生存受到挑战。尽管在加拿大卑诗省，中医针灸经过大力争取，被纳入了卑诗省医疗保健计划，但是中医针灸的报销比例很低。虽然中医针灸诊疗费用较低廉，但在加拿大一般疑难杂症、慢性病才看中医，一个中医疗程费用也是很多的。在加拿大，西医虽然收费高，但医疗保险报销比例高，而中医药虽无毒副作用，费用低廉，但基本自费。患者一般首选西医，西医诊疗无望时才选择中医药。中医药纳入医疗保险是中医药在国外发展的关键。

四 加拿大中医药发展对策与展望

（一）加快中医药立法

中医药要想在加拿大获得更好的发展，不仅要获得医疗界及社会公众的认可，还要不断提高自身的医疗技术和服务水平，改变自身存在的问题。中医药需要通过不断规范中医诊疗行为，加强中药质量监管，建立适合中医药特色的评价标准，推进中医药立法进程，争取中医药尽快进入加拿大法律体系。只有中医药立法，才能够更有效地进行规范和管理，才能使中医药有更好的发展，才能惠及更多人。中医药在争取加拿大政府立法的同时，还要促进政府将中医药纳入政府保险报销范围，这将促使中医诊疗服务在加拿大的推广，以及中药产品在医院的使用，对于中医药国际化意义深远。

（二）进行中医药理论创新

中医药在加拿大虽然受到普遍欢迎，但是由于缺乏统一的技术标准和评价体系，很难在正规医院系统推广应用。中医针灸需要结合现代科学技术成果不断丰富完善中医针灸体系，促进中医药理论创新和技术创新。中医药需要不断改变研究思路、改进研究方法，丰富现代科技成果，使中医针灸与现代医疗技术接轨。要加强中医药质量控制和标准化研究，注重中医药理论传承创新，加强国际交流合作，注重人用经验在中医药研发、临床评价中的运用。注重大数据技术在中医药疗效评价中的运用，创建国际普遍认可的中医药标准体系，调整中药产品结构，运用现代技术，加强中药配方颗粒剂和中成药的开发与利用。

（三）推广中医药标准化工作

中医药在加拿大难以被正规医疗机构接受的一个原因是中医药标准化问

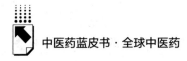

题。中医针灸服务规范性、中药质量标准统一性等需要得到重视。中医药在加拿大的发展需要开展中医药名词术语、通用方法等基础标准的研究制定，重视对中医药名词术语、多语种翻译、信息等标准的制定。制定中医针灸理论、临床诊疗、中药规范标准。确定中医常见病症诊疗、针灸治疗标准。制定中医药教育管理标准，确保人才培养质量。在中医药院校里开展中医药标准化培训，培育实践能力强、复合型的中医药人才。

（四）发展中医药教育

加拿大中医药发展的关键是要提高中医药教育水平。在加拿大，中医药缺乏统一的教育课程，中医师教育水平参差不齐。以卑诗省为例，卑诗省中医药教育较为发达，中医学院数量较多，但是各个学校在规模、教师数量与素质、教材及临床实习等方面均存在显著差异，正规学校严格按照中医药管理局要求严格执行各项课程计划，学校办学条件较好，管理规范。而有些学校仅仅关注针灸执照考试，不注重中医诊疗服务质量。因此，发展中医药教育，首先，要规范教育行为，建立中医药教学标准和考核体系。编撰适合加拿大的统一的中医药教材，统一教学内容。其次，要培养一支具有良好中医药专业素养的师资队伍，建立中加联合合作培养中医药人才的机制，提升教师综合素养和专业素养。再次，要加强学生临床实践能力培养，严格中医针灸服务考核，建立定期考核机制，注重实践操作能力培养，规范临床实践操作路径。最后，要倡导中医药教育标准化，成立国际化中医针灸教育联盟。

（五）加强中医药国际交流

中医药在加拿大已经具有一定的影响力，但中医药规范普及、进入主流医疗领域还有很多事情要做。因此要加强中医药教育国际交流，提升加拿大的中医药教育水平，由中国中医药人才交流促进中医国际医疗、教学、科研一体化发展，通过短期交换和联合培育中医药人才等方式加强中加医学生的学习交流，加拿大学生可以进入中国中医药院校开展短期访学，进入中医医院实习，从而促进加拿大学生中医临床能力的提升。要加大中医药文化交流，通过开展"中医药及针灸推广日"活动，举办中医药文化节等，推广传统中医药及针灸医术，增强加拿大市民对中医药的了解。

（六）注重知识产权保护

中医针灸是中国具有自主知识产权的原创财富，在加拿大已经得到当地市民的普遍接受，但中医针灸只有通过注册，才能获得在加拿大的知识产权，需要各省通过法律程序审批。这就需要中医针灸建立诊疗规范和标准，并主动向加拿大各省申请知识产权保护。

随着未来中医药在加拿大不断被接受和推广，中药将会成为加拿大重要的新药来源。中药的药理、成分、使用方法目前还未被西方医学所接受，但一旦中药安全疗效被证实以后，国外公司将对此非常感兴趣，应该防止中药知识产权被抢先注册，因此应尽快通过法律程序保护中药知识产权。

参考文献

曹瀚文：《加拿大中医发展史》，广州中医药大学硕士学位论文，2011。

杜玉平：《珠三角与加拿大安省中医药国际化合作的思考》，《国际经贸探索》2011年第1期。

吴颖：《我国中医药立法比较分析与思考》，《南京中医药大学》，2009。

程霞：《针灸与中医在加拿大的立法、教育和行医概况》，《天津中医药》2013年第9期。

吴滨江、吴琼：《加拿大中医药教育概况》，《中医药导报》2017年第21期。

李永州：《加拿大中医药及针灸的发展现状与展望新中医》，《新中医》2009年第11期。

李庆：《中医药国际化视野下的中医院校汉语国际教育人才培养模式研究——以成都中医药大学为例》，《成都中医药大学学报》（教育科学版）2021年第3期。

陈丽丽：《中医药翻译对中医药国际化发展的影响》，《海外英语》2020年第13期。

B.18
中医药在美国的发展历史及现状研究

郑秋莹　赵宏扬　时生辉　种潼薇　汪晓凡*

摘　要： 本文简要总结中医药在美国发展的历史及现状，分析中医药在美国发展的特色及成因，为中医药海外发展提供建议。中医药在美国发展体现出明显的"本土化"特点，且针灸在美国的发展最为突出并取得了合法地位，中草药作为膳食补充剂，在美国民众中拥有一定规模的市场，但总体上中医药在美国发展缓慢，形成了"重针轻灸，缺医少药"的局面。未来应充分认识中医药在海外"本土化"现象，树立中医药国际形象，兼容并蓄推动中医药国际化发展。

关键词： 中医药　针灸　中草药　美国　法律

　　中医药作为中华文明的重要组成部分，是中国文化走向世界的重要载体。中医药海外传播的历史由来已久，足迹已经遍布全世界近 200 个国家和地区。① 自汉唐以来，中医药开始走出国门，先后传播到日本、韩国、印度、泰国等国家，逐渐形成了东南亚地区中医药文化圈。而中医药在欧美地区的传播和发展则开始得较晚，16 世纪以后，中医药通过传教士以及贸易

---

* 郑秋莹，管理学博士，北京中医药大学管理学院副教授，硕士生导师，主要研究方向中医药管理；赵宏扬，北京中医药大学管理学院硕士研究生；时生辉，北京中医药大学管理学院硕士研究生；种潼薇，北京中医药大学管理学院硕士研究生；汪晓凡（通讯作者），管理学博士，北京中医药大学管理学院副教授，硕士生导师，主要研究方向中医药管理。
① 陈林兴、吴凯、贺霆：《人类学视野下的中医西传——兼谈国内中医药走向世界战略研究》，《云南中医学院学报》2014 年第 37 期。

路线来到欧洲；近现代以来，中医药才随着外派劳工与海外移民，踏上了美洲的遥远土地。中医药在欧美地区的传播和发展的历程有着独特的政治与历史背景，在发展过程中更是形成了"去中国化""过中国化"等本土化现象。

近年来，随着中国不断发展，中华文化，尤其是中医药文化的传播速度不断加快，传播范围也日益增大。2016 年 12 月国务院发布的《中国的中医药》白皮书明确指出，在新的历史时期，要积极推动中医药走向世界。① 特别是在新冠肺炎疫情下，中医药发挥了举足轻重的作用，例如"三药三方"等，为全球抗疫提供了中国智慧和中国解法，同时也提高了中医药在国际社会的知名度。美国作为近几十年全球化背景下国际文化传播和世界议程的中心国，中医药在美国的发展历程在相当程度上也反映了中医药国际传播的历程。在此背景下，研究中医药在美国传播发展的历史及现状，深入剖析中医药在美国发展的现状成果和潜在风险，明确当前中医药国际传播的机遇和挑战，是推动中医药走向世界的必答课题，对未来中医药国际化事业接续发展具有重要参考价值。

一 以针灸为代表的中医医疗服务在美国发展的历史及现状

（一）针灸在美国发展的历史进程

针灸是中医药体系中的重要组成部分，至今已有 2000 多年历史，是中医药国际传播的重要载体，在国际社会影响力较大，接受度更高。2016 年，联合国教科文组织将针灸列入"人类非物质文化遗产代表作名录"，这也说明针灸已经获得了国际社会极大的认同。同时，针灸也是在美国发展程度最

---

① 《中国的中医药》白皮书，中央人民政府网站，2016 年 12 月 6 日，http：//www.gov.cn/zhengce/2016-12/06/content_ 5144013. htm#1。

深、历史最悠久的中医传统疗法，中医药在美国发展的过程中，形成了中医针灸"本土化"的现象。本研究系统梳理了针灸从传入美国到经历三次热潮而逐渐实现本土化发展的历史进程（见表1）。

表1 针灸在美国发展历史阶段

时间	发展阶段	代表事件	"本土化"进程
19 世纪 20 年代	传入美国	中国劳工移民潮	—
20 世纪 70 年代		尼克松访华/赖斯顿报道	—
1973 年	第一次"针灸热"	内华达州针灸合法化	法律本土化
1975 年		新英格兰针灸学院成立	教育本土化
20 世纪 90 年代	第二次"针灸热"	美国国家卫生院千人听证会	医学属性本土化
21 世纪	第三次"针灸热"	2018 年美国新编职业标准	职业本土化

资料来源：笔者根据相关资料整理。

1. 针灸传入美国

美国最早有关针灸疗法的史料记录是在 19 世纪 20 年代前后，相关医学杂志转载了欧洲地区使用针灸治疗疾病的报告。1825 年，一位费城的执业医师巴彻·富兰克林，翻译了法国人莫兰德的《针灸回忆录》，出版了美国第一部英文针灸疗法专著。第二年，他还依据对囚犯进行针灸治疗实验的经历，发表了《针灸治疗效果的案例说明》。① 这段时间，有关针灸的可考证的记录基本上是案例的转载或研究。

一般认为，真正用针灸治疗疾病的疗法和技术更有可能是在美国开发西部、淘金热的历史时期，随着中国移民传入美国的。整理近代在美华工的叙述，1848 年之前，美国基本上没有中国移民，更遑论"中医师"；而在 1848 年之后的 30 年间，就总共有 30 余万中国移民或劳工进入美国，在此

---

① 石慧、张宗明：《针灸在美国本土化的历程、特色与成因探究》，《自然辩证法研究》2022 年第 38 期。

期间，中医药尤其是针灸技术随之传入美国。[1] 一些中医师在华人聚居地开馆坐堂，行医治病，依据在美华人群体打下了一定的群众基础。

通过上述各类渠道的共同作用，针灸传入美国，但因为其受众基本上是在美华人群体，针灸技术被封闭在华人社区的小圈子内。在美国人看来，针灸并不是正常的医疗手段，只是"旁门左道"，也只有极少一部分美国医生愿意去研究这样一门"东方神术"。在此阶段，针灸治疗只是小众行为，并未在美国本土传播开，也没有对美国本土文化产生冲击，这样的情况一直持续到20世纪70年代。而后，针灸逐渐在美国引发热潮，并实现了本土化。

2. 针灸在美国引发热潮

针灸技术自19世纪传入美国以来，100多年的时间里一直封闭在华人小群体内，并未被美国本土民众所关注。直到20世纪70年代，中美关系开始"破冰"，中医文化以及针灸才终于走进美国大众的视野。1971年，时任《纽约时报》副部长的詹姆斯·赖斯顿在北京访问期间，突发急性阑尾炎，手术切除阑尾之后出现腹部胀痛的症状，北京协和医院的李占元医生经过检查，决定对其施以针灸治疗，效果良好。住院期间，赖斯顿将这一经历写成报道，在《纽约时报》用了一整个版面刊发。出院后，赖斯顿对中医针灸产生了很大兴趣，又在上海观摩了五场针刺麻醉术，之后又对针灸治疗进行了一系列的报道，在美国社会引起了极大反响。

赖斯顿的报告能在美国受到广泛关注有着独特的历史与政治因素，一方面，20世纪70年代以前，美国对新中国一直采取政治和经济封锁政策，中美之间没有交流往来，信息严重闭塞，美国民众也就因此沉积了数十年对中国的好奇心。另一方面，当时周恩来总理刚刚访问美国，与基辛格进行了历史性的会谈，中美关系开始走向"破冰"，宣传中国文化、针灸疗法符合美国政府的外交政策。可以说，同"乒乓外交"一样，"针灸外交"也是中美建立外交关系的重要推动工具，是在特殊政治背景下促成的文化交流。总

---

[1] 李其荣：《近代美国的华工述略》，《华中师范大学学报》（人文社会科学版）1982年第4期。

之，赖斯顿的报道文章，成为美国第一次针灸热的导火索。① 在此后的尼克松访华中，访华团成员又参观了一场针刺麻醉下肺叶切除手术，亲眼见证了中医针灸的神奇效果，并在美国广泛宣传，进一步激发了美国的针灸热潮。

学界普遍认为，美国共经历了三次针灸热潮，第一次就是赖斯顿与尼克松访华引发的针灸热，第二次是在20世纪90年代由美国国家卫生研究院举办听证会肯定针灸疗效引发的针灸热，第三次针灸热出现在21世纪，针灸疗法被美国学界承认并纳入美国补充和替代医学体系之中。② 在三次针灸热潮中，针灸在美国也先后形成了四个层次的本土化发展。

（1）第一次针灸热——法律和教育的本土化

自赖斯顿报道与尼克松访华引发美国第一次针灸热以后，美国民众之间兴起了一股学习针灸的风潮，一大批美国人来到中国学习针灸，在美国也出现了许多针灸培训班和针灸诊所。但由于当时在美国的法律中，针灸并不是合规的医疗手段，因此这些开在美国的针灸诊所没有行医执照，加之这些针灸诊所参差不齐，医疗事故多发，被美国西医师工会攻击打压，因此经常受到当地警察和监管部门的取缔和查封，许多诊所纷纷倒闭关门，美国第一次针灸热潮也因此有了衰退迹象。

针灸在美国实现法律本土化的转机出现在1973年，一位来自中国香港的著名针灸医师陆易公受邀来到纽约为当地西医师演讲针灸技术，得知当地的针灸诊所因为无法获得行医执照而遭受打压，甚至被警察拘捕监禁，决心为在美国的针灸同行奔走出力。于是他来到内华达州，游说州政府在当地法案中加入针灸合法化的条文。然而，涉及此问题的利益关系复杂，以一个旅客身份想要达成目的更是困难重重。因此，为了证明针灸疗效，也为了在舆论上产生影响力，陆易公在内华达州连续坐诊三个星期，累计用针灸技法治疗了近500名患者，疗效显著，美国《时代周刊》在报道中形容其"犹似神迹"。就此，针灸合法化法案在内华达州立法院以压倒票数获得了通过，

---

① 申玮红：《美国针灸热导火索的真实历史》，《针刺研究》2006年第3期。
② 陈德成：《美国针灸40年发展概要与趋势》，《中医药导报》2006年第3期。

针灸也实现了在美国法律本土化的第一步。[①]

在内华达州针灸合法化之后，美国其他各州也纷纷开始效仿。但由于美国各州社会环境差异较大，部分地区针灸虽取得合法化地位，但仍没有独立开业权，即只能由西医师先进行诊断，再开具医嘱，才能由针灸医师为患者治疗。为争取独立开业权，各地针灸医师也纷纷进行了新的努力，其中以得克萨斯州的中医针灸法案最为引人注目，为通过该法案，美国针灸权威康宁医师也参与了申辩。最终法案得以通过，得克萨斯州的中医针灸法案也为美国其他地区争取权利的针灸医师提供了可援引的法例。直到现在，美国各州的针灸相关法案也仍在修改完善之中。

美国对于针灸的教育培训出现于第一次针灸热之后，一大批针灸培训班应势而生，但这些培训班大多只是私人、非正规的性质，培训水平参差不齐。针灸教育在美国获得正式发展是在针灸获得在美合法化地位之后，针对针灸教育培训机构的规定随中医针灸法案一起出现。第一个在美国成立的正规针灸培训机构是 1975 年在波士顿获批成立的新英格兰针灸学院。其创始人，"美国针灸之父"，澄江针灸学派名医苏天佑还编著了英文针灸教材《经穴学》，后来被美国针灸培训机构广泛使用。

再之后，美国各地又创立了几十所正规的针灸教育院校，截至 2016 年，美国全国针灸及中医院校资格鉴定委员会（ACAOM）认定的针灸学校就有 53 所。[②] 针灸培训机构和教育院校的增加，也推动了针灸教育制度和考试考核制度的发展。2016 年，已有 35 个州承认美国 NCCAOM（国家针灸师资格考试委员会）组织的针灸师考试，想要获得针灸行医执照，必须先获得 NCCAOM 针灸师考试的合格证书，才能向所在州政府卫生局及执照颁发管理局提出申请。

（2）第二次针灸热——医学属性本土化

自针灸在 19 世纪传入美国，到后来渐渐在美国社会广泛传播，乃至形

---

① 林声喜：《中医针灸在美国第一个州立法经过》，《中国针灸》2001 年第 8 期。
② 陈德成：《美国针灸 40 年发展概要与趋势》，《中医药导报》2006 年第 3 期。

成"针灸热",美国主流社会特别是以西医为绝对主导的美国医学界,都仅仅把针灸看作一种"来自东方的神奇技艺",甚至是旁门左道。因为文化背景的巨大差异,美国民众很难理解针灸技术背后的治病机理和辨证理论,更难以理解与西医治病截然不同的操作技法,所以针灸在美国一直未曾获得医学属性上的认同。直到 20 世纪末期,这种情况才得到了改变。

1991 年 5 月,美国国家卫生院替代医学办公室成立,第一次以"替代医学"的名义管理中医。1995 年,针灸器材首次被美国食品与药品管理局(FDA)列入医疗器材。1997 年发生了美国针灸行业史上影响最为深远的事件,美国国家卫生院邀请各地专家,围绕针灸技术与临床应用召开了一场与会者达千人的听证会,并在会后发布声明,在学术的层面肯定了针灸治疗恶心呕吐和各种痛症的安全性和有效性,这也代表了针灸从此被美国主流医学界所接纳,完成了其在医学属性上的本土化。

(3)第三次针灸热——职业本土化

第三次针灸热直接带来的是美国针灸从业者数量的迅速增加,同时也出现了针灸医师职业团体,美国第一个针灸医师职业团体"加利福尼亚州中医药针灸学会"成立于 1973 年,在推动中医合法化的过程中起到了主导性的作用。

在一系列针灸职业合法化法案的推动下,美国针灸师职业群体规模不断壮大,截至 2012 年底,美国经过职业认证的针灸师已有 27835 人。[1] 2016年,全美约有 5 万人从事针灸行业及其相关产业。[2] 在美国针灸师职业群体不断壮大的过程中,也存在一些问题,即直到 2014 年,针灸师职业并没有出现在美国职业分类名录中,针灸师职业处于"有实无名"的尴尬境地。2014 年 7 月,美国国家针灸师资格考试委员会向美国劳工统计局(BLS)提出正式申请,要求将针灸师职业写入美国职业分类目录中,并且设立针灸师专属的职业代码。经过两年的审查和评估,直到 2016 年,美

---

① Vados L.:《美国针灸发展现状》,《中华针灸电子杂志》2014 年第 1 期。
② CCTV:《中医针灸在美国医疗改革中将大有可为》,2011 年 9 月 7 日。

国劳工统计局才宣布将会在 2018 年发布的新编职业标准分类中为针灸师职业设立专属职业代码：29-1291。2018 年，新编职业标准正式颁布，针灸师职业终于成为美国的正式职业，同时也获得了在美国的正式定义："针灸师通过使用针灸针刺激身体的特定穴位来诊断、治疗和预防疾病。也可以使用杯罐、营养补充、按摩治疗、穴位按摩和其他替代保健疗法。不包括'脊医'。"

（二）针灸在美国的立法管理现状

目前，美国联邦政府并未对针灸进行统一立法管理，对于针灸的法律管理主要是各州自行立法。据学者统计，截至 2020 年，美国已有 48 个州对针灸实行了立法管理，这也就意味着针灸在美国绝大多数州已经取得了合法地位。[①] 值得一提的是，由于美国各州政府推行法案有很高的自由度，针灸管理法案也体现出"各自为政"的特点。目前，各州关于中医针灸准入资格的制度基本趋于一致，但各州在针灸从业者的管理、针灸行医执照的相关规定以及针灸师的执业范围上都存在很大的区域间差异。

管理美国针灸教育培训以及资格考试等相关事宜的权威机构为 NCCAOM 和 ACAOM。NCCAOM 负责组织美国针灸师资格考试，该机构拥有一套被认为是仅次于中国的，健全完善的针灸执业认证体系。[②] ACAOM 则负责审核认证美国各地针灸教育培训机构的资格，是美国教育部认可的专业认证机构。[③]

1. 美国各州针灸准入资格管理制度现状

（1）美国各州针灸执照管理机构

在美国，想要从事针灸行业或开展针灸诊疗行为，必须通过向相关管理

---

① 崔钰、冷文杰、李富武、武锋：《美国各州中医针灸立法管理现状》，《中国医药导报》2020 年第 17 期。

② 陈强：《美国 NCCAOM 中医针灸师资格认证考试体系的研究及启示》，河南中医药大学硕士学位论文，2017。

③ 陆聪、何巍、赵英凯：《美国针灸教育及资格考试体系探析》，《中国针灸》2013 年第 33 期。

部门申请，取得针灸师从业执照。在这些已经对针灸立法管理的州和特区中，都设置有负责审核并颁发针灸师从业执照的机构，这些机构主要分为三种：第一种就是由地方州政府自行设立本州的针灸委员会，由针灸委员会直接管理本州的针灸师从业执照，这也是较为普遍的管理模式；第二种则是由当地的医学委员会负责针灸执照的管理工作；第三种是由州政府的卫生管理部门，如卫生部等，直接对针灸执照进行管理。

（2）美国各州针灸执照申请条件要求

基本要求。申请者在申请针灸师从业执照时，需要向针灸执照管理部门提交自己的基本信息，以此证明自己的个人素质与业务水平。此外，对于申请者的最低年龄与国籍，各州和特区的具体规定则略有不同。针灸执照的最低申请年龄要求随各州规定有所不同，大致有三种：年满 18 周岁、年满 19 周岁以及年满 22 周岁。国籍方面，部分州，例如密西西比州，不接受非美国国籍或非美国永久居住者申请人的申请；其他州则没有此类规定，但是对于这类申请者，一些州要求申请人提供相关资料以证明其合法外国人身份。

准入考试要求。针灸师资格考试是评价申请人是否具备针灸师的基本知识以及从业能力和水平的考试，但只是申请人申请针灸从业执照的前置条件，对于针灸执照的管理权和发放权仍在各州的相关管理部门手中。在美国，影响范围最大的针灸师资格考试就是 NCCAOM 组织的针灸师资格考试。到 2020 年，48 个对针灸立法管理的州均已认可 NCCAOM 的针灸考试成绩或出具的资格认证。除了 NCCAOM 的考试外，一些州还设置了本州的认证考试。有的作为 NCCAOM 考试的补充，进一步考核申请人的水平；有的则是与 NCCAOM 考试并列，供申请人二选一；或是降低标准，将自有考试设置为申请非针灸师资格即针灸助理执照的考试。

除了对准入考试的设置，各州间存在差异之外，参加准入考试的学历以及教育经历标准也各有不同。其中，NCCAOM 自身设置了针灸师资格考试的报考要求及学历标准，部分州直接沿用。有的州则自行设立了标准，在 NCCAOM 标准的基础上，根据各州特点设置了额外要求。此外，对于在美国境外接受针灸教育的申请人，部分州规定由针灸委员会认证境外针灸教育是否符合当地标准。

值得一提的是，佛蒙特州、田纳西州、加利福尼亚州、西弗吉尼亚州和哥伦比亚特区承认将师承教育作为参加针灸资格考试的学历标准。

语言要求。截至 2020 年，已有 19 个地区明确规定，非英语母语的申请人在申请美国针灸师从业执照时，需要满足下列三项要求中的其中一项：参加国际性英语标准化水平考试，成绩要求各州略有不同；参加以英语为考试语言的 NCCAOM 针灸师资格考试或各州自行组织的资格考试；提供证明自己有在英语国家接受高等学历教育的经历并满足学习时长要求的证据。在这些语言要求中，相比英语写作能力，各州基本上更重视也更倾向于考核申请人的口语水平。①

2. 美国各州针灸从业者管理现状

（1）各州针灸师从业执照互认的规定

由于美国各州在针灸师从业执照申请以及行业准入的管理制度上存在较大的差异，各州间颁发的针灸师从业执照的效力和互相认可情况也存在不同。事实上，在实际操作中，州间针灸师从业执照是否能够互认，各州主要关注的是其他州在审核颁发针灸执照以及准入资格考核时的标准是否一致。其中，夏威夷州就曾明确表示，不承认其他州颁发的针灸师从业执照。

（2）针灸师头衔与身份管理的规定

针灸行业从业者在获得针灸师从业执照后，仅仅会授予其"针灸师"或"注册针灸师"的头衔，只有罗得岛州会授予针灸师"针灸医师"的头衔。因为中医针灸在美国仅属于"补充或替代医学"的范畴，其实际地位仍低于西医，针灸师并不能被授予"Doc."或"Doctor."的头衔，即针灸师并不是医生或医师的身份。

（3）西医从事针灸活动的规定

目前，针对西医从事针灸活动的规定，门槛普遍很低，各州具体规定大致可分为两类。一类是西医无须经过任何培训与考试即可从事针灸活动；另

---

① 崔钰、冷文杰、李富武、武锋：《美国各州中医针灸立法管理现状》，《中国医药导报》2020 年第 17 期。

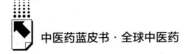

一类则是在接受一定时长的针灸培训后即可从事针灸活动。

（4）针灸师能否使用中草药的规定

在美国，对针灸立法管理的州基本上是针灸与中草药分开立法的情况，也有部分地区将中草药的使用权规定放到了针灸立法中。截至2020年，在48个针灸立法州中，仅有17个州允许针灸师结合使用中药进行治疗；有19个州不允许针灸师使用中药；还有12个州规定，针灸师只有在通过了专门的中药学考试之后才可以在诊治过程中使用中药。

3.美国针灸保险支付的相关规定

针灸在已立法管理的各州，被大多数保险公司定向为医疗保险。[①] 而因各州相关法案规定不同，各州保险公司对针灸的支付制度也不相同。在一些针灸合法化更早、普及性更高的州和地区，比如内华达州，基本所有的保险公司都能支付针灸的医疗费用。而在一些针灸普及度较低，发展水平也较低的州，则几乎没有保险公司为针灸提供支付。[②] 此外，保险对于针灸支付的额度，各州也有所不同。保险支付针灸的病种范围方面，以往保险支付针灸的大部分病种是痛症，随着针灸在美国的进一步发展，一些保险公司为了留住客户，也在增大针灸保险的病种范围，例如对试管婴儿的辅助治疗等都出现在针灸受保病种之中。

（三）针灸在美国发展的特色及成因分析

需要认识到，目前美国所称的针灸，绝不是传统的中医针灸，而是在美国经历了本土化发展的"美国版"针灸。在针灸传入美国至今，为适应在美国发展的需要，针灸在理论、操作等全方位进行了调整，呈现与中国传统中医针灸截然不同的新特色。

1.针灸在美国的发展特色

（1）以扳机点理论和泛穴理论为学代表的理论特色

针灸在传入美国后，随着对针灸感兴趣的美国医学专家的研究，发展出

---

① 陈德成：《美国针灸40年发展概要与趋势》，《中医药导报》2006年第3期。
② 宫业松：《漫谈针灸在美国》，《环球中医药》2008年第1期。

一些新的、有特色的理论成果，其中就以扳机点理论和泛穴理论最具有代表性。扳机点是指肌肉、筋膜位置能引起疼痛的触发点，该理论认为能够通过刺激该部位治疗疼痛。第一次针灸热时，扳机点理论迅速与针灸融合，形成了仅针刺扳机点而治疗疼痛的针灸手法，即所谓"干针"。[1] 泛穴理论是指针灸传统穴位周围部位时，也会有疗效的现象，因此扩大了穴位的范围而使其宽泛化，成为"泛穴"，这也是针灸本土化中出现的比较有突破性的理论特点。

（2）以情志、生育疾病为主的病症特色

世界卫生组织对针灸的临床效果进行分析研究得出的结论认为，针灸共有 113 种适应症。[2] 根据目前的现实情况来看，针灸在不同的国家，被应用于治疗的主要病症也各有特色。就美国而言，与中国相同的是针灸都被用于治疗失眠、痛症以及关节炎等病症；而与中国不同的在于，美国针灸主要应用症的疾病是焦虑症、抑郁症等情志类疾病和不孕不育等生育类疾病。针对美国毒品泛滥的问题，美国还应用针灸来解决阿片危机，辅助毒品成瘾症的治疗。

（3）百花齐放的流派特色

中国中医传承中也有很多有各自理论特色的传统流派，美国针灸则在其基础上更进一步，表现出中西结合、百花齐放的流派特色。美国针灸的主要流派大致可分为两类：一类是保留着或多或少中医传统理论的传统针灸流派，另一类则是以解剖学、生理学等实验医学为理论基础的新式针灸流派。[3] 在传统针灸流派中，又可细分为许多分支流派，如传承于中国的中医传统流派，在欧洲发展演变的欧洲五行体质针灸，以及有日韩等国特色的日本经络针灸和韩式四针法等。新式针灸流派则主要有上文中提到的针刺扳机

---

① 余兆晟：《扳机点理论与中医针灸于肩周炎治疗的理论比较》，广州中医药大学博士学位论文，2015。

② World Health Organization Staff, "Acupuncture: Review and Analysis Reports on Controlled Clinical Trials", Geneva: World Health Organization, 2002.

③ 李永明：《针刺研究的困惑与假说》，《中国中西医结合杂志》2013 年第 13 期。

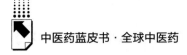

点的"干针"疗法以及泛穴理论。

（4）中西结合的教育特色

由于美国针灸流派繁多，这就导致美国针灸教育培训也出现了多元化的特色。在20世纪第一次针灸热潮兴起之前，美国国内的针灸教育主要受欧洲传播来的欧洲五行体质针灸理论影响，直到70年代由于中美建交和针灸热的兴起，大量来自中国的受过正统中医药教育的针灸师来到美国，中医传统针灸便成为美国针灸教育体系中的主流。有学者调查发现，截至2010年，90%以上的美国针灸培训院校都设置有传统中医课程①。值得一提的是，这些在美国院校教授的"传统中医理论课程"实际上与中国的中医理论课程并不相同，而是便于美国人理解而进行删改和重新编排，有中西结合特色的理论教学。

（5）新型针具的器材特色

美国作为世界科技与工业强国，科技水平高，科技创新能力更强，这种特点和能力也应用在了针灸器材的创新上。一次性针具的推广解决了美国民众对于针具反复使用造成污染的担忧；针管辅助进针器等新器材的使用，也解决了部分美国针灸师技术水平较低、针灸能力不足的难题……这些新型的针具，促进了针灸在美国的普及与发展。此外，在灸法工具方面，美国也在使用不易对人体产生灼烧危险的红外线灸，但红外线灸与传统艾灸的效果是否一致，还存在不小的争议，需要进一步验证。

（6）医、药、针、灸分离的态度特色

美国在接受针灸发展以及使其本土化的过程中，比较鲜明的态度特色就是将医、药、针、灸完全分割对待，从而形成了"重针轻灸，缺医少药"的局面。换句话说，美国流行的所谓针灸，实际上只是针刺法在不断发展，而灸法乃至中医理论和中药的使用则应者寥寥。比较明显能反映出的就是在美国新式针灸流派中，基本上没有继承中医的传统理论，中医传统核心观念

① 郑欣：《美国当代主要针灸流派的诊疗特点及现状研究》，北京中医药大学博士学位论文，2012。

被彻底淡化。

2. 针灸在美国发展特色的成因分析

（1）以实用主义为核心的哲学基础

对美国人思想和思维方式影响最深远的哲学流派，莫过于实用主义哲学。因此，针灸在美国发展以及本土化的过程中，美国也始终秉持实用主义的态度，更多关注针灸的治疗效果，以针灸的效用来定存废，以至于出现了重操作而轻理论、淡化中医传统思想的局面，新式针灸流派中，如"干针""泛穴"等，还出现了重新构建一套理论的情况。

（2）与中国截然不同的文化习惯

从历史起源来讲，美国是一个由移民组成的国家，本身历史很短暂，自然也没有本土文化的传承。美国的文化环境是多元融合的，因此很容易在传统的基础上产生创新。同时，美国作为20世纪科技水平和综合实力都位于世界顶尖水平的国家，也有对外来文化进行本土改造的习惯。针灸在美国本土化的过程，就是一个外来文化被美国本土文化所影响，进而表现出美国式特点的典型范例。

（3）地方高度自治和严格管控的政治环境

美国的联邦制政治体制意味着联邦立法会只有部分立法权，联邦政府也只有部分管辖权，各州和特区政府的自治权以及自行立法权较大，也更加自由。因此，美国法案就表现得富有地域特色，有明显区域差异的特点。这也就导致针灸在美国各州或特区的法律地位和相关规定各有不同，"一个地方一个样"。

此外，由于美国法案对医疗卫生相关领域采取的严格监管的政策，针灸在美国的发展有着极大的阻力。因此，针灸想要在美国获得合法地位并获得发展，只能选择适应美国的环境，改换自身形态，推进美国"本土化"，但这也导致美国针灸实际上仍然受制于人，且地位远远不及西医。

（4）"针灸热"背后的经济效益

针灸能在美国得以迅速发展并且"本土化"，最大的推动力莫过于针灸带来的经济效益。由于政治红利，针灸在美国替代与补充医学范畴里占据了重要地位，且由于针灸本身显著的效果以及极低的毒副作用，实际上迎合了美国民众的需要，致使其在美国拥有广阔的市场。同时，针灸也面临其他自然传统疗法或理疗、整脊等的竞争，为了应对挑战，针灸行业从业者选择团结起来，成立了各种地方性乃至全美性质的组织或职业联盟，形成了美国针灸较为凝聚的行业特点。

二 中药在美国发展的历史和现状

传统中医药的应用，是中医师在中医基础理论的指导下，辨证论治，施以中药、针灸、推拿等手法治疗患者的疾病。换言之，中医药是一个内容丰富、交相融合的整体概念。而目前在美国，就中医药发展而言，针灸的发展现状明显优于中药。在针灸的美国本土化发展进行得如火如荼时，中药在美国的发展速度明显慢了许多。

（一）中药在美国发展的历史背景概述

植物药作为中药的重要来源，在中国的使用有着极长的历史渊源，世界其他地区的人类在古代也普遍有使用草药治疗疾病的历史。美国在历史上，实际上也有一段使用植物药的经历，美国土著印第安人，以及早期到达美洲的欧洲航海家都有普遍使用植物药的记录，乃至在 1820 年版美国药典中，植物药都占到了 2/3。[①]

然而到了 19 世纪，随着美国工业与科技水平的提高，其对化学、药理等知识的认识不断加深，化学合成药物就逐渐取代了植物药。与合成药相比，植物药不仅质量难以标准化，其药理作用和毒副反应也不确切，药物成分更是十分复杂难以分解。因此，美国医学界对植物药开始持反对和排斥的态度，使用中药治病的中医在这种环境下更是显得"格格不入"了。

但在最近几十年，随着美国人口老龄化的不断加深，医疗健康问题越来

---

① 陈建存：《植物药在美国的发展、问题与市场机遇》，《中国药房》2002 年第 3 期。

越突出。特别是慢性疾病患病率的上升，使美国西医难以满足民众的健康需求。20 世纪末期，越来越多的美国患者开始选用成本低廉、副作用小的植物药以及替代医学，或是采取西医与替代医学联合应用的方式治疗自身疾病，中医与中药也迎来了打开美国市场的机会。

（二）中药产品在美国的发展现状概述

当前，根据美国相关法律规定，大部分中药产品是以食品补充剂，而不是药品的身份在美国市场销售。这也意味着消费者在购买中草药时没有任何监管和限制条件，因此不可避免地导致一些不具备中医药知识的消费者在使用中草药之后出现毒副作用。根据美国国家卫生研究院的一项调查，美国民众对于包含中草药在内的补充剂使用量连年增加，但也出现过相当数量的中草药不良反应案例，导致 FDA 对部分出现毒副作用的中草药发出了禁令。

目前，美国中药的主要来源是中国。在美国国内，也有一些公司在代理和销售中药，例如 TCM Tone 公司，该公司的复方中药系列在 2018 年成功通过筛选，进入了美国著名医学机构克利夫兰医学中心的药房。[①] 此外，还有一些在美国国内生产中医药的公司，如 Mayway、Golden Flower 等。

总的来看，目前美国已经形成了有一定规模的中药市场，中草药作为以安全性著称的膳食补充剂，在美国民众中受到极大欢迎。值得注意的是，虽然单方草药始终在中草药膳食补充剂的市场中处于主导地位，复方草药的销售份额也在持续增长，这说明美国消费者正越来越认可复方草药，以及中药复方产品背后的中医基础理论。然而，由于大部分中药在美国市场仅仅是膳食补充剂的身份，且不允许声称具有药用作用，这就导致中药产品在美国缺乏合理使用的指导，且有中药滥用以及使用不当的风险，这对中药在美国后续的发展有着严重的负面影响。

（三）中医药在美国社会的形象与舆论氛围

在美国，CNN（美国有线电视新闻网络）、《纽约时报》、《华盛顿邮

---

① 刘颖铄：《中药的国际化探究》，山东中医药大学硕士学位论文，2016。

报》、《洛杉矶时报》等主流媒体已经渗透到了社会的方方面面，其新闻报道体现了民众关注的兴趣方向，其新闻话语也主导着社会的舆论氛围。因此，这些新闻媒体极大影响了美国民众对中医药的认识和态度，也从另一个角度反映了中医药在美国社会中的形象。

在美国主流新闻媒体中，中医药始终是中心热点话题，"针灸"和"中药"则是两个主题性较高的相关词汇。目前，对于针灸，这些媒体传递的信息是，针灸是一种可以治疗疼痛的辅助治疗手段，是有效且安全的。但相较于针灸，对于中药的报道，则多是负面的报道，极少有肯定其效果的。在对于中药的媒体报道中，内容主要有质疑中药的成分、疗效，警惕中药的毒性，虎骨、穿山甲等动物入药涉及的动物保护问题以及是否导致新冠肺炎疫情蔓延等误解。[①]

可以看到，在美国媒体的报道以及民众评论中，中医药始终有着持续且稳定的关注，这在一定程度上反映了中医药在美国越来越高的普及度。

三　从中医药在美国发展的历史提出中医药海外发展建议

（一）利用政策利好形势，提升中医药文化海外传播效果

当前，国家大力支持中医药"走向世界"，中医药国际化事业迎来重大战略机遇。随着新时代"一带一路"等国际合作项目的落地推行，中医药有了走出国门的康庄大道。因此，更应该抓住机会，结合民间中医药交流、主流媒体与民间媒体合力宣传、中医药企业国际合作等多种渠道，以海外群众喜闻乐见的形式输出中医药文化，提升中医药文化传播效果。

（二）兼顾传统特色与现代应用，树立中医药国际形象

中医药"走向世界"，是中医体系与西医体系的对话，也是中国文化与

---

① 叶青、吴青：《美国新闻媒体对中医药报道现状分析与主题词研究》，《环球中医药》2014年第7期。

世界文化的交流，更是中国价值观与世界其他国家价值观的碰撞。在中医药国际化过程中，既要保留中医药文化中有东方价值观念色彩的"整体观""和谐观"的内容，又要考虑到世界其他国家、其他文化的价值观念，培养和塑造属于其他国家自己的"中医药形象"。

（三）充分认识中医药"本土化"现象，兼容并蓄推动中医药国际化

中医和西医是两大独立且差异巨大的医学体系，中国和其他国家的历史与文化背景更是千差万别，当中医传入以西医为主要医学的国家或地区时，自然而然会产生剧烈的思想碰撞，从而产生出与传统中医不同的，具有本土化特点的新内容、新特征。在中医药"走向世界"的过程中，这样的情况只会多，不会少。我们必须对其有充分而清醒的认识，并以尊重、包容的态度认识"本土化"的中医。中医药"走向世界"，并不是唯我独尊，而是携手向前，在国际化中去其糟粕，取其精华，以中医药国际化发展反哺中国本土中医药发展。

（四）凝练中医药理论内涵特色，提升中医药国际话语权

在中医药国际传播与国际合作中，我们既要破除文化中心心态，又要树立文化自信，加强沟通和交流，凝练中医药理论精华，丰富中医药思想内涵；同时，还应该积极推动中医药国际标准的制定，在合作中提升自身话语权，避免中医药在"本土化"发展的过程中出现像"干针""泛穴"等脱离中医而过度演化的情况。

科教法律篇

Reports on Science Education and Law

B.19
全球中医药立法发展报告

张彩霞　梁静姮[*]

摘　要： 近年来，中医药在海外发展十分迅速，世界各国纷纷加快对中医药立法的步伐。从地域上看，世界各国的中医药立法发展并不同步。日本、韩国、匈牙利、美国、澳大利亚等国的中医药立法发展快，而英国、德国等国的中医药立法进展缓慢。从内容上看，全球中医药立法呈现重中医尤其是重针灸而轻中药的特点。中医药跟随华人华侨的脚步在世界各地落地生根。世界各国中医药立法的成功离不开当地华人华侨尤其是从事中医药行业的中医人的积极争取和长期努力推动。但是，中医药立法是把双刃剑，它有利于东道国中医和针灸技术的规范管理与有序发展，但也存在提高了中医师执业的语言标准、严格限定中药的使用和缩小中医执业范围等问题。建议海外华人华侨积极主动参与中医药立法工作，坚持不懈推动中医药融入东道国主流医学体系，促进中医药

* 张彩霞，广州中医药大学副教授，主要研究方向为全球健康治理和卫生法；梁静姮，法学博士，澳门大学高级导师，主要研究方向为卫生法和民商法。

在东道国的繁荣发展，积极推动中医药高质量融入"一带一路"建设。

关键词： 全球　中医药　立法

一　全球中医药立法概况

（一）中医药在海外迅速传播

中医药是中华民族的瑰宝，在数千年历史发展进程中，不断传承、创新和发展，形成了"天人合一"的宇宙观和"阴阳平衡"的健康观。随着现代医学模式的转变和人们健康观念的变化，中医药日益凸显出其独特的价值和作用，国际社会对中医药的理解、认同和交流合作日益广泛。近几十年来，中医药在海外迅速传播。据统计，中医药已传播到全球196个国家和地区，中国与外国政府签署了40多个中医药双边合作协议。[1] 全球1/3以上人口接受过中医针灸、推拿或气功治疗。[2]

（二）中医药是共建"一带一路"国家共享共建的卫生资源和民心相通的重要纽带

近年来，中国正在加快推进"一带一路"倡议。目前，中国已在共建"一带一路"国家建设了35个海外中医药中心，这是东道国居民利用中医药服务的综合平台和了解中医药文化的最佳窗口。在国内，中国中医科学院广安门医院等17家医疗机构被认定为国家中医药服务出口基地。它们正成为推动中医药走出国门的重要力量。总而言之，中医药服务正日益融入共建

---

[1] 《〈推进中医药高质量融入共建"一带一路"发展规划（2021~2025年）〉印发推动中医药国际合作》，《中医杂志》2022年第4期。

[2] 贾平凡：《让中医药更好造福人类》，《人民日报·海外版》2021年9月24日。

"一带一路"国家的医疗服务体系，成为共建"一带一路"国家共享共建的卫生资源和民心相通的重要纽带。①

（三）新冠肺炎疫情背景下中医药已成为构建人类命运共同体的重要内容

为了积极应对突如其来的新冠肺炎疫情，中国在没有特效药的情况下，探索并实行中西医结合、中西药并用，先后推出九版新冠肺炎诊疗方案，与150多个国家和地区分享中医药抗疫经验，向28个国家派出中医专家协助抗疫。②"三药三方"等中药方剂被多个国家借鉴和使用，成为全球抗击新冠肺炎疫情方法的重要组成部分。世界针灸联合会向63个国家246个团体会员宣传新型冠状病毒肺炎诊疗方案，分享中国针灸学会研究制定的新型冠状病毒肺炎针灸干预的指导意见中英文本，多语种宣传中国抗击新冠肺炎疫情的最新成果和经验，充分展示国际组织的责任和担当。③随着中医药抗疫效果的日益显现，中医药得到越来越多外国人的青睐，已成为构建人类命运共同体的重要内容。④

（四）中医药是传统医学的杰出代表

中医药是传统医学的杰出代表，目前在西方国家归属于替代医学或补充医学。以中医药为代表的传统医学得到了世界卫生组织的高度认可。2002年5月，世界卫生组织公布了其第一部全球传统医学战略——《2002~2005年世界卫生组织传统医学战略》，明确提出将促进把传统医学/补充和替代医学纳入国家卫生保健系统，并积极帮助会员国制定政策、国际标准、技术

---

① 《千年之约："一带一路"连通中国与世界》编写组：《千年之约："一带一路"连通中国与世界》，新华出版社，2017。
② 《〈推进中医药高质量融入共建"一带一路"发展规划（2021~2025年）〉印发推动中医药国际合作》，《中医杂志》2022年第4期。
③ 《中医抗疫32：与世界分享中医药抗疫经验》，国家中医药管理局网，2020年4月10日，http：//www.satcm.gov.cn/xinxifabu/meitibaodao/2020-04-10/14578.html。
④ 黄静婧：《中医药助力构建人类命运共同体》，《广西中医药大学学报》2020年第4期。

准则等以确保传统医学的安全性、有效性和质量。① 2011 年 10 月,《西太平洋区域传统医学战略》和《传统医学决议》经世卫组织西太平洋区域委员会第 62 届会议审议通过,为西太平洋区成员国最大限度地将传统医学纳入国家卫生服务体系提供了指导。② 2014 年 5 月,世卫组织第 67 届世界卫生大会通过了《2014~2023 年传统医学发展战略》。该战略回顾了传统医学在全球的发展状况,明确了今后若干年传统医学在全球发展的目标、任务和方向。③ 为了落实上述传统医学发展战略,各成员国纷纷将传统和补充医学纳入本国法律框架。2019 年,世界卫生组织发布了《世界卫生组织 2019 年传统和补充医学报告》,全面总结了截至 2018 年世界卫生组织 179 个会员国的传统和补充医学的发展现状。④ 中医药在世界传统医药的发展中始终保持领先地位,正在世界范围内被广泛接受,成为世界主流医学体系的重要组成部分。2019 年 5 月,第 72 届世界卫生大会审议通过《国际疾病分类第十一次修订本(ICD-11)》,首次纳入以中医药为主体的传统医学章节,中医药历史性地进入世界主流医学体系,中医药在国际传统医学领域的话语权和影响力显著提升。⑤

(五)全球中医药立法进程日益加快但在世界各国和地区的发展不均衡

近年来,世界各国掀起了一波又一波"中医药热",全球中医药立法进程日益加快。根据《世界卫生组织 2019 年传统和补充医学报告》,世界卫生组织 179 个会员国中已有 98 个会员国制定了发展传统医药的国家战略或政策,

① 左言富:《世界卫生组织 2002~2005 年传统医学战略评析》,《南京中医药大学学报》2004 年第 5 期。
② 张咏梅:《世界卫生组织西太区传统医学发展现状》,《国际中医中药杂志》2014 年第 9 期。
③ 《瑞士 世卫通过未来 10 年传统医学战略 将推动中医药发展》,《科技传播》2014 年第 11 期。
④ 黄婧、方廷钰、刘子宁等:《〈世界卫生组织 2019 年传统和补充医学报告〉的解读》,《北京中医药大学学报》2021 年第 7 期。
⑤ 国家中医药管理局:《传统医学正式纳入〈国际疾病分类第十一次修订本(ICD-11)〉》,http://ghs.satcm.gov.cn/gongzuodongtai/2019-05-25/9884.html。

109个会员国制定了关于传统医学和补充医学的法律法规,124个会员国发布了草药法规,107个会员国成立了传统医药委员会,45个会员国传统医学和补充医学有医疗保险覆盖,34个会员国把草药纳入基本药物目录。[1] 世界各国的中医药立法发展并不同步,有的发展较快,而有的进展缓慢。从全球范围来看,中医药立法分为三类:第一类是对中医全面立法,如澳大利亚和加拿大大部分省份;第二类是只对针灸立法,如美国;第三类是未对中医或针灸专门立法但默许中医药服务的存在及行业自律,如英国和德国等。

(六)全球中医药立法重中医(尤其是重针灸)而轻中药

针灸疗法是中医药的典型特色。目前,国际针灸发展的趋势呈现如下特征:①针灸从个体诊所逐渐转向大型医疗机构;②针灸的治疗范围已经从治疗痛症逐渐向其他病症扩展;③针灸的研究得到了重视;④以法律的形式保障针灸的健康发展已经成为一种趋势。从立法内容看,全球中医药立法明显呈现重中医,尤其是重针灸而轻中药的特点。世界卫生组织第二次全球调查中期报告(2012年)调查反馈显示,129个国家中有103个国家(80%)现在认可使用针灸,29个国家制定了针灸疗法的法规(22%),18个国家(14%)将针灸疗法纳入了健康保险覆盖范围。[2] 世界针灸联合会秘书处对99个国家和地区的针灸立法和政策进行了整理,发现有45个国家和地区(含中国香港、中国台湾和中国澳门)有针灸立法,其中有明确针灸立法条例的国家和地区有28个;65个国家和地区承认针灸的合法地位,将针灸纳入医疗保险的国家和地区有39个,鼓励针灸发展的国家和地区有12个,对针灸采取默许态度的国家和地区有19个。[3]

---

① 黄婧、方廷钰、刘子宁等:《〈世界卫生组织2019年传统和补充医学报告〉的解读》,《北京中医药大学学报》2021年第7期。

② 鲍云帆、张祉涵、弥仔涵等:《"一带一路"背景下针灸的国际传播:过去与未来》,2021中国新闻史学会健康传播专业委员会年会暨第四届"医疗、人文与媒介:健康中国与健康传播研究"国际学术研讨会,2021。

③ 王笑频、刘保延、杨宇洋:《世界针灸政策与立法通览》,中国中医药出版社,2020。

二 主要国家的中医药立法

（一）中国：中西医并重 中医药立法与政策并进

中医药是我国的文化瑰宝，也是我国医药卫生体系的特色和优势。自新中国成立以来，党和国家一直高度重视中医药工作，始终坚持中西医并重的发展方针。早在 1954 年宪法提出了"国家发展医疗卫生事业，发展现代医药和我国传统医药"，此后我国陆续制定了一系列有关中医药的法律法规和政策条例，如表 1 所示。

表 1 新中国成立后我国有关中医药发展的法律法规

年份及法律/法规	内容
1954 年《宪法》	规定了"国家发展医疗卫生事业,发展现代医药和我国传统医药"
1982 年《宪法》	重申了"国家发展医疗卫生事业,发展现代医药和我国传统医药"
1984 年《药品管理法》	从法律制度层面对中草药进行规范化管理
1992 年《中药品种保护条例》	保护中药生产企业的合法权益,促进中药事业的发展
2003 年《中医药条例》	继承和发展中医药学,保障和促进中医药事业的发展,保护人体健康
2017 年《中医药法》	指出"中医药事业是我国医药卫生事业的重要组成部分",重申了"国家大力发展中医药事业,实行中西医并重的方针"

时至今日，无论是现行有效的《宪法（2018 年修正案）》还是最新修订的《药品管理法（2019 年修订）》，均再次重申了"国家发展现代医药和传统医药"的基本原则。此外，《中华人民共和国药典》先后颁布了十一版，最新版《中华人民共和国药典（2020）》共收载药品 5911 种，其中中药 2711 种。[1]

---

[1] 兰奋、洪小栩、宋宗华等：《中国药典 2020 年版基本概况和主要特点》，《中国药品标准》2020 年第 3 期。

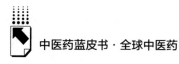

党的十八大以来，以习近平同志为核心的党中央高度重视中医药的发展，并把发展中医药的工作摆在突出位置，对此制定了一系列重大决策部署，接连出台了许多积极推动中医药发展的政策文件，按其时间先后顺序汇总如表2所示。

表2　我国有关中医药发展的政策文件

时间	政策文件及内容
2009年3月	《中共中央　国务院关于深化医药卫生体制改革的意见》，提出了深化医药卫生体制改革的指导思想、基本原则和总体目标
2009年5月	《关于扶持和促进中医药事业发展的若干意见》，形成了相对完善的中医药政策体系
2016年2月	《中医药发展战略规划纲要（2016~2030年）》，把中医药发展上升为国家战略
2017年5月	《中医药"一带一路"发展规划（2016~2020年）》，积极部署与共建"一带一路"国家的国际卫生合作，形成中医药"一带一路"全方位合作新格局
2019年10月	《促进中医药传承创新发展的意见》，新时期中医药产业发展的纲领性文件
2020年1月	《新型冠状病毒感染的肺炎诊疗方案（试行第三版）》，中医药介入新冠肺炎疫情的防控
2020年6月	《抗击新冠肺炎疫情的中国行动》白皮书，充分肯定中医药在抗击新冠肺炎疫情中发挥的重要作用
2020年12月	《促进中药传承创新发展的实施意见》，大力推进我国中药产业创新发展
2021年1月	《关于加快中医药特色发展的若干政策措施》，从七大方面提出了加快中医药特色发展的28条政策措施
2021年3月	《关于"十四五"规划和2035年远景目标纲要的决议》，明确了中医药发展的重点领域
2022年1月	《推进中医药高质量融入共建"一带一路"发展规划（2021~2025年）》，提出全面提升中医药参与共建"一带一路"质量与水平的目标

作为中医药的发源地，我国长期致力于发扬博大精深的中医药文化，不断建设传统中医药事业，完善中医药立法，推进相关法律体系建设，并推动中医药国际化合作，积极构建人类命运共同体。

（二）日本：汉方药引领全球

南北朝时期，中医经典著作开始传入日本；唐宋时期，中医药大规模传入日本。① 后来，在承袭了中医药基本理论体系的基础上，经日本医学家改良后，中医药遂发展成为后世具有日本特色的"汉方医学"。因此，日本的"汉方医学"和中国的中医药是同根异枝的关系。16 世纪前后，现代医学传入了日本，中医药从此走向了衰落。明治维新之后，日本全面西化，明治政府曾颁布法律废止"汉方医学"，到 1874 年日本政府明确规定只有学西洋医学的人才能参加医生的国家资格考试，自此中医药几乎退出了日本的医疗卫生服务体系。1972 年，中日正式建交，中日两国民间中医药文化交流日益增多。为了应对人口老龄化带来的严峻挑战，日本政府开始再度重视和支持中医药发展，逐步恢复了中医药的合法地位，促使中医药在日本复兴。日本的"汉方医学"主要是对中医经典药典《伤寒论》和《金匮要略》进行整理，从中寻找经过无数人验证的药方和验方。1976 年，厚生省正式将汉方药列入健康保险，即把主要的 210 个有效方剂及 140 种生药列为医疗用药，可以进入医疗保险。② 20 世纪 80 年代，日本成立了一批针灸专科大学教授针灸技术。遗憾的是，由于日本当时并没有出台完善的汉方医学医师制度，中医药爱好者只能通过考取西医执照才能从事中医药工作。2001 年之后，日本医学部的教学大纲中增加了一条"能解说汉方药"，汉方医学教育开始被纳入正式医学教育体系。

日本按照西药管理方式管理汉方药，其管理机构是厚生劳动省。考虑到汉方药自身的特点，日本制定了专门的汉方药法规，如《医疗用汉方制剂管理的通知》《日本药局方外生药规格》《汉方浸膏制剂的生产管理和质量管理的自定技术标准（草案）》等。1989 年，日本在《药品生产质量管理规范》的基础上针对汉方药特点出版了《汉方 GMP》，从而为汉方药的质量

---

① 薛益明：《中医药传入日本与朝鲜》，《中医文献杂志》2009 年第 4 期。
② 石雪芹、安宏、赵杼沛等：《中国、日本、韩国传统医学教育、立法和医疗卫生体系的发展现状及比较》，《中国医药导报》2021 年第 36 期。

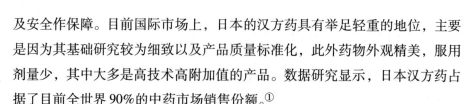

及安全作保障。目前国际市场上，日本的汉方药具有举足轻重的地位，主要是因为其基础研究较为细致以及产品质量标准化，此外药物外观精美，服用剂量少，其中大多是高技术高附加值的产品。数据研究显示，日本汉方药占据了目前全世界90%的中药市场销售份额。①

综上所述，日本的"汉方医学"对中国的中医药学进行了扬弃，即所谓"废医验药"，废弃了以"阴阳平衡"为理论核心的中医，但具有疗效作用的中药和其他医疗技术则经规范化和科学化之后被采纳使用。也有学者认为，"废医存药"是用西医标准、西医模型、西医理论对中医进行削足适履式的改造，丢失了中医的灵魂。②

（三）韩国：韩医药是世界传统医药市场的主导者之一

汉武帝时期，中医药被传入朝鲜半岛。中医在韩国曾先后被称为"东医"和"韩医"，而中药则被称为"韩医药"。1980年，韩国政府颁布法令，正式将包括中医药在内的韩国传统医学统称为"韩医"，并将其列入了国家医疗保险体系中。无论是"韩医"还是"韩医药"，实则原身都是来自我国的中医药，但不可否认的是，其二者均在应用发展的过程中结合当地特点，逐渐形成了自己的独有体系。1951年韩国通过立法正式确定了"东医"和西医具有相同的地位，享受同等待遇。1952年韩国《全国医疗保健法》明确了传统医师获得行医资质应具备的条件。1984年，韩国保健卫生部颁布了《韩国草药药典》，目的是促进人民健康，在出台专门针对中药的标准的基础上，还对药材进行严格的质量监管，并建立了草药和相关产品的市场规则和品质鉴定方法。2003年，韩国公布了《韩国韩医药发展法案》，对韩医药的现代化、国际化和普及化提供法律制度保障。从此，韩医药凭借优异

---

① 余黄合、曾嵘、李鑫等：《从汉方药的发展探讨中医药的传承与保护》，《中国医药导报》2019年第3期。

② 马天辖：《日本"废医存药"对民族传统体育健康促进研究的教训与启示》，2021年全国武术教育与健康大会暨民族传统体育进校园研讨会论文摘要汇编，2021年11月。

的国际竞争力打入国际市场，成为世界传统医药市场的主导者之一。[①] 为了保障草药的质量和疗效，韩国政府多次修改《韩国药典》，并颁布了《天然药物标准》。《韩国药典》现行版本为第十版，收载品种共计 1559 种。[②] 可以说，今天韩医药的繁荣发展，离不开韩国政府对韩医药强有力的立法和政策支持。

（四）美国：针灸立法走在全球前列但局限于州立法层面

1972 年尼克松总统访华，美国国内掀起了一波"中医热"。随后，中医药尤其是针灸在美国迅速发展。美国是联邦制国家，联邦政府和州政府均有权立法对针灸或中医进行规制和监管。美国中医药立法内容上重针灸而轻中医中药，形式上局限于州级立法。1973 年，内华达州首先由州立法承认中医针灸的合法地位。随后，多个州政府也以州立法形式认同中医治疗。1975 年 7 月，加利福尼亚州通过了《针灸职业合法化提案》。1975 年 8 月，纽约州通过了《针灸医师独立行医法案》。1980 年加利福尼亚州提出《中医行医规范法案》，加州中医师不仅可以使用针灸，还可以使用营养物品、草药和膳食辅助食品等。[③] 可以说，中医中药的疗效和安全性逐渐得到美国主流医学界的认可。目前，美国的 50 个州中已经有 47 个州和华盛顿特区对针灸立法，只有 3 个州尚未对针灸立法。[④] 有学者研究总结了美国针灸立法的六大特色，即重视生理解剖理论、关注情志生育疾病、存在多种学术流派、坚持中西合璧教育、开发新型针灸器材、割离针灸药医联系。[⑤] 在联邦立法方面，针灸立法一直未能取得突破。2018 年，美国总统特朗普签署联邦法案

[①] 石雪芹、安宏、赵杼沛等：《中国、日本、韩国传统医学教育、立法和医疗卫生体系的发展现状及比较》，《中国医药导报》2021 年第 36 期。

[②] 苏芮、苏右竹、苏庆民等：《"一带一路"沿线东北亚国家中医药政策及市场调查》，《环球中医药》2018 年第 12 期。

[③] 罗志长：《美国加州中医概况》，《世界中医药》2008 年第 1 期。

[④] 卢钰鸿、张立平、张丹英等：《美国中医针灸立法问题分析和对策》，《世界中医药》2020 年第 12 期。

[⑤] 石慧、张宗明：《针灸在美国本土化的历程、特色与成因探究》，《自然辩证法研究》2022 年第 1 期。

H. R. 6，标志着针灸第一次在联邦法律层面上得到认可，但这并不是真正意义上的联邦针灸法。[①] 越来越多的美国民众选择相信并接受针灸治疗，导致越来越多的美国商业保险公司将针灸纳入其保障范围以供民众选择。

（五）加拿大：部分省份较早对中医进行全面立法

位于加拿大西部的不列颠哥伦比亚省，又称卑诗省，是北美洲中首个实现中医立法的地方。卑诗省先后于1996年和2001年分别完成针灸立法和中医立法，此外还承认中医师同样具有医生地位。2000年12月，卑诗省颁布了《中医从业人员及针灸师条例》，该法案于两年多后正式实施生效，主要从四个重点方面对传统医学从业人员进行监管，包括中医从业人员的头衔、从业范围、从业须遵守条款及从业限制，主要目的是确保消费者获得有效的传统医学服务并得到安全保障。2002年该省为进一步发展中医医疗事业及加强管理，成立了卑诗省中医管理局。2007年6月，卑诗省通过立法对中医医生和针灸医生一并进行监管，使其成为加拿大首个中医、针灸疗法全面合法化的省份。目前除卑诗省外，还有魁北克省、艾伯塔省、安大略省和纽芬兰省都已通过了中医针灸立法，[②] 但遗憾的是，后者虽已确立了中医的合法地位，但在法律地位上，中医药仍未能与现代医学取得同等地位。在中草药方面，加拿大政府采取的是开放态度，同时通过立法成立自然保健品办公室，加强对草药的监管，并组成包括华裔植物学家在内的专家团队，负责对天然保健品鉴定把关及发放出售许可证，为中草药顺利进入加拿大传统医药市场提供了契机。

（六）澳大利亚：北美洲最早对中医进行全面立法的国家

澳大利亚是中国"一带一路"倡议的重要合作伙伴，也是大洋洲最早

---

① 王志永、宋欣阳、王硕：《中美中医药交流合作现状及发展趋势分析》，《中华中医药杂志》2020年第35期。

② 《世界中联举办全球中医药立法高峰论坛，在更高层面促进中医药走向世界》，《世界中医药》2018年第6期。

对中医进行全面立法的国家。20 世纪八九十年代，大量中国移民包括接受了正规中医药教育的中医师和中医院校毕业生进入澳大利亚，促进了中医药在澳大利亚的快速发展。随后，以林子强教授为代表的中医药人积极推动澳大利亚政府对中医药进行专门立法。2000 年 5 月 16 日，澳大利亚维多利亚州正式签署了《中医注册法 2000》（*Chinese Medicine Registration Act 2000*），随后还成立了该州的中医监督管理局。① 世界中医史上第一部中医法的诞生意味着澳大利亚承认了中医师是合法的医生，而且与西医师在法律上平等，这无疑是中医药海外发展史上的一个里程碑。中医医生的地位被确认后，中医药大范围地被澳大利亚主流社会所重视，中医以良好势态在该地持续长远发展。② 此后，2012 年 7 月 1 日，中医立法正式在澳大利亚全国实施，中医药得以成功地进入西方主流社会。全面立法后，澳大利亚的中医药发展空间得到进一步拓展，然而不可避免的是，当前的发展仍面临一些亟待解决的问题和难题，如中医医生的执业范围变小、语言方面对从业者有了更高要求、中医治疗仍被排除在澳大利亚国民医疗保健福利计划之外及中药限售等。③

澳大利亚的中医发展模式已成为海外中医药事业发展的典范。首先是澳大利亚政府对中医执业开了国家层面立法支持的先河；其次是澳大利亚一些公立大学实现了中医药专业人才高等教育的多层次、系统化培养，为社会培养了一大批中医方面的人才；最后还有高校开设本科及研究生的正规中医课程，所获学历最终能得到澳洲中医局承认。④

（七）匈牙利：欧洲第一个为中医药立法的国家

匈牙利是欧洲首个为中医药立法的国家，是欧盟历史上唯一承认中国中

---

① 韩俊红：《传统中医药海外发展的澳大利亚模式与启示》，《广西民族大学学报》（哲学社会科学版）2019 年第 6 期。
② 刘易琳、杨霞、陈骥：《中医药在澳大利亚的昨天、今天与明天——专访澳大利亚中医药针灸学会联合会会长林子强教授》，《亚太传统医药》2021 年第 12 期。
③ 李佳烨、柴铁劬：《澳大利亚中医药全面立法后的发展现状》，《世界中医药》2020 年第 20 期。
④ 苗沈超：《澳大利亚高等教育与中医的传播》，《文化软实力研究》2021 年第 1 期。

医药大学五年制本科毕业证书的国家。① 中医药的发展历史在匈牙利虽然并不悠久，但发展极快。匈牙利在 2013 年开始着手为中医药立法的工作并在次年 2 月与我国政府签署了中医药领域合作意向书，同年 12 月，匈牙利国会通过了中医药行医合法化的法案。2015 年 9 月 18 日，匈牙利国家人力资源部又在该法律的基础上制定了 42/2015（IX. 18.）号实施细则，② 对中医药行医从业人员许可证进行规制，对申请人的受教育程度、专业经历、过往行医记录、语言水平等方面都作了相应要求。此外，法令对行医地点的设施和卫生环境要求也作了详细规定。2016 年，匈牙利政府为中医师颁发欧盟行医许可证，自此，匈牙利的中医必须在西医监护下行医的场面就退出历史舞台了，匈牙利中医允许独立行医。

遗憾的是，本次立法未能涉及中药。目前中成药产品在匈牙利市场上仍然按照保健品或食品补充剂进行注册，而不能作为药物去使用。作为欧盟国家，匈牙利在传统药品注册程序上遵从的是欧盟相关法律，因涉及中药原理、成分鉴定、产品质量（欧盟 GMP 认证）、安全标准、疗效标准等一系列问题，中药产品通过欧盟国家的注册难度较大。③

（八）法国：最早接受针灸的西方国家之一且已有针灸立法

中医药的发展历史在法国较为悠久。法国早在 13 世纪就已经有了脉诊和针灸，是最早接受和运用针灸的欧洲国家。1671 年出版的《中医秘典》是法国最早的中医著作。1943 年后，法国针灸学会、国际针灸协会和法国针灸中心学院等相继成立，法国针灸事业自此蓬勃发展。④ 1985 年，法国卫生部成立了"针灸专门委员会"，这是一家针灸管理机构，规定了针灸术必须由正式医生实践操作。1987 年，法国医学界认同了针刺术及其管理措施，

---

① 巴拉蜡·佳浓斯、吴滨江、朱民：《匈牙利中医针灸发展和传播的研究》，《中医药导报》2017 年第 6 期。

② 《匈牙利中医立法实施细则颁布》，《世界中医药》2015 年第 10 期。

③ 夏林军：《匈牙利中医概况和中医立法后的思考（二）》，《中医药导报》2016 年第 9 期。

④ 朱勉生、阿达理、鞠丽雅：《中医药在法国的发展史、现状、前景》，《世界中医药》2018 年第 4 期。

并于同年施行针灸资格考试制度和证书制度。20 世纪后期，中医药教育开始进入法国主流教育界，高等学校相继设立系统的中医药专业和针灸专业。[①] 1999 年，法国将中草药列入国家医疗保险。2007 年，时任法国教育部和科研部部长的吉勒德罗宾宣布授予部分高校颁发中医针灸国家级学位证书的权力，希望通过此举来全面提升法国的中医针灸教学及治疗质量。近年来，中医药在法国社会的生存和发展受到各界人士越来越多的关注。《法国针刺杂志》《经络》等多种中医刊物先后出版，法国中医联盟、法国中医医师联合会、法国传统中医学院等中医学会积极传播中医文化理论，极大地促进了中医在法国的发展。

（九）英国：中医药在欧洲传播与发展的中心但立法进展缓慢

17 世纪传教士将中医药传入英国，英国逐渐成为中医药在欧洲传播与发展的中心。1960 年，杰克·沃斯利创立了英国最早的传统针灸学校；1997 年，英国国立米杜萨斯大学开创先河，创办了以中国中医药高校为模式的全科中医课程，此后更是开办了中医硕士课程，面向世界各地招生，[②] 至今，英国已有多家知名大学在其校内开办了中医针灸课程。然而，英国上议院虽早在 2000 年就提议要对草药医疗、针灸等辅助医疗进行立法管理，但由于中医药在英国的立法历程很漫长，至今尚未出台专门的中医药立法。早期的英国，针灸和中药被认为是两种分割的疗法，并在一开始把针灸单独列入补充医疗行列，而将中药与印度草药、西方草药合称为草药医疗。而后英国政府期望给予中医作为一门完整的传统医学相应的法律地位。2004 年 3 月，英国卫生部公布"草药与针灸立法管理议案"，对中医的整体性予以认同。[③] 长期以来，英国政府对中医、针灸、草药等辅助和替代医学采取宽松

[①] 顾小军、蒋兆媛、张子隽等：《中医药在德国、法国、英国及荷兰的发展现状及合作策略分析》，《国际中医中药杂志》2021 年第 7 期。

[②] 江南、张强、祁天培等：《中医药在英国的传播与发展现状》，《中国民族民间医药》2015 年第 1 期。

[③] 顾小军、蒋兆媛、张子隽等：《中医药在德国、法国、英国及荷兰的发展现状及合作策略分析》，《国际中医中药杂志》2021 年第 7 期。

的态度，为中医在英国发展所提供的机会与空间之大，是欧洲别国所无法相比的。目前，中医药在英国发展状况良好，中医在英国受到上至皇家下至平民的信赖。

（十）德国：缺乏中医药立法但默认中医药存在

20世纪30年代，中医学在德国缓慢发展。1974年，德国建立了德国中医研究所，这是第一个有关中医的研究机构。1978年，德国著名汉学家曼福瑞德·波克特先生创办了"中医学会"。1984年，与中医有关的非从医人员自发组建了联合组织"中国自然疗法学会"。德国医学界把中医称为"中国传统医学"，如其他传统医学一样，将其视为"非常规医学"。近年来，中医在德国医学界的形象开始得到不断改善。

开业的西医医疗机构无须特别资格考核即可获得中药处方权，拥有中医、针灸等传统疗法的自由使用权；此外，德国对传统医生开业的要求较为宽松，如无须医科文凭、无须考试等。针灸被德国医生作为临床治疗的一种方法或手段来使用，诊治时不仅使用西药疗法，也会考虑用中药和针灸，以便争取治疗更多的病人。[①] 德国允许公民在其经济能够承受的范围内选择中医药或针灸治疗，且保险公司可支付其部分医疗费用。另外，德国医生在学习针灸前，其针灸治疗费用可以由医疗保险公司承担，但是自然疗法师、护士的针灸治疗费用目前还尚未被纳入医疗保险中。

三 全球中医药立法的发展趋势及未来展望

（一）发展趋势与成功经验

1. 全球中医药立法发展趋势

中国是中医药的发源地，是传统医药大国。随着中医药在新冠肺炎疫情

---

① 曹琴、玄兆辉：《主要国家中医药发展特征及对我国医药创新发展的思考》，《全球科技经济瞭望》2020年第7期。

中发挥了重要作用，中医药逐渐被世界各国的民众所接受，被世界各国政府所认可。中医药作为国际医学体系中的重要组成部分，一直为促进人类健康发挥着重要的积极作用。近几十年来，传统医学不仅在发展中国家继续保持着广泛应用的态势，而且在发达国家也正迅速地传播着，在满足人民日益增长的多样化的卫生保健需求方面显示出巨大的潜力。① 世界各地越来越多国家开始正视中医药在本国卫生系统中的重要作用，将中医药纳入本国法律框架内进行规范化管理。近年来，全球中医药立法取得了喜人的成绩，呈现中医药立法发展迅速、区域特征鲜明、管理依循传统医学特点等趋势。② 全球中医药立法的快速发展折射了中医药显著的疗效和强大的文化魅力。

2. 全球中医药立法的成功经验

综观全世界各国中医药立法的发展历程，笔者总结出如下三点成功经验。

第一，世界各国中医药立法的成功离不开中医人的积极争取和长期努力推动。华人华侨走到哪里，中医药就在哪里生根发芽。由于生活方式差异、文化差异、法律制度差异等客观存在，推动中医药立法面临重重困难。海外中医药立法需要一代又一代海外中医人持之以恒地努力争取。以澳大利亚为例，中医药传入澳大利亚近百年，对中医药全面立法却是近些年的事。正是一代又一代澳大利亚中医人的努力，尤其是有"澳洲中医立法之父"之称的林子强教授对澳大利亚中医药立法的长期推动，澳大利亚才能成为最早对中医进行立法保护的西方国家。

第二，中医药立法的前提条件是东道国国民理解、接受和认可中医药的独特作用和价值。要想推动中医药立法，必须先让东道国国民理解、接受和认可中医药的独特作用和价值。因此，中医药文化宣传和交流非常重要。

第三，因地制宜推动中医药立法，促进中医药融入东道国医疗卫生服务体系。不同的国家有不同的国情和文化，因此，必须因地制宜，推动中医药

---

① 桑滨生：《全球传统医药立法集纳》，《中国卫生》2017 年第 8 期。
② 李屹龙、刘祎、卞跃峰等：《传统医学全球发展浅析》，《中华中医药杂志》2020 年第 7 期。

融入东道国医疗卫生服务体系。例如，日本和韩国与中国文化同源，民族习性相近，因此中医药传入日本和韩国后能迅速融入当地医疗服务体系，并在本土化的基础上推陈出新，取得非凡的成就。美国虽然与中国文化迥异，民族习性差异较大，但中医药传入美国后也能够适应美国环境，在针灸上精益求精，从而推动了美国47个州和首府华盛顿的针灸立法。

3. 全球中医药立法存在的问题

中医药立法的初衷是对中医药行业进行规制和监管，保障从业人员的素质和中医药服务质量，进而保护公众健康利益。但是，中医药立法是把双刃剑。一方面，立法使中医药从业者的行医活动有了法律保障，再也不用担心无法可依、无章可循等情况；另一方面，海外部分国家的中医药立法也暴露出一些问题。具体包括：立法对中医师语言水平要求较高可能导致一些老中医因不懂当地语言而面临失去行医资格的困境；严格限定附子、半夏、细辛、麻黄等中药的适用范围而使某些疑难杂症的治疗更为困难；放宽痛症的治疗人员范围将导致中医执业范围进一步缩小；部分国家中医师提供的治疗未被纳入医疗保险范畴而影响当地居民对中医药服务的利用等。[1] 对中医药发展中出现的部分国家法规过度约束管制等问题我们应予以重视。

（二）相关建议

针对全球中医药立法的发展趋势及其存在的问题，笔者提出建议如下。

第一，建议海外中医药从业者主动参与推动东道国的中医药立法。中医药诞生于中国，中医药首先是中华民族的中医药，然后才是全球的中医药。中医药是随着华人华侨的脚步传播到海外的，主要面向华人华侨提供服务。只有广大华人华侨才最关注中医药服务的安全和疗效。东道国政府不会主动为中医药立法。海外中医药从业者必须站出来，主动参与到推动东道国中医药立法的伟大事业中来，才能真正推动中医药立法一步步向前走。

---

[1] 海外华人中医药群集体：《国际中医药发展和立法情况概览》，《中医药导报》2016年第9期。

第二，积极推广和传播中医药文化，自觉践行健康的生活方式，用精益求精的医技和显著的疗效争取东道国居民对中医药价值的认同。应采用多种途径、多种形式宣传中医药文化，加强中医药国际交流与合作。官方中医药交流合作应注重顶层制度设计和文化传播，讲好中医药故事，塑造中医中药的良好形象；民间中医药交流合作主要依靠华人华侨自觉践行健康的生活方式，传播中医药文化，尤其得依靠海外中医人通过精湛的医术展现中医药的独特优势，从而提高东道国国民对中医药的接受度和认可度。

第三，坚持不懈推动中医药融入东道国主流医学体系，促进中医药在东道国繁荣发展，积极推动中医药高质量融入"一带一路"建设。中医药是"一带一路"倡议的重要内容和最佳载体，已成为构建人类健康共同体的重要领域。[1] 中医药在共建"一带一路"国家的健康有序发展，离不开东道国中医药立法的支持、规范和约束。必须坚持不懈推动中医药高质量融入"一带一路"建设。

---

① 王云屏、樊晓丹、何其为：《推动"一带一路"中医药合作构建人类卫生健康共同体的实施路径分析》，《湖南中医药大学学报》2021 年第 6 期。

B.20
全球中医药人才培养教育发展报告

张聪 杨化冰 赵妍*

摘　要： 中医药在维护人类健康过程中发挥了重要作用，并正被世界各国
　　　　　所关注。更好地继承和发扬中医药有赖于高素质中医药人才，而
　　　　　中医药人才培养有赖于中医药教育。本报告通过文献研究，从院
　　　　　校教育、非院校教育、国际教育等方面分析了国内外中医药人才
　　　　　培养教育发展现状，并针对存在的问题，给出了完善中医药高层
　　　　　次复合型人才培养的顶层设计、加大民族医学教育投入并打破传
　　　　　承的民族界限、规范职业技能培训和证书发放、强化具有国际化
　　　　　视野的中医药高等教育师资力量的培养、发挥统战力量推动中医
　　　　　药海外立法等解决措施。

关键词： 中医药　高等教育　人才培养　全球

一　国内中医药人才培养教育现状

（一）院校教育

1.高等院校办学情况

中医药在我国有千年的历史，中医药事业的发展有赖于中医药人才的培

---

* 张聪，医学博士，北京中医药大学中医学院副教授，主要研究方向为中医养生康复与营养的
理论与实践、中医教育；杨化冰，湖北中医药大学基础医学院副教授，主要研究方向为中医
药教育；赵妍，甘肃中医药大学副教授，主要研究方向为健康保险及健康产业发展效能、医
药人力资源配置、组织绩效。

养。高等院校是培养中医药人才的主体。1956 年，北京中医学院、上海中医学院、广州中医学院、成都中医学院这 4 所中医学院的成立，标志着国内中医药人才培养走上了高等教育的轨道。而后，国内其他地区也先后建立了中医学院，随着高等中医药院校数量的增多，中医药人才培养也逐渐规模化地发展起来。至今，国内中医药高等教育已经走过了近 70 年的历史，人才培养也从过去相对单一的师带徒的传统教育方式，走向了多元化人才培养的现代教育方式，逐渐形成了以院校教育为主体，多层次、多类型、规模化、协调发展的办学格局，促进了中医药事业的发展和中医药人才的培养。

近年来，国家陆续发布了一系列规划和政策，极大地加快了中医药事业发展的步伐。2016 年国务院颁布的《中医药发展战略规划纲要（2016-2030年）》，将中医药事业的发展上升到国家层面，这也进一步促进了中医药高等院校的发展和中医药人才的培养。国家中医药管理局印发的《2020 年中医药事业发展统计提要报告》①（简称《报告》）显示，2020 年全国高等中医药院校有 44 所；设置中医药专业的高等西医药院校 150 所，比 2019 年增加 17 所；设置中医药专业的高等非医药院校 250 所，比 2019 年增加 23 所。院校教育是中医药高等教育的主体，随着我国大力推进中医药事业的发展，中医药高等教育规模不断扩大，在校生规模不断扩大。《报告》显示，2020年全国高等中医药院校毕业生数 211303 人、招生数 261920 人、在校学生数834777 人、预计毕业生数 248514 人，与 2019 年相比增幅分别为 5.2%、5.3%、7.5%、14.9%。

随着建设双一流高校工作的开展，各高校持续发力，中医药院校也在加大建设力度。例如，北京中医药大学是进入国家"211 工程"建设的唯一教育部直属高等中医药院校和国家"985 工程优势学科创新平台"建设高校，2017 年该校入选国家世界一流大学和一流学科（简称"双一流"）建设高校及建设学科名单，该校的中医学、中西医结合和中药学 3 个学科入选

---

① 国家中医药管理局办公室：《2020 年中医药事业发展统计提要报告》，http://gcs. satcm. gov. cn/gongzuodongtai/2022-01-20/24293. html。

"双一流"建设学科名单。上海中医药大学、天津中医药大学、广州中医药大学、南京中医药大学、成都中医药大学等高等中医药院校也均入选国家世界一流学科建设名单。

2. 人才培养情况

从人才培养层次看，自 1981 年国务院批准实施《中华人民共和国学位条例暂行实施办法》开始，我国中医药高等教育正式建立了学位制度。目前我国院校学历教育已经覆盖了本专科、博硕士等不同层次。《2020 年全国中医药统计摘编》数据显示，截至 2020 年，在全国高等中医药院校中，有 22 个博士学位授予单位、25 个硕士学位授予单位；全国高等西医药院校的中医药专业有 28 个博士学位授予单位、48 个硕士学位授予单位；全国高等非医药院校的中医药专业有 16 个博士学位授予单位、48 个硕士学位授予单位，这些院校和机构为中医药高层次人才培养提供了保障。① 医学类博硕士研究生从培养方向上看又可分为学术型和专业型。学生从报考、入学就明确了自己入学后学习侧重的方向，这有利于中医药人才培养。高职高专教育也是中医药院校教育的一部分。一直以来，高职高专院校也为中医药事业培养了大量实用型人才。2019 年，教育部印发《关于职业院校专业人才培养方案制订与实施工作的指导意见》，启动了中国特色高水平高职学校和专业建设计划（简称"双高计划"），推动了职业院校进一步发展。

从专业上看，院校围绕中医学、中西医结合、中药学设置了相应的本科专业，如中医学、针灸推拿学、中西医临床医学、中药学、中药资源与开发等；中医学下还设置了相应的民族医学专业，如藏医学、蒙医学、壮医学等。2012 年，教育部印发了《普通高等学校本科专业设置管理规定》，建立了本科专业目录动态调整机制，使本科专业设置能够更符合国民经济和社会发展的需要。在该规定的指导下，为适应近年来社会对于中医药健康需求的变化，2016 年，教育部在原有中医药本科专业目录的基础上，新增了中医

---

① 国家中医药管理局规划财务司：《2020 年全国中医药统计摘编》，http：//www.satcm.gov.cn/2020tjzb/%E5%85%A8%E5%9B%BD%E4%B8%AD%E5%8C%BB%E8%8D%AF%E7%BB%9F%E8%AE%A1%E6%91%98%E7%BC%96/others/2020EXCEL.htm。

养生学、中医康复学、中医儿科学；2018 年增设中国骨伤科学等本科专业，并鼓励和支持有条件的院校增设中医药相关专业。2011 年，国务院颁布了《国务院关于建立全科医生制度的指导意见》，推动了全科医学专业相关人才的培养，中医药院校也陆续开展了相关专业或课程，促进了中医全科医学的发展和人才培养。另外，为促进中医药技能型人才培养，高职高专院校的专业设置覆盖了中医健康、中药种植、中药炮制等领域，面向中医药产业发展培养各类急需的中医药传统技能型人才。

从培养模式看，师承教育是中医药传承教育的重要途径。为了充分发挥师承教育特点与优势，高等中医药院校对于人才培养模式做了多种探索，逐渐探索出了将现代院校教育与传统师承教育相结合的中医药人才培养模式，常见的如"院校—师承—家传"模式、"院校—师承"模式、"5+3+X"模式、"中医高中预科班"模式等。例如，北京中医药大学最早提出"早临床、多临床、反复临床"的中医临床教学理念，创办了"中医教改实验班"，采用"院校—师承—家传"的培养模式。在此基础上，该校还深入探索了长学制教育，创办了"岐黄国医班""时珍国药班""卓越中医师""卓越中药师"等，为中医药事业发展培养了大量中坚力量和领军人物。上海中医药大学探索了"5+3+X"一体化中医临床人才培养模式，推出了"前期厚基础能力、后期重跟师悟道"的阶梯式培养方案。该校还在一些新兴专业领域如康复、护理、养老等推出了"2+X"人才培养模式，将校企合作、名校游学、自主创业等作为补充的教学形式。[1] 另有陕西中医药大学药学院实用创新型中药学人才培养模式、南京中医药大学精诚计划人才培养模式、山东中医药大学传统中医班培养模式、首都医科大学中医药学院院校教育和师承制度相结合的模式、辽宁中医药大学中医师承特色实验班人才培养模式、三峡医药高等专科学校三位一体创新型中药学人才培养模式等多种人才培养模式，均收到了较好的培养效果。2020 年，《国务院办公厅关于加快

---

① 教育部高等教育司：《中医药高等教育改革发展情况》，http://www.moe.gov.cn/jyb_xwfb/xw_fbh/moe_2069/xwfbh_2016n/xwfb_161026/161026_sfcl/201610/t20161026_286184.html。

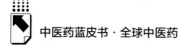
医学教育创新发展的指导意见》，明确提出"以新医科统领医学教育创新"，加快建设"医科与多学科深度交叉融合、高水平的医学人才培养体系"，①这将使高层次中医药人才培养步入新的轨道。而"中医+""+中医"的人才培养模式更是对于培养高层次复合型中医药人才新的尝试，如"中医+工程"。在培养过程中，很多院校还实行了本科生"双阶导师制"（学生在校前三年配备理论导师，后两年配备临床导师，进行理论与临床的双重指导）或"本科生导师制"（学生进校后就根据自己的兴趣选择本科阶段的专业导师，跟进导师研究团队），这大大提高了本科学生中医理论水平、中医临床思维和诊治能力、医德医风等综合素质。近年来，作为我国传统教育中独有的教育组织形式——书院教育，也被院校融入中医药高等教育，探索培养中医药人才的新模式。在这方面，北京中医药大学再次大胆尝试，以王琦院士为核心，于2021年9月10日在北京成立了王琦书院。书院制对中医药人才培养的效果有待进一步观察。

从临床能力培养看，长学制专业型医学生须接受中医住院医师规范化培训。原则上，在完成全部学习和培训内容并全部考核通过后，正常毕业的长学制医学生在毕业时可拿到毕业证、学位证、医师资格证、住院医师规范化培训证等证照，学生毕业后可以直接从事临床工作，这能为用人单位节省人才培养时间。本科毕业医学生需要在毕业后完成住院医师规范化培训并取得培训证书后方能从事临床工作。截至2020年，相关部门已经建设了185个中医规培基地，累计招收培训5.9万名中医住院医师（含1.2万名中医全科医生），推动中医药毕业后教育与院校教育、师承教育衔接，促进中医专业医学生向合格医生转变。②

从人才培养质量看，教育部、国家中医药管理局于2013年联合印发《本科医学教育标准——中医学专业（暂行）》（简称《标准》），明确规

---

① 国务院办公厅：《国务院办公厅关于加快医学教育创新发展的指导意见》，http：//www.gov.cn/zhengce/content/2020-09/23/content_ 5546373.htm。
② 教育部：《对十三届全国人大三次会议第5319号建议的答复》，http：//www.moe.gov.cn/jyb_ xxgk/xxgk_ jyta/jyta_ gaojiaosi/202012/t20201217_ 506028.html。

定了毕业生应达到的 30 项基本要求和 10 个领域的办学标准，成为本科中医学专业教育质量监控及教学工作自我评价的主要依据。《标准》适用于 5 年制本科中医学专业，对中医学专业毕业生在中医基础理论与基本知识、中医思维与临床实践能力、传承能力与创新精神、中国传统文化底蕴、科学与职业素养、学习能力等诸多方面提出了基本要求。

3. 师资情况

院校教育要依托高质量的师资力量。《2020 年中医药事业发展统计提要报告》① 显示，2020 年全国高等中医药院校教职工总数达 53746 人，其中专任教师 32567 人，专任教师中拥有博、硕士学位者所占比例比 2019 年增加明显。研究生指导教师共计 18371 人。全国高等中医药院校专任教师数由 2016 年的 28463 人增长到 2020 年的 32567 人，规模增加了 14.4%。自 2016 年到 2020 年，在全国高等中医药院校专任教师学历中，博士研究生增长了 54.8%，由 6636 人增长到 10275 人；硕士研究生增长了 11.0%，由 11218 人增长到 12451 人；本科生下降了 3.9%，由 10136 人下降到 9739 人；专科及以下下降了 78.4%，由 473 人下降到 102 人，② 师资整体学历不断提升。中医药院校教师数量和学历的不断提升，为我国培养中医药人才提供了重要的保障，也在很大程度上反映了国家对中医药的支持以及社会各界对中医药的认同。

为了加强师资的专业能力，各高校都做了大量工作。相关部门推出了国家级教学名师、省级教学名师、各高校教学名师，各院校纷纷成立名师工作坊，传帮带培养教学人才。高校也为师资培养提供了多种便利条件，例如上海中医药大学启动"卓越教师发展工程"，将中医师承教育引入高校师资培养，并组建了包括国家级名中医、学科领军人才、青年优才在内的"中医

---

① 国家中医药管理局办公室：《2020 年中医药事业发展统计提要报告》，http：// gcs. satcm. gov. cn/gongzuodongtai/2022-01-20/24293. html。

② 教育部：《2020 年全国教育事业发展统计公报》，http：//www. moe. gov. cn/jyb_ sjzl/sjzl_ fztjgb/202108/t20210827_ 555004. html。

药学术共同体",① 从医、教、研多方面综合开展学习活动，极大地提高了师资综合水平。

另外，从目前中医药教育发展看，中医药国际化亟待培养大量具有国际化视野的师资。只有专任教师具有国际化视野，才能有助于学科发展、教材建设、国际交流，才能培养出学生国际化视野，把全球最先进的知识带进课堂。各高校均鼓励青年教师充分利用现有资源开展国际交流活动，如利用国家留学基金委相关资助，到国外大学做访问、交流。但就国际化视野看，中医药院校的师资力量整体薄弱。

在师资力量培养过程中，高校强调并强化教师的师德培养，采取了师德一票否决制。

4. 教材建设

中医药高等教育教材从无到有，逐渐发展，一步步完善，经历了初始阶段、"文革"时期、改革开放、21世纪4个时期。规划教材的诞生为中医药高等教育提供了支撑。一系列规划教材、特色教材、创新教材的编写、出版，基本上满足了中医药高等教育的需求。自"十三五"规划教材开始，出版社增加了数字化教材的编写力度，以适应中医药教育新形势的需要。目前，人民卫生出版社、中国中医药出版社、高等教育出版社、上海科技出版社、中国中医药科技出版社、科学出版社是中医药教材出版的六大出版社，在规划教材的编写过程中都增加了数字化教材的编写。

随着中医药国际影响力的不断提升，中医药"走出去"、中国文化"走出去"需要多语种中医药教材的配合。为此，出版社做了大量的工作。例如人民卫生出版社自20世纪80年代初至今，已先后与美国、英国、日本、德国、法国、瑞士、新加坡、中国台湾、中国香港等国家和地区的出版公司建立了良好的长期合作关系。在2007年北京国际图书博览会上，人民卫生出版社就展出了100多种以中医为主的英文版图书，另有100多种该社多年

---

① 教育部：《上海中医药大学中医药人才培养有关情况》，http://www.moe.gov.cn/jyb_xwfb/xw_fbh/moe_2069/xwfbh_2016n/xwfb_161026/161026_sfcl/201610/t20161026_286195.html。

来积累的中西医精品图书。

5. 港澳台高等中医药教育

20世纪90年代以前，香港中医药发展并不理想，中医药教育主要是通过师承以及民间机构来进行。1991年，香港大学通过该校专业进修学院开办了中医进修课程，随后又相继开展了中医学、中药学兼读制学士学位课程，这是香港最早的非民间办学方式。[1] 自1997年香港回归祖国后，特区政府开始积极推进中医药在港的发展，提出了建设"中医药"港的理念。1999年7月，香港通过了《中医药条例》，该条例确认了中医药在香港的合法地位。关于香港的中医药高等教育，香港浸会大学中医药学院是香港成立最早的中医药高等教育机构，由大学教育资助委员会资助。学院率先于1998年开办全港首个中医学学士及生物医学学士（荣誉）课程，这标志着中医药教育被纳入香港正规高等教育系统。之后，香港大学、香港中文大学也相继成立中医药学院，并成立了相应的实习基地与研究基地。目前，香港中医药高等教育依靠内地中医药大学的支持，教育范围已经覆盖了本专科以及博硕士研究生教育。

澳门回归前，澳葡政府对中医药的教育与发展关注度并不够，官方的医学教育系统并没有涉及中医药的相关内容。澳门的中医药教育一直以来主要采取师传身授的方式。[2] 自1999年回归祖国后，中医药教育得到了长足的发展。2000年澳门科技大学成立了中医药学院，这是澳门回归后特区政府首批经教育部学历认可的澳门地区唯一的高等中医药人才培养基地。中医药学院建院之初即以制定规范的中医学本科和研究生学位教育为重点，这标志着澳门中医药高等教育走向规范化和系统化。2002年澳门大学中华医药研究院成立，该研究院以开展中医药创新研究和生物医药类博硕士教育为主要任务，是澳门大学重点发展的学科之一，开办了多种中医药相关课程。经过

---

[1] 冯奕斌、黎磊、劳力行：《香港中医药高等教育的回顾与展望》，《中医教育》2014年第4期。

[2] 赵永华、项平：《探讨澳门特区中医药教育体系的构建与发展模式》，《中医教育》2007年第5期。

20 多年的发展，以澳门科技大学为代表的澳门中医药高等教育，包括本科以及博硕士教育，专业以中医学、中西医临床医学、中药学为主，提倡以中西结合的教育模式为主。在办学过程中，院校与中医药社团保持密切合作。澳门还积极借鉴内地的教育经验，加强中医经典与临床学习，并且鼓励学生到内地进行实习。此外，澳门在对葡萄牙、巴西等国家的中医药文化及产业经济发展方面做出了突出贡献。

台湾地区的中医药发展具有较为悠久的历史，目前中医药从大陆传入台湾的文献记载可追溯到明末清初年间。20 世纪 50 年代，台湾开始了中医药高等教育。目前台湾中医药高等教育院校仅有中国医药大学与长庚大学中医学系。1958 年中国医药学院创立，1966 年成立了中医系，2003 年改制为中国医药大学。学校目前共设有医学院、药学院、中医学院、健康照护学院、公共卫生学院及生命科学院六大学院，并包含研究所及附属医院。教学内容涉及中西医课程，实习和见习也按照中医和西医分开。1997 年，长庚大学筹设中医系，培养目标以中西医结合为主，除了中西医课程，还包括中西医见习、西医临床毕业实习和中医临床毕业实习。[1]

近年来，内地高校对于港澳台学生的招生规模不断扩大，这也促进了港澳台地区和内地中医药高等教育的交流和发展。在人才培养过程中，高校为了增进港澳台学生对于中华传统文化的认同，开展了多种形式的探索。如上海中医药大学开展了对于港澳台大学生"中华文化寻根活动"的实践探索，在港澳台学生中形成了很好的口碑，促进了港澳台学生的中华传统文化认同。[2]

6. 民族医药高等教育发展

我国民族医药主要包括藏医、蒙医、维医、傣医、壮医、苗医、瑶医、彝医、侗医、回医等。1984 年，全国民族医药工作会议之后，藏医、蒙医和维医相继建立高等教育。随着民族医药的发展，民族地区陆续开办了不同

---

① 张伯礼：《世界中医药教育概览》，中国中医药出版社，2019。
② 夏文芳、严月华：《港澳台大学生文化认同教育的实践探索与启示——以上海中医药大学为例》，《上海市社会主义学院学报》2020 年第 3 期。

形式的民族医药相关教育。教育部在《普通高等学校本科专业目录》中很早就独立设置了藏、蒙、维、傣、壮、哈、回等民族医药本科专业。国内多所高校相继开设了民族医药相关专业，例如，成都中医药大学、云南中医药大学开设有民族医药学院，内蒙古医科大学、内蒙古民族大学开设有蒙医药学院，西藏藏医药大学开设有藏医系和藏药系，青海大学、甘肃中医药大学开设有藏医学院，新疆医科大学开设有维吾尔医学院，新疆维吾尔医学专科学校开设有维医系，宁夏医科大学开设有回医学院，贵州中医药大学开设有苗医学院，滇西应用技术大学开设有傣医药学院，广西中医药大学开设了壮医药学院和瑶医药学院等，招生层次涉及本科及博硕士研究生。"十二五"期间培养了 5000 余名民族医药专门人才，促进了民族医药传承与发展。[①]民族医药不断加强同其他中医高校的交流，例如，北京中医药大学近年来陆续有西藏和青海地区的藏医博硕士研究生前来学习，促进了中医药与藏医的交流与提升。

中医药非物质文化遗产传承和保护对于民族医药的传承和发展有着特殊意义。例如，广西壮族自治区为传承和发展壮医、瑶医颁布的《关于促进中医药壮瑶医药传承创新发展的实施意见》提出，推进中医药壮瑶医药博物馆事业发展。利用信息化技术加强中医药壮瑶医药文物设施保护和非物质文化遗产传承。说明目前民族医药的教育和文化传播已经不局限于高等院校了，其形式表达已多种多样。而随着中医药康养产业的发展，海南地区少数民族黎族，其饮食文化已经通过海南旅游和康养产业发展得到了一定的传播。

（二）国内其他形式中医药人才培养教育

1. 中职中专教育

通过中职中专教育，我国已经培养了大量适应社会需求的中医药实用技

---

① 教育部高等教育司：《中医药高等教育改革发展情况》，http：//www.gov.cn/xinwen/2016-10/26/content_ 5124517. htm。

术人才。《2020年中医药事业发展统计提要报告》显示，2020年全国中等中医药学校共39所，比2019年增加1所；设置中医药专业的中等西医药学校135所，比2019年增加11所；设置中医药专业的中等非医药院校204所，比2019年增加15所。2020年全国中等中医药学校毕业生数32060人、招生数31793人、在校学生数92368人、预计毕业生数29499人。[①] 未来，中职中专的中医药人才培养将在老龄化社会发展、医养结合、康养结合、大健康产业发展等领域发挥重要作用。

2. 中医药继续教育

中医药继续教育形式多种多样，师承教育是中医药继续教育的重要组成部分，师承教育能够强化中医药学术传承和技能传承。为了更好地实现中医药传承，体现师承教育的优势，教育部与国家中医药管理局实施了中医药传承与创新"百千万"人才工程计划。截至2020年，已经遴选培养了99名岐黄学者，选拔了600名中医优秀人才跟师研修培养；为920名老中医药专家配备了1848名继承人，建设了2384个老中医药专家传承工作室，30个中医药高层次人才培养基地。评选表彰了90名国医大师、100名全国名中医、60名中医药高等院校教学名师和80名中医药杰出贡献奖获得者，推动各地评选表彰了一批名中医和教学名师等。[②] 中医药界通过这种师承的继续教育形式，已经培养了一大批中医药高端人才，这些人在临床、科研、教学工作中已经成为中流砥柱。

国家一直以来倡导在维护人民健康过程中要中西医结合、中西医并重。在2020年以来的新冠肺炎疫情防控过程中，中西医结合发挥了重要的救治作用。"西学中"能够夯实西医的中医药基础，为中西医结合提供便利条件，此外，"西学中"也是中医药继续教育的重要内容。国家及地方相关部

---

① 国家中医药管理局办公室：《2020年中医药事业发展统计提要报告》，http://gcs.satcm.gov.cn/gongzuodongtai/2022-01-20/24293.html。

② 教育部：《关于政协十三届全国委员会第三次会议第3418号（教育类358号）提案答复的函》，http://www.moe.gov.cn/jyb_xxgk/xxgk_jyta/jyta_gaojiaosi/202101/t20210125_511017.html。

门举办了多期"西学中"培训班，已经培养了一大批"西学中"的优秀人才，如诺贝尔奖得主屠呦呦、陈可冀院士、李连达院士等，都是"西学中"的典范。按相关部门要求，参加西学中培训、通过考核并取得相应证书的西医师，可以按照国家有关规定，在中医理论指导下，在其原执业范围内从事与中医类别执业医师相同的中医诊疗活动。

中华中医药学会及省、市中医药学会由中医药科学技术工作者自愿组成。学会及下属各分会往往以各个分会学术年会、学习班、培训班、研讨班等形式定期召开中医药相关学术会议以及各类学术活动，这些中医药继续教育来提高会员及广大中医药科技工作者的学术水平。其他如世界中医药学会联合会、中国中医药研究促进会等，以及由企事业单位组成的中医药相关各行业协会等，也在学术交流、专业培训等方面做了大量工作。

另外，中医药大专院校还承担了基层中医药培训，如乡镇卫生院中医人员、中医临床技术骨干培训，社区中医类别全科医师培训，中医药适宜技术推广项目师资培训等，[①] 为基层医疗卫生事业培养了大批实用型人才。

3. 职业技能培训

随着中医药事业快速发展，对于中医药人才质量和数量的需求都大大增加。国家卫健委、人力资源和社会保障局委等部门都组织开展了多种相关的中医药职业技能培训，以提升中医药人才业务水平。如面对基层开展如保健调理师、健康管理师、药物制剂工、中药炮制工等职业技能培训，并颁发证书。开办中医药专业的大中专院校也充分利用已有师资，针对学生及社会需求，开展了如按摩师、中医康复师、营养师、美容师等技术相关的培训。还有一些健康促进类企业开展了与企业的主营业务相关的中医药职业技能培训，主要集中在保健按摩、健康管理和保健调理等方面。职业技能培训是中医药院校教育和师承教育必要和合理的补充。

4. 中医药文化传播与科普教育

中医药文化多种形式的传播和中医药科普教育能够提升中医药文化知识

---

① 刁远明、张淑薇、贺振泉等：《新形势下我国中医药继续教育的现状和发展对策》，《中国中医药现代远程教育》2015 年第 11 期。

普及的广度，对于中医药人才培养有一定辅助和超前培养的作用，有利于中医药知识普及的关口提前。例如，中医药文化进校园活动就是面对中小学的中医药科普宣传。自2017年后，中医药文化进校园已经在中小学掀起了学习中医药的热潮，并由此催生了一系列校园中医药科普读物。中医药博物馆、中医药文化体验场馆、中医药健康文化知识角等的建立，以及各种中医药文化活动、中医药文化产品展示等，均促进了中医药文化普及和传承，是弘扬中医药文化的重要平台和载体。新媒体为中医药科普宣传提供了新平台，且新媒体传播速度迅速，影响广泛。中医养生、中草药常识、中医药文化等中医知识的普及深受广大人民群众的喜爱。

二　国际中医药人才培养教育现状

（一）以国内中医药院校或机构为主体的中医药国际教育

开展留学生教育是我国中医药高等教育国际化的主要形式。自1957年我国中医药高等院校招收第一批来华中医药专业留学生以来，至今，我国中医药专业留学生教育经过了60多年的发展历史，逐步形成了教育层次较为完善、生源地分布较为广泛、教育形式较为多样的中医药国际高等教育局面。除来华中医药专业留学生教育外，我国与海外还开办了多种形式的联合办学及教育协作交流，促进了中医药教育国际化的发展。

随着中国经济的快速发展和综合国力的大幅度提升，中国已经成为亚洲留学生的首选留学目标国家，中医药也一度成为来华留学最热门的专业，中医药的国际影响力逐渐提升。"十三五"期间，我国高等教育学历学位互认协议已累计覆盖54个国家和地区。近年来，中医药在国家对外交流与合作中发挥了重要作用，已传播到全球100多个国家和地区。在刚刚过去的北京冬奥会奥运村，"10秒"中医药体验馆亮相，加深了各国运动员对于中医药的了解和体验。但不可否认的是，由于受到多种不确定因素特别是复杂的国际政治因素的影响，中医药专业来华留学生数量有明显下降趋势。《2020 年中医药事业发展统计提要报告》数据显示，2020 年全国高等中医药院校招收外国留学生总数为 1164 人，在校留学生数 8187 人，当年毕（结）业生数 1702 人，授予学位数 819 人。分别比 2019 年减少 1051 人、590 人、641 人、110 人，降幅分别为 47.4%、6.7%、27.4%、11.8%。[①] 另外，新冠肺炎疫情影响导致的世界范围内的经济下行、所在国的行医政策，以及近年来人民币升值等，都是不容忽视的影响来华中医药专业留学生数量的因素。

中医药国际教育也积极探索"走出去"的道路。例如，国内许多中医药高等院校与共建"一带一路"国家建立了合作关系，在世界多个国家布局了中医孔子学院、建立了海外中医中心等对外交流合作机构，并开展了多种形式的中医药教育合作项目。同时，各种教育机构也加快推进赴境外办学，如 2019 年 12 月天津在马里设立了全球首个中医技术"鲁班工坊"，助力"一带一路"建设。经过多年中医药海内外的建设、发展和有效推动，2019 年 5 月，第 72 届世界卫生大会首次将源于中医药的传统医学纳入《国际疾病分类》第十一次修订本，这是中医药国际化进程的一个新的里程碑。

从中医药国际教育标准化角度看，在世界中医药学会联合会教育指导委员会主任委员张伯礼院士主持下，由中国、美国等 12 个国家 19 个院校的 48 位人员参加起草并制定了《世界中医学本科（CMD 前）教育标准》（SCM0003-2009），该标准为中英文对照本，并于 2009 年 8 月 1 日施行。该标准是我国首次牵头制定国际教育标准，对于规范世界中医学教育发挥了很好的作用。与此同时，该委员会还制定了世界中医学专业核心课程和教学大纲，并编写了 13 门世界中医学专业核心课程的教材等，有效促进了中医药

---

① 国家中医药管理局办公室：《2020 年中医药事业发展统计提要报告》，http：//gcs. satcm. gov. cn/gongzuodongtai/2022-01-20/24293. html。

教育国际化进程，同时也宣传了中国文化，提升了国家软实力。[①] 2021 年
11 月国际中医教育联盟成立，该联盟是由北京中医药大学发起，联合了来
自美国、加拿大、英国、德国、俄罗斯、法国、罗马尼亚、新加坡、澳大利
亚等国家的 15 所教育机构，性质为国际中医教育机构的交流合作组织。联
盟将通过中医药继续教育、研究生教育等方式，促进中医药课程资源共享，
推动中医药高层次国际人才培养。

孔子学院是我国在海外设立的公益机构，主要宗旨是教授汉语和传播中
国文化。截至 2020 年，全球共成立了 11 所中医药特色孔子学院，以及两所
孔子课堂。由北京中医药大学与日本兵库医科大学联合创办的"学校法人
兵库医科大学中医药孔子学院"是亚洲第一所中医药孔子学院，也是世界
上第一所在医科专业大学开办的中医药孔子学院。截至 2019 年 7 月，该院
累计教授学生 4865 人次，当地民众累计受教 6559 人次。[②] 中医药孔子学院
有效地传播了中医药文化，有助于中医药国际教育的发展。

（二）以国外大学或机构为主体的中医药国际教育

中医药很早就传播到国外，中医药教育也开始逐渐在国外发展起来。在
亚洲，中医药有较好的文化基础，这有利于中医药教育在亚洲的发展。例
如，日本在 2004 年之前仅有少数大学开设了中医药课程，2004 年之后，中
医药教育被列入医科、药科、齿科相关大学的教学计划中，这使中医药教育
得到快速发展，而临床医师使用汉方制剂的人也逐年增多。韩国的韩医学基
本脱胎于中医药，韩医科大学比较重视经典课程，课程设置里包括原典
（经典医籍）系列、理法方药系列。马来西亚最早期、最正规的中医药教育
始于 1955 年由民间创办的马来西亚中医学院，其前身是马华医药学院。

① 张伯礼：《中医学专业类教指委推动中医药教育改革发展有关情况》，http：//www.moe.gov.cn/
jyb_ xwfb/xw_ fbh/moe_ 2069/xwfbh_ 2016n/xwfb_ 161026/161026_ sfcl/201610/t20161026_
286193.html。

② 石雨、金光亮、唐民科：《打造特色孔子学院　推动中医国际传播——兵库中医药孔院建
设与思考》，《医学教育研究与实践》2021 年第 1 期。

2009 年马来西亚高等教育部成立了中医教育部，专门负责中医药在马来西亚的教育教学相关事物，马来西亚的中医药教育开始了快速发展。新加坡第一所中医院校是 1953 年建立的中医师工会下属的中医专门学校（现为新加坡医学院）。2005 年新加坡南洋理工大学与北京中医药大学合作，开办了"生物医学与中医药学双学位课程班"，这是中医药教育首次进入新加坡国立教育体系。而在华人较少、经济发展欠佳的缅甸、老挝、柬埔寨等国家，中医药教育发展还处在较低水平。

在西方，最初，中医药教育以中医针灸教育为主，而后逐渐开展中医基础理论、中药等教育内容。法国在 1946 年创办了"法国针灸中心学院"，该学院是欧洲第一所中医教育机构。[①] 法语是继英语之后对中医经典翻译最多的语言。美国中医针灸教育始于 20 世纪 70 年代。1969 年坐落在洛杉矶的中西医科大学就已经开设了中医针灸课程。目前，美国的中医针灸教育是除了中国大陆以外最具规模、体系和影响力的。澳大利亚首先在正规高等教育中推行中医药本科教育，并且是最早对中医药进行立法的西方国家。德国的中医药教育从 20 世纪 80 年代以来获得了较快的发展，中医药目前已经成为德国一种被广泛认可和接受的补充治疗方法。近年来，中医药教育在瑞典、丹麦、意大利、西班牙等国家的发展也在逐渐加快脚步。

（三）其他

中医药文化传播推动了中医药国际化发展。中医多部典籍如《黄帝内经》《本草纲目》《针灸大成》等，被翻译成多国语言，得到了广泛传播，这有助于促进中医药海外教育发展。于 1998 年 6 月在 CCTV-4 中文国际频道开播的《中华医药》栏目，是中国电视媒体向海内外传播传统中医药文化唯一的节目。随着新媒体的出现和广泛应用，中医药文化国际传播和中医药国际教育也得到了快速推进。

---

① 田力欣、王超、王卫等：《欧美中医教育概况》，《中国中医药信息杂志》2010 年第 4 期。

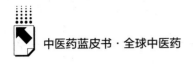

三 全球中医药人才培养教育面临的问题

（一）中医药高层次复合型人才培养尚待加强

中医药现代化、国际化需要培养大量中医药高层次复合型人才。这种复合型人才不仅包括中西医结合人才，也包括中医学同其他多学科交叉的复合型人才，多学科交叉才有利于创新。目前这种高层次复合型人才培养尚处于起步阶段，从人才培养的整体设计到计划实施尚处于不断摸索阶段。人才培养的质量有待于进一步准确评估，数量尚不能满足社会发展需求。中医药高层次复合型人才目前以院校学历教育为主，而通过中医药继续教育对于高层次交叉学科中医药复合型人才的培养如"X+中医""中医+X"尚未得到有效、广泛地开展。

（二）民族医药人才培养教育仍存在较大上升空间

民族医药主要集中在少数民族集中的地区，具有较为鲜明的地域性。以苗医为例，从民族医学史上看，苗医药已有三四千年的历史，自古以来就有"三千苗药，八百单方"之说。但从目前苗医高等教育来看，人才培养顶层设计仍有待完善，苗医苗药的文化传承尚未全面融入专业教育体系中。民族医药发展尚未有效地走出地域限制，民族医药教育形式欠多元化，教学质量有待于进一步提升，民族医药教育水平整体尚难以与时代发展相匹配。

（三）中医药职业技能培训有待于进一步规范

开展中医药职业技能培训的组织机构较多，培训师资水平可能不均衡，培训标准欠统一，培训教材欠规范，受众群体的中医基础知识水平差距可能较大，且对于培训机构缺乏有效督导和第三方评价等，导致职业技能培训行业整体规范性有待于提升，相关的证书颁发部门、职业资质认定等也存在一定程度的混乱，这些都影响了基层中医药事业的发展和中医药继续教育的科学、规范、可持续发展。

（四）中医药国际教育重视程度不足

中医药国际教育重视程度不足主要体现在国内部分中医药院校国际化教育意识淡薄，专业教师对于个人培养国际化视野的主动参与度重视程度不足。目前，国内中医药国际教育仍以来华留学生为主，或者向国外输出中医药专业人才，对于中医药国际复合型人才培养教育经验不足。[①] 在国际合作上，国内院校对外交流较少，国内学生参与国际交流的机会也少，院校的外籍教师占比低，专业教师出国进修较难，造成专业教师无法为学生提供国际经验及案例。中医药院校及机构对于海外办学热情不足。

（五）中医药国际教育受国外政策法规影响较大

无论是来华中医药专业留学生人数，还是中医药在海外办学，都受到海外政策法规较大影响，留学生的执业资格、海外办学的法律风险和文化融入都是较为突出的问题。另外，政治因素在近年来已经越来越严重地阻碍了中医药国际教育的发展。

四　解决对策

（一）完善中医药高层次复合型人才培养的顶层设计

相关部门应当从社会发展、科技发展、文化传播等角度，对中医药事业发展以及其对于国民经济的发展综合性地进行分析和预判，前瞻性地进行中医药高层次复合型人才的顶层设计。将基础学科、临床学科、中医学、工程

---

① 车志远、方文箐、李和伟等：《"一带一路"背景下中医药院校复合型人才的培养模式研究》，《世界中医药》2020 年第 19 期。

学、传播学等多学科交叉融合，促进医工、医理、医文等交叉学科人才培养，推进"X+医学""医学+X"多学科背景的复合型创新拔尖人才培养。在人才的培养方式上采取多元化模式，突破目前院校教育的主要形式，将继续教育、师承教育等形式充分融入。制定并实施中医药高层次复合型人才培养质量监督体系、多途径人才选拔体系等，加速推进复合型创新拔尖人才培养，以适应社会发展以及国际局势的变化。在人才培养的过程中，应通过信息化、网络化等措施，缩小东西部教育差距、城乡教育差距，尽量避免出现中医药高层次复合型人才培养的洼地。

（二）加大民族医学教育投入 打破传承的民族界限

民族医药的传承与发展不能仅仅以少数民族学习和传承为主，也不能仅限制于在少数民族地区集中发展。首先，要确保民族医药理论、典籍、技术等能够得到及时妥善的继承，继承人不必拘泥于少数民族，这也需要打破原有少数民族一些固化思维，比如苗族就有本民族苗医不外传的风俗。其次，民族医药的发展，也有赖于对于少数民族整体教育的投入以及对于民族经济的扶持。加强民族医药与传统中医学之间的交流，促进民族医药与中医学融合，也是继承和发展民族医药的一种途径。民族医药的国际化和海外传播有赖于国内民族医药高等教育及临床、科研的综合提升。

（三）规范职业技能培训和证书发放

应当加快整合政府、学校、企业等各方面的资源和力量，国家卫健委（中医药管理局）负责制定相应的制度规范，制定职业技能培训标准化流程和标准化培训内容；上级主管部门要统一证书发放责任单位，责、权、利统一，规范证书登记和持证上岗等细节；成立职业技能培训第三方质量评估制度，有培训资质退出机制；建立职业技能培训证书可查阅的官方平台，有效杜绝假证、过时证的出现，从而使职业技能培训走向规范化轨道。

（四）着力培养具有国际化视野的中医药高等教育师资力量

要加大资金投入，强化具有中医药国际化视野的高等中医药院校师资力量的培养。将"请进来"与"走出去"相结合。加大中医药高等院校外籍教师的引入。在中医药教育过程中，不仅由外籍教师讲授外文课程，而且要请外籍教师参与到中医药课程、临床、科研及中医药文化传播过程中。为中医药专业教师出国深造提供资金支持和绿色通道。选派大批中医药专业教师出国进修，夯实外语基础，注重文化碰撞，拓展国际视野。还可扩大归国留学人员比例，引入高端海外人才来大学教学，以推进中医药院校国际化。另外，中医药传播课程尚未普及，导致对于中医药文化和科技的国际交流存在一定困难。相关教育部门应高度重视，适时将中医药传播学引入高等教育必修课内容。

（五）发挥统战力量　推动中医药海外立法

国外中医药发展受到当地法律及文化限制较大，这种情况的改善虽然不能一蹴而就，国家层面也应当有顶层设计，发挥统战力量，分步骤地向前推进。比如大力推进海外中医药高等教育的实施；中医药院校派出的出国留学人员，充分利用自身中医药专业优势，在留学地合法地进行中医药文化、知识的传播；培养当地中医药人才（含留学生），包括中医药复合型人才如中医学+法律人才；充分发挥当地华人华侨以及洋中医的力量，进而推动当地相关的中医药立法，改善中医药教育及医疗的海外生存环境。

B.21
中医药国际科研合作发展报告

赵汉青　李金星　李玥函*

摘　要： 中医药蕴含着深厚的科学内涵，是我国科学研究的原创生产力，得益于国际科研合作，中医药在全球的传播与影响日益扩大。中国不断与其他国家、世界卫生组织、非政府组织加强科技交流合作，建立了若干中医药国际科技合作基地，近20年来发表国际科研合作论文1万余篇，与韩国、美国、英国、澳大利亚及港澳台地区建立了密切的科研合作团队，在中药药理学、肿瘤学、针灸学、中医学等学科领域深化交流与合作。自2014年起，国际标准化组织正式发布中医药国际标准，至2022年3月已公开发布79项，我国逐步建立了中医药国际话语权，为中医药在全球开展科研合作提供了有力支持。本研究基于定性分析与文献计量学方法，对我国支持开展的中医药国际科研合作情况进行了调研，从中医药国际科研合作项目、成果、标准三个维度进行了系统分析，梳理了我国中医药科研合作发展过程中遇到的问题，并提出相应对策，以期为中医药国际科研合作长远发展提供参考。

关键词： 中医药　全球化　国际科研合作　标准化　文献计量

---

* 赵汉青，医学博士，河北大学中医学院中医系主任，主要研究方向为中医药竞争情报学；李金星，河北大学中医学院研究生，主要研究方向为中医信息学；李玥函，河北大学中医学院研究生，主要研究方向为中医药科研管理。

中医药国际科研合作是中国开展国际科技合作的重要组成部分，虽然起步较晚，但近年发展迅速，成效显著，已成为中国国际科技合作的特色名片。随着全球中医药热度的不断提高，以及新冠肺炎疫情全球大流行趋势的影响，中医药国际科研合作发展已进入了新阶段，不断加强国际合作是中医药走向世界的重要途径。

全球中医药机构与学者始终保持较为密切的科研合作，并得到中国政府大力支持，2006 年 7 月 4 日，由科技部会同当时卫生部、国家中医药管理局发布了《中医药国际科技合作规划纲要》，正式启动"中医药国际科技合作计划"，旨在通过国际科技合作，推动中医药科学发展，提高中医药等传统医药服务人类卫生健康能力，促进中西医药体系互补和完善，促进东西方文化交融。①《中医药国际科技合作北京宣言》确立了中医药国际科研的战略路线；《中医药事业"十五"计划》首次提出"走出去"战略，鼓励国内相关单位和学者加强国际中医药科技交流与合作，意在提升中医药的国际地位，并始终贯彻至今；2016 年 2 月，国务院印发《中医药发展战略规划纲要（2016~2030 年）》，在将中医药发展上升为国家战略后更加明确提出加强中医药对外交流合作，同年 10 月颁布《"健康中国"2030 规划纲要》，要求以双边合作机制为基础，创新合作模式，促进我国与共建"一带一路"国家的卫生合作。②《中医药"一带一路"发展规划（2016~2020 年）》重点培育高层次中医药国际科技合作项目，支持中医药科研机构和高等院校与共建"一带一路"国家建设联合实验室或研究中心，为中医药进入沿线国家主流医药市场发挥支撑引领作用；进入"十四五"后，《推进中医药高质量融入共建"一带一路"发展规划（2021~2025 年）》将继续深化科技创新合作，加强政府间科技创新合作，着力塑造中医药发展新优势。当前，中国在中医药科学研究领域具有绝对领先地位，但国际科研合作由于学科内

---

① 王京芳、朱建平：《改革开放后中医药对外交流政策的制定》，《中华医史杂志》2015 年第 2 期。

② 张诗钰、黄建元、申俊龙等：《"一带一路"战略背景下中医药国际化区域合作的路径选择与策略优化》，《中国卫生事业管理》2017 年第 3 期。

涵、文化差异、人才缺失等诸多因素影响始终面临许多问题,中医药国际科研合作发展仍需要大力推动。

本报告通过总结中医药国际科研合作现状,从国际科研合作项目、国际科研合作成果、中医药国际标准建设三个维度对中医药国际科研合作进行评价,总结中医药科研"走出去"所面临的瓶颈问题,提出中医药国际科研合作发展的建议。长期持续开展中医药全球化的科研合作不仅有利于国内中医药传承发展与现代化进程,同时有利于树立民族自信、铸造国际名片。本报告内容可为国家相关部门制定政策提供参考,同时有助于相关学者选择国际科研合作主题及对象,促进中医药国际传播与发展。

一 中医药国际科研合作发展机遇

(一)国内国际发展环境始终向好

中医药是中华民族数千年与疾病进行斗争过程中积累的宝贵财富,新冠肺炎疫情大流行期间,中医药对人类健康的保护作用已得到世界的高度认可,大量中医药研究论文发表在国际知名刊物,中医药巨大的医疗科研价值、市场潜力正在世界范围内受到重视,国际市场需求不断增加。[①] 目前,中医药已传播到183个国家和地区,中国已同外国政府、地区主管机构和国际组织签署了86个中医药合作协议,屠呦呦研究员因发现青蒿素获得2015年诺贝尔生理学或医学奖,掀起了中医药国际科研的热潮。中国政府已重点扶持中医药科技发展,中医药领域科学研究经费逐年上升,并始终支持中医药国际科研合作,为中医药国际科研合作发展提供了良好机遇。

(二)中医药创新竞争力不断增强

确切的疗效是中医药能够走向世界的核心要素,但人类目前对中医药科

---

① 科学技术部等:《中医药国际科技合作规划纲要(2006~2020年)》,《亚太传统医药》2006年第7期。

学内涵的认识不足，使其应用和发展受到了限制，在防治疾病和促进健康方面的作用未能得到充分发挥，潜力有待进一步挖掘。目前中医药从业人员对中医药理论的理解尚不全面、不系统、不深入、不真切，缺乏对中医药理论原创特色的具体认识与深入研究，而基于现代科学的基础研究，尚难以全面揭示中医药理论内涵，对现代以来的基础实验和临床研究，缺乏回顾性的理论分析、评价与总结。要解决上述问题，使用现代科学理论和方法能够支持中医药的创新与普及，以生命科学、信息科学、复杂科学和系统科学为前沿的世界科学技术为中医药基本原理的阐述及关键技术的创新提供了源泉和动力。全球知名大学、医疗机构和研究机构对中药复方、针灸作用机制始终保持高度兴趣，从中医药维度切入生命科学等学科研究已成为国际科技创新的新方向。

（三）学科交叉为中医药国际科研合作持续助力

中医药是中国的伟大科学发现与发明，同时也是中国文化实力的重要组成部分，本身具备自然科学与社会科学两种学科属性，国内已开展医工结合、中西结合等多学科交叉创新，为推进中医药科学化、现代化、国际化做了大量卓有成效的工作。大数据、人工智能等学科已与医学领域开展了大量交叉研究，在医学影像识别、临床辅助诊疗领域产生了划时代的成果，对改变医疗模式、开拓医疗产业做出了重要贡献。中医药与人工智能、生物医学、物理学、循证医学等学科的交叉研究正逐渐产生影响，清华大学研究团队从复杂科学研究角度，以生物网络为切入点阐释中医药科学原理，通过多年的不懈探索已形成了中医药网络药理学、精准中医、中医人工智能等具有国际影响力的创新方向。[①] 推动中医药与其他学科交叉融合必须加强国际合作，通过合作、交叉、融合、创新，建立中医药研究的国际创新体系，力争在中医药创新发展、重大疾病防治等

---

① 王子怡、王鑫、张岱岩等：《中医药网络药理学：〈指南〉引领下的新时代发展》，《中国中药杂志》2022 年第 1 期。

方面取得突破性重大成果，促进国际与国内中医药事业创新发展，为服务人类健康贡献力量。

二 中医药国际科研合作发展概况与评价

（一）中医药国际科研合作总体发展情况

近年来中医药国际科研合作项目逐渐增多，科研成果数量与质量逐年提高，中医药临床研究已出现具有较大国际影响力的高水平国际科研合作成果，中药新药与药物作用机制国际合作研究成果已得到了广泛应用，构建了一批中医药国际合作平台，与 86 个国家签订了科研合作协议，中医药领域国际标准发布数量已达到 79 项，《国际疾病分类第十一次修订本（ICD-11）》首次纳入以中医药为主体的传统医学章节，标志着中医药进入世界主流医学体系①，中医药国际科研合作为充分发挥中医药防病治病的独特优势和作用、构建人类卫生健康共同体提供了有力支持。

1. 中医药国际科研合作项目概况

（1）经费投入情况

经过多年的发展，中医药已获得世界越来越多国家的认可，中医药科研国际合作取得积极进展，这与国家科技合作经费投入密切相关。自 2002 年国家中医药管理局发布《关于加强中医药国际科技合作的指导意见》后，国家相关部门对中医药科技合作持续投入项目经费，主要经费来源部门包括科技部、国家发改委、国家中医药管理局、教育部、各省区市卫生科技主管部门以及部分大型中医药企业。国家中医药管理局自 2015 年设立中医药国际合作专项经费，中医药现代化国际合作项目"一带一路"海外中医药中心类项目每年投入不少于 5000 万元，2020 年中医药国际合作专项委托办事

---

① 杨丽、卢凤姣、叶青周等：《海外中医药报道议题和话语策略研究》，《世界中西医结合杂志》2020 年第 3 期。

项目投入 1000 万元，以政府经费保障为主导的中医药国际科研合作始终处于主体位置并正处于快速发展阶段。

（2）合作主题情况

中医药国际科研合作项目主题在若干年发展中已发生了较大变化。在开展科技合作初期，中医药作为补充与替代医学主要参与国际重大疾病、疑难病的临床研究。2003 年，美国国立卫生研究院计划对中国传统医学开展深入研究，资助美国德州安德生肿瘤中心与复旦大学附属肿瘤医院中医科开展中医药治疗癌症研究，取得了良好的科研合作成果，并得到国内外持续支持。[①] 随着中医药科学内涵被不断发现，特别是屠呦呦研究员获得诺贝尔奖后，中医药国际科研合作由研究中医药辅助治疗疾病为主逐渐转换为中医药基础理论、中医药标准化、中医临床诊疗、中药作用机制和产品开发及中医药文化传播等多领域主题合作。

（3）合作方式情况

中医药国际科研合作方式已由早期的单独项目合作逐渐转变为依托研究中心、重大研究计划开展多维度科研合作。随着国内中医药研究水平的不断提高，国内研究团队在国际学术界影响力显著增强，中医药国际科研合作已不再是单独召集或参与项目研究，而是有计划、有支持地开展多维度合作交流。近年来，国家着力打造中医药国际科技体系建设，从"一带一路"中医药联合实验室建设、高水平科研期刊合作计划、高水平学术交流合作计划到着力科研平台建设与重大装备研发，中医药国际科研合作方式愈发多样，中医药团队及人才在其中占据主导地位，科研合作受到国外政策影响较小，具备中医药科研合作话语权。中医药国际科研合作也从单一的科学研究转变为集医疗、科研、人才培养、文化传播于一体的"一篮子"中心式合作，由以医院、高校、科研单位为主逐渐转变为以海外中医中心、国际合作基地等各类开放平台为项目依托，这种多维度的科研合作方式不仅能让中医药

---

① 刘鲁明：《2003~2007 中医药抗癌国际合作探索》，《世界科学技术—中医药现代化》2008 年第 4 期。

"走出去"而且能在国外"生根发芽"。

2. 中医药国际科研合作成果概况

（1）国际合作科研论文产出情况

据里瑟琦智库报告，2011~2020年中国医学学科累计发表文献72.58万篇，占同期全球临床医学学术文献的9.7%，科研论文产出数量仅次于美国，其中中医药论文占比约4%，但中医药论文国际合作率及本领域平均归一化影响因子均低于国内平均水平，说明中医药国际科研合作学术产出数量及影响力均有待提高。从中医药学科自身角度考虑，根据2016~2020年中国各学科1%高被引论文基准线分析，中医学科的高被引论文影响力排名由第18位逐年提升为第6位，说明中医药研究成果水平及影响力近年来明显提高，为进一步提升国际合作科研产出奠定了良好基础。

（2）国际合作科研成果转化情况

目前，中医药国际科研合作成果转化项目较少，尚无中药复方制剂纳入发达国家的医疗保险，国际科研成果转化缺乏明确的出口标准。科技成果转化是充分发挥国际科研合作创新作用的关键环节之一，科技成果转化水平是一个国家科技实力的重要体现，提高科技成果转化速度和效率是开展高质量国际科研合作的必然要求。

（3）中医药国际标准建设情况

截至2022年3月，国际标准化组织已发布中医药国际标准79项，近年来数量增长迅速，中国推动在国际标准化组织（ISO）成立中医药技术委员会（ISO/TC249），与日本、韩国、美国、英国等传统医学应用较为广泛的国家开展中医药标准制定科研协作，是中医药国际科研合作的重要成果。中医药国际标准可以为行业在全球范围内的应用提供规范，为政府管理部门提供抓手，有利于在中医药的国际合作交流中形成共同语言，促进中医药在不同国家的科学化、规范化发展和法制化、标准化建设。

3. 中医药国际科研合作发展评价

（1）合作基地发展情况评价

中医药国际合作基地发展情况评价主要采用定性研究方法，根据科技部、国家中医药管理局、各省区市科技主管部门、大型中医医院、行业知名企业公开发布的数据调研而成。

经调研发现，中国由于政策导向及政府机制改革问题[①]，中医药国际科技合作基地属性由较为纯粹的主要从事科研工作的合作平台，逐步转换为具有多项国际合作交流功能的合作基地或合作中心。如表1、表2所示，国家有关部门自2007年起认定国际合作基地，十年内中医药领域示范性国际科技合作基地共有13项，国家级国际联合研究中心5项，主要依托国内知名中医药科研机构、高等院校及大型中医药企业，其开展的合作项目与依托单位自身属性具有密切关系。

表1　示范型国际科技合作基地

序号	国合基地名称	依托单位名称	推荐部门	所在地区	认定年份
1	中国中医科学院国际科技合作基地	中国中医科学院	国家中医药管理局国合司	北京市	2007
2	广州中医药大学国际科技合作基地	广州中医药大学	广东省科学技术厅	广东省	2007
3	中医药国际科技合作基地	石家庄以岭药业股份有限公司	河北省科学技术厅	河北省	2007
4	河南中医学院国际合作基地	河南中医学院	河南省科学技术厅	河南省	2007
5	现代中药国际科技合作基地	长春中医药大学	吉林省科学技术厅	吉林省	2007
6	成都中医药大学国际科技合作基地	成都中医药大学	四川省科学技术厅	四川省	2007
7	上海中药创新研究中心国际科技合作基地	上海中药创新研究中心	上海市科学技术委员会	上海市	2008

---

① 张洁、卢彦崑、张旭等：《高校国际科技合作基地运行管理与对策研究——基于2006~2019年文本与数据的分析》，《中国高校科技》2020年第12期。

续表

序号	国合基地名称	依托单位名称	推荐部门	所在地区	认定年份
8	中医药防治重大疾病国际合作研究基地	北京中医药大学	教育部科技司	北京市	2009
9	中药化学领域国际科技合作基地	大连富生天然药物开发有限公司	大连市科学技术局	大连市	2009
10	黑龙江中医药国际科技合作基地	黑龙江中医药大学	黑龙江省科学技术厅	黑龙江省	2009
11	中药国际科技合作基地	江苏康缘药业股份有限公司	江苏省科学技术厅	江苏省	2009
12	中医药防治慢性病国际科技合作基地	甘肃中医学院	甘肃省科学技术厅	甘肃省	2015
13	中亚民族药创新药物研发国际科技合作基地	中国科学院新疆理化技术研究所	新疆维吾尔自治区科学技术厅	新疆维吾尔自治区	2016

资料来源：中国国际科技合作专项网站（www.istcp.org.cn）。

表2 国家级国际联合研究中心

序号	国合基地名称	依托单位名称	推荐部门	所在地区	认定年份
1	上海中医药国际创新园	上海市生物医药科技产业促进中心	上海市科学技术委员会	上海市	2007
2	中意中医药联合实验室	中意中医药联合实验室	天津市科学技术委员会	天津市	2007
3	中澳中医药国际联合研究中心	中国中医科学院西苑医院	北京市科学技术委员会	北京市	2013
4	分子中医药学国际联合研究中心	山西中医学院	山西省科学技术厅	山西省	2013
5	中医药防治糖尿病国际联合研究中心	北京中医药大学	教育部科技司	北京市	2015

资料来源：中国国际科技合作专项网站（www.istcp.org.cn）。

自"一带一路"中医药发展纲要提出后，中医药国际科技合作基地主要由国家中医药管理局负责建设，自 2015 年起，中国与美国、日本、新加坡、澳大利亚、阿联酋以及东南亚、东北亚、西欧、非洲等 80 多个国家或地区建立了国家级中医药中心，极大地推动了中医药在海外的传播。调研发现，2015 年后海外建设的中医药中心以开展医疗合作交流为主，促进了中医药国际贸易，在科研合作方面并未公布相关数据，故无法进行定量评价。

（2）国际合作科研成果发展评价

本研究评价基于文献计量学方法，以关键词"中医药""针灸"及对应英文词汇查询 WoS、Pubmed、CNKI 数据库，文献数据时间跨度为 2002 年 1 月至 2022 年 3 月，将查询数据导出 Excel 及 Citescape5.8.R3，运用人工查阅方式筛选出近两年发表单位既有国内单位也有国（境）外单位的文献，得到近年中医药国际合作科研成果数据。

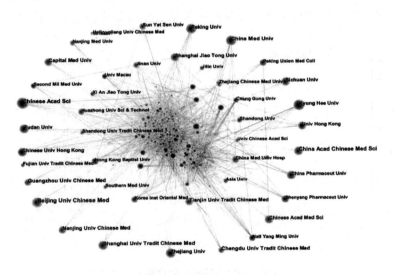

图 1　中医药国际科研合作机构关系图

调研得知，2002 年至 2022 年 3 月，WoS 核心集共收录中医药文献 56960 篇，如图 2 所示，无论是针灸方向还是中医药方向的文献，均呈现逐年增多的趋势，且增长迅猛，可以看出中医药相关研究越来越得到国内外重视。21 年来，共有 1261 个机构单位参与中医药的相关研究，经统计可知，其形成了以北京中医药大学为代表的高活跃度机构，其次是中国中医科学院、中国医学科学院、上海中医药大学、中国医科大学、广州中医药大学，各机构间科研合作相对紧密，但依旧集中于部分少数高水平中医药大学（科研机构），国外高活跃度机构排名前十位见表 3。经分析共有 153 个国家或地区同中国开展中医药科研合作研究并产出成果，其中排名前五的分别是美国、韩国、中国台湾、英国、澳大利亚，如图 3 所示，学术联系相对紧密；相关资料显示[①]，2008～2017 年共发表中医药 SCI 论文 26254 篇，其中国内产出论文占比为 64%，说明中国占据全球中医药科学研究的主体地位。2020～2021 年中医药国际科研合著论文成果数 1274 篇，年均产出 600 余篇，发表的外文文献成果多于中文文献成果，说明中医药国际科研合作成果的主要报告由外文文献呈现。根据历史资料[②]，1990～2017 年共发表中医药国际科研合著 SCI 论文 10984 篇，说明近年来增长幅度较为稳定。国内团队与美

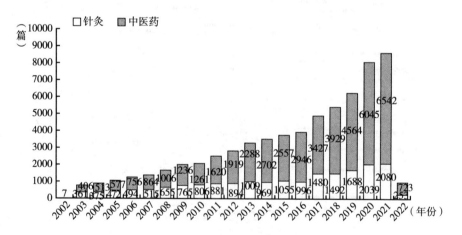

图 2　2002～2022 中医药科研成果国际发文量

---

① 丁然、于浩、王俊文等：《基于科学引文索引的 2008～2017 年中医药论文发表及国际合作团队分析》，《中医杂志》2018 年第 9 期。

② 刘扬、童元元、于忱忱等：《基于 SCIE 的中医药国际合作论文计量分析》，《国际中医中药杂志》2019 年第 6 期。

国、日本、英国、澳大利亚、韩国、法国建立了较为稳定的合作关系，与港澳台地区中医药科研合作紧密，与发展中国家合作较少。在相关研究主题中，中医药领域合作范围较广，主要热点学科集中在中医学、针灸学、中药药理学、肿瘤学、化学，主要关注的疾病为胃癌、乳腺癌、卵巢癌、疼痛等。

经调研，2020~2021年知网上共筛选国际科研合著论文225篇，分别刊登在105种国内科技期刊上，其中前十名为《中华中医药杂志》《中国针灸》《世界中医药》《中医药导报》《数字中医药杂志》《世界针灸杂志》《中国中药杂志》《针刺研究》《中草药》《中医杂志》，前十名期刊共刊登81篇文献，占总文献的36%。2020~2021年Pubmed数据库共筛选合著论文388篇，分别刊登在151种期刊上，其中前十名为：*Journal of Ethnopharmacology*，*Medicine*，*Acupuncture in Medicine*：*Journal of the British Medical Acupuncture Society*，*BMC Complementary Medicine and Therapies*，*Phytomedicine*：*International Journal of Phytotherapy and Phytopharmacology*，*Pharmacological Research*，*The American Journal of Chinese Medicine*，*Chinese Journal of Integrative Medicine*，*Complementary Therapies in Clinical Practice*，*Integrative Cancer Therapies*，前十名期刊共刊登151篇文献，占总文献的39%。研究表明，中医药科研合作成果能够在国际知名期刊发表，但种类有限，国际期刊集中在植物学或天然药物领域，应支持国际科研团队在国际知名学术期刊中发表中医药研究成果，提升中医药科研成果国际显示度和学术影响力，同时增强中医药期刊国际影响力。

表3 2002~2022年中医药科研论文发文量前10的国外机构

排名	机构	国家
1	Kyung Hee Univ	韩国
2	Korea Inst Oriental Med	韩国
3	Harvard Univ	美国
4	Pusan Natl Univ	韩国

续表

排名	机构	国家
5	Natl Univ Singapore	新加坡
6	Univ Maryland	美国
7	Seoul Natl Univ	韩国
8	RMIT Univ	澳大利亚
9	Harvard Med Sch	美国
10	Univ Sydney	澳大利亚
11	Univ Calif Los Angeles	美国

资料来源：Web of Science 核心合集数据库。

图 3　中医药国际科研合作主要国家（地区）关系

（3）中医药国际标准发展评价

本研究通过调查 ISO/TC249 官方网站，查询由中国主导的已经在国际标准化组织发布的中医药国际标准，相关查询结果导出 Excel，运用定性研究方法进行发展情况评价。

经调研，国际标准化组织自 2014 年发布了第一个中医药国际标准，截至 2022 年 3 月共正式发布 79 项，2016 年后发布数量显著增多，说明国际科研合作顶层设计取得了预想的成果（见表 4）。从发布标准的种类来看，主要集中在术语与中医药健康信息、中药材与中药制成品、中医药医疗器械等三个方面，基本涵盖了中医基本术语标准、中医针灸器具、中药材规格与质量等领域，对我国掌握世界中医药话语权具有极为重要的意义，也为我国开展国际中医药贸易奠定了良好的基础。经过对调研结果深入分析，可以发现我国主导的中医药国际标准存在布点较散的情况，这可能与国内标准化研究团队的兴趣与积累有关，抑或受到国际其他团队对某些标准领域认知程度差异的影响，需要加强中医药国际标准研究的顶层设计，主动吸纳国际团队，开展科研合作。研究发现，其他国家也发布了中医药相关国际标准，特别是部分中药材标准，这与国际竞争激烈程度有关，但也表明中医药行业已在全球得到了重视，中医药全球化发展势在必行。

表 4　国际标准发布情况

单位：项

发布年份	发布数量
2014	2
2015	2
2016	2
2017	16
2018	9
2019	15
2020	18

续表

发布年份	发布数量
2021	13
2022	2

注：数据截至 2022 年 3 月。
资料来源：ISO 网站（www.iso.org）。

三　中医药国际科研合作发展问题及对策

中医药国际科研合作创新发展是实施"走出去"战略的核心抓手，在国家相关部门、中医药科研机构、高等学校、龙头企业的共同努力下，中医药国际科研合作已初步完成战略布局，并取得了良好的科研合作成果，中医药国际影响力在科技创新的引领下逐步增强，改变了其他国家对中医药不正确的看法，扭转了中医药国际贸易局势，也为国内发展中医药事业提供了新机遇。但是，通过对近 15 年中医药国际合作情况调研，目前仍存在部分发展问题，其相关内容及对策如下。

（一）中医药国际合作人才缺失，综合创新能力提升缓慢

科技创新离不开人才，国际科研合作急需高层次人才。目前，中国中医药人才培养体系仍然以培养医疗工作者为主，专业型研究生数量及比例逐年提高，专职从事中医药科学研究的人员与中医执业人数相比增速缓慢。从国际合作论文发表数量看，中医药领域科技成果中传统药物相关研究成果占较大优势，传统医学研究成果数量明显低于临床医学，我国中医药高级人才仍然主要依托国内团队开展研究，较少参与国际科学研究。

该问题的出现与中医药学科背景具有密切关系，传统的中医药科学缺乏系统的解剖、病理、分析化学和生物化学等证据支撑，从事中医药理论研究的科研人员不擅长现代科学实验方法与技术，部分科研人员并不擅长外语，

一些排斥科学实验的观点仍然在行业内外存在，难以开展国际科研合作。另外，中医药国际人才交流项目仍然较少，中医药人才培养主要集中在国内，与其他领域高层次科研人员相比，中医药留学归国人数较少，国际科研能力存在明显的短板。

基于此问题，建议进一步健全中医药人才培养体系，培养高端中医药国际科研人员，设立中医药高级人才国际交流合作专项，引进其他国家传统医药学研究人员。目前，中医药大型国际科研交流主要依托行业学会举办的中医药国际科技会议，建议行业学会筹建中医药国际科研合作专业委员会，指导国内相关领域发展，为中医药高层次人才提供交流环境。

（二）中医药国际合作信息匮乏，研究人员合作渠道不足

中医药已传播至全球大多数国家和地区，国际社会对中医药科学研究关注日益增多，国外相关研究机构对中医药兴趣日渐浓厚，许多知名大学及研究机构均已开展中医药科学研究，但双方信息不对等，国外科研人员不了解国内中医药研究团队及研究信息，国内科研人员不了解国外科学研究需求，导致国际科研合作数量仍然偏少，产出成果仍显不足。

该问题的出现与中医药国际合作基地信息交互不频繁、语言障碍、中医药领域科技期刊较少有密切关系。经前期调研，国内大多数中医药国际合作基地均未定期更新数据信息，并未及时发布中医药国际科研合作需求与进展，致使国内研究团队无法及时获取国际研究需求。同时，语言问题始终是中医药国际交流合作的障碍之一，中医药国际化虽已进行数十年，但中医药对外交流人才在科研合作中发挥的力量始终有限，中医药中文科技期刊的国际影响力仍然不足，国内研究团队发表外文文献仍然困难，中科院JCR 分区中目前没有中医药类期刊进入一区，导致国内优秀的研究成果无法具备国际影响力，进而导致国际合作能力缺失。中国政府虽然积极对接各国科学研究机构，但中医药每年获批的国际合作经费与其他学科相比仍然有限。

基于此问题，建议中医药国际科技合作基地的管理部门制定相应考核标准，明确要求合作基地应积极开展国际科研合作，及时公布各国各地区中医药科研合作需求，主动推进基地负责领域的中医药科研合作进程。在提高国内中医药科技期刊国际影响力问题上，我国科技部已于2020年2月17日印发《关于破除科技评价中"唯论文"不良导向的若干措施（试行）》的通知，鼓励发表高质量论文，包括发表在具有国际影响力的国内科技期刊，多个中医药类期刊位列其中，既包含中文期刊，也包含外文期刊，相信随着期刊影响力的不断扩大，中医药科研成果能具有更大的国际影响力，从而主动引入国际科技创新资源，拓宽研究合作渠道。

（三）中医药研究方法受限，临床研究水平普遍不高

中医药理念目前尚未被国际科学界广泛接受，相关的科学研究成果往往具有多学科属性，中医药基本原理、研究方法、评价体系仍具有多元化特征。国内学术界研究方法存在陈旧问题，部分研究领域由于方法学缺陷，难以产生具有国际影响力的高水平研究成果，导致中医药国际科研合作难以开展与进行。中医药能够延续至今的核心动力是临床疗效，而中医药治疗疾病的过程存在无法标准化的难题，致使难以大范围开展符合国际通用疗效评价体系的高水平临床研究。举例来说，中医讲究辨证论治，针对同一个病人的同一种病，不同的医生可能给出完全不同的诊疗方案，诊治过程中由于受到"天人合一"观念的影响，诊疗方案具有明显的个性化特点，难以开展严格的 RCT 研究，导致中医药领域循证医学证据明显不足。

该问题的出现与中医药学科特征、人才培养体系、国际科技话语权密切相关。目前，以还原论为指导的现代科学技术为国际科学界广泛接受，而以"象"思维为主导的中医药复杂科学仍难以完全融入现代科学体系。用西医的方法研究中医，虽然能取得高水平成果，但目前仍然难以改变中医固有体系。中医药现代化研究成果对中医药理论反哺较少，主要体现在

验证中医理论的正确性与重要性，对于促进中医药基本理论体系革新上存在很多困难。当前，中医药国际科研合作主要分布在两个方向，一是紧紧把握中医特有理论，以文化或文献研究的形式开展国际科研合作，但参与此方向的国际团队与人员较少；二是以现代科学技术为抓手切入中医药科学探索，此方向能够参与的研究团队较多，现代科学均可用其方法开展中医药科学研究，目前仍是主流方向，但该方向对国内其他中医药理论研究团队受益不大。

基于此问题，建议增强中医药基础理论高层次科研人才培养，大力培养具有学科交叉背景的中医药人才，用多学科眼光审视中医，促进方法学发展。目前，国内已成立中国中医药循证医学中心，将共同开展中医循证医学研究、方法共识、标准制定、临床评价、证据样本管理、证据信息服务等创新研究工作，对进一步提升中医药研究水平特别是中医临床研究水平具有重要意义。

四　总结与展望

中医药走向世界，需要融入国际科研体系，科技创新是中医药永葆青春的动力源泉。随着屠呦呦获得诺贝尔生理学或医学奖，人类对中医药科学内涵的探索进入了新的阶段，中国作为中医药的起源国家，肩负着发展中医药、研究中医药、传播中医药的重任，应始终在中医药国际科学研究中占据主导地位。

本研究通过定性分析、文献计量学研究方法，调研了我国开展中医药国际科研合作的基本概况，对中医药国际科技合作基地、中医药国际科研合作成果数据进行了分析与评价，发现中国在全球中医药科研合作中具有高活跃度、高影响力，但中医药国际科研合作整体规模不大，区域合作发展不平衡。本报告尝试提出中医药国际科研合作发展中遇到的问题和对策，为政府和广大中医药学者推动国际科学研究、扩大中医药国际科研合作规模和影响力提供参考。

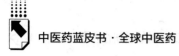

随着中国国家综合实力的提高，伴随着后疫情时代的到来，中医药理应在国际上发挥更加重要的作用，中医药的疗效不断被认可，必然带来深入系统研究中医药的需求。本报告探讨了今后中医药国际科研合作可能面临的诸多问题，认为全球中医药科研合作发展的关键仍然是坚持开展对中医药疗效的科学探索，这需要中方与外方科学家的通力合作，既不能故步自封，也不可过于迎合，中医药必将走出一条属于自己的科学道路。

皮 书

智库成果出版与传播平台

❖ 皮书定义 ❖

皮书是对中国与世界发展状况和热点问题进行年度监测，以专业的角度、专家的视野和实证研究方法，针对某一领域或区域现状与发展态势展开分析和预测，具备前沿性、原创性、实证性、连续性、时效性等特点的公开出版物，由一系列权威研究报告组成。

❖ 皮书作者 ❖

皮书系列报告作者以国内外一流研究机构、知名高校等重点智库的研究人员为主，多为相关领域一流专家学者，他们的观点代表了当下学界对中国与世界的现实和未来最高水平的解读与分析。截至2021年底，皮书研创机构逾千家，报告作者累计超过10万人。

❖ 皮书荣誉 ❖

皮书作为中国社会科学院基础理论研究与应用对策研究融合发展的代表性成果，不仅是哲学社会科学工作者服务中国特色社会主义现代化建设的重要成果，更是助力中国特色新型智库建设、构建中国特色哲学社会科学"三大体系"的重要平台。皮书系列先后被列入"十二五""十三五""十四五"时期国家重点出版物出版专项规划项目；2013~2022年，重点皮书列入中国社会科学院国家哲学社会科学创新工程项目。

皮书网

（网址：www.pishu.cn）

发布皮书研创资讯，传播皮书精彩内容
引领皮书出版潮流，打造皮书服务平台

栏目设置

◆ 关于皮书

何谓皮书、皮书分类、皮书大事记、
皮书荣誉、皮书出版第一人、皮书编辑部

◆ 最新资讯

通知公告、新闻动态、媒体聚焦、
网站专题、视频直播、下载专区

◆ 皮书研创

皮书规范、皮书选题、皮书出版、
皮书研究、研创团队

◆ 皮书评奖评价

指标体系、皮书评价、皮书评奖

◆ 皮书研究院理事会

理事会章程、理事单位、个人理事、高级
研究员、理事会秘书处、入会指南

所获荣誉

◆ 2008 年、2011 年、2014 年，皮书网均
在全国新闻出版业网站荣誉评选中获得
"最具商业价值网站"称号；

◆ 2012 年，获得"出版业网站百强"称号。

网库合一

2014年，皮书网与皮书数据库端口合
一，实现资源共享，搭建智库成果融合创
新平台。

皮书网

"皮书说"
微信公众号

皮书微博

权威报告·连续出版·独家资源

皮书数据库
ANNUAL REPORT(YEARBOOK)
DATABASE

分析解读当下中国发展变迁的高端智库平台

所获荣誉

- 2020年，入选全国新闻出版深度融合发展创新案例
- 2019年，入选国家新闻出版署数字出版精品遴选推荐计划
- 2016年，入选"十三五"国家重点电子出版物出版规划骨干工程
- 2013年，荣获"中国出版政府奖·网络出版物奖"提名奖
- 连续多年荣获中国数字出版博览会"数字出版·优秀品牌"奖

皮书数据库

"社科数托邦"
微信公众号

成为会员

登录网址www.pishu.com.cn访问皮书数据库网站或下载皮书数据库APP，通过手机号码验证或邮箱验证即可成为皮书数据库会员。

会员福利

- 已注册用户购书后可免费获赠100元皮书数据库充值卡。刮开充值卡涂层获取充值密码，登录并进入"会员中心"—"在线充值"—"充值卡充值"，充值成功即可购买和查看数据库内容。
- 会员福利最终解释权归社会科学文献出版社所有。

数据库服务热线：400-008-6695
数据库服务QQ：2475522410
数据库服务邮箱：database@ssap.cn
图书销售热线：010-59367070/7028
图书服务QQ：1265056568
图书服务邮箱：duzhe@ssap.cn

社会科学文献出版社 皮书系列
SOCIAL SCIENCES ACADEMIC PRESS (CHINA)

卡号：496889928311
密码：

S 基本子库
UB DATABASE

中国社会发展数据库（下设 12 个专题子库）

紧扣人口、政治、外交、法律、教育、医疗卫生、资源环境等 12 个社会发展领域的前沿和热点，全面整合专业著作、智库报告、学术资讯、调研数据等类型资源，帮助用户追踪中国社会发展动态、研究社会发展战略与政策、了解社会热点问题、分析社会发展趋势。

中国经济发展数据库（下设 12 专题子库）

内容涵盖宏观经济、产业经济、工业经济、农业经济、财政金融、房地产经济、城市经济、商业贸易等 12 个重点经济领域，为把握经济运行态势、洞察经济发展规律、研判经济发展趋势、进行经济调控决策提供参考和依据。

中国行业发展数据库（下设 17 个专题子库）

以中国国民经济行业分类为依据，覆盖金融业、旅游业、交通运输业、能源矿产业、制造业等 100 多个行业，跟踪分析国民经济相关行业市场运行状况和政策导向，汇集行业发展前沿资讯，为投资、从业及各种经济决策提供理论支撑和实践指导。

中国区域发展数据库（下设 4 个专题子库）

对中国特定区域内的经济、社会、文化等领域现状与发展情况进行深度分析和预测，涉及省级行政区、城市群、城市、农村等不同维度，研究层级至县及县以下行政区，为学者研究地方经济社会宏观态势、经验模式、发展案例提供支撑，为地方政府决策提供参考。

中国文化传媒数据库（下设 18 个专题子库）

内容覆盖文化产业、新闻传播、电影娱乐、文学艺术、群众文化、图书情报等 18 个重点研究领域，聚焦文化传媒领域发展前沿、热点话题、行业实践，服务用户的教学科研、文化投资、企业规划等需要。

世界经济与国际关系数据库（下设 6 个专题子库）

整合世界经济、国际政治、世界文化与科技、全球性问题、国际组织与国际法、区域研究 6 大领域研究成果，对世界经济形势、国际形势进行连续性深度分析，对年度热点问题进行专题解读，为研判全球发展趋势提供事实和数据支持。

法律声明

"皮书系列"（含蓝皮书、绿皮书、黄皮书）之品牌由社会科学文献出版社最早使用并持续至今，现已被中国图书行业所熟知。"皮书系列"的相关商标已在国家商标管理部门商标局注册，包括但不限于LOGO（▨）、皮书、Pishu、经济蓝皮书、社会蓝皮书等。"皮书系列"图书的注册商标专用权及封面设计、版式设计的著作权均为社会科学文献出版社所有。未经社会科学文献出版社书面授权许可，任何使用与"皮书系列"图书注册商标、封面设计、版式设计相同或者近似的文字、图形或其组合的行为均系侵权行为。

经作者授权，本书的专有出版权及信息网络传播权等为社会科学文献出版社享有。未经社会科学文献出版社书面授权许可，任何就本书内容的复制、发行或以数字形式进行网络传播的行为均系侵权行为。

社会科学文献出版社将通过法律途径追究上述侵权行为的法律责任，维护自身合法权益。

欢迎社会各界人士对侵犯社会科学文献出版社上述权利的侵权行为进行举报。电话：010-59367121，电子邮箱：fawubu@ssap.cn。

社会科学文献出版社